BASTEI
LÜBBE

KLASSIKER DES HISTORISCHEN ROMANS
Herausgegeben von Edgar Bracht

Fanny Lewald

Die Abenteuer des Prinzen Louis Ferdinand

Ein Zeitbild

Neu durchgesehen, mit Anmerkungen und einem Nachwort
von Nikolaus Gatter

BASTEI-LÜBBE-TASCHENBUCH
Band 13 921

Erste Auflage: Dezember 1997

© 1997 by Bastei-Verlag Gustav H. Lübbe GmbH & Co.,
Bergisch Gladbach
All rights reserved
Lektorat: Dr. Nikolaus Gatter
Titelbild: Archiv für Kunst und Geschichte, Berlin
Umschlaggestaltung: Karl Kochlowski, Köln
Satz: KCS GmbH, Buchholz/Hamburg
Druck und Verarbeitung: Elsnerdruck, Berlin
Printed in Germany
ISBN 3-404-13921-6

Inhalt

Widmung der ersten Auflage (1849)   7
Widmung der zweiten Auflage (1859)   9
Erster Band   13
Zweiter Band   189
Dritter Band   293
Nikolaus Gatter: ›Der Prinz ist tot.‹
Fanny Lewalds Wirklichkeitsdichtung   397
Zum Text dieser Ausgabe   423
Übersetzung der Passagen in
französischer Sprache   430
Wort- und Sacherklärungen   434
Verzeichnis historischer Personen   441

Herrn

Varnhagen von Ense

Eine Dichtung, welche es wagt, Rahels edles Bild in ihren Kreis zu ziehen, muß Ihre Teilnahme erregen, und Ihre Zustimmung vor jeder anderen zu erlangen wünschen. In diesem Sinne gehört Ihnen mein Buch.

Nehmen Sie es freundlich auf, als ein Zeichen wahrhafter Verehrung.

Berlin, den 5. Juni 1849

Fanny Lewald

An
Moritz Hartmann
in Paris

Lieber Freund!

Ich hatte mir vorgenommen, Ihnen zu schreiben, um Ihnen die zweite Auflage meines *Prinzen Louis Ferdinand* zu senden. Nun ich mich zu dem Brief anschicke, dünkt es mir das beste, ihn lieber gleich dem Buch voranzusetzen, weil ich dasjenige, welches ich Ihnen bei dieser Gelegenheit über meine Arbeit zu sagen beabsichtige, auch dem größeren Publikum meiner Leser aussprechen möchte, und weil Vorreden zu schreiben sonst ebensowenig meine Sache ist, als das Lesen derselben die Sache des Publikums.

›Bücher haben ihre eigene Fata!‹ hat schon der alte römische Dichter gesagt, und ich finde dies nun auch in meiner eigenen Erfahrung bestätigt. Denn die erste meiner größeren Arbeiten, bei welcher die Gunst des Publikums eine zweite Auflage notwendig gemacht hat, ist gerade diejenige, für die ich vom künstlerischen Standpunkt aus dieses Schicksal am wenigsten erwartet hatte, obschon ich für dieselbe, als ich sie vor zehn Jahren der Öffentlichkeit übergab, eine besondere Vorliebe hegte. Diese Vorliebe gründete sich auf das psychologische Interesse, welches mir die Gestalt des Prinzen Louis Ferdinand, die Gestalt jenes unglücklichen preußischen Fürstensohnes einflößte, der zum Helden oder zum Künstler geboren, durch seine Lage zu gänzlicher Tatlosigkeit verdammt, für alle seine Irrtümer ein offenes Feld, für das, was er Großes und Edles erstreben mochte, keinen Raum im Leben fand.

Aus diesem Interesse, das durch die Zeit und die Zeitgenossen des Prinzen für mich noch wesentlich gesteigert wurde, weil auch in den meisten von ihnen sich Irrtum und Wahrheit, Materialismus und Idealismus in der rätselhaftesten Weise zusammenfanden, erwuchs in mir der

Plan zu meiner Dichtung, der ich bei ihrem ersten Erscheinen den Titel eines Romans beilegen zu können glaubte. Aber ich habe nicht diese zehn Jahre nötig gehabt, um mich zu überzeugen, daß meine Arbeit diesen Titel nicht zu beanspruchen hat.

Der Roman ist, was auch immer die modernen Ästhetiker sagen mögen, eine bestimmte Kunstform. Er setzt eine freie, schöpferische Tätigkeit bei dem Verfasser voraus. Er verlangt Gestalten, welche sich von Anfang an und für einen bestimmten Zweck organisch heranbilden, und er soll und muß, soweit das dem Schaffenden eben erreichbar ist, ein in sich künstlerisch geschlossenes, in sich vollendetes Ganzes sein. Dies ist aber beides unmöglich bei Vorwürfen, welche von der Art sind, daß der Dichter es fast durchweg mit historisch und biographisch fertigen und bekannten Persönlichkeiten zu tun hat. Er gewinnt damit freilich, daß die Teilnahme, welcher der Leser für die ihm bekannten und vielleicht lieben Gestalten fertig an das Buch heranbringt, dem Buche ohne des Dichters Zutun zustatten kommt; aber der Dichter selbst ist gezwungen, sich beständig dem tatsächlich Gegebenen und der eigenen Erfindung, zwischen Dichtung und Wirklichkeit, zwischen Poesie und Realität zu bewegen, und unter diesen Verhältnissen ist ein befriedigender Abschluß solcher Dichtungen, im künstlerischen wie im sittlichen Sinne, wenn er nicht zufälligerweise in der Wirklichkeit selbst gegeben sein sollte, gradezu eine Unmöglichkeit.

Diese Einsicht war es, welche mich nach jenem ersten Versuch ein für allemal abgehalten hat, mich wieder an den sogenannten historischen Roman, an das dichtende Rechnen mit benannten Zahlen zu wagen, so verlockend dies ist, wenn man dabei nur an das eigene Interesse für irgendeine historische Gestalt, und an die Gunst der Leser denkt. Es ist aber, wie mir scheint, beweisgebend gegen die Zwittergattung des sogenannten historischen Romans überhaupt, daß schon sein Titel eigentlich einen Wider-

spruch in sich enthält, und daß man stillschweigend übereingekommen ist, diesen Titel ausschließlich jenen Dichtungen zu erteilen, die sich an berühmte Personen oder an
merkwürdige Zeitpunkte knüpfen, während doch jeder
Roman, dem es gelingt, das Bild eines Menschen im
Zusammenhang mit der Zeit, in welcher er lebte, als Ganzes darzustellen, den Charakter und die Bezeichnung
einer historischen Dichtung zu beanspruchen hat.

Wenn ich nun in eine neue Auflage und in das neue
Erscheinen meiner Arbeit willigte, obschon ich wußte, daß
sie ihrer Natur nach den Titel eines Romans nicht verdient,
so geschah es, weil ich andererseits das Werk nach dem
Ausspruch bedeutender, zum Teil noch lebender, zum Teil
jetzt schon hingegangener Genossen jener Epoche, und
nach meinem eigenen Urteil als Zeitbild und als Charakterbild des Prinzen Louis Ferdinand gelten lassen darf.

Als ein solches Bild jener bedeutenden und uns in vie-
lem Betracht schon fremden Zeit und als ein Charakterbild
des Prinzen Louis Ferdinand mag ich das Buch auch heute
noch Ihrer Teilnahme und dem freundlichen Anteil anderer Leser empfehlen, und es mag denn unter dem ihm
gebührenden Prädikat eines Zeitbildes aufs neue seinen
Weg ins Publikum wagen.

Ihnen, liebster Freund, soll es aber noch im besonderen
meinen Dank bringen für den Genuß, welchen mir Ihre
vortrefflichen ›Erzählungen eines Unsteten‹ bereitet haben, und Ihnen mit der Erinnerung an die letzten froh miteinander verlebten Tage ein Pfand baldigen Wiedersehens
in der Fremde oder in der Heimat werden.

In alter treuer Freundschaft die Ihre.

Fanny Lewald

Erster Band

1

Einleitung

Das achtzehnte Jahrhundert hatte in heißen, blutigen Kämpfen geendet, und wie einst der tapfere Held Riwalin in seiner Sterbestunde dem männlichen Tristan das Dasein gegeben, so hatte das scheidende Jahrhundert noch in seinen letzten Momenten die Anerkennung der Menschenrechte erzeugt.

Wiedergeboren in dem Bewußtsein der Völker, mußte endlich die Freiheit aus dem Geiste einzelner in die Wirklichkeit treten für alle. Eine Gottheit erschien sie auf der Erde, aber die Menschheit war noch nicht vorbereitet, nicht rein genug für ihren Kultus.

Königtum, Adelsmacht, Priestergewalt wurden in Frankreich auf dem Altar der Freiheit geopfert, ohne daß diese heimisch werden konnte. Sie floh die bluttriefenden Kämpfer. Selbstsüchtiger Parteistreit, wilde Anarchie zerrissen das unglückliche Land und verbreiteten sich von dort über ganz Europa. Nicht den Frieden, nicht die Entsagung fordernde gleiche Berechtigung für alle schien man unter der Erklärung der Menschenrechte verstanden zu haben, sondern ein geistiges Faustrecht, nach dem jeder nur für den persönlichen Vorteil kämpfte. Die unausbleibliche Folge davon mußte der Sieg des Stärksten, die uneingeschränkte Herrschaft Napoleons sein.

Seit dem Anfang der neunziger Jahre bebte Europa unter diesen furchtbaren Erschütterungen. Man hatte einen König ermordet, Gott geleugnet, und ohne König, ohne den Glauben an Gott war der Sieg den französischen Fahnen treu geblieben. Das wies die Menschen auf sich selbst, auf die Kraft des Genius in dem Einzelnen. Bonapartes Beispiel, der sich aus der Dunkelheit zu irdischer Allmacht emporgeschwungen, entflammte den Ehrgeiz aller Strebsamen, während man andererseits die glänzendsten Erscheinungen schnell wie Meteore verschwinden sah.

Die Bedeutung, die Kürze des Daseins machten sich abwechselnd geltend. Die starken Geister strebten nach Ruhm und Macht; schwächere Naturen klammerten sich in dem schnellen Wechsel des Irdischen trostsuchend an das unwandelbare Jenseits; noch andere verspotteten Ruhm und Jenseits als Hirngespinste, vom Leben nichts begehrend als die Möglichkeit, es in verfeinerten Genüssen zu durchschwelgen.

Auch in Preußen, das mitten in den Kämpfen Europas eines nur wenig unterbrochenen Friedens genoß, zitterten diese Stürme nach. Unter Friedrichs des Großen Regierung mächtig gewachsen, hatte sich in Berlin des Königs religiöse Freisinnigkeit auf alle Stände ausgedehnt; hatten Toleranz und Bildung eine Verschmelzung der verschiedensten Klassen herbeigeführt, als sein Neffe den Thron von Preußen bestieg.

Friedrich Wilhelm der Zweite glich einem Boden, in den die Stürme der Zeit von allen Blüten in buntem Durcheinander Samen verstreut hatten, welcher wüst und ungezügelt aufsproßte, die Ernte erstickend, die sein Vorgänger fast bis zu ihrer Reife gepflegt. Eitle Ruhmsucht, blinde Orthodoxie, zügellose Wollust wucherten in ihm neben gutmütiger Schwäche. Die verunglückten Feldzüge in der Champagne, das Wöllnersche Religionsedikt, die Orgien der Gräfin Lichtenau waren die Früchte davon; und jene vorerwähnte Verschmelzung der Stände der Kanal, welcher die Wollust und Entsittlichung des Hofes durch alle Klassen der Gesellschaft leitete.

Unter der Regierung eines solchen Königs schrumpfte der Schatz Friedrichs des Großen schnell zusammen; der blanke Schild des preußischen Ruhmes ward durch den Rost des Zweifels angetastet, und Preußens hinterlistige Politik, die nur den eigenen Vorteil suchte, hatte sich bei der zweiten Teilung Polens genügsam kundgegeben, als der König starb. Kurz vor dem Beginn des neunzehnten Jahrhunderts fiel das gewichtige Szepter in die unbefleckten Hände seines Sohnes, Friedrich Wilhelms des Dritten.

Zwei Jahre später ward in Frankreich Bonaparte auf zehn Jahre zum Konsul erwählt. Der Glanz seiner Taten erfüllte die Welt. Die Schlachten bei Hohenlind und Marengo beugten auch Österreichs Fahnen vor ihm im Staub: Österreich und Preußen hatten sich in ehrvergessenen Verträgen einzelne Teile ihrer Erblande für den Preis anderweitig vergrößerten Besitzes ihrer Staaten an Frankreich abgetreten, der Frieden von Lüneville ward geschlossen. Das linke Rheinufer war zur französischen Provinz geworden, die Grundbasis deutscher Reichseinigkeit war zerstört. Die Treue der Fürsten untereinander, das Vertrauen der Untertanen, welche so gewaltsam vom deutschen Stamme abgerissen und einer feindlichen Nation einverleibt wurden, waren für immer erschüttert; der Weg für alle künftigen Siege der Franzosen in Deutschland durch die Unredlichkeit der beiden Großmächte des Landes mit Sicherheit vorbereitet.

Vergebens forderten Österreich, Rußland und England abwechselnd Preußen zu einem Bund gegen Frankreich auf. Preußen beharrte in einer vorgeblichen Neutralität, als es heimlich schon lange die Befehle des Konsuls vollzog. Diese abhängige Stellung Preußens ward gegen Ende des Jahrhunderts von den übrigen Mächten nicht mehr bezweifelt. Kaiser Paul betrachtete sie als eine Feindseligkeit gegen Rußland und ließ seine Heere an die preußische Grenze rücken; England, seit zehn Jahren mit Frankreich im Kriege, kaperte preußische Schiffe. Friedrich Wilhelm sah sich endlich genötigt, ein kleines Korps nach Ritzebüttel zu beordern, wohin die Engländer ein preußisches Schiff geführt hatten. Damit hoffte der König die Beleidigung der preußischen Flagge zu rächen und sich zugleich in Frankreichs Gunst durch dieses Auftreten gegen England zu befestigen.

Wohl erkannte ein Teil des Volkes in Preußen die unwürdige Schwäche seiner Regierung; indes, ohne allen Einfluß auf die öffentlichen Angelegenheiten strebten die Abhängigen, denen Änderung durch männliche Selbsthilfe unmöglich schien, nur nach Vergessenheit und Zerstreuung.

Man versenkte sich in Kunst und Literatur, um sich vor dem traurigen Eindruck der Wirklichkeit zu bewahren. Goethes Einfluß auf die Gebildeten war mächtig, sein Beispiel verlockend. Die Religion absoluter Schönheit, genießender Ruhe, deren Priester er nach den stürmischen Jahren seiner Jugend geworden war, konnte in der kampfdurchwühlten, leidenschaftsvollen Wirklichkeit nicht ihre Stelle finden, nicht Gemeingut der Kämpfenden sein. Darum hielt sich Goethe fern von ihnen, in einem Bereich sorglich abgegrenzter Ausschließlichkeit, wohin weder der Lärm des Kampfes noch der Wehschrei der Völker zu dringen vermochte. Hier fühlte er sich behaglich und sicher; hierher, unter die Ägide seiner Abgeschlossenheit flüchteten alle, welche genießen und nicht aus dem Schlummer erweckt werden wollten, obschon Kant, Schiller und Fichte bereits mächtig an das Bewußtsein der Deutschen klopften und ihnen beim Beginn des Jahrhunderts ihr mahnendes ›Erwachet!‹ zuriefen.

Diese Zustände bilden den Boden dieser Dichtung. Sie mußten angedeutet werden zum Verständnis derselben; denn wie Erdreich und Pflanze sich gegenseitig fordern und bedingen, so erzeugen sich gegenseitig die Charaktere und die Ereignisse einer Zeit.

2

Der Sylvesterabend des Jahres 1800 näherte sich seinem Ende. Ein frischer Frost hatte am Tage den Regen und Schnee des Dezembers in den Straßen von Berlin getrocknet, der Mond stand hell am Himmel und leuchtete mit seinem ruhigen Licht wieder einem Jahrhundert zu Grabe.

Von dem Turm der Dreifaltigkeitskirche schlug es halb elf, als ein schlanker, in einen Offiziersmantel gehüllter junger Mann aus dem Palais des Prinzen Ferdinand hinaustrat auf die Rampe vor demselben. Ein zweiter Offizier begleitete ihn; Diener leuchteten ihm vor, die Wachen präsentierten, ein Jäger öffnete den wartenden Wagen. Aber im Augenblick des Einsteigens schien dem Erstgenannten ein anderer Gedanke zu kommen, er trat vor dem Wagen zurück.

»Fahren Sie ohne mich« sagte er zu seinem Begleiter gewendet, »ich bin erhitzt und werde zu Fuß gehen, um mich abzukühlen.«

Mit diesen Worten schritt er die Treppe hinab, bog von dem Wilhelmsplatz in die Wilhelmstraße und wanderte eilig die Linden entlang, einem Hause zu, das in der Friedrichstraße lag. Durch ein paar Fenster des ersten Stocks flimmerte ein blasses Licht; er stieg schnell die Treppe hinauf und trat in das Gemach.

Es war ein Krankenzimmer. An der Wiege ihres Kindes saß eine junge, zarte Frauengestalt. Sie winkte der Wärterin, sich zu entfernen und reichte dem Eintretenden, von ihrem Platz aus, die Hand entgegen.

»Ich wußte wohl, daß du noch kommen würdest, obgleich du das Gegenteil gesagt hattest«, flüsterte sie und rückte in die Ecke des weiten Lehnstuhls, Raum zu machen an ihrer Seite für den Ankommenden, der sich neben ihr niederließ und sie in seine Arme zog.

»Ich mußte dich noch sehen«, entgegnete der junge Mann. »Mir wurde angst und bange unter den lachenden, heuchelnden Menschenlarven, die sich aus einem Jahrhundert in das andere lügen … Ich sehnte mich nach deinen lieben Augen, ich wollte mit dir und unserm Kinde die Ankunft des neuen Jahrhunderts erwarten. Wie geht's denn jetzt?« fragte er, sich zur Wiege neigend und die Hand behutsam auf die Stirn des Säuglings legend. »Das Fieber scheint nachgelassen zu haben.«

»Ja!« sagte die Mutter. »Er schläft seit einer halben Stunde. Der Arzt erklärt, es sei jede Gefahr vorüber; aber du mußt nicht so laut sprechen, sonst weckst du ihn auf.«

»So komm zu mir, damit ich dich nahe habe«, entgegnete der junge Mann und zog sie auf seinen Schoß, seinen Kopf an ihre Schulter lehnend.

Als sie eine Weile so beieinander gesessen hatten, das Bild glücklichster Häuslichkeit, schlug die Uhr halb zwölf. Ein Seufzer rang sich aus der Brust des Mannes, und mit ernster Stimme sprach er: »Noch dreißig Minuten, und das Jahrhundert ist vorüber!«

»In dreißig Minuten kannst du, Liebster, mir noch viele hundert Küsse geben! Komm, laß uns das alte Jahr mit Küssen begraben und das neue damit begrüßen, sonst wirst du mir wieder ernst und traurig, wie du es schon die ganze Zeit gewesen bist.«

»Mit Küssen begraben und mit Küssen begrüßen!« wiederholte der junge Mann. »Das ist's! Das ist der Fluch! – Warum mußtest du das sagen, Henriette?« Er ließ die Geliebte aus seinen Armen, stand auf und ging lebhaft im Zimmer umher.

Die junge Frau blickte erschrocken und traurig zu ihm empor. Sie wollte ihm folgen, aber eine unruhige Bewegung des Kindes hielt sie an ihrem Platz zurück. Während sie sanft die kleine Wiege schaukelte, blickte sie sorglich bald nach dem Kinde, bald angstvoll nach dessen Vater. Endlich sagte sie: »Wie kann dich ein unschuldiger Scherz so ganz verstimmen! Was habe ich denn Schlimmes gesagt? –«

Der Angeredete blieb vor ihr stehen. »Was du gesagt hast? Ach! Du weißt es freilich nicht, armes Kind! Du weißt es nicht! Eine unsichtbare Macht legte es dir in den Mund. Wie eine Pythia hast du in der Scheidestunde der Jahrhunderte bewußtlos mir Vergangenheit und Zukunft meines elenden Daseins enthüllt.«

»Ich verstehe dich nicht«, klagte sie. »Wie magst du dein Dasein elend nennen!«

»Nein! Nein! Du verstehst es nicht! Und verständest du es, so könntest du nicht helfen«, rief er. »Du tust, was du kannst, du liebst mich, du bist sanft und gut, und ich quäle dich. Vergib mir, liebes Kind!«

Er fuhr mit der Hand über seine Stirn, als wolle er dort böse Gedanken verscheuchen, setzte sich wieder zu ihr nieder, küßte ihre roten, vollen Lippen, tändelte mit ihren goldblonden Flechten, aber seine Seele war offenbar mit anderen Gegenständen beschäftigt; er blieb zerstreut und düster.

Plötzlich, als müsse er seinen Gedanken durchaus Worte geben, sagte er: »Was ist in diesen hundert Jahren geleistet! Welche Männer, welche Taten hat das Vaterland gesehen! Und jetzt! Diese Wolken, welche den Flug des Adlers hemmen! Diese Verblendung, diese schmachvolle Schwäche! – Und ich stehe da, tatenlos, gefesselt, unfähig zu helfen. Ich –«

Da dröhnten zwölf mächtige Schläge durch die Stille der Nacht, alle Glocken der Stadt läuteten, von den Türmen wurden geistliche Lieder geblasen, ein verworrenes Getöse von Menschenstimmen erklang in den Straßen, und der Donner der Kanonen rief dem Jahrhundert den Scheidegruß nach, während es in den Schoß der Ewigkeit versank.

Der junge Mann hielt inne, hob das schlafende Kind aus der Wiege, legte es in die Arme seiner Mutter, und, Weib und Kind umfassend, rief er: »Das wenigstens ist mein eigen.«

Der Knabe erwachte weinend. Die Mutter nahm ihn an ihre Brust. Der junge Vater kniete vor sie nieder; küßte das Kind und sagte: »Weine nicht, mein Sohn! Dein Stern steht nicht so hoch am Horizonte, als der deines Vaters, du wirst glücklicher sein!«

Dann küßte er nochmals die Mutter und verließ das Gemach.

3

Niemand hatte von Friedrichs des Großen Wahlspruch ›In meinen Staaten kann jeder auf seine Façon selig werden‹ größeren Vorteil gezogen als die Juden, welche, unter der Regierung seines Vorgängers noch vielfach eingeschränkt und bedrückt, sich jetzt einer größeren Duldung erfreuten.

Die gute Wirkung davon blieb nicht aus, die Früchte zeigten sich bald. In verschiedenen jüdischen Familien traten bevorzugte Naturen in hoher Geistesentwicklung hervor. Besonders waren es die Frauen, welche, ungehindert durch die Sorge für den Erwerb und die praktischen Verhältnisse des täglichen Lebens, sich schnell auf den geistigen Höhepunkt ihrer Zeit zu schwingen gewußt hatten.

Indes, alles Gewaltsame hat seine Gefahren. Selbst der Luftballon, der den Äther durchschiffen soll, darf nur langsam steigen, sich nur allmählich des Ballastes entledigen, der ihn an die niedere Region der Erde kettet. Der plötzliche Aufschwung der Jüdinnen Berlins zu Ende des vorigen Jahrhunderts entbehrte der wohltätigen Fessel, des Zusammenhangs, welcher das Neue mit dem Alten verbindet. Ausnahmsweise, selbst innerhalb ihrer Familien, sahen sie sich gezwungen, die Anerkennung, deren sie sich mit vollem Recht würdig fühlten, außerhalb derselben zu suchen, und hier trat ihnen in den Mittelständen hart und schroff das alte blinde Vorurteil gegen ihr Volk hindernd in den Weg. Sie mußten eine andere Region für sich entdecken.

Diese fand sich bald. Die französische Revolution, die Enzyklopädisten hatten ihnen vorgearbeitet. In den Seelen der Aufgeklärten war die Gewalt der Vorurteile zerstört oder doch mindestens ein Ringen bemerkbar, sich davon zu befreien. Man hatte die christlichen Dogmen, die christliche Askese als Fesseln erkannt, von der Hierarchie zur Knechtung der Menschheit erschaffen; man fühlte sich wieder der Natur eingeboren, geistig zu freiem Forschen, sinnlich zum Genuß berechtigt. Philosophische Prüfung trat an die Stelle des religiösen Glaubens; man warf, um das frühere Bild aufzunehmen, allen Ballast aus dem Ballon der aufsteigenden Gedanken und – das leichte Fahrzeug ward ein Spiel des Sturmes.

Die Berechtigung der Leidenschaft, dieses Hebels aller großen Taten, die Berechtigung der verschiedenartigen Menschennaturen zu freier, angemessener Entwicklung wurde anerkannt. Man machte Gebrauch davon ohne Bedacht auf die Rückwirkung, welche dies notwendig auf andere haben mußte. Man sprach von dem Fortschritt der Menschheit, aber jeder liebte die Menschheit, ihren Fortschritt, ihre Freiheit nur in sich selbst. Unter dem Deckmantel der Freiheit, dieser Religion allumfassender und darum sich selbst verleugnender Liebe, überließ man sich einem verfeinerten Egoismus, der um so genußbringender war, je weniger er schöne Regungen der Seele ausschloß, und je mehr erhabene Empfindungen er zuließ, welche dem Ich schmeicheln konnten.

Jeder war der Gott und der Priester seines Egoismus, jeder wählte die ihm angemessenste Form für seinen Kultus der Selbstsucht. Sinnliche Ausschweifungen, verhüllt unter der Anbetung des vollendet Schönen, des unerforschbaren Mystischen; religiöse Spielereien mit dem Urchristlichen; kindische Lust an dem ursprünglich Volkstümlichen gingen geschätzt, beachtet und bewundert einher, neben edlen Bestrebungen und ernstem Forschen nach Wahrheit. Die Toleranz des Egoismus, welcher Duldung gewährt, um sie für sich zu erhalten, verband Männer und Frauen in Liebe und Freundschaft zu einer gesonderten Gesellschaft in der Gesellschaft.

Den Mittelpunkt dieses Kreises bildeten jene Jüdinnen, deren wir gedachten. Marianne und Sarah Meier, Dorothea Mendelssohn, die Tochter Moses Mendelssohns, Rahel Levin und andere hatten zu schwer von Vorurteilen gelitten, waren zu sehr von Unduldsamkeit gequält worden, um nicht frei von diesen Fehlern zu sein. Jedem geistig bedeutenden Menschen, der ihnen die Abstammung von dem mißachteten Volke verzieh, wurde alles gestattet, was er seiner Persönlichkeit nach an Freiheit zu bedürfen glaubte, und vieles vergeben, worüber man in anderen Kreisen streng den Stab gebrochen hätte. Einzelne Frauen der Adelsaristokratie, denen vielleicht gerade diese selbst zu einer hemmenden Schranke geworden war, geistvolle Schauspielerinnen schlossen sich jenen Jüdinnen an, und wußten Männer wie Gentz, Schlegel, die Humboldts und andere um sich zu vereinen und dauernd zu fesseln.

Ein Teil dieses Kreises hatte sich in der Sylvesternacht bei Marianne Meier versammelt, die seit Jahren an einen Kurländer, Baron von Grotthuß, verheiratet war und ihr gastliches Haus gern und oft den Freunden öffnete.

Dorthin richtete der junge Mann seine Schritte, den wir an der Wiege seines Kindes verlassen haben.

Tief in Gedanken versenkt, durchschritt er eilig die Straßen, als plötzlich vor der Kaserne des Regiments von Romberg ein Volkshaufen seine Aufmerksamkeit erregte, der, von den Schildwachen schimpfend zurückgewiesen, sich dennoch der Kaserne zu nähern versuchte.

»Was geht hier vor?« fragte er den Nächststehenden.

»Ein Soldat hat, als es zwölf Uhr schlug, seine Liebste in der Kaserne erstochen«, antwortete ihm dieser und begann eine Erzählung seiner Vermutungen.

Aber der junge Mann hörte sie nicht mehr. Er eilte in die Kaserne. Seine Uniform bahnte ihm den Weg.

In der Wachstube herrschte eine unheimliche Verwirrung. Die Lichter waren niedergebrannt, die Flammen glimmten matt auf den langen Schuppen. In einzelnen Haufen standen die Soldaten beisammen, leise miteinander flüsternd. Die Schauer einer furchtbaren Tat lagen auf ihnen. Sie hatten nicht den Mut, laut zu sprechen, nicht die Ruhe, zu schweigen. Halbgeleerte Bierkrüge und Karten, mit denen man die Sylvesternacht hatte feiern wollen, sahen zwischen den Feldmützen hervor, die sich auf den Tischen befanden; dicke Rauchwolken erfüllten das Gemach.

Seitwärts auf einer Bank lag, mit einem Soldatenmantel bedeckt, die Leiche des jungen Mädchens. Man hatte nicht gewagt, sie vor der Ankunft des Regiments-Auditeurs zu entfernen.

Bei dem Eintritt des jungen Mannes malte sich ein allgemeines freudiges Erstaunen auf den Gesichtern der Soldaten. Die Mehrzahl schien ihn zu kennen. Der Mantel war ihm von der Schulter herabgeglitten, eine Generaluniform wurde sichtbar; auf seiner Brust funkelte der schwarze Adlerorden.

Lebhaft schritt er auf die Bank zu, auf welcher sich die Ermordete befand. Es war ein hübsches Mädchen der dienenden Klasse in ärmlicher, aber sauberer Kleidung. Unter der Haube stahl sich hellblondes Haar hervor, das über den entblößten Busen niederfloß und sich in dem Blut tränkte, welches noch frisch von der Wunde entquoll. Der Messerstoß hatte das Herz getroffen, die Züge der Toten waren vollkommen ruhig.

Unweit davon in einer Ecke des Gemachs saß, an Händen und Füßen gekettet, ihr Mörder, still und ruhig nach der Leiche hinüberblickend. Das blutige Messer, mit dem er die Tat verübt hatte, lag noch neben der Toten.

Einen Augenblick betrachtete der junge General die

Ermordete, dann wandte er sich an den Mörder. »Was hat dir das Mädchen getan?« fragte er ihn.

»Sie hat mir nichts getan, sie war meine Liebste!«

»Und du hast sie ermordet?«

»Ich hab's nicht aus Haß getan«, antwortete jener, »sondern aus Liebe. Weil ich sie nicht in dieser Welt heiraten sollte, wollte ich mit ihr in die andere Welt. Sie hat mich darum gebeten; ich hab's ihr zu Lieb' getan und ich folge ihr ja nun auch nach.« Er fing bei diesen Worten zu weinen an und wollte sich der Leiche nähern, die Soldaten aber, welche ihn bewachten, hielten ihn davon zurück.

Währenddessen war der wachhabende Offizier herbeigerufen. An diesen wandte sich der General mit der Frage, wie das Frauenzimmer in die Kaserne gekommen sei?

»Sie ward mit dem Füselier Kugler vom Regiment Kanitz eingebracht, mit dem sie von Prenzlau ins Mecklenburgische entflohen war, weil man ihnen keinen Trauschein geben wollte«, antwortete der Lieutenant. »Da sie ihn auch dort nicht erhielten, kamen sie zurück. Ein Werbeoffizier unseres Regiments begegnete ihnen, und der Kugler ließ sich wieder anwerben, da man ihm im Pardonbrief einen Trauschein versprach.«

»Und warum hat man ihm nicht Wort gehalten? Warum ist er denn als Gefangener eingebracht?«

»Es ist gerade in den Tagen eine Konvention zwischen den Regimentern geschlossen worden, die Deserteure gegenseitig auszuliefern, und Lieutenant von Heldrich vom Regiment von Kanitz traf gestern hier ein, den Kugler zu reklamieren.«

»Ja! Der ist schuld! Der ist an allem schuld!« rief der Gefangene in einem Ton so tiefen Grimmes, daß der General aufmerksam darauf wurde, und den Soldaten in ein anderes Zimmer zu führen befahl, wohin er ihm folgte. Sein Wink entfernte die Wachen.

Als er allein mit dem Mörder war, setzte er sich ruhig nieder und sagte: »Kugler! Du hast dein Leben verwirkt, man wird dich hinrichten, das weißt du selbst. Besinne dich, was hat das Mädchen dir getan? Was hat der Lieutenant Heldrich damit zu schaffen? Kein Mensch ermordet ja seine Liebste aus Liebe. Hat dich das Mädchen betrogen? Besinne dich, vielleicht gibt es eine Entschuldigung für deine Tat, die dir das Leben retten kann.«

»Sie hat mir nichts getan«, wiederholte der Soldat, »ich hab's ihr versprochen, weil uns alle verfolgten und weil es uns zu schlecht ging. Ich will auch keine Gnade haben, sondern ich will sterben, um mit meiner Liebsten vereint zu werden; aber Ihnen, Herr General, will ich erzählen, wie das alles gekommen ist, denn ich seh's, Sie haben Mitleid mit dem Armen, Sie denken, daß ein armer Gemeiner doch auch ein Mensch sei.«

»Ja! Bei Gott! Das denke ich!« rief jener mit Wärme und ermunterte den Soldaten zum Sprechen, der also anhub.

»Dazumal vor Jahren, wie ich mich anwerben ließ in Prenzlau bei dem Regiment Kanitz, da war ich auf der Wanderschaft, denn ich bin meines Zeichens ein Kürschner aus Nürnberg. Wenn ich nun nicht im Dienst war, so suchte ich mir ein paar Groschen zu verdienen, und half bei einer Frau, die eine Rolle hatte, das Weißzeug rollen. Dabei habe ich die Friederike kennengelernt, die bei dem Obrist von Heldrich als Hausmädchen diente. Wir haben uns geliebt und wollten uns heiraten, und die Friederike wollte selbst die Frau Obristin um einen Trauschein für uns bitten. Die wird ihn schon vom Obristen zu schaffen wissen, sagte sie, denn ihr wird lieb sein, daß ich heirate, weil mir der Lieutenant Heldrich, das war der Sohn vom Obristen, nachstellt. Die Obristin wollte ihn auch gleich besorgen, aber der Lieutenant sagte dem Obristen, ich sei ein Taugenichts, ich würde Weib und Kinder sitzenlassen und meine Löhnung versaufen, und so bekamen wir keinen, und die Friederike wurde aus dem Haus getan, weil der Lieutenant immer dreister wurde und ihr den Trauschein versprach, wenn sie ihm zu Willen sein wollte.«

Der Soldat hielt inne, bis der General fragte: »Und was wurde dann weiter aus deiner Liebsten? Wie kamt ihr denn hierher?«

»Es ging uns so elend, daß wir fortmußten«, sagte Kugler. »Die Friederike konnte keinen Dienst bekommen, weil es hieß, sie habe Liebschaften; sie mußte sich also kümmerlich mit Nähen und Stricken durchbringen. Ich hatte auch schlechte Tage bei der Kompanie. Sah mich der Feldwebel mit ihr, so steckte er es dem Lieutenant und drohte mir, er werde sie zur Stadt herausjagen und mich einsperren lassen. Das Einsperren geschah auch. Ich dachte, ich könnt's nicht überleben, meine Braut so lange nicht zu sehen, und der Friederike ging es ebenso. Wie ich nun freikam, beschlossen wir davonzugehen, es war nicht mehr auszuhalten. Im schlechtesten Wetter schlichen wir uns durch das Land bis über die Grenze und baten in Mecklenburg um den Trauschein. Aber wir bekamen keinen, und hatten nichts mehr zu beißen und zu brocken, da wir all unsere Sachen schon verkauft hatten. Da ließ ich mich denn wieder anwerben von einem preußischen Offizier, denn von den zwanzig Talern konnte sie lange leben, und ich erhielt einen Pardonbrief und das Versprechen, ich sollte auch einen Trauschein haben.

Kaum aber kamen wir nach Berlin, so nahmen sie mich fest und sagten, ich könnte nicht bei dem neuen Regiment bleiben, sondern müßte gleich nach Prenzlau an mein altes Regiment abgeliefert werden. Wie die Friederike das hörte, bat sie mich vor Gott und nach Gott, ich sollte ihr das Leben nehmen. Nach Prenzlau zurück könnte sie einmal nicht, und ohne mich leben, das könnte sie auch nicht. Ich redete es ihr aus, aber sie blieb dabei. Nun kam vor einigen Tagen gar mit dem Feldwebel der Lieutenant Heldrich selbst, mich zu holen, und wie der mich sah, sagte er: ›Dir kann nichts geschehen, denn du hast den Pardonbrief; aber einen Trauschein kriegst du nun nimmermehr, und der Friederike lasse ich in Prenzlau die Röcke abschneiden und sie vom Profoß zum Tore hinauspeitschen, so wahr ich Heldrich heiße.‹

Wie ich nun hier in der Arreststube saß, schlich sich die Friederike ein paarmal an das Fenster auf den Hof und zeigte mir mit einem Messer auf ihre Brust, daß ich sie totstechen sollte; denn der Feldwebel hatte sie ausfindig gemacht und ihr gesagt, was der Lieutenant ihr zugedacht habe. Ich wollte gar nicht darauf hören, aber wenn ich schlief, dann sah ich im Traum den Lieutenant bei meiner Liebsten, oder den Profoß, der sie auspeitschte und ich dachte, da sei doch sterben besser. Und wie sie nun vorgestern früh die Friederike auch festnahmen, weil sie in Prenzlau von meiner Flucht gewußt hatte, und sie hierherbrachten, damit wir gleich nach Neujahr abgeführt würden, da warf sie sich mir an die Brust und sagte: ›Peter! Jetzt mußt du es tun. Ein Messer habe ich mitgebracht, und besser treu und ehrlich gestorben, als mit Schande gelebt.‹«

Ein neuer Tränenstrom unterbrach die Erzählung; der junge General stand auf und ging heftig erregt im Zimmer umher. Plötzlich blieb er stehen und fragte: »Hast du denn nicht versucht, dem Mädchen den Gedanken auszureden, Kugler? Wie war es dir denn möglich, ihr das Messer in die Brust zu stoßen?«

»Es kam mir hart genug an«, seufzte der Unglückliche. »Den ganzen Tag, die ganze Nacht redete ich es ihr aus und bat sie zu warten, bis wir auf dem Wege wären, weil ich dachte, sie sollte sich doch noch anders besinnen. Aber sie sagte: ›Bilde dir doch nicht ein, daß sie uns auf dem Transport zusammenlassen werden. Dich nimmt der Feldwebel auf seinen Wagen, mich wird wohl der Lieutenant zu sich kommen lassen; und nachher sehen wir uns nicht wieder. Ich bin mein Leben satt, die Nacht ist das Jahrhundert aus, für uns wird's aber in alle Ewigkeit nicht anders, und wenn du ein braver Kerl bist und mich liebst, so machst du selbst dem Elend ein Ende!‹ Sie küßte mich und weinte und bat den ganzen Tag. Gegen Abend faßte sie mich unter, ging mit mir die Stub' auf und ab und erzählte mir alles, was wir schon gelitten hatten, und stellte mir alles vor, was uns noch an Elend und Schimpf und Schande begegnen mußte. Darüber wurde es elf Uhr, sie zog mich auf die Bank hinter den Ofen, da legten wir uns nieder und sie sagte mir, wie wohl ihr sein würde, wenn sie erst tot wäre und wie sie mir es ewig danken und mich im Himmel wie ihren Retter ansehen wollte. Auch wie ich sie zum Begräbnis anziehen sollte, befahl sie mir, und gab mir eine schwarzes Band, mit dem sie um ihre Mutter getrauert hatte, das sollte ich ihr im Sarge umbinden. Und wie es nun zwölf schlug, da machte sie ihre Jacke auf, gab mir einen Kuß und sagte: ›Nun, Peter, leb wohl! Nun ist's genug; hier stoß zu, dann ist's schnell vorbei.‹ Dazu gab sie mir ihr Messer in die Hand, und – so hab' ich's denn getan, so schwer mir's wurde, weil ich sie doch nicht in Elend und Schande allein verlassen konnte. Sie hat mich fest umschlungen gehalten und keinen Laut von sich gegeben. Ich dachte auch immer, sie lebte noch, bis ihr die Hände und Lippen kalt wurden, da merkte ich erst, daß sie tot sei, und sagte dem Feldwebel: ›Herr Feldwebel! Ich habe meine Liebste totgestochen.‹«

Der Soldat hatte mit ruhigster Rechtsüberzeugung gesprochen, wie jemand, der eine schwere Pflicht erfüllt hat. Der General war tief erschüttert. Er fragte, weshalb sich Kugler nicht bei den Vorgesetzten des Lieutenants beschwert habe? Warum er nicht den König um einen Trauschein gebeten?

»Des Lieutenants Vorgesetzter, das war sein Vater«, entgegnete Kugler, »und den König bitten? Wir konnten beide nicht schreiben, in Prenzlau waren wir ganz fremd, wer sollte sich da unserer annehmen, und wer glaubt denn einem Gemeinen gegen seinen Feldwebel und gegen seinen Lieutenant? Für unsereins ist keine Hilfe; es ist hier wie in Mecklenburg, in Mecklenburg wie hier! Uns hilft nur der Tod, die Friederike hatte ganz recht; ich bin auch froh, daß es bald mit mir vorbei sein wird.«

Der General sah ihn lange an, und mit Tränen in den Augen sagte er: »Ich kann dir deine tote Liebste nicht wieder verschaffen, aber ich will sehen, was ich für dich zu tun vermag, denn dir ist schweres Unrecht widerfahren.«

»Machen Sie, Herr General, daß ich ihr bald nachkomme; leben ohne sie kann ich nicht; ich hab's mir schwer genug erkauft, daß ich ihr nachkommen kann; aber wollen Sie mir eine Gnade erzeigen, so schaffen Sie der Friederike ein ehrliches Begräbnis. Ich werde doch nicht bei ihr zu liegen kommen, mich scharren sie am Galgen ein.«

Der Gedanke überwältigte ihn, er weinte laut und rang die Hände, als der General das Zimmer verließ, mit dem Versprechen, nach besten Kräften für den Unglücklichen zu sorgen.

Er befahl sogleich, daß man ihn nicht wieder in das Zimmer bringe, in welchem die Leiche sich befand und wo es schon wieder ganz munter herging.

Man hatte die Tote auf die Bank hinter den Ofen gelegt, die Soldaten saßen wieder bei den Karten, mit Tabak und Bier; das erstochene Mädchen lag verlassen unter all den fremden Männern. Kein Herz gedachte der Unglücklichen, keine Träne floß für sie; nur der General trat noch einmal an sie heran, legte seine Hand auf ihre kalte Stirn und sagte, leise für sich selbst sprechend, während er das todbleiche Antlitz betrachtete: »Armes, treues Weib!« Dann verließ er die Kaserne, nachdem er dem wachhabenden Offizier die Anweisung gegeben, das Mädchen auf seine Kosten anständig beerdigen zu lassen, wie der Soldat es gewünscht hatte.

4

Der Festjubel in den Straßen war verstummt, die Menschen waren in ihre Wohnungen zurückgekehrt, auch der General schlug den Weg nach der seinigen ein; aber ihm graute vor der Einsamkeit seiner Gemächer. Eine Welt von Schmerzen, das Leid jedes Unterdrückten schien sich über seine Seele zu wuchten, jede Träne auf Erden ihn anzuklagen, daß er sie nicht trockne. Die einsamen Straßen, die Dunkelheit bevölkerten sich mit Leidensgestalten, die von ihm Hilfe erflehten, die bittend aus der Tiefe zu seiner Höhe die Hände emporstreckten. Er wollte zu ihnen eilen, aber dämonische Gestalten hielten ihn zurück, drängten sich zwischen ihn und die Menschheit. Seine Hände waren gefesselt, selbst seine Seele war in Banden, die er nicht zu zerreißen vermochte, so sehr die Notwendigkeit der Tat in ihm kämpfte, sich zu befreien. Die gewaltigste Verzweiflung ergriff ihn, seine Brust drohte zu zerspringen, wenn er dem Wehschrei seiner Seele nicht Worte geben konnte; sein Herz verlangte nach einem Menschenherzen, tief und fest genug, den ganzen Strom seines Schmerzes darin zu ergießen. Aber er hatte keines. Er stand allein, einsam mit diesem Schmerz, mitten unter den frohen Gefährten seiner lachenden Stunden.

Indes, die innere Trauer war zu mächtig; er mußte sie mit einem Menschen teilen, oder sie zu übertäuben suchen. Da fiel ihm die Gesellschaft bei, die er aufzusuchen gedachte, als er in der Kaserne zurückgehalten ward. Dorthin lenkte er seinen Schritt. Es war zwei Uhr, und doch glänzten die Lichter noch so hell aus dem gastlichen Haus der Frau von Grotthuß, als könnten dorthin niemals die Dämonen dringen, welche den Geängsteten verfolgten.

Oben im Saal erklang lautes, fröhliches Lachen. Die dampfende Punschbowle erhob ihre Rauchwolken durch den erwärmten, behaglichen Raum. Die feinen Hände der

Frau von Grotthuß füllten die Gläser aufs neue, und sein Glas gegen die schöne Schauspielerin Unzelmann neigend, rief der Kriegsrat Friedrich Gentz, einer der geistvollsten und elegantesten Männer Berlins: »Den Frauen, die uns lieben!«

Die Unzelmann lachte hell auf und sagte: »Hört nur, wie Gentz sich vorsieht; er sagt nicht, die wir lieben, sondern, die uns lieben, das ist seiner würdig!«

»Gewiß!« meinte Gentz. »Denn ich dachte an ein Glück. Geliebt werden ist ein immer neuer Genuß; Lieben eine Arbeit, eine Krankheit, die ein vernünftiger Mann wie alle Kinderkrankheiten nur einmal durchmachen darf. Nur die leichte Empfänglichkeit der Frauen setzt sie wiederholten Rückfällen aus, die aber auch, je öfter sie sich zeigen, um so gefahrloser werden.«

»Nein!« rief Friedrich Schlegel dazwischen. »Das ist falsch, grundfalsch. Jedes Menschenherz ist wie die Mutter Erde zu unablässigem Blühen bestimmt; aber wir Männer haben in der philisterhaften Verzopfung unseres Lebens die Naturfrische verloren, die allein noch in den Weibern glüht und ihnen die Möglichkeit immer neuer heftiger Leidenschaft gewährt. Weil die Natur lebhafter auf ihre zarteren Nerven einwirkt, weil die Luft ihnen in ihrer schönen freien Kleidung unablässig Brust, Schultern und Arme umfächelte sind die Frauen Menschen geblieben, die noch gesund mit den Sinnen empfinden.«

»Und womit empfinden Sie, lieber Schlegel?« fragte die Unzelmann.

»Gewöhnlich nur durch Kombination!« entgegnete er. »Legt sich im täglichen Leben ein frischer Arm um meinen Nacken, preßt sich ein klopfendes Herz an meine Brust, nicht mich, nur mein unelektrisches Tuchkleid berührt die magnetische Wärme, ich selbst fühle sie nicht, und muß mir aus der Seele die wonnige Empfindung kombinieren, welche mir der frische Kontakt mit der Schönheit hervorrufen würde!«

Da legte sich leise ein Arm um seinen Nacken, eine kleine Frauengestalt lehnte sich an ihn, und lächelnd fragte ihn seine Gattin, Dorothea Mendelssohn, die sich eben von dem Kaufmann Veit hatte scheiden lassen, um Schlegel zu heiraten: »Und was kombinierst du in diesem Augenblick, mein Friedrich?«

Er antwortete mit einem Kuß auf ihre Hand, während der schöne Graf Tilly, ein französischer Emigrierter, in die Worte ausbrach: »Welch wunderbares Volk, diese Deutschen! Philosophen, Skeptiker bis tief in die Mysterien des Kusses hinein. Wie kommt Ihr nur einmal in eurem Leben zum Genießen, wenn Ihr die Präliminarien desselben so gewissenhaft zergliedert?«

»*Il n y a que le premier pas qui compte!*« meinte Gentz. »Es geht uns mit der Liebe wie den Insekten mit der Flamme. Wir starren sie an, umkreisen sie, möchten ihr Wesen ergründen, werden von der lieblichen Wärme, die uns anmutet, näher und näher angezogen, bis plötzlich das verräterische Element unsere Flügel erfaßt hat. Dann ist Flucht unmöglich, und süß betäubt, halb willenlos, versinken wir in die Glut, die uns verzehrt, indem sie uns erwärmt. Nicht wahr, Rahel?«

Rahel Levin, an die jene Worte gerichtet waren, lehnte schweigend in der Ecke des Sofas. Sie war die älteste Tochter eines wohlhabenden jüdischen Kaufmanns; ihr Geist, ihre Bildung hatten ihr eine Art von Berühmtheit verschafft, und obgleich sie dreißig Jahre zählte und man sie eigentlich nicht schön nennen konnte, war sie der Gegenstand vielfacher Bewunderung und Bewerbung. Ihr etwas bleiches, ernstes Gesicht war auf die Hand gestützt, ihre mächtigen dunklen Augen glitten in ruhiger Prüfung von einem zum andern. Als Gentz sich mit jener bestimmten Frage an sie richtete, hob sie den Kopf empor, sah ihm fest in das Antlitz und sagte: »Was sprecht Ihr doch von der Liebe, die Ihr nicht versteht! Ihr lebt nicht einmal für Eure Liebe, und für die rechte Liebe muß man in sich ganz und gar sterben können, um wiedergeboren zu werden für sie. Aber das versteht Ihr auch nicht; also trinkt nur weiter Punsch und freut Euch, daß wieder ein neues Jahrhundert für eure Sorte Liebe beginnt. Meine Zeit ist's noch nicht, ich muß warten, bis sie kommt.«

Plötzlich, als besinne sie sich eines anderen, strich sie das volle schwarze Haar, das über ihre Stirn gefallen war, mit lebhafter Bewegung zurück und rief: »Pfui! Rahel! Schäme dich und krächze nicht deine Kassandralieder, die ganz aus der Mode sind, in gebildeter Gesellschaft. Ihr alle habt Recht, und ich allein bin eine Törin; denn meine Liebe gleicht schweren Goldbarren, die niemandem nützen im täglichen Verkehr, die niemand begehren kann, weil das Prägen nur Königen zusteht. Eure Liebe ist schöne, gangbare Münze, die Lebensgenuß verschafft. Gentz, Tilly, Schlegel, wer will mich Eure Sorte Liebe lehren, ich bin auch jung und will auch das Jahrhundert genießen, so gut als – der Prinz!« – rief sie, als sich plötzlich die Tür öffnete und der junge General hereintrat, dem wir schon zweimal begegnet sind.

Es war Prinz Louis Ferdinand, der Neffe Friedrichs des Großen, der Vetter des regierenden Königs, eine jugendliche Heldengestalt in voller Schönheit und Majestät.

Frau von Grotthuß ging ihm entgegen, alle standen auf, ihn zu begrüßen; er war vertraut in diesem Kreise. Man wünschte ihm Glück zum neuen Jahr und er erwiderte es freundlich, während sein Auge jemand zu suchen schien. Endlich fragte er: »Ist Vetter nicht hier?«

»So wissen Sie es nicht, Hoheit«, sagte Rahel lebhaft, »daß heute bei der Geheimrätin Cäsar Paulines Verlobung gefeiert wird?«

»Mit Vetter?« fragte der Prinz.

»Nein, mit Wiesel!«

»Oh! Das ist unmöglich, denn Vetter selbst hat mir gesagt, sooft er von Mademoiselle Wiesel sprach, daß er sie anbete.«

»Niemand begreift es«, sagte Gentz. »Pauline, das reizendste Geschöpf, das die Erde trägt, voll Geist, voll Herz und Phantasie, umschwärmt, begehrt von aller Welt, behauptet plötzlich, Wiesel zu lieben, der gar nicht an eine Heirat mit ihr dachte, um so weniger, als er Vetters Leidenschaft für sie kannte, der sein Freund ist. Indes zu klug, die Hände nicht zusammenzuschlagen, wenn der Zufall ihm eine Krone zuwirft, hat Wiesel Paulines Gunst angenommen. In wenigen Wochen ist die Hochzeit, und das junge Paar geht in Vetters Begleitung auf Reisen.«

»Ihrem Mann eine Krone zu verschaffen, ist Pauline die rechte Natur!« meinte Tilly.

»Und Sie würden gern der erste sein, der das nötige Material dazu liefert«, warf Gentz hin.

»Torheit!« fiel Dorothea Schlegel ihnen ins Wort. »Pauline kann wohl wie die Julia des Shakespeare sagen: ›Doch glaube, Mann, ich werde treuer sein, als die, die fremd zu tun geschickter sind.‹ Hoheit kennen Pauline doch?«

»Nein!« antwortete der Prinz, der währenddessen neben Rahel Platz genommen hatte. »Ich erinnere mich ihrer nur als eines Kindes, aus der Zeit, in welcher ihr Vater noch in Diensten meines Vaters stand; später habe ich sie wohl noch einmal als heranwachsendes Mädchen gesehen, ehe ich zur Kampagne an den Rhein ging. Dann starb ihr Vater, sie verließen ihre Wohnung im Schlosse, waren auf Reisen und ich ebenfalls oft abwesend von Berlin, so daß ich sie nicht wiedererkennen würde. Sie soll sehr schön sein.«

»Sich ewig verdammen zu lassen für sie!« rief Tilly, und Gentz fügte hinzu: »Besonders, wenn man nicht an die ewige Verdammnis glaubt.«

Paulines Vorzüge und Mängel, ihr Verhältnis zu Wiesel und ihre beabsichtigte Reise zu dreien wurden nach allen Richtungen hin besprochen und zergliedert, während der Prinz, gegen Rahel gewandt, beklagte, den Referendarius Vetter nicht hier gefunden zu haben, den er unter allen Personen des Kreises, um seiner Offenheit und Frische willen, besonders wert hielt.

Er erzählte Rahel, wie er den ganzen Abend mit sich gekämpft unter dem Druck einer unüberwindlichen Schwermut, er schilderte ihr sein Verweilen am Lager seines Kindes, das entsetzliche Ereignis in der Kaserne, die wilden Phantasiegebilde, vor denen er Zuflucht gesucht in diesem Kreise, er legte einen Teil seines Schmerzes in ihre Seele nieder.

Sie hörte ihm mit tiefem Verständnis zu, während die Worte geflügelten Scherzes und munterer Laune von den Lippen der anderen strömten. Pläne und Wünsche für die nächste Zukunft wurden ausgesprochen, und alle lachten, als die Unzelmann sich nur ewige Jugend und ewige Schönheit wünschte, weil diese für sie der Zauberstab zu allem Glück der Erde wären.

»Eine Schauspielerin und ein Prinz bedürfen nur dies, alles andere haben wir«, sagte sie neckend; »darin, Hoheit, bin ich Ihresgleichen.«

»Prinz Louis hat nicht seinesgleichen!« rief Frau von Grotthuß schmeichelnd.

»O doch!« meinte Rahel. »Ich bin seinesgleichen!«

Man nahm es für einen Scherz, der Prinz aber verstand sie und, sich zu ihr neigend, sprach er leise: »Das heißt, Sie sind einsam, machtlos, unglücklich! Und dazu – ewige Jugend!« rief er laut, stürzte, als habe er einen Toast ausgebracht, sein volles Glas hinunter und verlor sich, die Schwermut durch erzwungene Lust bekämpfend, in eine wilde Laune, die sich bis zur tollsten Ausgelassenheit steigerte.

Es war gegen Morgen, als Prinz Louis in das Palais zurückkehrte, sich überreizt an seinem Flügel niederwarf und in mächtigen Phantasien die stürmische Glut seiner Seele ausströmte, um sich zu beruhigen, ehe er erschöpft sein Lager suchte.

5

Prinz Louis Ferdinand stand in seinem achtundzwanzigsten Jahr. Geboren mit allen körperlichen und geistigen Vorzügen, welche den Helden machen, hätte er in einer kraftvollen Zeit, wie den Regierungsjahren Friedrichs des Großen, das rechte Feld für die Benutzung seiner Anlagen gefunden. Aber weder die letzten Regierungsjahre Friedrich Wilhelms des Zweiten noch die ersten seines Nachfolgers boten einer feurigen Heldennatur Gelegenheit zur Tat.

Freilich hatte der Prinz die beiden unglücklichen Feldzüge am Rhein und in der Champagne zugunsten des französischen Königtums mitgemacht und sich durch Beweise persönlichen Mutes hervorgetan; bei seiner großen Jugend war jedoch seine Stellung im Heere keine entscheidende gewesen, und der ganze Krieg konnte, als ein unreifes und unfruchtbares Unternehmen, dem fürstlichen Jüngling keine erhebende Erinnerung gewähren.

Durch den darauf folgenden Frieden seiner eigentlichen Laufbahn entrückt, der Krone nahe genug, um ihre Macht sich angemessen zu halten, und doch durch die monarchische Regierungsform des Vaterlandes von jedem Einfluß auf die Regierung ausgeschlossen, blieb für die tatkräftige Seele des Prinzen keine Sphäre, in der sie sich schöpferisch oder auch nur wirksam beweisen konnte. Die Musik, welche er leidenschaftlich liebte und als Virtuose trieb, füllte viele seiner Stunden aus; als Bürgerlicher wäre er vielleicht glücklich durch sie geworden, hätte er vielleicht in dem Ruhm des Künstlers Genüge gefunden. In seiner Stellung war das unmöglich; und ernsten wissenschaftlichen Beschäftigungen widerstrebte seine unruhige Lebhaftigkeit, sobald in ihnen nicht ein bestimmter Bezug auf das wirkliche Leben, auf den Fortschritt und die Entwicklung des Vaterlandes abzusehen war, an dem der Prinz mit leidenschaftlicher Begeisterung hing.

Die damaligen Zustände Preußens waren jedoch nicht von der Art, dieser Begeisterung Nahrung zu geben. Überall an den Grenzen von Feinden umringt, in seinem Besitz, in seinen Rechten bereits vielfach gekränkt, schien der König in seiner gänzlichen Unbeweglichkeit Schutz gegen Frankreich zu suchen, wie die Wilden sich totstellen, wenn sie dem Tiger nicht mehr entgehen können, dessen raubgierige Kralle sich über ihn erhebt. Dem Prinzen, einer ganz persönlichen, auf sich und ihr inneres Bedürfen, nicht auf das Allgemeine gerichteten Natur, mußte dies schweigende Ertragen der Unbill durchaus unleidlich erscheinen, und unfähig, diese Zustände zu ändern, strebte er nur noch, sie in Genüssen jeder Art womöglich zu vergessen.

Indes, die Leichtigkeit, sich diese Genüsse zu verschaffen, trug für ihn den ersten Keim des Überdrusses in sich. In der Liebe, im Spiel, in tollkühnen körperlichen Übungen suchte er nur die nötige Bewegung, die erforderliche Spannung für seine Seele. Umsonst! Mühelos und leicht errang er Liebe, wo er sie begehrte: Gewinn und Verlust im Spiel beschäftigten ihn nur während flüchtiger Augenblicke, und die Gewißheit, jeder ritterlichen Übung Meister, seines Körpers Herr zu sein in der Gefahr, raubte für ihn selbst dieser ihren anregenden Reiz.

Ermüdet von den vergeblichen Bestrebungen, sich innere Befriedigung zu verschaffen, hatte der Prinz sich etwa zwei Jahre vor dem Beginn unserer Erzählung nach Schricke, seinem Landsitz bei Magdeburg zurückgezogen. Dort war ihm in der Familie seines Verwalters, des Amtsrats Fromm, die Nichte desselben, Henriette Fromm begegnet, die, seit kurzem verwaist und mit einem Kammerrat verlobt, bis zu ihrer Hochzeit im Hause des Onkels verweilen sollte.

Henriette Fromm war damals achtzehn Jahre alt und das Bild reinster, schuldlosester Jugend gewesen. Unberührt von dem zügellosen Leben der großen Welt, in der ländlichen Stille eines Pfarrwitwenhauses erwachsen, hatte sie den Glauben an Gott, an Menschen und Tugend bewahrt, der dem Prinzen durch seine Erfahrungen in einer verderbten Gesellschaft schon lange entrissen war. Ihre Kindlichkeit, ihre jugendliche Schönheit fesselten ihn. Stundenlang konnte er bei ihr sitzen und der Bewegung ihrer zierlichen Hände folgen, wenn sie die Leinenvorräte ihrer Aussteuer nähte und, das Köpfchen dann und wann in die Höhe hebend, ihm von den einfachen Ereignissen ihres Lebens erzählte. Ihre Mutter hatte die wärmste Liebe ihres Herzens besessen; in dem Andenken an sie sammelten sich noch jetzt alle Strahlen ihrer Seele, während sie für den bedeutend älteren Bräutigam jene achtungsvolle Hingebung hegte, die nur ihr eigenes unerfahrenes Herz für Liebe halten konnte. Sanfte Ruhe und Jungfräulichkeit machten die Grundzüge ihres Wesens und das Entzücken des Prinzen aus.

Gewohnt an die Zuvorkommenheit, welche die Frauen der vornehmen Gesellschaft für den schönen, geistvollen Fürsten an den Tag legten, von ihrer Gefallsucht abwechselnd angezogen und abgestoßen, aber doch immer in unbefriedigender Bewegung erhalten, ward ihm die absichtslose, kindliche Freundlichkeit Henriettes zu einer wahren Erquickung. Sie dachte nicht daran, ihm zu gefallen, sie fragte sich nicht, welchen Eindruck er auf sie mache; war er doch ein Prinz, sie ein Bürgermädchen und obendrein die Braut eines geliebten Mannes. Sie fühlte sich sicher, ja nicht einmal der Gedanke an die Möglichkeit einer Gefahr kam in ihre Seele, als in der Brust des Prinzen die harmlose Freude an ihrer Natur schon längst dem Wunsche nach ihrem Besitz gewichen war.

Wie es den vom Sonnenbrand der Heerstraße Ermatteten sehnsüchtig lockt, Schatten zu suchen im stillen Hain, an rieselnder Quelle, so zog es den Prinzen, sich in der Reinheit dieses kindlichen Weibes neues Leben, neue Liebe und neuen Glauben zu gewinnen. Sie sollte der Engel sein, der ihn einführte in die stille Umfriedung ihres eigenen Lebens, der Lichtglanz ihrer Natur sollte die Dämonen des Ehrgeizes, des Überdrusses, des Ungenügens von ihm scheuchen. Je näher der Tag ihrer Hochzeit kam, je undenkbarer schien es ihm, jemals die Gegenwart dieses Mädchens wieder entbehren zu können.

Nie hatte er sich mitten im Leben eines bewegten Hofes, in dem Vergnügungsstrudel der großen Stadt, so ausgefüllt, so in sich begnügt gefühlt als in Henriettes Nähe. Die kleinen Verrichtungen des Haushaltes, bei denen sie behilflich war, gewannen Reiz für ihn. Der Stand des Landmannes, sein näheres Verhältnis zur Natur, die Herrschaft, die Wirksamkeit in einem kleinen Kreis wurden ihm lieb, und der Gedanke, sich an Henriettes Seite dies stille Glück zu gründen, darin Ersatz zu suchen für alles, was ihm unerreichbar war, beschäftigte seine Seele immer lebhafter. Allmählich steigerte sich dieser Gedanke, der ein poetisches Spielwerk der Phantasie gewesen war, an seiner Sinnlichkeit bis zu einer Leidenschaft, die er weder verbergen wollte noch konnte. Henriettes ruhige Sicherheit schwand vor dieser Flamme wie das sanfte Morgenrot vor dem aufglühenden Tage. Sie liebte den Prinzen, ehe sie selbst es wußte, und gedrängt von seinen stürmischen Bitten wie von der Gewalt des eigenen Herzens, verließ sie nach der Ankunft des Bräutigams, am Vorabend des Hochzeitstages, heimlich mit dem Prinzen das Haus ihrer Verwandten, um ihm nach Berlin zu folgen.

Aber der Knabe, der in wilder Lust, mit flammenden Wangen, den glänzenden Schmetterling verfolgt und aufjubelt in Besitzesfreude, wenn seine Hand ihn aus der Luft herabzieht, bedenkt nicht, daß er damit den leuchtenden Schmetterling verletzt und ihm die schönsten Farben seiner Schwingen raubt. Dasselbe geschah dem Prinzen mit Henriette. Dem Familienleben, der ehrenvollen Häuslichkeit im Kreise ihres Onkels entrissen, hineingezogen in eine fremde Welt, verlor Henriette die unschuldige Ruhe und Heiterkeit ihrer Seele, die ihren Hauptreiz gemacht für das Empfinden des Prinzen. Der Luxus, mit dem seine verschwenderische Liebe sie überhäufte, bot ihr keinen Ersatz für ihre stille, friedliche Heimat. Sie fühlte sich beengt, gedrückt in den Mauern der großen Stadt, wie sie sich fremd fühlte in der Gesellschaft der geistreichen Männer und Frauen, in die der Prinz sie führte. Die frische Feldblume konnte nicht in der künstlichen Atmosphäre des Treibhauses gedeihen. Ihre Begriffe von Recht und Sitte zeigten ihr in jedem Augenblick, in dem nicht die Liebe und die Gegenwart des Prinzen sie über jedes Bedenken forttrugen, ihr Verhältnis zu ihm in der Ehrlosigkeit, mit der die bürgerliche Gesellschaft es brandmarkte. Sie geriet in den vollständigen Zwiespalt mit sich selbst. Ihre Liebe, die sie nicht lassen konnte, schien ihr ein Verbrechen; bürgerlich ehrlos auch in ihren eigenen Augen, fühlte sie sich durch die Freiheit der Sitten, die in ihrer nächsten Umgebung herrschte, dennoch tödlich verwundet. Sie verachtete die untreuen Frauen, die leichtfertigen Männer, und konnte sich selbst weder anklagen noch freisprechen. Was ihr heilig war, Tugend, Sitte, Religion, wurden in ihrer Gegenwart verspottet; man nahm ihr den Boden ihres Daseins, und der Prinz wurde mißmutig, fühlte sich gekränkt, da die Blume nicht mehr blühen wollte, die er doch selbst gebrochen hatte.

Henriettes Trauer, ihr stilles Leben steigerten und erkalteten abwechselnd seine Liebe. Er suchte Zerstreuung fern von der Geliebten, ihre Eifersucht wurde rege. Sie war der Verzweiflung nahe, als die Hoffnung, Mutter zu werden, sie aufs neue erhob und die Rückkehr ihrer Heiterkeit ihr die volle Liebe des Prinzen wiederzugeben schien.

Aber dauerndes Glück war für Henriette in ihren Verhältnissen unmöglich. Voll und ganz, wie sie einst die Mutter geliebt hatte, gab sie sich dem Prinzen hin. Er war ihre Welt. Er sollte ihr Ersatz sein für die verlorene Ehre, für den verlorenen Frieden, er sollte sie lieben wie sie ihn. In ihr, in dem Kinde sollte er auch seine Welt sehen, wie er es ihr in den Tagen verheißen und geschworen, die ihrer Flucht vorangegangen waren. Sie wußte nicht, daß sie Unmögliches verlangte. Prinz Louis liebte Henriette, liebte den Sohn, den sie ihm geboren hatte; aber der Adler lernt es nicht, im Taubenschlag zu wohnen. Große, weltumgestaltende Ereignisse tauchten aus dem Schoße der Zeiten hervor, Bonapartes Riesengestalt hielt die Würfel zum großen Spiel um Kronen und Völker bereits in ihrer ehernen Hand und schien die Mitspieler zu erwarten auf dem blutigen Plan; Preußen mußte der nächste Einsatz sein.

Des Prinzen ganze Seele, auf diesen Punkt gerichtet, erbebte in höchster Spannung all ihrer Kräfte; das Idyll seiner Liebe trat vor dem Epos der Weltgeschichte in den Hintergrund, und Henriettes einsame Trauer bewies ihm, daß er ihr Unglück begründet habe, ohne selbst reicher zu werden an Glück. Sie liebten, aber sie verstanden einander nicht. Was der eine besaß, konnte der andere nicht brauchen. An den Quellen der Liebe schmachteten beide mit brennender Lippe nach Erquickung, nach Verständnis, in dem allein das Glück des Einandergehörens beruht, und nur in der Liebe für ihr Kind begegneten sich ihre Seelen in vollem, tiefem Empfinden.

6

Es war an einem der letzten Tage des Februar, als Rahel Levin einsam an dem Feuer des Erkerstübchens saß, das sie in dem Hause ihrer Mutter bewohnte, und hinabsah auf die Jägerstraße, durch welche die Leute sich nach dem Schauspielhause begaben, um der ersten Aufführung des Goetheschen ›Egmont‹ beizuwohnen. Sie selbst ward von dem Besuch des Theaters, für das sie lebhaften Anteil nahm, durch einen der Krankheitsanfälle abgehalten, denen ihre Nervenreizbarkeit sie häufig unterwarf.

Ihre niedrigen, aber freundlichen Zimmer, welche sonst allabendlich einige ihrer Bekannten in sich aufnahmen, schienen heute, des Theaters wegen, leer bleiben zu sollen. Plötzlich klopfte es an die Türe, und der Referendarius Vetter trat in das Gemach.

Es war ein schlanker, hübscher Mann in den ersten zwanziger Jahren. Eine hohe biegsame Gestalt, ein heiteres lebensfrohes Gesicht.

Rahel reichte ihm die Hand entgegen und sagte: »Sie kommen Abschied zu nehmen, lieber Vetter! Nicht wahr? Wiesel mit der Frau waren vor einigen Stunden zu gleichem Zweck hier, und sagten mir, daß Sie wirklich bei dem Vorsatz geblieben wären, das junge Paar auf seiner Reise zu begleiten!«

Es lag ein Ton mißbilligenden Zweifels, eine Art von Besorgnis in Rahels Worten, welche Vetter wohl empfand, und die ihn zu der Frage veranlaßten: »Und sollte ich nicht?«

»Nein!« antwortete Rahel bestimmt.

Vetter schien von dieser festen Entschiedenheit betroffen, schwieg einen Augenblick und sagte dann: »Liebe Freundin! Verdammen Sie mich nicht; ich folge einer inneren Notwendigkeit, ich kann nicht anders.«

»Dann müssen Sie freilich!« gab Rahel zu; »aber sind Sie gewiß, daß Ihre Leidenschaft Sie nicht über sich selbst verblendet? Innere Notwendigkeit, der wir folgen müssen, ist nur das, was uns in ruhigem Seelenzustand als solche erscheint. Sie sind nicht ruhig, Vetter! Ihr Herz ist von tiefem Leid durchwühlt, Sie sind eifersüchtig, und --«

»Und doch muß ich mit!« fiel er ihr in das Wort, »sowohl um meinetwillen als Paulines wegen. Ich kann Pauline nicht entbehren, ich bete sie an, ich liebe sie bis zur Raserei, aber auch Wiesel ist mir wert. Ich schätze ihn um seines klaren, unerbittlich scharfen Verstandes willen, seine Kenntnisse sind bedeutend, sein Umgang fördernd. Er ist ein zuverlässiger Freund für Männer, die in sich selbst die Richtschur für ihr Handeln haben; das werden Sie mir jedoch zugestehen, er ist kein Mann, in dessen Herzen die Liebe einer jungen Frauenseele wohl geborgen wäre; er ist gefährlich und doppelt gefährlich für Pauline. Ihre Phantasie, ihr Verstand werden seine Theorie des Egoismus in sich aufnehmen und ihre Seele wird darunter verwildern, ihr Herz leiden. Ich zittere für ihr Glück.«

»Das muß jeder«, sagte Rahel, »der Wiesel kennt. Wie die wahnsinnigen Alchimisten Diamanten und Gold verbrennen und mit Scheidewasser auflösen, um den Stein der Weisen zu finden, so zersetzt Wiesel mit seinem ätzenden Verstande alles Große und Gute, woran man sich erbaut, um als letzten Kern der Handlungen den Egoismus zu entdecken. Ich bin oft vor ihm erschrocken, wenn er uns eine Erhabenheit, an die wir glaubten, mit diabolischem Lächeln als nackten Egoismus zeigte, wenn er uns die Asche der Diamanten hinstreute und sie verächtlich in die Luft blies. Auch Pauline selbst kennt ihn von dieser Seite; fürchtet ihn und – verliebt sich in ihn. Das ist natürlich.«

»Nein! liebe Rahel, das ist es nicht!« rief Vetter. »Pauline kann die Treulosigkeit jenes Schuwaloff nicht vergessen, den sie noch heute leidenschaftlich liebt. Als er uneingedenk seiner Schwüre, uneingedenk ihrer Hingebung sie verließ und sich verheiratete, da trat Wiesel auf und rief sein Feldgeschrei: ›Die Liebe ist Egoismus, sie endet, wenn sie es sich angemessen findet; Hingebung ist Wahnsinn, Genuß liegt nur in der Herrschaft, die wir über andere üben.‹ Das hat Pauline schmerzbetäubt geglaubt, das predigt ihr Wiesel als Richtschnur ihrer Handlungen, das ist der Zauberspruch, mit dem er sie absichtslos fesselte. Ihre Ehe wird ein Kampf um Herrschaft sein, und in diesem Kampfe will ich Pauline nicht verlassen, ich will ihr zur

Seite bleiben, denn das Erwachen aus ihrer Verblendung wird furchtbar sein.«

»Und denken Sie nicht, lieber Vetter, an das, was Sie selbst leiden werden? Denken Sie nicht an Ihr eigenes Glück?«

»Glück? Der Rausch des Genusses, den man oft Glück nennt, reizt mich nicht mehr, ich habe ihn seit Jahren erprobt; aber Pauline gewährt mir ein anderes Glück; das Glück des leidensvollsten Liebesschmerzes. Ich muß für sie sorgen, ich muß sie begleiten, denn ich liebe Pauline!« antwortete er mit solcher Opferfreudigkeit und Selbstverleugnung, daß Rahel ihm die Hände reichte.

»Gehen Sie mit Gott!« sagte sie warm: »Sie müssen und Sie können Pauline begleiten; denn trotz Ihrer Leidenschaft werden Sie ein guter Engel sein für die Arme. Ich gebe Ihnen meinen Segen.«

Bei diesen Worten stand sie auf, legte die Hände auf seine Schultern, sah ihm prüfend in die Augen, während sich die ihren mit Tränen füllten, und drückte einen flüchtigen Kuß auf seine Stirn. Vetter preßte ihre Hände an seine Lippen. Dann warf sie sich in ihren Lehnstuhl zurück und sagte: »Nun behaupte einmal einer, daß es nicht einen gerechten Gott im Himmel gibt, der für die Guten sorgt. Da ärgere ich mich und schmolle über mein Geschick, über meine elende Gesundheit, die mir den Genuß des Egmont versagt, und da kommt das Schicksal ganz ruhig und sachte und spricht: Sei still, Rahel, weine nicht, ich habe was Besseres für dich! Das zeige ich dir allein. Was ist's, frage ich? Einen guten Menschen! antwortet das Schicksal, und Vetter kommt und meine ganze Seele liegt vor ihm auf Knien – in der stockfinsteren Stube!« rief sie mit einem Ton, der zwischen Schmerz und tiefer Rührung schwankte, während sie zur Klingel eilte, um Licht zu bestellen.

Als man dies brachte, sah Vetter nach der Uhr und verkündete Rahel, daß Prinz Louis sich vorgenommen habe, sie zu besuchen, sobald eine Audienz beim König zu Ende sei, zu der man ihn am Morgen beschieden hatte. Die Stunde war vorüber, und bald darauf trat der Prinz in das Zimmer.

Sein ganzes Wesen zeugte von heftigster Erregung. Rahel und Vetter fragten ihn, was ihm begegnet sei?

»Oh! Eine Kleinigkeit!« rief er. »Mein königlicher Cousin hat mir gesagt, ich sei ein naseweiser Bursche, hat mir erklärt, es sei mein Beruf zu vegetieren in der Sonne seiner Gnade, und ich sei ein Nichts, wenn mir diese fehle!«

»Hoheit!« sagten Vetter und Rahel zugleich, mit tiefem Erschrecken. »Das ist unmöglich, das hat der König nicht gesagt.«

»Es ist der Sinn der Rede!« rief der Prinz. »Der Schleier des Wortes verhüllt ihn, ohne ihn zu verbergen.«

Er ging heftig im Zimmer umher, warf den Degen von sich und rang mühsam nach Fassung. Vetter wollte sprechen, um ihn zu beruhigen, aber Rahel gab ihm ein Zeichen zu schweigen und flüsterte leise: »Das aufgeregte Meer mit Öl besänftigen kann man nicht; es wird nur ruhig, ist der Sturm vorüber. Lassen Sie ihn gewähren.«

Eine Weile schwiegen alle, nur einzelne heftige Bewegungen des Prinzen verrieten den Kampf seines Inneren, dann blieb er stehen und sagte: »Es gibt sogenannte Gemeinplätze, deren schreckliche Wahrheit uns oft durch Keulenschläge des Schicksals klargemacht wird. Der Maler, der ohne Hände geboren ward, das ist ein ganz gewöhnlich Bild; aber nun denkt, daß ein schadenfroher Dämon es über seine Wiege schrieb: Dies ist ein Maler; daß alle Welt ihn fragt: Maler! Warum malst du nicht? Daß seine ganze Seele danach dürstet, daß sie sich in Gluten verzehrt, die Bilder seines Inneren schöpferisch zu gestalten, und – daß er keine Hände hat! Entsetzlich!« rief er selbst und fing wieder an, auf und ab zu schreiten.

Da trat Rahel an ihn heran, legte ihre Hand sanft auf seinen Arm und bat ihn: »Haben Sie Mitleid mit mir, Ihre Erregtheit martert mich, die Angst um Sie schnürt mir das

Herz zusammen, sprechen Sie, um Gottes willen! Was ist vorgegangen, Hoheit?«

Der Prinz blieb stehen, gab Rahel freundlich die Hand und ließ sich von ihr zum Sofa führen, auf dem er neben ihr Platz nahm, dann hub er also an: »Ich habe Ihnen beiden das Begebnis der Neujahrsnacht, den Mord der Friederike Flemming durch ihren Bräutigam erzählt, und wie sehr ich davon erschüttert wurde. Schon am nächsten Tage hatte ich die nötigen Schritte getan, die Wahrheit zu erforschen. Es verhielt sich alles, wie der unglückliche Mensch es berichtet hatte, und dennoch verurteilte man ihn zum Tode. Ich sprach mit allen einzelnen Gliedern des Gerichtes; ich suchte nicht ihr Mitleid für ihn zu gewinnen, nur ihr Rechtsgefühl zu erregen, ihnen nur die Einsicht aufzudringen, daß man den nicht einen Verbrecher nennen könne, der, durch fremde Bosheit, durch Unverstand und Liebe getrieben, einen Mord vollbringt, vor dem sein eigenes liebevolles Herz zurückbebt. Umsonst! Man gab mir recht, aber man bleibt dabei, er müsse sterben, um so mehr, als mancherlei Dienstwidrigkeiten und Überspannungen infolge der französischen Ereignisse im Heere sich bemerkbar machten, und man ein Exempel statuieren wollte. Ich trug der Königin die Sache vor, ich suchte ihre Teilnahme zu erregen; sie fühlte wie ich, aber auch die Fürbitte scheiterte an der Überzeugung des Königs, daß eiserne Strenge das Heer zusammenhalten müsse. Als ob Strenge der Oberen denkende Menschen in Maschinen verwandeln, ihren Herzen zu schlagen, ihrem Hirn zu denken verbieten könne!«

»Aber der Unglückliche hat ja schon vor vielen Tagen seine Tat mit dem Leben bezahlt«, wandte Vetter ein, »wodurch sind denn Hoheit in diesem Augenblick so lebhaft auf das traurige Ereignis zurückgeführt worden?«

»Hören Sie nur! Sie wissen, daß ich den Kugler am Tag vor seinem Tode aufsuchte, daß ich ihn um seine letzten Wünsche befragte, und daß er ruhig war gleich einem Hel-

den. Er hat mir die Sorge für eine alte blinde Mutter übertragen; sie allein machte ihm den Tod schwer, denn er
selbst war lebensmüde ganz und gar. Als er hingerichtet
war, als ich für ihn nichts tun konnte, dachte ich nur an
Bestrafung des elenden Heldrich, dessen Verfolgungen
den Kugler zum Mord getrieben hatten. Er war gerichtlich
unantastbar. Er hatte keine Gewalttat begangen, seine Dro-
hungen, so ernst sie gemeint waren, wurden für leere
Redensarten eines heftigen Menschen erklärt, und ein Ver-
weis war alles, was ihn traf. Mein ganzes Empfinden
empörte sich dagegen. Wo der Arm staatlicher Justiz nicht
hinreicht, muß menschliches Rechtsgefühl den Richter
machen. Ich sprach mit einigen Offizieren des Regiments
Gensd'armen davon, ich verlangte ihre Einwirkung auf
die Offiziere des Regiments von Kanitz, bei welchem
Heldrich stand; sie wußten diese zu der Erklärung zu stimmen, daß sie mit Heldrich nicht dienen wollten; Heldrich
ward moralisch gezwungen, seinen Abschied zu fordern.«

»Das lohne Ihnen der Himmel!« rief Rahel erglühend.

»Das dankt mir der Teufel!« warf der Prinz spöttisch
hin. »Heute früh werde ich zur Majestät befohlen: Als ich
eintrete, ist die Königin bei ihm mit den Kindern, er schickt
sie fort und nun beginnt ein förmliches Verhör. Ich solle
mich rechtfertigen über meine Einmischung in Verhältnisse, die über und unter meiner Sphäre liegen. Mein
Besuch in der Kaserne, meine Unterredungen mit Kugler
werden unschicklich und ungesetzlich genannt; meine
Verwendung bei seinen Richtern verbrecherisch; meine
Einwirkung auf Heldrichs Kameraden leichtsinnig. Der
König warf mir vor, daß ich nach einer leicht erkäuflichen
Popularität strebe, daß ich sie erringen wollte zum Nachteil des Staates und meiner eigenen Würde, aus bloßer
Ruhmsucht. Ich verteidige mich ruhig mit Selbstüberwin-
dung. Ich versichere dem König, daß ich nur Gelegenheit
fordere, zu beweisen, ob das Wohl Preußens mir teuer sei;
in jedem Augenblick sei ich bereit, mein Blut dafür zu ver-

gießen. – ›Aber nicht, es zu zügeln in seinen gefährlichen Wallungen!‹ sagte der König. ›Hoheit sind ungeduldig, möchten, daß ich Krieg anfange zu Ihrer Zerstreuung, aber auch ich liebe mein Volk, wenn schon anders als Sie. Wer sein Volk liebt, muß auf eigenen Ruhm verzichten können, nicht ihn suchen in der wohlfeilen Bewunderung der Untertanen.‹ Ich beteuerte, daß ich nicht nach Ruhm gestrebt habe, daß ich einzig dem inneren Drang gefolgt sei; ich stellte dem König die Niederträchtigkeit Heldrichs vor, und was meinen Sie, daß er mir antwortete?«

Der Prinz stand auf und ging wieder im Zimmer umher. »›Ob Hoheit wohl auch so streng gedacht haben über Moral‹, sagte der König, ›an dem Tage, an dem Sie Mamsell Fromm entführten?‹«

Rahel und Vetter fuhren empor. »Sie erschrecken?« fragte der Prinz. »Auch mich durchfuhr es wie ein Dolchstoß, und ich mußte schweigen, denn er ist mein König, ich bin sein Untertan. – Und die Majestät, mit der er auf mich herniedersah, im Gefühle seines fleckenloses Lebens! König sein und ein Mensch ohne Leidenschaften, daß heißt die Macht haben, zu verwunden bis zum Tode. Aber Rahel, Vetter! Wie ertragt ihr eure Ohnmacht, ihr seid ja auch Menschen, auch Untertanen, wie ertragt ihr das Unrecht, das ihr geschehen seht, ohne es ändern zu können, und das Unrecht, das man euch selbst tut? Wie ertragt ihr's?«

»Lieber Prinz! Das fragen Sie eine Jüdin?« rief Rahel. »Man erträgt es mit Stolz, mit Zorn, mit großen Taten und wartet auf die Rache Jehovas, der ein starker Gott ist. Die Juden sind das lebende Symbol der Unterdrückung, aber noch lebt auch ihr alter Gott, und in Frankreich hat er schon angefangen, die Fahne des Gerichtes gegen die Tyrannei zu schwingen. Geduld, Hoheit! Sie leiden in Fesseln, wie wir, und goldne Fesseln drücken gleich eisernen; indes, die Welt hat Raum und Stunde für jeden zu den Taten, die er als seinen Beruf erkannt. Mein Volk wartet geduldig auf diese Stunde seit fast zweitausend Jahren, und Sie, Prinz, wollen ungeduldig werden schon jetzt?«

»Aber die Zeit drängt!« sagte der Prinz.

»Um so schneller rückt die Stunde heran!« tröstete Rahel.

»Ist die Ankunft des Prinzen Adolf von England von politischem Einfluß, oder ist es eine bloße Lustreise?« fragte Vetter, um den leidenschaftlich Erregten womöglich von der Rückkehr zur Quelle seines Zornes abzuhalten.

Die kleine List gelang. Prinz Louis erzählte, daß es sich um eine Verbindung Englands und Preußens handle, daß England Schonung für preußische Schiffe geübt, während es die Schiffe der übrigen mit Frankreich verbündeten Mächte gekapert habe, und daß er selbst diese Verbindung lebhaft wünsche. Dabei schilderte er die persönliche Liebenswürdigkeit des Prinzen, dem er mehrere Jahre vorher in Pyrmont begegnet war, wo sie sich in der Bewerbung um die Gunst einer schönen Frau als Nebenbuhler gegenüberstanden, und wo nur durch die Vermittlung des verstorbenen Königs von Preußen, in dessen Begleitung sich Prinz Louis befunden hatte, ein Duell zwischen den beiden fürstlichen Jünglingen verhütet worden war.

»Jetzt«, erzählte der Prinz, »drängen sich Feste auf Feste ihm zu Ehren. Morgen ist Diner beim König. Abends bei der Königinmutter Ball, dann Maskerade bei meinen Eltern und täglich ein Fest die ganze Woche durch.«

»So werden Hoheit gewaltig in Anspruch genommen und vielfach beschäftigt sein«, meinte Vetter.

»Ich werde keines der Feste besuchen. Ich mag dem König nicht begegnen und werde Urlaub fordern, nach Schricke zu gehen. Der Boden Berlins brennt mir unter den Sohlen, auch Henriette sehnt sich fort, und wenn mir auch meine Furien überallhin folgen, so wird sie wenigstens sich dort glücklicher und freier fühlen.«

»Hoheit«, bat Vetter, »gehen Sie nicht fort, überwinden

Sie Ihren Zorn, Ihren Unwillen, denken Sie, daß Ihre Anwesenheit hier nützen kann, solange Prinz Adolf in Berlin
verweilt. Lassen Sie die Kluft nicht tiefer werden, die Sie
vom Könige trennt. Es kann die Stunde kommen, und Sie
kommt vielleicht bald, in der das Vaterland die Hilfe all
seiner Söhne nötig hat; dann darf Prinz Louis Ferdinand
dem Throne nicht so ferne stehen, daß seine Einwirkung
unmöglich wäre. Bleiben Sie hier!«

»Ja! Bleiben Sie!« stimmte Rahel ein. »Ein großer Teil des
Volkes sieht auf Sie, liebt Sie. Ihre Ansicht ist maßgebend
für die Jugend, für die Offiziere. Sie müssen bleiben, um
das Feuer der Vaterlandsliebe in diesen nicht verlöschen
zu lassen, während es in dem republikanischen Frankreich
in immer helleren Flammen emporlodert; auch wird der
König Sie im Zorne nicht scheiden lassen. Glauben Sie mir
das, Hoheit!«

Der Prinz hörte ihnen ruhig zu, dann sagte er: »Wie Ihr
geschäftig seid, mir einen Einfluß, eine Wichtigkeit vorzu-
spiegeln, die ich gar nicht habe, nie haben kann in dieser
Zeit! Wie die gute Rahel mich gleich einem kranken Kinde
mit artigen Märchen tröstet! – Sehen Sie, Rahel! Ihre Güte
hilft. Das Kind wird still und lächelt über – die freundliche
Trösterin!«

Als Vetter den Prinzen beruhigter sah, schickte er sich
zum Fortgehen an und empfahl sich seiner Gunst.
Dadurch kam das Gespräch noch einmal auf Vetters beabsichtigte Reise zurück. Der Prinz mißbilligte diesen Plan,
wie es Rahel zu Anfang ebenfalls getan hatte, weil Vetter
unnötig sich den täglichen Folterqualen der Eifersucht
aussetze, und fügte hinzu: »Man muß so unmusikalisch
sein als Vetter, um nicht zu fühlen, daß dies nimmermehr
einen reinen Akkord gibt, sondern eine Dissonanz, die
schwer zu lösen sein dürfte.«

»Ach, teurer Prinz!« rief Rahel, »die meisten Ehen sind
unharmonisch, und diese Wieselsche Ehe wird ein solches
Capriccio werden, daß es auf eine Dissonanz mehr oder

weniger kaum noch ankommen kann; zudem ist Vetter kein störender Ton, sondern einer, der hineingehört zur Auflösung der Dissonanz. Lassen wir ihn gewähren.«

7

Jener ersten Aufführung des ›Egmont‹ war bald eine zweite gefolgt, welcher Rahel in der Loge der Baronin von Grotthuß beigewohnt hatte. Gentz war mit ihnen gewesen. Im Wagen der Baronin begleitete er sie nach dem Hause derselben zurück, wo man noch ein paar Stunden beisammenbleiben wollte.

Frau von Grotthuß war trotz ihrer vierzig Jahre noch eine sehr anziehende Erscheinung zu nennen und strahlte heut in allem Glanz der Freude, welche die Begeisterung des Publikums für das Gedicht Goethes in ihr hervorgerufen hatte. Sie war seit langer Zeit mit Goethe befreundet, sie stand mit ihm in Briefwechsel, hatte ihm gleich nach der ersten Darstellung des ›Egmont‹ über den Erfolg desselben geschrieben; ihr war zumute, als habe sie Teil an dem Enthusiasmus, den der Dichter erregte.

Gentz teilte denselben nicht unbedingt.

»Es liegt in diesem Drama«, sagte er, »wieder ein Stück der inneren Goetheschen Lebensentwicklung verborgen, ein Kampf, den er durchgemacht hat, und der unbehaglich auf uns zurückwirkt, weil er offenbar in dem Dichter noch nicht beendet ist. Überdem macht die Geistererscheinung am Ende des Dramas, als Schluß dieser ganzen handfesten Wirklichkeit, auf mich den Eindruck, als gäbe mir jemand nach einem scharfen kernigen Spaniol ein vertrocknetes Veilchen zu riechen.«

Frau von Grotthuß fuhr auf und schlug scherzend nach ihm mit dem Ende der Zobelpalatine, die sie über ihr helles, seidenes Kleid geworfen hatte. Sie behauptete, Gentz tue den Ausspruch nur, um sie zu kränken; er aber versicherte, der Schluß mit der Vision habe ihm in beiden Aufführungen einen gleich unangenehmen Eindruck gemacht, und die Siegessymphonie nach dem Fallen des Vorhangs, die Goethe ausdrücklich vorgeschrieben, verstärkte sein Mißfallen, denn sie sei eine unpoetische Effektjägerei.

Als dann Frau von Grotthuß in ihn drang, ihr deutlich zu machen, was er unter dem unbeendeten Kampfe Goethes verstehe, erklärte er sich bereit, dies zu tun, sobald sie zu Hause sein würden, weil er zu dergleichen geistigen Anstrengungen eine äußere Ruhe und Behaglichkeit bedürfe, welche ihm jetzt fehlten. Dabei aber lag er so bequem als möglich in der Ecke des wohlgepolsterten Wagens, und Frau von Grotthuß lachte, als sie sein befriedigtes kluges Gesicht, vom Licht der Wagenlaternen beschienen, sich gegenüber erblickte. Er war mäßig groß, etwa sechsunddreißig Jahre alt und edel gebaut. Sein glattes Haar trug er an den Schläfen ein wenig frisiert; es war so wohlgehalten und zierlich als die ganze Person. Der blaue Frack mit den Goldknöpfen, die weißen Casimirescarpins und Weste, die seidenen Strümpfe, die Manschetten, das gefältete Jabot, die Schnallenschuhe, das alles glänzte in äußerster Sauberkeit. Friedrich Gentz gefiel sich in dieser Eleganz und wußte auch anderen zu gefallen.

Frau von Grotthuß, immer bemüht, den Menschen freundlich zu sein, sprach ihm ihren Beifall über die Wahl seiner Kleidung aus, und fragte Rahel, ob sie nicht ebenfalls fände, daß Gentz, wie in allem, so auch hierin sehr viel guten Geschmack verrate.

Statt einer Antwort rief Rahel, gleich jemand, der aus einem Traum erwacht und die Wirklichkeit noch nicht begreift: »Und er hat ihn doch nicht gekannt; er hat ihn doch nur gesehen, nur flüchtig gesehen!«

»Wer? Wen?« fragten die anderen zugleich.

»Goethe den Prinzen!«

»Aber welchen?« fragte die Grotthuß.

»Findest du nicht, liebe Grotta, daß er ihm tausend Züge abgelauscht hat?« fragte Rahel lebhaft. »Seine entzückende Sorglosigkeit um allen täglichen Bedarf, die so ganz königlich ist; seine Großmut; selbst seine unerklärliche Liebe für das glückselige schlichte Bürgermädchen. Und die Begeisterung für die Freiheit und des Volkes Anbetung für ihn! – Als ob ich Louis sähe!«

Die Baronin blickte sie befremdet an, während Gentz schnell errötete und dann erblaßte, und Frau von Grotthuß fragte Rahel: »Also darum, Rahel, hast du so heftig in dem Theater geweint?«

Die Ankunft des Wagens vor dem Hause der Baronin überhob Rahel der Antwort. Gentz, immer achtsam auf alle Formen der Schicklichkeit und Sitte, mußte durch irgendeinen Gedanken so beschäftigt sein, daß er dieselben heute vergaß. Ohne den Damen beim Aussteigen die Hand zu bieten, schritt er voraus ins Haus, sie der Sorge des Dieners überlassend.

Als sich die drei Personen oben in dem erleuchteten Zimmer gegenüberstanden, konnte anfangs keiner von ihnen die Unterhaltung beginnen. Es war, als sei ein unerwartetes Ereignis störend zwischen sie getreten. Frau von Grotthuß gab leise ihrem Diener einige Befehle, Rahel saß ganz erschöpft in der Ecke eines Sofas, Gentz blätterte in einem Buch, das aufgeschlagen lag. Endlich nahm die Baronin das Wort und fragte Gentz nach gleichgültigen Dingen, aber es wollte kein Gespräch zustande kommen. Mit jeder Antwort war die Sache abgetan, und man mußte ein neues Thema suchen. Dieser Zustand, den man vergeblich bekämpfte, wurde Rahel unerträglich. Die Gegenwart der beiden anderen lastete erdrückend auf ihrer Seele; sie stand auf, erklärte, daß sie sich unwohl fühle, und bat die Grotthuß um ihren Wagen, weil sie nach Hause fahren wolle.

Während man anspannte, kam Friedrich Schlegel mit

seiner Frau und der Unzelmann dazu. Die Baronin Grotthuß drückte dieser ihre Freude aus, sie jetzt schon bei sich zu sehen, und fragte, ob sie denn nicht ermüdet sei von der Darstellung des Klärchens.

»Ermüdet?« wiederholte die Unzelmann und ringelte vor dem Spiegel die langen Phantasielocken ihres schönen Haares zurecht, die auf den weißen, halbentblößten Busen herabfielen. »Doch nicht durchs Klärchen? Das ist ja gar nichts. Vier Szenen und von diesen eine ganz ruhig, eine mit einem kleinen bißchen Zärtlichkeit, dann ein wenig Raserei und darauf gleich ein sanfter Tod jenseits der Kulissen! So leicht wird's unsereinem selten.«

»Dabei hat sie wie ein Engel gespielt«, meinte Dorothea Schlegel.

»Ach! Was ist da zu spielen! So eine bürgerliche Verliebtheit in einen Prinzen, mit Verschämtheit und Herzbrechen, das sind ja Kleinigkeiten. Der gute Goethe macht es uns bequem; solche Liebe kostet nicht viel.«

Rahel fuhr bei diesen Worten zusammen; Gentz allein sah es. Man bat sie, zu bleiben; die Grotthuß versprach, sie gegen Kälte, gegen blendendes Licht zu schützen, aber sie lehnte dankend diese Fürsorge ab und fuhr nach Hause.

Als sie sich entfernt hatte und man sich zum Teetisch setzte, näherte sich Frau von Grotthuß ihrem Freunde Gentz. »Ich habe nicht gedacht, daß Sie Rahel so ernstlich lieben!« sagte sie.

»Wie kommen Sie auf den Gedanken, daß ich es tue?«

»Weil Sie so fassungslos sind über Rahels Leidenschaft für den Prinzen Louis, die ich, wie Sie, auch jetzt erst entdecke.«

Gentz antwortete nicht, Frau von Grotthuß schien das auch nicht zu erwarten, sondern berichtete den Neudazugekommenen Gentz' Urteil über den Egmont und bat ihn, dieses nun näher zu erklären.

»Das ist sehr einfach«, sagte Gentz; »Goethe hat den Begriff der Freiheit, der Leidenschaft, welche ein ganzes

Volk für seine Freiheit hegt, nicht in sich aufzunehmen vermocht. Diese Freiheit steht tatsächlich in den Offenbarungen der letzten fünfzehn Jahre vor ihm, aber er für seinen Teil vermag sie nur als Berechtigung für den Einzelnen zu erfassen und auch da nicht als die Hauptsache, welche das Leben eines Menschen gewaltig ergreift, ganz und gar ausfüllt, sondern nur nebenher, als ein Zufälliges, das an ihn herankommt. Freiheit und Tyrannei berühren ihn nur als etwas Persönliches. Er selbst würde freilich Tyrannei schwer empfinden; Freiheit bedürfen. Aber sein Götz kämpft deshalb auch nur für sich, und auch im Egmont fehlt der Begriff der Freiheit als eines Gemeingutes für alle. Wenigstens tritt sie im Egmont, in ihrem Repräsentanten, nichts weniger als großartig auf. Die Niederländer, die wir als Kämpfer für Freiheit und Glauben bewundern sollen, sind Philister und engherzige Pfahlbürger. Während das Publikum entzückt ist über dies Freiheitsdrama, habe ich die Empfindung, der feine, kluge Goethe habe die Leute zum besten gehabt und habe ihnen nur zeigen wollen, wie gleichmütig nach seiner Ansicht die eigentliche Freiheit dem Volke, wie gleichgültig der Adel dagegen sei.«

»Aber Oranien und Egmont?« fiel ihm Dorothea Schlegel ins Wort. »Diese haben das Gefühl der Freiheit, diese lieben ihr Volk –«

»Etwa wie ein Vater seine Kinder liebt«, bemerkte Gentz, »weil es die seinen sind. Der Goethesche Egmont will nichts als fröhlich sein Dasein genießen und möglichst viel Ehre und Einfluß erwerben unter spanischer Herrschaft; Oranien möchte ruhig leben, ungekränkt in seinen angeborenen Rechten. Es sind gescheite, liebenswürdige, achtbare Männer, aber sicher keine Helden der Freiheit in dem Sinne, wie Sie es meinen, teure Frau!«

»Nein!« rief Schlegel. »Sie wissen, lieber Gentz!, ich bin sowenig als Sie ein blinder Bewunderer Goethes, aber daß ein heißer Pulsschlag der Freiheit in diesem Drama lebt, ist nicht wegzuleugnen. Sogar Margarethe von Parma und

Machiavell haben Achtung vor den Rechten des Volkes. Machiavell selbst rät zu religiöser Duldung, und mehr als sterben für die Freiheit wie Egmont kann doch niemand.«

Ein feines Lächeln flog über das Gesicht von Gentz. »Unter dem Drucke der Tyrannei, nicht für die Freiheit sterben«, sagte er. »Im Egmont sehe ich nichts als die schmachvolle Unterdrückung eines Volkes, die so arg ist, daß selbst ihre Werkzeuge, Margarethe von Parma, Machiavell und Ferdinand, sich des Mitleids nicht erwehren können.«

Die Unzelmann hatte ernsthaft zugehört, nun rief sie plötzlich: »Herr Schlegel! Gentz hat recht. Ich fühle es in mir selbst, ich kann mich nicht recht für den Egmont begeistern. Ich muß mir sagen, er ist schön, er ist großmütig und vor allem, er ist ein Prinz, damit ich warm werde. Stehe ich als Thekla dem Max, als Leonore dem Fiesko gegenüber, so ist das ganz ein anderes. Egmont ist auch als Liebhaber kalt und vornehm, er läßt sich lieben; aber wenn er liebt, wird auch der stolzeste Prinz menschlich wahr und ein liebender Mann.«

»Sprechen Sie aus Erfahrung, schöne Freundin?« fragte Gentz.

Die Unzelmann antwortete nicht und wandte sich achselzuckend ab, während Schlegel sagte: »Madame Unzelmanns Ausspruch ist richtig. Die Passivität, die man sonst den Romanhelden Goethes vorwirft, erstreckt sich auch auf den Charakter des Egmont.«

»Erklärt mir, wie das zugeht?« sagte Frau von Grotthuß. »Ich habe zwei Aufführungen des Egmont beigewohnt, ich habe ein großes Publikum beide Male auf das tiefste ergriffen gesehen, Tränenströme sind geflossen, der Beifall ist endlos gewesen, und nun sagt ihr, das sei nichts? Nun leugnet ihr Goethes Meisterschaft? Ach, es lohnt wohl, in Deutschland ein großer Dichter zu sein, unter euch Undankbaren! Wäre Goethe ein Franzose, seine Arbeiten wären dem Volke Gesetze, jedes seiner Worte ein unumstößliches Recht; aber ihr grübelt und zergliedert, und wenn ihr das Götterbild, vor dem euer Gefühl euch anbetend in den Staub warf, auf dem Anatomiertisch eurer kalten Kritik in tote, leblose Glieder verstümmelt habt, dann wendet ihr euch mit Widerwillen davon ab und ruft: Und davor konnte man knien!«

Dorothea stimmte ihr bei. Sie gestand, durch das Trauerspiel höchst ergriffen worden zu sein, vor allem bewunderte sie Goethes tiefe Auffassung und Kenntnis der Frauencharaktere.

»Es ist wunderbar dargestellt, das Klärchen«, sagte sie. »Man muß ihn empfunden haben wie ich, den Kampf eines Frauenherzens, das zwischen gebotener Liebe, zwischen der Dankbarkeit und Gewohnheit früherer Neigung und einer großen unwiderstehlichen Leidenschaft schwankt, um Goethe anzubeten für das Klärchen. Es ist herzzerreißend, einen Mann nicht mehr lieben zu können, den man einmal geliebt hat, und doch unmöglich, eine friedliche Liebe festzuhalten, wenn der Sturm der Leidenschaft uns ergreift.«

»Man müßte alle Frauen entweder in ihrer Liebe kränken, wie wir es heute mit unserer Wirtin getan haben, oder sie mindestens dahin bringen, von Liebe zu sprechen«, sagte Gentz zu Schlegel. »Sehen Sie, wie schön die beiden Frauen in diesem Augenblick sind!«

»Und ich nicht?« fragte die Unzelmann.

»Auf ihnen«, entgegnete Schlegel, »ruht noch der Widerschein von dem Beifall der Menge, Sie strahlen noch davon, denn die höchste Leidenschaft einer Schauspielerin ist doch das Publikum.«

Das gab die Unzelmann zu. Sie schilderte die Wechselwirkung zwischen dem Schauspieler und den Zuhörern und sagte, wie ihr heute der sichtliche Eindruck, den ihre Szene mit Egmont auf Rahel gemacht habe, wahrhaft begeisternd gewesen sei. »Ich mußte natürlich den Egmont ansehen und konnte die Blicke nicht von Rahel abwenden, deren ganze Seele in ihren Augen lebte. Sie hauchte mir förmlich neue Gedanken ein; ich fühlte noch das ganze Feuer in der nächsten Szene mit Brackenburg. Aber des unglücklichen Menschen Hände sind immer eisig kalt; als er mich anfaßte, war es mir wieder so unangenehm, daß ich darüber allen Schwung verlor und immer nur dachte: Wenn er dich nur nicht wieder berührte! So hielt ich mich in gemessener Entfernung von ihm, was das Publikum, wie ich von Herrn Schlegel hörte, als tief und fein von mir bewundert hat.«

»Kindisches Kind!« sagte Gentz, während die anderen lachten. »Es hat nicht jeder solch marmorfrische Haut als Sie!«

»*Fi donc!* Wer spricht davon?« schalt Frau von Grotthuß.

»Warum denn nicht?« meinte Schlegel. »Von der Farbe, von der Feinheit der Haut darf man sprechen, ohne eine Frau zu beleidigen, warum denn nicht von ihrer Wärme, in der sich ebenso ein Teil ihres Wesens, ihres Temperamentes, ihrer Stimmung offenbart? Das sind sittliche Vorurteile, die aus Unsittlichkeit entstanden. Mir ist die Haut der Thermometer für das Wesen eines Menschen, und die Hand, die in der meinen erglüht oder erkaltet, die unter meiner Berührung die Wärme wechselt, sagt mir, was die Lippe verschweigt.«

Die Unzelmann nannte dies eine neue Theorie, die so unsicher und so grob materialistisch sei als Galls eben entdeckte Schädellehre; man spottete und lachte über Schlegels Idee.

Nur Dorothea sah ganz ernsthaft drein. Sie war zu sehr die Schülerin ihres Mannes, zu sehr aufgegangen in seine übersinnlich-sinnliche Anschauungsweise, um irgendeine seiner Behauptungen auffallend zu finden.

»Seht nur! wie ungerecht dies Lachen ist«, sagte sie. »Findet ihr es nicht natürlich und entzückend, daß die Liebe, die das ganze Wesen eines Menschen erfüllt, sich so vielfach als möglich offenbart? Daß man strebt, sie in jeder ihrer Äußerungen zu genießen und zu empfinden? Liegt darin nicht die höchste Anbetung der Liebe?«

»Nun!« meinte Frau von Grotthuß, »Schlegels Theorie geht aber für den geselligen Verkehr doch zu sehr in die Details!«

»Sie bewundern einen Buffon, einen Linné«, sagte Schlegel, »der das kleinste Tierchen, das zarteste Moosäderchen untersucht, prüft und als einen Teil des großen Ganzen, als einen Teil der Natur verehrt. Wie dürfen Sie es für unsittlich halten, wenn ich der Liebe, dieser Sonne der Natur, gleiche Prüfung, gleiche Anbetung weihe? Erst durch die wahre, volle Erkenntnis der Liebe wird der Mensch ein Mensch, ein würdiger Priester im Tempel der Natur.«

Ernsthaft und scherzend besprach man dies Thema noch eine Weile mit aller Freiheit, welche damals in der Unterhaltung herrschte, als die Liebe und die Berechtigung der Leidenschaft den Mittelpunkt bildeten, der die Gesellschaft zusammenhielt. Die Lehre von der Emanzipation des Fleisches, welche dreißig Jahre später in Deutschland so heftige Kämpfe erregte, war in dem Bewußtsein jener Zeit und jenes Kreises eine Wahrheit und Friedrich Schlegel einer ihrer eifrigsten Vertreter geworden. Ereignisse aus den Liebesabenteuern der Umgebung wurden als Beweise für die Richtigkeit der Theorie angeführt und mit lebhafter Teilnahme behandelt, bis die Gesellschaft sich trennte.

8

Während die Freunde den Abend so in heiteren Gesprächen verplauderten und Rahel die Stunden in düsterem Brüten vergingen, saß die Dienerschaft des Prinzen Louis im Domestikenzimmer beisammen.

Monsieur François, der erste Kammerdiener und seit des Prinzen Kindheit in seinen Diensten, der Leibjäger und der Reitknecht, ein besonderer Günstling des Herrn, machten die Hauptpersonen und führten fast ausschließlich die Unterhaltung, der die übrige, ab- und zugehende Dienerschaft lauschte, während einzelne gelegentlich selbst ein paar Worte dazwischenwarfen.

An dem Herumschlendern aller konnte man wahrnehmen, daß die Herrschaft nicht anwesend, keines Dienstes bedürftig sei. Monsieur François hatte den Livréerock ausgezogen und beide Arme behaglich auf den Tisch gelegt, so daß seine fetten, von keiner Arbeit verdorbenen Hände und sein heiteres, wohlgenährtes Gesicht hell von dem Licht auf dem Tisch beleuchtet wurden. Der Reitknecht, ein ehemaliger Soldat des Regiments Pellegrini, saß steif in seiner Amtstracht, als gelte es, auf einer Parade zu erscheinen, und goß aus halbvollen Weinflaschen den Inhalt in sein Glas, das er, eine Kalkpfeife rauchend, in kurzen Pausen leerte. Er und der Kammerdiener fühlten offenbar alle Behaglichkeit sicherer Ruhe, während der Jäger, ein schöner, junger Mensch, dann und wann nach der Uhr blickte, als habe er einen bestimmten Zeitpunkt zu beobachten.

»*Voyez*, Monsieur Johann!« sagte François zum Reitknecht, »wer Monsieur Oehrdorf so nach der Uhr blicken sieht, der müßte meinen, er sei der pünktlichste Diener auf der Welt; *mais point du tout!* Er ist nur der furchtsamste Liebhaber. Mademoiselle Leonore schließt ihm die Türe, wenn er nicht auf die Minute zum Rendezvous kommt, die sie ihm bestimmt hat, und jeder lustige Abend des Prinzen bringt für Monsieur Oehrdorf einen traurigen zuwege.«

»Kinderei!« rief der Jäger mit aller Geckenhaftigkeit eines vornehmen Stutzers, »ich bin auch der Mann danach, mich von einem Mädchen schulmeistern zu lassen! Ich klopfe nicht zum zweitenmal an eine Tür, die man mir einmal verschließt!«

»Nun, wenn Sie gestern, als Sie um zwei Uhr retour

nierten, aus Mamsell Leonores Zimmer kamen, so muß die Gräfin verdammt schlecht heizen lassen für ihre Leute, und die Liebste sehr kalt gewesen sein, denn sie waren steifgefroren von Kopf bis Fuß *à faire pitié. Ma foi!* Wenn ich in meinen jungen Jahren von solcher Aventüre retournierte, da sprühte ich Funken noch zwei Stunden nachher!«

»Ist auch was zurückgeblieben von dem Feuer, in dem Kupfer auf Eurer Nase«, sagte der Jäger, »die Ihr stecken mögt, wohin Ihr wollt, nur nicht in meine Angelegenheiten, das verbitte ich mir.«

»Hat sich was zu verbitten, Oehrdorf!« spottete der alte Reitknecht. »Über Ihn soll man schweigen und über den Prinzen will Er raisonnieren. Hol mich der Kuckuck! Der junge Bursche wird übermütig, der Hafer sticht ihn. Vergißt Er, daß Monsieur François und ich Ihn hierhergebracht?« fragte er und zündete am Lichte paffend die Pfeife an, die ihm ausgegangen war. »Er hat nichts zu tun, als hier auf der Bärenhaut zu liegen. Es ist ein Spaß, der Dienst, seit wir die Mamsell Fromm haben. Früher, ehe wir solide waren, da hätte Er hier sein sollen! Tag und Nacht auf den Beinen. Morgens mit den Hofdamen zu Jagdpartien, nachts auf ein Dorf zu irgendeinem hübschen Weibe. Zwei, drei Meilen im gestreckten Karriere, über dick und dünn, bei Frost und Regen. Und dann hieß es an irgendeinem Fleck, wo der Wald am dichtesten war: ›Halte Er die Pferde, bis ich komme, und dann Adieu!‹ Und wenn er wieder kam, dann war's heller Tag, und nun mit den steifgefrorenen Beinen wieder hallo aufs Pferd und Plein-Karriere zurück, damit man die Parade nicht versäumte! Das war ein anderer Dienst, dabei wurde man nicht so dick und sah nicht so geleckt aus wie eine Katze, die sich geputzt hat. Freilich, von zehn bis elf bei der Mamsell Fromm zu warten und vormittags ein Zettelchen zu der gelehrten Judenmamsell nach der Jägerstraße zu tragen, das ist keine Kunst! Da hat unsereiner andere Zeiten gehabt!«

Er strich sich wohlgefällig den ergrauenden Schnurrbart, goß sich ein neues Glas Wein ein und wollte dasselbe auch für François tun, der aber schob es vornehm und übersättigt mit der Hand von sich, und Oehrdorf sagte: »Dafür habt Ihr auch andere Einnahmen gehabt. Das Geld ist Euch nur so zugeflogen von den vornehmen Damen; bei den bürgerlichen Liebschaften kommt nichts heraus; Mamsell Fromm hat nichts.«

»Lassen sie Mademoiselle Fromm aus dem Spiele, *je vous prie*«, sagte François. »Es ist wahr, sie gibt nicht viel, aber sie kostet auch nicht viel, und das ist gut, denn der Prinz ist ein wenig geniert, wie mir der Intendant sagte, als es neulich hieß, es solle nach Schricke gegangen werden, weil der Prinz ein *rencontre* mit dem König gehabt hat.«

»Das wäre der Teufel! Schon wieder auf dem Trockenen!« rief Johann, »und es sind kaum zwei Monate, daß wir Sukkurs erhalten vom alten Prinzen Heinrich aus Rheinsberg. Ein Prinz ohne Geld, das ist wie ein Fisch auf dem Sande, oder wie diese Pfeife Tabak ohne Luft.« Er hielt abermals die Pfeife an das Licht, paffte und fragte: »Sagen Sie mir, Monsieur François, was fangen nur all die vertriebenen Prinzen in Frankreich an? Daß sie nicht das ganze aufsetzige Volk zum Galgen schicken, das ist mir unbegreiflich; mit Hunden ließ ich sie hetzen, wenn ich König wäre.«

»Monsieur!« entgegnete François und strich behutsam mit einem Kämmchen über sein fein gepudertes Haar, während er sich mit wichtiger Miene in den Stuhl zurücklehnte. »Monsieur Johann! Die Tage, in denen man die Leute mit Hunden hetzte, sind *grâce à dieu* vorüber in meinem Vaterlande. Ich will nicht sagen, daß man gut getan habe, den König hinzurichten und die Königin; *au contraire!* Denn das Land braucht einen König, wie der König einen Hofstaat; aber daß man uns für Menschen erklärt hat, daß man *égards* hat für unsere Rechte und daß jeder alles werden kann, wie der Lieutenant Bonaparte erster

Konsul, *c'est très bien. Voyez vous!* Was wäre aus mir geworden, wäre das in meiner Jugend geschehen! *Ah, mon dieu!* Ich könnte vielleicht Minister sein, statt Kammerdiener!«

»Kammerdiener ist auch nicht zu verachten«, meinte Johann, »und ich möchte mein Lebtag nichts anderes sein, als meines Herrn Reitknecht. Er hat mir das Leben gerettet, als er mich bei Mainz im Jahre 1793 auf seinen eigenen Schultern davontrug. Ihr wißt's ja, aber so etwas von prinzlicher Gnade kann man nicht oft genug hören. Die Feinde waren uns auf den Hacken, nicht tausend Schritt von uns; kein Kamerad wollte umkehren, mich mitzunehmen, so viel ich bat und rief. Da sprang unser Prinz selber hinzu, nahm mich, er war dazumalen erst zwanzig Jahr alt und schlank zum Zerbrechen wie diese Pfeife, auf seine Schultern und trug mich weg. Nun soll mir einer sagen, wie der naseweise Monsieur Oehrdorf, man braucht eigentlich keine Prinzen und keine Könige! An mir könnt Ihr sehen, ob man sie braucht! Aber ich gehe für unseren Prinzen auch durchs Feuer, und der ist ein Hundsfott, der es nicht ebenso tut.«

»Das ist ja gerade, wie ich es sage«, rief der Jäger, »so du mir, so ich dir. Euch hat der Prinz das Leben gerettet, Ihr wollt ihm Euer Leben geben; das ist keine Kunst, denn Ihr hättet dabei an die dreißig Jahre Profit.«

Der alte Reitknecht antwortete mit einem Schimpfwort, der Jäger blieb die Entgegnung nicht schuldig, beide wurden heftiger; der Kutscher, der zweite Kammerdiener kamen dazu, das Zanken schien allgemein werden zu wollen, als Monsieur François sich in das Mittel legte.

»*Silence, Messieurs!*« rief er, »schämen Sie sich vor den Domestiken, vor den Stallknechten und Küchenjungen, die sich in der Antichambre umhertreiben. Und Sie, Monsieur Oehrdorf, sagen Sie mir doch, wer ist der Mensch, den ich nun schon ein paarmal hier im Schlosse gesehen habe, der lange, blonde Zivilist, der gestern mit Ihnen sprach.«

»Ich kenne seinen Namen nicht; er fragte nur, wo Mamsell Fromm wohne, ob sie viel ausgehe, wohin und wann gewöhnlich? Es wird auch wieder wo ein Supplikant sein, der durch sie etwas vom Prinzen erbetteln will.«

»Und was haben Sie geantwortet, Monsieur?«

»Nun, was ich wußte. Ich sagte, daß Mamsell gewöhnlich nur mit dem Kinde ausfahre oder um Besuche zu machen. Er wollte wissen, ob sie nie ausgehe? Ich sagte, in die Kirche. In welche? fragte er. In den Dom, antwortete ich und –«

»Und Sie haben gehandelt wie ein Gelbschnabel, *que vous êtes! Pardonnez*, Monsieur Oehrdorf! Merken Sie sich, wenn man die Ehre hat, ein Staatsdiener zu sein, wie wir, so ist es die erste Regel, alles zu wissen, alle Geheimnisse seines Herrn zu kennen und sie zu verschweigen. *C'est comme cela,* daß man seinen Weg macht. Mit meiner Diplomatik, mit meinem *savoir faire* wäre ich Minister geworden, hätte ich das Glück gehabt, jung und in Paris zu sein, in der Revolution. *Vive la révolution! et la France!* Und Sie, Monsieur Oehrdorf, erkunden Sie, wer jener Frager ist, ich will es wissen und es dem Prinzen melden.«

»Melde du und der Teufel!« brummte der Jäger unter seinem blonden Schnurrbart hervor, nahm den Mantel des Prinzen über den Arm, winkte dem diensthabenden Kutscher, der im Küchenzimmer wartete, und entfernte sich. Auch die übrige Dienerschaft ging auseinander. Der Reitknecht schlief bald ein. Da holte Monsieur François ein Päckchen Briefe und Billette herbei, die für den Prinzen eingegangen waren, hielt sie, dieselben soweit als möglich entblätternd, gegen das Licht und versuchte ihren Inhalt zu lesen. Indes, er schien nicht zufrieden mit seinem Erfolg. Kopfschüttelnd legte er sie fort.

»*Les temps ont bien changés!*« sagte er. »Die guten Sitten verlieren sich mehr und mehr! *Tout le monde,* besonders die Frauen fangen an, nur deutsch zu schreiben, wer kann aus dieser *diable d'écriture* den Inhalt erfahren? Und doch ist es die Pflicht eines ersten Kammerdieners königlicher Herrschaft, alles zu wissen, um die Angelegenheiten übersehen und leiten zu können *au profit de tout le monde.*« Er blieb eine Weile in Nachdenken versunken sitzen. Dann stand er auf, nahm aus einer silbernen Dose eine Prise, säuberte vorsichtig Hände und Wäsche von dem Tabaksstaub, zog die Livree an und harrte, in einem Lehnstuhl halb schlummernd, der Rückkehr des Prinzen.

Es währte jedoch noch ein paar Stunden, ehe das Rollen des Wagens vor dem Palast das ganze Gebäude wie durch Zauberschlag erweckte.

Mit schnellem Schritt stieg der Prinz die Treppe zu seinen Gemächern in die Höhe, François leuchtete mit dem Armleuchter vor, während der zweite Kammerdiener, als sie oben im Zimmer angelangt waren, auf silbernem Teller die Briefe für den Prinzen auf den Tisch stellte und sich entfernte.

Der Prinz schien sehr erhitzt. Er war nach einer Abendgesellschaft, welche der englische Gesandte seinem Prinzen Adolf zu Ehren gegeben hatte, mit einigen jungen Männern des höchsten Adels in die Wohnung des schon früher erwähnten Grafen Tilly gefahren, der, einst Page der unglücklichen Marie Antoinette, mit Verehrung an der vertriebenen Dynastie hing und den lebhaftesten Haß hegte gegen die Republik und Bonaparte. Ihm mußte die Verbindung Preußens und Englands gegen Frankreich ein erwünschtes Ereignis sein und Prinz Adolf der ersehnte Helfer, auf den sich seine Augen wandten.

Man hatte anfangs von Politik gesprochen, die Wahrscheinlichkeit für Krieg und Frieden, für ein Bündnis mit Frankreich oder England abgewogen. Prinz Louis, obgleich im Innern ebenso als die anderen dem Kriege geneigt und der zögernden Politik Friedrich Wilhelms des Dritten abhold, hatte sich, der preußischen Ehre halber, berufen geglaubt, die Handlungsweise des Königs zu verteidigen, um so mehr, als er sich persönlich von ihm gekränkt fühlte. Aber offenen, wahrhaften Naturen fällt die Lüge so schwer, daß sie dieselbe nur mit Anstrengung aller ihrer Kräfte in sich erzeugen können, indem sie ihr besseres Selbst besiegen. Die Notwendigkeit, etwas gutzuheißen, was ihm in innerster Seele entgegen war, machte den Prinzen im höchsten Grade unmutig. Er trank zuviel, um sich zu zerstreuen, und war bereits heftig erregt, als man zu spielen anfing und zwar, da die Karten nicht gleich bei der Hand lagen, *pair ou impair*, ein Spiel, welches die Franzosen als das bequemste und schnellste bei ihren Märschen liebten und das durch sie zur Mode geworden war.

Graf Tilly hatte eine Hand voll Goldstücke zum Spiel aus der Tasche genommen und die Frage *pair ou inpair?* ausgesprochen, als Prinz Louis ausrief: »Nein! Nicht *pair ou impair*, sondern *la paix ou la guerre!*«

»Wohl!« sagte Graf Tilly, schüttelte das Geld in der Hand und fragte: »Und nun?«

»*La paix!*« rief Louis und verlor.

»*La Prusse ne gagnera jamais avec la paix!*« meinte Tilly.

»Das wird sich zeigen!« antwortete der Prinz und hielt immer weiter auf *la paix*. Das Glück war gegen ihn, dennoch beharrte er mit Leidenschaft bei diesem Spiele, bis er eine bedeutende Summe verloren hatte und die Gesellschaft sich trennte.

Wie alle phantasiereichen Menschen liebte Louis Ferdinand es, in Angelegenheiten, die ihn innerlich beschäftigten, in denen seine Seele zu keinem Entschluß kommen konnte, den Zufall zu befragen und entscheiden zu lassen. Er tat es scherzend, und doch machte der günstige oder ungünstige Ausfall des Versuches mehr Eindruck auf ihn, als er sich selbst oder anderen gestehen wollte. So hätte ihn der Verlust, den er am Abend erlitten, gleichgültig gelassen wie immer, wäre nicht der Gedanke damit verknüpft gewesen, daß Preußen verlieren, Unglück haben werde bei dem Festhalten an diesem künstlich erzwungenen Frieden, was ohnehin seine Überzeugung war.

Ein Zug von düsterem Mißmut, der sich selten in des Prinzen offenen Zügen kundgab, verriet dem feinen François die üble Stimmung seines Herrn, während dieser zum Tisch ging, die Briefe öffnete und die meisten mit Gleichgültigkeit auf die Seite warf.

Als er sie alle durchflogen hatte, sagte er: »François! Der Intendant soll morgen zweihundertsiebzehn Friedrichsd'ors dem Grafen Tilly senden. Sie aber gehen in die Porzellanmanufaktur, kaufen dort ein Dejeuner, tragen es zur Gräfin Molke und melden, ich würde um zwölf Uhr kommen, es mit ihr einzuweihen.«

»Und der Preis, Hoheit?«

»Das schönste, das Sie finden! Sie beklagt sich mit Recht über Vernachlässigung. Dem Musikdirektor und den Musikern, die gestern bei mir gespielt haben, soll auch das Gewöhnliche gesendet werden, und meine Schatulle frisch gefüllt.«

»Hoheit«, meinte François, »ich fürchte, der Herr Intendant werden *hors d'état* sein, dies alles auszurichten; er hat mir aufgetragen, Hohheit zu bitten, ob er gleich morgen früh sie sprechen könne, da mancherlei Rechnungen von Ouvriers eingegangen sind, die er nicht zu honorieren vermag.«

Der Prinz antwortete nicht darauf, sondern befal seinem Diener, ihm in das Schlafzimmer zu leuchten. Während des Auskleidens fiel ein Goldstück aus der Westentasche des Prinzen. François hob es auf und legte es auf den Tisch.

»Behalten Sie!« sagte der Prinz. »Es ist republikanisches Geld, ich mag es nicht.«

François dankte, das Goldstück gegen das Licht haltend. Das *République française* war deutlich und schön darauf ausgeprägt.

»Nun«, fragte der Prinz, «was sehen Sie das Geld so an, haben Sie auch Widerwillen gegen die Münzen der Republik?«

»*Tout au contraire!* Hoheit! Ich denke nur so, es ist doch hübsch, mit einer Republik. Wenn der König seinen Namen auf die Münzen schreibt, so heißt das: Eigentlich ist dies Geld mein, wie alles, was ihr besitzt, und ich zeichne es mit meinem Namen, damit ich es wiederfordere *de manière ou d'autre quand bon me semble*. Nun aber, da die Republik, da alle Bürger ihren Namen darauf prägen lassen, da das Geld und das Land allen gleich gehört, so möchte es mit dem Einfordern eines einzelnen schlimm stehen, und jedem das Seine gesichert sein. Das ist doch eine gute Maßregel *quoi qu'on en dise!*«

»Nun, so wandre aus«, sagte der Prinz, der diesen alten Diener liebte, »geh deine in Preußen gesammelten Schätze in Frankreich hüten, wenn du des Dienstes müde bist; werde wieder ein Bürger von Frankreich und hilf die Republik regieren; du wirst's so gut verstehen, wie mancher andere, und was die Finanzen betrifft, suchst du deinesgleichen, wie mir scheint.«

»O Hoheit«, meine François, da er sah, daß der Prinz auf einen Scherz einzugehen geneigt war, »ich wäre auch für die Polizei nicht übel, *je ne manque pas de capacités*. Seit einiger Zeit kommt oft ein Mann in das Haus, der sich mit der Dienerschaft zu enfilieren sucht, viel nach Ew. Hoheit und nach Mademoiselle Fromm fragt, wann sie ausgehe, wann sie retourniere *et caetera*. Ich habe Oehrdorf, an den er sich adressiert hat, beauftragt, zu erkunden, wer er ist.«

Der Prinz wurde aufmerksam und tat einige Fragen über das Äußere des Menschen, die François nicht zu beantworten vermochte. »Rufen Sie den Oehrdorf!« befahl der Prinz.

Dieser kam und mußte seinen Bericht erstatten. Der Prinz schien nach einem Zusammenhang zu suchen, wollte wissen, ob der Mann sich vielleicht für einen Verwandten, einen früheren Bekannten von Mademoiselle Fromm ausgegeben habe.

Oehrdorf verneinte es.

»Und sah er ärmlich aus?« fragte der Prinz.

»Nein, Hoheit! Im Gegenteil. Er trug ein apfelgrünes Trikotbeinkleid, Klappenstiefel, eine grüne Weste, braunen Frack und darüber einen russischen Pelz mit Schnüren. Als er den öffnete, sah ich, daß er zwei Uhren hatte mit reichen Berloques.«

»War er alt? Jung? Wie sah er aus?«

»Er mag fünfundzwanzig Jahre sein, Hoheit! Er ist groß, trägt keinen Puder, hat rötlichblondes Haar, das militärisch geschnitten ist, und einen starken Schnurrbart. Ich würde ihn für einen Militär in Zivilkleidung halten.«

Plötzlich schien dem Prinzen eine Vermutung zu kommen. »Hat er eine Narbe? Eine Narbe wie von einem Säbelhieb auf der Wange?« fragte er.

»Ja, Hoheit.«

»Das ist Heldrich!« rief der Prinz. »Der Portier soll es melden, ihn nicht fortlassen, wenn er sich wieder hier sehen läßt. Und erkundigen Sie sich morgen, wo der ehemalige Lieutenant von Heldrich wohnt. Ich will es bis Mittag wissen, Oehrdorf.«

Mit diesen Worten entließ der Prinz seine Leute und ging zur Ruhe.

9

Prinz Louis Ferdinand war, wie wir es in dem vorigen Kapitel gehört, nicht nach Schricke gegangen. Rahel hatte richtig vorausgesehen, daß man ihn zurückhalten würde.

Seinem Vorsatz getreu, die Begegnung mit dem König zu vermeiden, hatte er sich für die ersten Hoffeste nach jenem Ereignis entschuldigen lassen, aber schon auf dem Ball bei der Königinmutter war die regierende Königin zu ihrer Tante, der Prinzessin Ferdinand, getreten, sich nach dem Befinden ihres Sohnes, des Prinzen Louis, zu erkundigen. Sie sprach die Hoffnung aus, der Prinz werde am nächsten Abend imstande sein, bei dem Ball seiner Eltern zu erscheinen, da sie ihn in der ersten Quadrille, die sie mit dem Prinzen Adolf tanzte, zum Gegenüber zu haben wünsche. Dabei erwähnte sie flüchtig eines Mißverständnisses, das zwischen dem König und dem Prinzen Louis obwalte, sprach von den trefflichen Eigenschaften des letzteren, die jeder schätzte, von seinem Enthusiasmus für Recht und Menschenachtung und bedauerte nur, daß ihn sein edler Eifer doch bisweilen etwas zu weit führen möge.

»Aber wem von uns geht es denn anders?« sagte die schöne Königin mit dem zauberischen Lächeln, das ihr immerdar die Herzen gewann. Ist doch der stets so ruhige, gerechte König vielleicht auch ein wenig in den Fehler Ihres Sohnes verfallen. Da wir indessen alle noch jung sind, werden wir auch klüger werden. Helfen Sie uns dazu, teure Tante!«

Dergleichen konnte die Königin nicht ohne den Willen ihres Gemahls aussprechen; der König selbst also wünschte den Prinzen zu versöhnen, die Mutter des letzteren wurde die Vermittlerin, und Prinz Louis blieb um so williger in Berlin, als die politischen Verhältnisse immer verwickelter wurden.

Mitten in den Festlichkeiten jenes Tages war nämlich aus Petersburg die Nachricht von der Ermordung des Kaisers Paul durch die Großen seines Reiches erklungen. Dieser Meuchelmord war die Parodie, welche ein unzivilisiertes Volk auf den Königsmord in Frankreich machte. In Frankreich hatte das Freiheitsbedürfnis einer ganzen Nation die Tyrannei im Symbol des Königtums gerichtet; in Rußland befreite ein herrschsüchtiger Adelshaufe sich von dem Tyrannen, der ihm persönlich verhaßt worden war, um sich sklavisch unter das Joch seines Nachfolges zu beugen. Das war folgerecht: der gebildete Mensch bekämpft die Idee, als die Erzeugerin der Tat; der Ungebildete greift die Tatsache an, wie Kinder, die das Unkraut in ihren Gärten abpflücken, ohne die Wurzel desselben zu zerstören.

Dieses Ereignis in Rußland rief eine neue Gestaltung der politischen Verhältnisse hervor. Pauls Nachfolger Alexander sagte sich von dem Frieden mit Frankreich los, um sich mit England gegen Frankreich zu verbinden. Dadurch ward der Bund der nordischen Mächte zerstört, und der Auftrag des Prinzen Adolf ging nun doppelt darauf hinaus, auch Preußen zu einer Vereinigung mit England und Rußland zu bewegen, damit man sobald als möglich dem Umsichgreifen der französischen Übermacht wirksam entgegentreten könne.

Prinz Adolf, ebenso jung und liebenswürdig als Prinz Louis Ferdinand, ebensosehr Meister aller ritterlichen Übungen und Günstling der Frauen als jener, überließ sich in Berlin willig den Genüssen eines Hofes, an dem ein Kreis junger, lebensfroher Prinzen die schöne anmutsvolle Königin umgab, und heiterer Lebensgenuß die tägliche Aufgabe des Hofes zu sein schien. Dennoch konnte dieser Lebensgenuß ihn nicht dem Gedanken an seine Aufgabe entfremden. Er konnte nicht vergessen, daß er, ein englischer Prinz, als Pair des Oberhauses Teil an der Regierung seines Vaterlandes habe, für dessen Wohl und Weh er doppelt verantwortlich geworden war, seit man ihn mit einem für dasselbe wichtigen Auftrag beehrt hatte. Seine Tätigkeit, sein Ernst in diesen Verhältnissen machten auf Louis Ferdinand den lebhaftesten Eindruck. Die Kenntnisse, welche Prinz Adolf von den Regierungsverhältnissen, von den Gesetzen seines Vaterlands entwickelte, beschämten ihn und ließen ihn um so schmerzlicher die eigene Untätigkeit, den Mangel an Einfluß empfinden. Seine militärischen Obliegenheiten, welche sich seit dem Feldzug in der Champagne auf einen geisttötenden Paradedienst und einige ungefährliche Manöver beschränkten, wurden ihm verhaßt. Was er im Umgang mit Prinz Adolf über Englands Institutionen und dem daraus erwachsenden Selbstgefühl des einzelnen, über die gegenseitige Achtung und die strenge Aufrechterhaltung der Standesverhältnisse vernahm, erfüllte seine ganze Seele mit Bewunderung, da ein Prinz es aussprach. In England war jene Achtung des Menschen als Gesetz festgestellt, die Prinz Louis oft in dem edlen Zorn seines Herzens in einzelnen Fällen zur Geltung zu bringen strebte; dort herrschte nicht einer unumschränkt, mit seinem Willen die Einsicht eines ganzen Volkes aufwiegend; dort fand der Prinz wie der Bürger eine angemessene Tätigkeit und angemessenen Einfluß für alle und auf alles.

Die Zustände Preußens erschienen ihm im düsteren Licht; seine Seele empörte sich dagegen. Ein ganzes Volk verlangte Krieg, und der Wille eines einzelnen erzwang den Frieden; die öffentliche Stimme verlangte Anschluß an England wider Frankreich, der Wille des Königs entschied das Gegenteil. Preußen bedurfte Freiheit des Handelns, der König sperrte die Häfen der Elbe, Weser und Ems für die englischen Schiffe und ließ plötzlich das Königreich Hannover von seinen Truppen besetzen, als Rache für frühere, als Abwehr künftiger Beleidigungen von seiten Englands, obgleich dasselbe bisher für Preußen allein eine Ausnahme von seinem Kapersystem gemacht hatte.

Sogleich verließ Prinz Adolf Berlin, voll Verachtung gegen diese treulose Politik. Man hatte ihn gastlich empfangen, seinen Anträgen scheinbar Gehör gegeben, während man den Gewaltstreich gegen Hannover vorbereitete, der immer eine Treulosigkeit war, sei es, daß man Hannover auf geheimen Befehl Bonapartes oder im eigenen Interesse besetzte, um sich durch diesen Besitz für die Länderverluste am linken Rheinufer schadlos zu halten.

Die Entfernung des Prinzen Adolf, die Maßregeln gegen Englands deutsche Besitzungen erfuhren das lebhafte Bedauern, den lautesten Tadel des Prinzen Louis. Er besuchte die Hofzirkel so wenig als möglich und hielt sich fast ausschließlich in den Kreisen jener ihm befreundeten bürgerlichen Männer und Frauen, was ebenfalls die Mißbilligung des Königs hervorrief.

So kam das Frühjahr und endlich die Osterwoche heran. Während die Glocken zur Kirche luden, war Louis Ferdinand einsam in einem geräumigen Zimmer seines Palastes, das in den Garten hinaus sah.

Die Fenster waren geöffnet, die ersten warmen Lüfte eines Aprilmorgens säuselten durch das Gemach und spielten durch die hellbraunen, noch ungepuderten Locken des Prinzen, der nahe am Fenster auf dem Stuhl vor seinem Flügel saß und die edel gebildeten Hände mechanisch über die Tasten gleiten ließ. Er hatte den Rock abgeworfen, nur das Hemd verhüllte den Oberkörper und zeigte die hohe, kräftige Brust des schönen Mannes. Seine Augen hingen träumerisch an dem Himmel; sie verfolgten das Spiel der weißen, luftigen Wölkchen, die gleich Engelsflügeln auf dem sonnendurchzitterten, goldglänzenden Blau des Firmamentes erschienen und verschwanden.

Anfangs drängte sich, wie es schien, das kirchliche Glockengeläut der Phantasie des Prinzen auf; die ernsten, choralartigen Klänge sprachen dafür, mit denen er das Spiel begonnen hatte. Dann mußten andere Ideengänge ihn beschäftigt haben. Wilde, chaotische Tonmassen entströmten seinen Händen, der Sturm der Seele, ein heißer Kampf wogte in den Tönen auf und nieder. Gleich grellen Blitzen zuckte einzelnes Wehschrein und himmelan strebendes Jauchzen daraus empor. Aber wie mitten im Sturme der Elemente die weiße Gischt sich bäumender Wogen in Myriaden goldglänzender Funken zerstäubt, zurücksinkt in das wallende Dunkel der Meeresfluten, so tauchten allmählich sanftere Melodien aus dem düsteren Grunde der Komposition hervor, verklingend und wiederkehrend, um aufs neue zu verklingen, bis plötzlich die ganze Phantasie einen milderen Charakter gewann.

Ein kleiner Vogel war in das Zimmer geflogen und wiegte sich auf dem Ast des Orangenbaumes, der auf dem Fensterbrett stand. Dies rief dem Prinzen eine ähnliche Szene aus dem Frühling seiner Liebe für Henriette in das Gedächtnis zurück. Ein schlichtes Volkslied, das er einst von ihr gehört, bildete nun das Thema, welches er in vielfachen Variationen durchführte, während Henriette selbst mit dem geliebten Kind vor seinem inneren Auge stand. Die lebhafteste Sehnsucht nach ihr, nach jenen friedvollen Tagen in Schricke, bemächtigte sich seiner. Er wäre gern in diesem Augenblick zu ihr geeilt, hätte gern ihr sanftes Antlitz geschaut, aber er wußte sie in der Kirche. Daß sie gläubig geblieben in der Freigeisterei ihrer jetzigen Umgebung, daß sie Trost finden konnte im Gebet und auch für seinen Frieden betete in dieser Stunde, erfreute ihn. Er wußte, wie mild beruhigt sie immer aus der Kirche heimkehrte, er hoffte sie auch heute in dieser Stimmung zu finden und ließ in vorahnendem Genuß seine Phantasie den kurzen Zeitraum durchfliegen, der ihn noch von der Geliebten trennte.

Seine Seele war friedlich und hochgestimmt, er hatte alle Verhältnisse vergessen, die ihm schmerzlich und störend waren, er fühlte ein rein menschliches Genügen in der Macht der Musik und in der Liebe; er hatte eine wahre Empfindung von Glück in diesem doppelten Besitz, als François eintrat, den Intendanten des Prinzen zu melden.

Unwillig über die Störung, wollte der Prinz ihn fortschicken, aber schon bei einem früheren Anlasse hatte er diese Besprechung zu umgehen gesucht, weil er selbst die Unordnung in seinen Geldangelegenheiten genügsam kannte und sich außerstande fühlte, ihr in seinen Verhältnissen durch Einschränkungen zu begegnen, die nicht zu verbergen waren. Es konnte also nur die Rede davon sein, neue Hilfsquellen zu finden, und zu diesem Zweck befahl der Prinz, den Intendanten eintreten zu lassen.

Was dieser berichtete, war nicht geeignet, die heitere

Stimmung des Prinzen zu nähren. Von allen Seiten drängten Forderungen auf ihn ein. Die Einnahmen des Prinzen, die Vorschüsse, welche sein Vater und sein Onkel, Prinz Heinrich, ihm bewilligt hatten, waren zu Ende; sein Kredit war fast erschöpft.

Plötzlich unterbrach der Prinz den Berichterstatter: »Machen Sie nicht soviel Worte über das, was uns fehlt! Sie haben die Totalsumme genannt, das genügt. Sagen Sie kurz, woher Sie die Mittel zur Deckung nehmen werden, denn schaffen müssen Sie diese.«

»Hoheit!« sagte der Intendant, ein Greis mit weißem Haar, das des Puders spotten konnte und noch heller erschien gegen das breite, schwarze Zopfband, dessen stattliche Schleifen zu beiden Seiten des Kopfes sichtbar wurden: »Hoheit! Es ist kein Rat, ich erhalte von den bisherigen Quellen nichts mehr. Wenn Hoheit sich gnädigst selbst entschließen wollten, anzufragen –«

»Unmöglich!« rief der Prinz.

»Da ist der dicke, reiche Cohen von der Mohrenbrücke«, fuhr der Intendant fort. »Dem Manne sind einige Tausende nichts, aber die Ehre, es den anderen vornehm gewordenen Juden gleichzutun, die ist ihm alles. Er hat mir, wenn ich sonst mit ihm unterhandelte, immer von dem Theater erzählt, das er bei sich im Hause errichtet hat, und mich eingeladen, es zu besuchen.«

»So gehen Sie hin, wenn er Ihnen dafür Geld gibt.«

»Oh! Um mich ist es nicht; ich war dort und kann Hoheit versichern, daß dies Liebhabertheater der Mühe des Ansehens wert ist. Die schönsten Mädchen, treffliches Spiel und sehr namhafte Gesellschaft! Graf Bernstorff, Major Gualtieri, der Adjutant seiner Majestät, General Köckritz! – Auch Prinz Radziwill Durchlaucht waren dort.«

»Ich weiß das«, rief der Prinz, »aber was kümmert es mich? Ich bin nicht in der Stimmung, Stadtgeschichten zu hören, ich will fort, also machen Sie, daß wir zu Ende kommen, und schaffen Sie das Geld.«

»Als ich neulich Graf Tilly das Geld senden und das Service für die Gräfin Molke bezahlen sollte, war ich bei Cohen. Er hat erklärt, für die Ehre, einmal Königliche Hoheit unter seinen Gästen zu sehen, wäre ihm keine Summe zu groß; Hoheit hätten nur zu befehlen über seine Kasse. Sie spielen den sechzehnten April bei Cohen den Clavigo, wir haben heute den vierzehnten.«

Der Prinz wandte sich ab, sah nach der Uhr, rief François, um sich ankleiden zu lassen, und noch immer stand der alte Intendant mit seinen Rechnungsbüchern auf demselben Fleck. Endlich, als die Toilette des Prinzen beendet war, der Wagen vorfuhr und der Kammerdiener ihm Hut und Mantel reichte, schien der Prinz sich wieder des Wartenden zu erinnern, und sich mit einer Miene tiefen Unmutes zu ihm wendend, sagte er im Hinausgehen: »Sie können Ihrem dicken Cohen melden, Prinz Louis Ferdinand werde übermorgen in seinem Haus dem Schauspiel beiwohnen, aber schaffen Sie zehntausend Taler.«

Er eilte hinaus, atmete tief auf wie jemand, der eine Last von sich abgewälzt hat, und befahl dem Kammerdiener, ihn zu Mademoiselle Fromm fahren zu lassen. Bei ihr wollte er sich erholen von dem Unangenehmen dieser Unterredung, bei ihr den Frieden seiner heutigen Morgenstunden wiederfinden.

Mit sehnsüchtiger Hast flog er die Treppe empor zu Henriettes Zimmer. Sein Gesicht leuchtete vor Liebe, aber Henriettes Erscheinung machte ihn erstarren.

Totenbleich kniete sie, die Augen von vergossenen Tränen gerötet, an dem Bette des Kindes. Als sie den Prinzen eintreten sah, flog sie ihm entgegen, sich angstvoll in seine Arme werfend.

»O nimm mich zu dir«, rief sie, »nimm mich zu dir, Louis! Bleibe bei mir, beschütze du mich, bring mich fort von Berlin!«

Ihr goldner Kamm war bei der heftigen Bewegung herausgefallen, das ungeflochtene, hellblonde Haar floß über ihre Gestalt und über die Arme des Prinzen hernieder, der sie an sich drückte und erschreckt nach der Ursache der Tränen fragte.

»Halt mich fest in deinen Armen! Nur bei dir ist Frieden für mich. Selbst das Haus Gottes schützt mich nicht vor Schmach! Auch das Kind wird mir fluchen, mir und dir, daß wir ihm ein elendes Dasein gaben«, schluchzte sie.

Der Prinz erbebte. »Um Gottes willen!« rief er. »Henriette, sage mir, was vorgegangen ist, wenn du mich nicht um den Verstand bringen willst. Sprich! Ich beschwöre dich.«

»Ach, sei nicht böse, daß ich dich betrübe«, bat Henriette plötzlich besänftigt, als sie die Erschütterung des Prinzen bemerkte.

Der Prinz, selbst erschüttert wie Henriette, suchte sie zu beruhigen und seine Küsse, seine Worte brachten es endlich dahin, daß sie zusammenhängend zu erzählen vermochte.

»Ich war im Dom«, sagte sie, »die Sonne leuchtete so warm in die Kirche hinein, schien so hell auch auf mich; ich dachte, auch auf mir ruht Gottes Segen, und betete recht von Herzen für uns und für das Kind. Die Seele wurde mir frei wie in der Kirche zu Hause, wenn ich mit der Mutter dasaß und auf den Anfang der Predigt wartete. Als ich eine Weile in meiner Bank saß, kamen zwei Frauen herein, die sich neben mich hinsetzten; ein Herr, der zu ihnen gehörte und lange für sie nach einem Platz umhergesucht hatte, blieb stehen außerhalb der Bank. Aber kaum hatten sich die Frauen niedergelassen, als ihr Begleiter sich zu ihnen neigte und so laut, daß ich und die anderen es hören konnten, sagte –«

Sie fing wieder zu weinen an und barg ihr Gesicht an der Brust des Prinzen. »Nun! Was sagte er?« fragte dieser dringend.

»Er sagte: ›Steht auf! Das ist die Mätresse des Prinzen Louis!‹«

Neue Tränenströme erstickten die Stimme; der Prinz fuhr empor, als stände der Beleidiger ihm gegenüber, und weinend erzählte Henriette: »Die Frauen erhoben sich, gingen fort und sahen mich mit Verachtung an. Um mich her flüsterten die Zunächstsitzenden; ich kannte niemanden, soweit mein Auge reichte, lauter fremde Gesichter. Von der Predigt vernahm ich keine Silbe, ich hörte nichts als die Worte des Schrecklichen, sah nichts als die beiden Frauen, die mich wie eine Aussätzige flohen – alle Blicke schienen auf mir zu liegen –« Sie konnte nicht weiter sprechen.

Der Prinz umschlang und küßte sie. »Armes Weib!« rief er, während auch seine Stimme von Tränen bebte. »Armes Weib! Und das alles um mich? Zum Brandmal also wird dir meine Liebe, in die ich dich einhüllen möchte, dich zu bewahren vor jedem Schmerz?«

Er setzte sich zu ihr und ließ sie an seinem Herzen weinen. Plötzlich richtete er sich empor.

»Wie sah er aus?« fragte er. »Hast du ihn angesehen? Nicht wahr, er war groß, rötlichblond? Ein Offizier in Zivilkleidung? Er hatte eine Narbe auf der Wange?«

»Gott im Himmel!« rief Henriette. »Du kennst ihn, Louis?«

»Ich kenne ihn! Nun ist's gut! Weine nicht, Henriette, nun ist es gut.« Er stand auf und wollte sich entfernen, Henriette hielt ihn zurück.

»Louis!« sagte sie. »Wo willst du ihn? Was willst du tun?«

»Kannst du das fragen?«

»Aber du bist ein Prinz, ich bin – Gott!« rief sie. »Kann denn selbst deine Liebe, die mein ganzes Leben ist, die mich so glücklich macht, mich nicht darüber trösten? Oh! Ich bin glücklich, Louis, glaube es mir!«

»Und in Tränen über die Schmach!« sagte er schmerzlich.

»Vergiß sie, Louis; denke dieser Schwäche nicht. Du hättest es nie erfahren, wärest du nicht gekommen in dieser Stunde. Denke, daß ich glücklich bin, und bleib bei mir.«

Aber der Prinz war nicht zu überreden. »Sei ruhig, liebes Herz! Ich komme bald zurück«, sagte er, schloß sie an seine Brust und verließ eilig das Gemach.

10

Einige Tage darauf trat Gentz mit der Frage in Rahels Zimmer, ob sie schon wisse, daß Prinz Louis abgereist sei.

»Abgereist?« wiederholte Rahel. »Und wohin?«

»Er hat Befehl erhalten, zu seinem Regiment nach Magdeburg zu gehen und dort bis auf weiteres zu bleiben.«

Rahel war überrascht, nahm sich aber gewaltsam zusammen, ihren Schmerz zu verbergen und fragte um die Veranlassung. Gentz erzählte ihr, daß nach jenem Ereignis am Ostermorgen der Prinz, in der ersten Anwallung über die seiner Geliebten zugefügte öffentliche Beleidigung, dem Grafen Tilly aufgetragen habe, dem Lieutenant Heldrich eine Ausforderung zu überbringen. Vergebens habe Tilly ihm vorgestellt, daß dies unmöglich sei, daß ein Prinz von Preußen sich nicht mit einem Lieutenant schießen könne, den das Offizierskorps selbst zum Austritt aus der Armee gezwungen habe. Der Prinz sei außer sich gewesen, habe erklärt, daß er keine rechtliche Bestrafung des Unverschämten erhalten könne, daß er ebensowenig ihn, wie jener es eigentlich verdiene, mit der Hetzpeitsche in der Hand zu züchtigen vermöge, und daß es ihm auch nicht darauf ankomme, sich Genugtuung zu verschaffen, sondern nur den Elenden niederzuschießen, was bei seiner Sicherheit im Gebrauch der Waffen nicht ausbleiben werde. Unfähig, den Prinzen umzustimmen, habe sich Tilly an den Adjutanten des Königs gewandt; Heldrich habe den Befehl erhalten, Berlin augenblicklich zu verlassen, der Prinz die Weisung, von diesem unpassenden Duell abzusehen und sich sofort zu seinem Regiment nach Magdeburg zu begeben. Gestern sei er in Begleitung der Fromm dorthin abgegangen.

»Das ärgerliche an der Sache ist«, so schloß Gentz seinen Bericht, »daß ohnehin schon die übelsten Gerüchte über des Prinzen zerstörte Geldverhältnisse und andere Unordnungen umherlaufen. Nachdem alle seine kleinen Gläubiger abgewiesen, auf weithinaus vertröstet worden sind, hat er plötzlich so namhafte Summen zu seiner Verfügung gehabt, daß es Aufsehen erregte und das grundlose Gerede sich verbreitete, der Prinz habe Gelder vom englischen Hofe erhalten, unter der Bedingung, Englands Interessen in Berlin zu vertreten. Das hat den König ganz besonders erzürnt, er ist sehr erbittert gegen ihn, und das mit Recht.«

»Mit Recht?« rief Rahel. »Das können Sie sagen, der es so gut weiß als ich, daß erst der dicke Cohen ihm eine namhafte Summe borgte, und daß jetzt Abraham Gans, eingenommen von des Prinzen hinreißender Persönlichkeit, ihm abermals sechzigtausend Taler gegeben habt, um den Prächtigen diesen kleinlichen Sorgen zu entreißen?«

»Ich weiß es, liebe Freundin! Auch der König mag es wissen, aber die Welt weiß es nicht, und der Schein ist gegen ihn. Der Prinz erniedrigt in sich die königliche Würde, wie es ihrer Zeit Artois, Orléans und der Graf von Provence leichtsinnig in Frankreich getan haben. Gestehen Sie, das ganze Abenteuer mit diesem Heldrich ist auch von Anfang an eine Großmutsdonquichotterie. Wenn jede Magd, der ein Offizier nachstellt, die Virginia spielen will, so werden die Frauen bald ohne Bedienung bleiben müssen; und vollends, das beabsichtigte Duell ist töricht. Die Fromm ist dem Prinzen gefährlicher mit ihrer bürgerlichen Sentimentalität als die ärgste Kokette, die kostspieligste Mätresse.«

82

»Gentz!« rief Rahel. »Heute sind Sie zum erstenmal unedel, seit ich Sie kenne. Sie wissen, daß ich den Prinzen liebe und bewundere, wie dürfen Sie es wagen, ihn zu tadeln?«

»Und was lieben und bewundern sie an ihm?« fragte Gentz.

»Den Menschen, der so mächtig ist, selbst den Prinzen in ihm zu überwinden!« sagte Rahel, und ihr dunkles Auge strahlte in voller Glut.

Gentz sah sie lange und prüfend an. Dann sagte er: »Wissen Sie Rahel, daß Sie sehr schön sind in diesem Augenblick? Sehr schön, Rahel!«

»Ich glaube es«, entgegnete sie ruhig, »denn jede Liebe verklärt die Menschenform, in der sie sich offenbart.« Der Ausdruck ihres Gesichts war voll Erhabenheit und doch voll Demut; Gentz wurde nicht müde, sie zu betrachten, wie man ein Kunstwerk betrachtet, indem sich uns plötzlich die tiefe Idee des Künstlers enthüllt. Sie schien es nicht zu bemerken, es entstand eine neue Pause.

Plötzlich rief er: »Sie wissen ja alles, Rahel! So wissen Sie auch, daß ich Sie liebe? Nicht wahr?« Er stieß die Worte mit einer Heftigkeit hervor, als würde er von einer inneren Gewalt wider seinen Willen dazu getrieben.

»Sie lieben mich«, sagte Rahel, »wie Sie die Revolution liebten, als sie begann, weil sie Ihnen nützlich schien für Ihre Zwecke. Sie würden kalt für mich sein, wie Sie es für die Freiheit geworden sind, schiene ich Ihnen nicht mehr nützlich.«

»Und das ist ein Verbrechen? Ist es nicht natürlich, menschlich?« fragte er. »Wie kann die Liebe ewig und unwandelbar sein, da es der Mensch nicht ist? Sie werfen mir vor, ich sei treulos geworden an der Idee der Freiheit; das bin ich nicht; ich habe nur die Welt und die Menschen kennengelernt, ich will nicht mehr Unmögliches wie damals.«

»Heißt klüger werden immer erkalten«, meinte Rahel,

»so lasse mir Gott mein einfältiges warmes Herz, das mich und andere erquickt!«

»Rahel!« sagte Gentz. »Ich habe Ihnen weh getan mit meiner früheren Äußerung über Prinz Louis; Sie haben mich unedel gescholten, ich war nur eifersüchtig. Priesterin der Liebe! Können Sie das so hart verdammen, daß Sie kein Ohr mehr haben für mich, kein Verständnis für meine menschlichen Schwächen? Wollen Sie denn nicht mehr einsehen, daß ich zum Helden nicht organisiert bin; daß ich keines Heroismus fähig bin, weil ich nicht zu leiden vermag? Ich kann und will auch nicht leiden, und darum müssen Sie mich lieben oder mich achten, denn sonst leide ich!« sagte er mit allem anmutigen Trotz eines schönen, verzogenen Weibes.

Rahel mußte lächeln über ihn und schalt ihn ein Kind. »So lassen Sie mich handeln wie ein Kind«, entgegnete er, setzte sich vor ihr auf ein Fußbänkchen nieder, nahm ihre Hand in die seine und sagte: »Nun hören Sie mir zu und wenn Sie mir dann nicht recht geben, so will ich nicht Friedrich Gentz heißen und Sie nicht mehr lieben.

Sie sagen, der Gentz, welcher bei der Thronbesteigung des Königs ein Manifest an ihn verfaßte, worin er ihn hinwies auf Freiheit und Fortschritt, das sei nicht derselbe Gentz, der jetzt mit Prinzen und Ministern verkehrt und Ehre und Einfluß für sich erstrebt. Es ist derselbe! Ich habe einsehen gelernt, daß es Wahnsinn ist, wie in Frankreich segensreiche Umwälzungen mit brutaler Volksgewalt zu bewirken. Mir graut vor den blutenden Leichnamen der gemordeten Aristokratie, auf denen das Bürgertum sich über das Königreich erhob. Es ist Barbarei, eine Königin bei ihren goldblonden Locken vom Throne herniederzureißen, um sie durch den blutgetränkten Staub zu schleppen. Wie kann Edles gedeihen, wahrhaft Großes und Schönes von Menschen geschehen, deren tierische Roheit sie des Namens Mensch unwert gemacht hat? Auf einen großen Gedanken kommen in Frankreich tausend Schandtaten;

und statt der Freiheit, die man von dort durch die Welt zu tragen behauptete, bringen die französischen Heere die Knechtschaft mit, wohin sie kommen. Den Völkern werden ihre angestammten Fürsten genommen, fremde Gesetze werden ihnen aufgedrängt, ihre Länder gebrandschatzt, ihre Weiber entehrt, ihre Söhne zu weiteren Eroberungen mit fortgeschleppt – ist das Freiheit, Rahel? Kämpfen Bonaparte und seine Generäle für die Freiheit? Werden die Völker geistig veredelt, moralisch gebessert, materiell gefördert durch diese Schlachten? Ich frage Sie, Rahel.«

»Nein!« sagte sie und wollte ein Aber hinzusetzen, als Gentz, sie unterbrechend, fortfuhr: »Wie himmlisch Sie mit Ihren klugen Augen zuhören«, rief er, »kein Mensch versteht das so gut als Sie, es ist eine Wonne, vor Ihnen zu sprechen. Schweigen und hören Sie nur noch ein wenig, meine Seele öffnet sich vor dem Glanz Ihrer Augen wie Blumen dem Sonnenlicht. Hören Sie zu. Nicht wahr, jene Freiheit, in der die Massen in Masse sich erheben, das ist also nicht die rechte; und doch bedarf der einzelne der Freiheit für sich. Ich kann es nicht ertragen, wenn ein Edelmann auf mich herabsieht, weil seine Ureltern schon in Karossen fuhren, während die meinen die Pferde hüteten; ich bin klüger, ich bin so gut, ich bin besser als er. Er soll mich für seinesgleichen erkennen, wenn ich es bin; er soll mich verehren, bin ich ihm überlegen. Stufenweise steige ich rastlos zu seiner Höhe empor, allein auf mein eigenes Bewußtsein gestützt, und mit jedem Schritt, den ich steige, trete ich zugleich den Berg nieder, auf dem er über mir emporragte; je höher ich gelange, je leichter die Mühe. Der Thron, der auf dem höchsten Punkte stand, fängt an zu wanken unter meinem festen Schritt, man streckt von dort angstvoll die Hände nach Hilfe aus, ich biete die meine, ich einzelner, unscheinbarer Wanderer, ich biete meine Hand. Man wirft mir Szepter und Reichsadler zu, ich stütze, ich erleichtere, ich halte das Gleichgewicht, ich regiere, und – es sollte mich nicht wundern, würfe sich mir endlich die schöne Königin an die Brust; weil sie mich ruhig sieht und stark in der allgemeinen Verwirrung.«

»Das ist ein hübsches Märchen«, sagte Rahel lächelnd, da Gentz die Augen zu ihr erhob und sie in sein flammendes Gesicht blickte.

»Aber die Moral davon«, rief Gentz freudestrahlend, »die Moral, Rahel, merken Sie sich: die Großen überragt man, nicht indem man sie erniedrigt, sondern indem man sich erhebt. Freiheit erwirbt jeder nur für sich allein: tut das jeder, so haben sie alle; und stehen alle auf der Höhe, die sich dort zu halten vermögen, so verschwindet der Thron und seine Besitzer in der Masse. Das ist meine friedliche Theorie, nach der ich revolutioniere, zum allgemeinen Besten mein eigenes befördernd.«

»Gentz!« sagte Rahel. »Das Märchen wird wahr werden. Ein Egoismus wie der Ihre, der die Welt und die Weltgeschichte nur als einen Rahmen für das eigene Bild, nur als ein Feld der eigenen Taten betrachtet, ist allmächtig. Hätten Sie Mut und Todesverachtung, Sie wären ein Bonaparte geworden mit diesem Egoismus. Da Sie das Leben lieben und weiche Genüsse, werden Sie – Friedrich Gentz sein und mächtig –«

»Zuverlässig!« bestätigte er.

»Und was soll ich dabei? Was wollen Sie mit meiner Liebe, neben Ihrer Liebe für die Unzelmann, die Sie nicht leugnen können?«

»Das fragen Sie? Ich brauche eine Unzelmann, mich abends auszuruhen, mit ihr zu tändeln, wenn ich müde bin, mich von ihr mit dem süßen Zuckerwerk der Schmeichelei füttern zu lassen, wenn mir das Geringste gelang. Ich brauche sie, um von ihr zu hören, wie vortrefflich ich bin, wenn ich einen Augenblick daran zweifeln könnte; aber dich, Rahel –«

»Nun, mich?«

»Dich«, sagte er plötzlich ernsthaft, »möchte ich haben, mich zu stützen, wenn meine Kraft erlahmt, denn du bist ein mächtiges Weib, und dein liebender Beistand würde mich nie demütigen, wie die übermütige Hilfe, die ein Mann uns bietet in der Stunde der Not. Mit dir möchte ich kämpfen, mit dir stehen am Ziele, hoch oben auf den Höhen der Menschheit und dir sagen: Sieh, was wir errangen! Sieh das Volk, das in blöder Dumpfheit am Boden kriecht! Und du solltest herabwerfen von unserem Überflusse, was du möchtest, und sie sollten dich anbeten auf deiner Höhe, auf der Höhe in meinen Armen; und keiner von uns beiden sollte wissen, wer der Schöpfer ist unseres Glücks, wer der Geber und wer der Empfänger, denn wir wären eins, weil du mein wärest, Rahel! Begreifst du denn nun, daß ich den Prinzen hasse, weil du ihm gibst, was zu schätzen und zu nutzen seiner leichtsinnigen Natur die Kraft fehlt, deine mächtige Seele?«

Gentz stand auf und lehnte den Kopf schweigend gegen die Fensterscheiben, Rahel schien erschüttert zu sein. Obschon noch früh im Jahre, war das Zimmer drückend heiß. Gentz öffnete die Fenster, er und Rahel schöpften freier Atem. Dann trat er nach einer Weile an sie heran, nahm ihre Hand und fragte: »Nun, Rahel? Haben Sie kein Wort für mich?«

»Den Trost, daß Sie Ihr Ziel erreichen werden auch ohne mich, und die Versicherung, daß ich den Prinzen lieben muß, weil ihm all die Kraft, all die Energie der Selbstsucht mangelt, die ich an Ihnen bewundere. Sie können mich entbehren, er wird mich brauchen; ich muß für ihn leben und leiden, auch wenn er es nie erfährt.«

»Sie werfen einem Verschwender Millionen hin, der sie achtlos verschleudert, während Sie sie mir entziehen, der Wunder damit wirken könnte; müssen Sie unwiederbringlich so handeln, Rahel?«

»Ich muß«, antwortete sie bestimmt, »aber wir wollen uns im Auge behalten.«

»Für das Leben«, fügte er hinzu, »denn wir sind zwei große Menschen.«

11

Prinz Louis Ferdinand an Rahel Levin

Magdeburg, den 28. April 1801

Ich bin fortgegangen ohne Abschied von Ihnen, liebe Rahel! Das wäre undankbar und herzlos von jedem anderen, von einem Prinzen nicht, denn ein Prinz hat keinen Willen. Ein Prinz ist ein Stift in der großen Drehorgel der Staatsmaschine, Monarchie genannt, die der König nach beliebigem Takt dreht, bald im Wiegenliedrhythmus, das überwache Volk einzuschläfern, bald in Marschmusik, um es aufzustacheln, wie es den Zwecken des Allmächtigen paßt. Wehe dem Stifte, der für sich allein Geltung verlangt, der selbständig die klingende Seite berühren will. Es wird ein Mißton werden vor dem Ohre des Königs, und hätte er den geahnten Klang der Sphärenmusik hervorgerufen. In einer Maschine darf sich kein Leben zeigen, denn dies macht die Herrschaft des Maschinisten unmöglich.

Sie haben mir in der Neujahrsnacht gesagt: ich bin deinesgleichen, weil Sie fühlten, Rahel, wie einsam, wie trostlos mein Leben ist; und doch reicht Ihre Vorstellung nicht an die Wirklichkeit hinan. Ein Zustand, der uns nur Pflichten auferlegt, ohne uns Rechte zu gewähren, ist die Hölle – ein apanagierter Prinz erduldet sie. Oh! Das Jenseits müßte mehr sein als ein Paradies, um mir Entschädigung zu bringen für die Hölle, die auf Erden in meinem Bewußtsein brennt.

Ich war ein offener, ein guter Knabe, mein Herz kam weich aus den Händen der Natur; meine Seele war voll süßer Musik. Ich liebte die Menschen, ich hatte Vertrauen zu ihnen, ich freute mich, wenn sie mir ebenso zuversichtlich nahten. Man sagte mir: Traue ihnen nicht! Du bist nicht ihresgleichen, sie lieben dich nicht, sie schmeicheln dir, weil sie dich brauchen. Man senkte Mißtrauen in mein argloses Herz, aber ich konnte nicht aufhören zu lieben. Ich bat: ›Gebt mir die Macht, die ich habe, sie zu beglücken, damit sie mich lieben, damit ich gewähre, was sie erstreben.‹ – ›Die Macht ist des Königs‹, antwortete man mir.

Ich fühlte mich einsam, ich verlangte nach Glück, man zeigte mir den Weg des Ruhmes; brennend vor Siegeslust, stürzte ich mich hinein, die Hand des Königs hielt mich zurück. Mitten im Kampfe, in den Stätten, in denen wir rasteten, war mir der Stern des Familienlebens aufgegangen, der Stern der Gatten- und Elternliebe. Hatte ich nicht Macht, so wollte ich friedliches Glück. Politische Rücksichten traten störend zwischen die Wünsche meines Herzens. Das ebenbürtige Weib, aus dessen Händen ich die friedliche Myrtenkrone zu empfangen begehrte, schmachtete einsam unter der Last des kalten, goldenen Diadems, das man ihr aufgedrückt hatte, gegen ihren Willen.

Man sah mich leiden, ich floh die Welt. Aber ein Prinz soll nicht leiden, er soll ewig lächeln wie die leichtlebenden Götter, denn er muß erhaben sein über die Menschheit, deren Los das Leiden ist. Man bot mir Spielzeug mancher Art: ergebene Höflinge, die meine Torheit priesen, gefällige Weiber, welche meinen Wünschen zuvorkamen. Dem Edlen in mir standen überall Schranken entgegen, für meine Torheiten fand ich ein offenes Feld. Ich habe es benutzt. Übersättigung ist die Frucht geworden von der Blüte des Genusses.

Und wieder verlangte ich die Macht, die man mir gezeigt in den Tagen meiner Kindheit als mein angestammtes Recht. Ich sah Unrecht, Unterdrückung um mich her, ich litt für die Menschen, weil ich das Elend der Unfreiheit fühlte; ich wollte helfen, retten, trösten, bessern, ich war selbst in Ketten und so kurz ist die goldene Kette, die mich an den Thron fesselt, daß mir jede freie Regung unmöglich ist.

Bei jedem Schritte, den ich zu machen das Recht habe, das eingeborene Recht des freien Willens, hebt angstvoll eine Kamarilla die Hände empor und ruft: ›Rege dich nicht, du bist zu nahe am Throne, deine Bewegung erschüttert den Thron.‹

Den Thron! Und was ist er mir? Das Sinnbild der Macht meines Vaterlandes, das Erbteil meiner Väter? Wohl! So erhaltet ihn in der strahlenden Pracht, in der sie ihn uns hinterließen, so macht ihn hell leuchten vor den anderen Nationen, wie mein Herz sein Vaterland zu sehen begehrt. Färbt den Purpur des preußischen Königsmantels prächtig rot mit dem Blute meines Herzens, laßt mich eine Stütze sein des Thrones, ein Teilnehmer der Macht, laßt mich kämpfen gegen die Schmach, laßt mich ringen für seinen Ruhm – ›Unmöglich! Die Macht ist des Königs und unteilbar in ihm.‹

So gebt mir die Freiheit, ein Bürger zu sein; gebt mir die Freiheit, die in der Gleichheit mit den Menschen beruht! Laßt mich ein Weib nehmen nach meinem Herzen, gebt mir die Freiheit, sie teilhaftig zu machen meiner Ehre, sie zu schützen gegen den Angriff, der sie bedroht, und die Schande abzuwenden, die mich trifft in ihr! ›Nein! Und Nein! Und Nein!‹

›Trage Ketten, dulde Schimpf, sei prächtig in Armut, denn du bist ein Prinz!‹ – Rahel! verstehen Sie den Fluch?

Mein Herz drohte zu brechen unter seiner Last, und in wessen Brust durfte ich den bittern Kelch meines Leidens leeren, als in die Ihre? Ihre Freundschaft, Ihre uneigennützige Treue sind der Balsam, den ich auf meine Wunden lege, wenn sie mich zu sehr schmerzen in der Einsamkeit der Feste, mit denen man hier meine Ankunft feiert.

Ich werde fortgehen nach Schricke, sobald ich kann. Dort vergesse ich auf Stunden meine fürstliche Knechtschaft, dort fühlt sich auch Henriette glücklicher. Das arme Kind! Ich hüte mich, sie ahnen zu lassen, welche Qualen ich erdulde; sie hat keinen Trost dafür, keine Kraft, wie die starke, treue Seele meiner Rahel, die mein einziger zuverlässiger Freund ist in der lieben Gestalt eines sanften Weibes.

Schreiben Sie bald, Rahel, dem armen Prinzen, damit der Mensch in ihm nicht den Glauben an die Menschen verliere und an sein Recht auf Freiheit.

12

Nur wenige Wochen verweilte der Prinz in Magdeburg, dann ging er nach Schricke, wohin sowohl seine Neigung als Henriettes Sehnsucht ihn zogen.

Sie war nicht wieder in Schricke gewesen, seit sie es heimlich mit dem Prinzen verlassen hatte, sie sah ihre Verwandten zum ersten Male wieder. Es waren peinliche Augenblicke.

Der Amtsrat kannte die Welt und seinen Vorteil zu gut, war zu angesteckt von den leichten Sitten jener Zeit, um in dem Verhältnis Henriettes zum Prinzen etwas anderes zu sehen als den Vorteil, den es ihm selbst bringen mußte; denn gegen den Onkel seiner Geliebten konnte der Prinz nicht mit Strenge verfahren, wenn auch die Zahlungstermine unregelmäßig gehalten wurden oder ganz ausfielen. Anders verhielt es sich mit der Amtsrätin, einer jener gutmütigen Frauen, die stets wahres Mitleid haben mit fremdem Leid und die doch keiner Freude fähig sind über fremdes Glück. Sie neidete Henriette das Wohlleben in ihren jetzigen Verhältnissen, sie mißachtete sie als Mätresse des Prinzen und haßte sie, weil der Amtsrat verlangte, daß sie ihrer Nichte mit rücksichtsvoller Unterordnung begegnen solle, um des Prinzen willen.

Wochen, Monate hindurch hatte es sich die Amtsrätin ausgemalt, in welchem Glanze, in welcher Pracht Henriette nun in Schricke anlangen, wie herablassend und hochmütig sie auf ihre Tante herabsehen werde, und sich im Innern vorgenommen, diesem Hochmut im stillen durch ihre Verachtung entgegenzutreten, trotz aller Warnungen ihres Mannes. Mehrmals war sie im Laufe der Zeit durch die Zimmer des Jagdschlosses gewandert und hatte mit Unmut gedacht, welches von diesen Gemächern wohl Henriette bewohnen, welches sie für sich und das Kind einzurichten befehlen würde? Sie hätte gern jede Dienstleistung abgelehnt, sie wollte nicht die Magd ihrer entehrten Nichte sein, aber der jedesmalige Amtsrat der Domäne hatte auch die Oberaufsicht über das Schloß, es blieb ihr keine Wahl.

Plötzlich jedoch war der Befehl angelangt, die Meierei, ein Schweizerhäuschen am Ende des Parks, in wohnlichen Stand setzen zu lassen und dort alle Einrichtungen zum Empfange des Prinzen zu treffen, da Mademoiselle Fromm es vorziehe, in diesem kleinen Landhaus zu wohnen. Die Amtsrätin, sehr verwundert und voll von dem Vorurteil gegen Henriette, hatte die erhaltene Weisung befolgt und darin den Hochmut ihrer Nichte zu erkennen geglaubt, die lieber schlecht wohnen, als ihren Verwandten begegnen wolle.

Endlich, an einem schönen Abend nach einem der ersten Tage des Maimonats, war ein schlichter Reisewagen über den Schloßhof nach der Meierei gefahren. Henriette mit dem Kind und der Wärterin hatten in demselben gesessen, Diener und Kammerjungfrau hintenauf. Das war der ganze Hofstaat gewesen, den die Amtsrätin sich im Zorne oft so pomphaft vorgestellt.

Zwei Stunden später hatte es an ihre Türe geklopft und Henriette war hereingetreten.

Sie war allein durch den Park gegangen, den sie so oft in jugendlicher Harmlosigkeit durchstrichen hatte. Das erste Laub der Bäume zitterte im Abendwinde, leicht vergoldet von den schrägen Strahlen der untergehenden Sonne. Aurikeln, Primeln, Hyazinthen drängten sich aus den braunen Beeten duftig hervor, ein leichter Nebel stieg aus dem Boden und legte sich sonnenbeleuchtet wie ein zarter Flor über die Erde.

Henriette wollte einige Blumen pflücken, aber ihr fehlte der Mut dazu; sie fürchtete den Tadel des Onkels, der es nicht gern sah und sie früher bisweilen dafür gescholten hatte. Jeder Baum, jeder Strauch war ihr hier lieb und bekannt, als Erinnerung an die Tage der Kindheit, welche sie hier, mit der Mutter gastfreundlich aufgenommen, bei dem Onkel verlebt, als Zeugen ihrer beginnenden Liebe für den Prinzen; und doch fühlte sie sich fremd und beklommen. Der Garten kam ihr kleiner, das Schloß nicht mehr so prächtig vor; die Blumen, die Bäume schienen ihr zuzurufen: Wir sind die alten geblieben, und du, bist du noch dieselbe?

Alle ihre Erlebnisse, ihre Leiden, ihr Glück zogen an ihrem inneren Auge vorüber, sie fühlte sich reich in dem Besitz ihres Geliebten, in ihrem Kinde, aber die Freude über diesen Reichtum war nicht rein. Ihrer Natur fehlte die Kraft, selbständig, allem Tadel der Welt zum Trotz, ein Glück zu empfinden, das ihr als ein solches erschien.

Sie hatte nicht den Mut der großen Liebe, die sich Achtung erzwingt selbst da, wo sie gegen das Herkommen verstößt. Solch eine Liebe macht frei, macht das Weib zum Gesetzgeber für ihre Umgebung, macht ruhig gegen das Urteil der Menge und glücklich durch sich selbst. Henriette jedoch bedurfte außer der Zustimmung ihres Gefühls und ihres Gewissens auch der Zustimmung der Menschen; sie war abhängig von Lob und Tadel, sie blieb ein Kind, das vor jedem strengen Blick in seiner Umgebung zitterte, selbst in den Armen des Geliebten. Daran krankte ihre Seele, darunter litt der Prinz.

Zagend und scheu betrat Henriette das Schloß, zagend und scheu blieb sie an der Schwelle ihrer Tante stehen und warf sich dann weinend an ihre Brust. Vor dieser Demut, vor dieser Liebe schwanden der Zorn und alle üblen Eindrücke, welche die Amtsrätin in sich heraufbeschworen hatte. Statt der hochmütigen prächtigen Mätresse des Prinzen, die sie sich vorgestellt, gegen deren Stolz sie sich gewaffnet, stand ein bereuendes, einfaches Kind vor ihr da, das ihr die Hände küßte und mit dem süßesten Wohlklang der Stimme Vergebung erflehte.

Sie trug wie früher ein schlichtes, weißes Kleid, ein schlichtes rosa Band um die feine Taille geschlungen; sie war nicht frisiert wie die vornehmen Gräfinnen der Nachbarschaft, mit deren lockigen Frisuren zu wetteifern ein Stolz der Amtsrätin war. Kein Schmuck, keine Pracht, keine Glücksjubel beleidigten ihr Gefühl. Henriette war sogar etwas blasser geworden, ihre Augen hatten den kindlichen Frohsinn verloren, ein Anflug von Schwermut drückte sich in ihnen und in den Zügen ihres Mundes aus, sie mußte also doch nicht ganz glücklich sein. Von dem Augenblick an liebte die Amtsrätin ihre Nichte wieder, denn die Selbstsucht ist befriedigt, wenn sie den Gegenstand ihres Neides beklagen kann.

Die Wärme, mit der die Tante Henriette umarmte, entzückte diese. Die Tante erzählte und fragte, fragte und erzählte, als Henriette sie unterbrechend bat, nur erst das Kind sehen zu kommen.

Ein neues Zorngefühl wollte in der Tante aufsteigen; aber als sie den Garten durchschritten hatten, als Henriette die Treppe der Meierei emporflog und der starken, langsam nachkeuchenden Amtsrätin den schönen Knaben entgegentrug, der freundlich lallend seine runden Ärmchen nach ihr ausstreckte, da ward das Weib mächtig über die Frau Amtsrätin, und die alte Tante und die junge Mutter wetteiferten in echt weiblichem Entzücken über das schöne Kind.

Als dann bei einbrechender Nacht die Equipagen des Prinzen anlangten, als er selber in das Zimmer trat, Henriette umarmte, das Kind herzte, der Tante freundlich die Hand reichte und sich mit allem Behagen eines Hausvaters, der in seine Heimat zurückkehrt, an der gedeckten Tafel niederließ, an welcher auch die Tante und der Onkel Platz nehmen mußten, da fühlte die erstere sich glücklich in der Liebe zu ihrer Nichte, obschon sie ihr beneidenswert vorkam.

Eine Reihe friedlicher Tage folgten diesem ersten Abend. Der Prinz schien mit der Uniform all seine Sorgen abgelegt zu haben. In grüner Pekesche, ungepudert, in der leichten Hauskleidung eines Landmanns, so sah man ihn von früh bis spät, bald zu Pferde, bald mit der Flinte über der Schulter oder an Henriettes Seite die Gegend durchstreifen. Die fürstlichen Säle des Schlosses blieben unbenutzt; der Prinz wohnte bei Henriette in der Meierei; keine Feste wurden veranstaltet, keine Besuche des hohen Adels aus der Nachbarschaft angenommen, der sich zu Audienzen meldete. Der Prinz führte das Leben des einfachsten Gutsbesitzers und fühlte sich glücklich darin.

Henriette hatte sich allmählich einen kleinen Haushalt geschaffen, für den sie hausmütterlich sorgte. Sie selbst ordnete den Tisch, sie selbst bereitete einzelne Lieblingsspeisen des Prinzen, zu großem Entsetzen von Monsieur François, der dies zu deutsch und zu bürgerlich fand.

Eines Tages hatte der Prinz mehrere Stunden am Flügel zugebracht, als er vor die Türe des Hauses trat, wo in einer Fliederlaube, zu Henriettes Füßen, der Knabe auf einem weichen Teppich die kräftigen Glieder dehnte. Henriette sah so glücklich aus, daß der Prinz sich davon erquickt fühlte.

»Hat dir die Musik Freude gemacht?« fragte er. »Du siehst so schön aus in deiner Heiterkeit.«

»Wohl«, antwortete sie, »aber das ist es nicht allein.«

»Und was war es denn noch, das dich erfreute?«

Henriette zog ihn zu sich, lehnte den Kopf an seine Schulter und sagte mit süßer Verschämtheit: »Ich habe heute so sehr das sichere Gefühl gehabt, wie du mir gehörst, wie wir unauflöslich verbunden sind, daß ich –«

»Nun?« fragte der Prinz, da Henriette mit glühendem Erröten schwieg. »Daß du –«

»Daß ich, als ich von dir sprach, mein Mann sagte.« Sie stieß die Worte so schnell heraus, als fürchte sie, der Mut dazu könne ihr wieder entschwinden.

Der Prinz blickte sie betroffen und halb verwundert an. Eine lange Reihe von Anschauungen eröffneten sich mit diesen einfachen Worten vor seinem Geiste. Das ganze

Glück jenes rechtmäßigen bürgerlichen Besitzes, welches die Gatten so fest verbindet, daß sie nur noch in Bezug aufeinander existieren, daß das Weib sich nur als die Frau ihres Gatten, dieser sich nur als den Mann seiner Frau denkt und empfindet, wurde ihm plötzlich klar. Er neidete dem ärmsten Bürger das Recht, vor aller Welt seine Erwählte meine Frau zu nennen und für sie, unter dem Schutz dieses Namens, die Achtung fordern zu dürfen, die ihre und seine Verhältnisse mit sich bringen. Es tat ihm weh, dies Glück entbehren zu müssen, er fühlte, was Henriette damit entzogen sei. Der Prinz, Henriette, Willy, wie kalt, wie fremd, wie uneigen klang das alles gegen das heilige, süße: ›Mein Mann! Meine Frau! Mein Kind!‹ – Der Begriff der Familie in seiner Schönheit als menschliche Verbindung, als Institut der Gesellschaft ward lebendig in dem Prinzen.

»Henriette!« sagte er und empfand, daß er sie selbst in diesem Augenblick nicht seine Frau nannte. »Henriette! Heute, hier unter diesem blauen Himmel schwöre ich dir, daß ich dich nie verlassen werde, daß keine Macht der Erde mich je dazu bringen soll, mich von dir und dem Kinde zu trennen, daß ich fester an euch halten will, als hätten zehn Priester ihren Segen über uns gesprochen. Du bist mein Weib, es ist mein Kind, ihr seid meine Familie; ich gehöre euch für ewig. Louis Ferdinand hat sich dir angetraut mit seinem freien Willen; hat das nicht die bindende Kraft des Priesterwortes? Gilt ein Priesterwort mehr als das Wort eines Ehrenmannes? Eines Prinzen von Preußen?«

Ein reines, stolzes Selbstgefühl strahlte von seiner Stirn, er war erhoben und frei in seinem Inneren.

Henriette blickte ihn beseligt, geblendet an; sie begriff, daß sie diese Natur nicht erfassen, sondern nur lieben könne. Sie vermochte nicht ihn zu umarmen, sie faltete die Hände und sagte: »Oh! Ich glaube dir!«

Und mehr als je war er ihr der Prinz in diesem Augenblicke, weniger als je hätte sie ihn ihren Mann zu nennen vermocht.

»Ich glaube dir, Louis«, wiederholte sie, »aber halte das Priesterwort darum nicht gering. Der Segen Gottes hat so viel Beruhigendes in Glück und Not.«

Der Prinz schwieg schmerzlich. Hier stand er an den Grenzen dieser Natur. Henriette war gebunden innerhalb der Schranken, welche ihr geistiges Auge zu übersehen vermochte; sie hinausblicken zu lassen und über dieselben hinweg, in ein weites, freieres Feld, war unmöglich. Sie vermochte es nicht.

Sein verwundetes Gefühl zu verbergen, schlug der Prinz einen Spaziergang vor, und Henriette hatte eben Hut und Schirm genommen, als die Amtsrätin erschien. Sie wollte wissen, wohin der Prinz zu gehen denke? Er würde die Wahl Henriette überlassen, sagte er.

»Wäre es dir unlieb, mein Louis«, fragte diese, »wenn wir einmal nach der Schäferei gingen? Ich habe den alten Klaus noch nicht wiedergesehen, seit ich zurückgekommen bin.«

»Wer ist der alte Klaus?«

»Den kennen Hoheit nicht?« fiel die Amtsrätin ein. »Den kennt ja jedes Kind auf zehn Meilen in der Runde. Er kuriert alle Krankheiten, die kein Arzt zu heilen vermag; er kennt das Wetter voraus, er bespricht Schäden und – Hoheit mögen drüber lachen, denn ich weiß wohl, die Aufgeklärten in der Residenz lachen über so etwas, und ich habe auch gelacht, bis ich es erlebt habe –, aber er kann die Zukunft voraussagen. Er hat's ja auch Jettchen prophezeit.«

»Und was hat er dir prophezeit, du Liebe?« fragte der Prinz lächelnd. »Etwa einen schönen Prinzen aus dem Feenreich mit goldener Krone? Du siehst, ich habe keine.«

»Nein«, sagte die Amtsrätin, »er hat ihr prophezeit, sie würde ihren Myrtenkranz nicht aufsetzen, und das war doch noch, ehe Hoheit nach Schricke kamen und Jettchen sahen; es war, als wir schon alles zur Aussteuer mit dem Kammerrat zusammengepackt hatten. Die steht nun noch, liebes Kind, und du kannst sie mitnehmen, auch die Wiege von deiner Mutter; aber die möchte freilich für die Kinder der Hoheit zu simpel sein. Ich gebe dir die Aussteuer, die für dich bestimmt war, auch jetzt noch von Herzen gern.«

Es lag etwas in diesen ganz natürlichen Worten, das den Prinzen sowohl als Henriette verstimmte. Menschen, in deren Seelen eine wunde Stelle ist, sind selbst von wohlmeinenden Freunden den schmerzlichsten Verletzungen ausgesetzt. Weil sie die Wunde mit der Schamempfindung wahren Unglücks zu verbergen trachten, vergißt man sie und berührt sie unvorsichtig.

»Aber was willst du eigentlich bei dem Alten?« fragte der Prinz.

»Ich möchte ihn gern wiedersehen«, antwortete Henriette. »Als ich noch ein Kind war, ist er schon immer gut und freundlich für mich gewesen, hat mir Weidenkörbchen und Strohkästchen geflochten, und die Mutter hat mich stundenlang bei ihm in der Hürde gelassen, wenn wir hier zum Besuche waren. Ich bin oft den ganzen Nachmittag bei ihm geblieben, und wenn ich mich müde gelaufen hatte auf dem Felde, hat er mich auf seinen Armen nach Hause getragen. Du glaubst nicht, wie verständig er ist, und was er alles weiß. Er hat wirklich etwas von den Erzvätern des alten Testaments, die ja auch Schäfer waren.«

Die Neugier des Prinzen war erregt, er machte sich mit Henriette auf den Weg, welche darauf bestand, daß man ihr den Knaben nachtrage, damit der alte Klaus ihn sähe.

Die Gegend um Schricke ist nicht durch großartige Schönheit ausgezeichnet, sie ist echt norddeutsch, das heißt flach. Zwischen reichen fetten Wiesen, aus denen gelbe Butterblumen und rote Feldnelken herauswuchsen, schlängelt sich ein kleines Flüßchen. Erlenbüchse, Schilf und Kalmus fassen es ein. Große gelbe Mummeln und träumerische, weiße Wasserlilien ruhten im warmen Sonnenschein auf ihren fetten, glänzendgrünen Blättern. Ein Fichtenwald begrenzt den Horizont. Aber trotz dieser Einfachheit war die Natur schön durch ihre friedvolle Stille, durch ihre sanfte Ruhe. Kein Lufthauch regte sich. Einzelne Fische sprangen im Flüßchen empor, sich zu sonnen; Wasserinsekten schossen pfeilschnell dahin. Zwei Schwäne aus dem prinzlichen Garten zogen in stolzer Ruhe langsam durch die Flut, während oben eine prächtige Weihe in großen, mächtigen Kreisen in der Luft schwebte. Mit schrillem Pfiff huschten die Wasserhühner, aufgeschreckt durch die Tritte der Nahenden, in das Uferschilf, und pfeilschnell stieg die Lerche empor, die Luft erfüllend mit ihrem Jubelschall. Jede Blume, jeder Grashalm schien durstig, das goldene Sonnenlicht zu trinken. Alles lebte voll Daseinsfreude. Warm und weich wie mit Liebesarmen umgab die Luft die Erde, und dankbar strömte diese ihr die süßesten Düfte entgegen in träumerischer Ruhe.

Und wie die Natur, so jung, so harmonisch waren die Menschen, die in ihr wandelten. Henriette in ihrem weißen Kleid, mit dem langen flatternden Haar und den rosa Bändern ihres Schäferhuts, war ein Bild blühender Jugend. Ihre Arme, ihre Brust, die sie nach der Sitte jener Zeit nur wenig verhüllt trug, erglänzten in rosiger Frische. Der Prinz folgte mit Lust jeder ihrer Bewegungen, wenn sie sich losmachte von seinem Arm, hier eine Blume, dort ein Gräschen zu pflücken, das sie bald an ihre Brust, bald in ein Knopfloch des Prinzen steckte, oder es dem Knaben hinhielt, der es fest in seine kleinen Händchen preßte. Scherzend, lachend, mit dem Kinde tändelnd, so erreichten sie die Wohnung des Schäfers Klaus.

Ein großer Wolfshund, der an einer langen Kette vor seinem Häuschen lag, schlug an. Als Henriette näher kam, erkannte er sie und sprang an ihr in die Höhe.

»Ach! Der Waffer hat mich noch nicht vergessen«, rief

sie, den breiten zottigen Nacken des Hundes mit ihren Händen liebkosend. Sie wollten in das Haus eintreten, aber der Hund widersetzte sich, sobald der Prinz und die Wärterin Anstalt machten, Henriette zu folgen. Behutsam trat also Henriette allein an das Fensterchen und klopfte an die Scheiben.

Gleich darauf ward es geöffnet, Klaus steckte den Kopf hervor und mit den Worten: »Herr Jesus! Die Mamsell Jettchen!« wandte er sich schnell fort, den Ankommenden entgegenzugehen.

Als er die obere und dann die untere Hälfte der Türe aufklinkte und auf die Schwelle trat, mußte er den Kopf bücken, obgleich das Alter seine hohe Gestalt bereits gebeugt hatte. Der Prinz betrachtete ihn scharf. Nach den Berichten der beiden Frauen hatte er sich auf einen jener wundertuenden Hirten gefaßt gemacht, welche schlau von ihrer erheuchelten Einfachheit Vorteil zu ziehen wissen. Aber keine Spur irgendeiner Unwahrheit oder Berechnung lag in dem Wesen des Schäfers. Er war der norddeutsche Landmann in schlichter, kraftvoller Natürlichkeit.

Seine hohe Gestalt, die breiten Schultern, die gesunden Zähne verrieten eine noch fortdauernde Kraft, welche den siebenzig Lebensjahren getrotzt hatten. Sein langes graues Haar hielt ein breitzahniger, weißer Hornkamm hinter den Ohren zurück. Hohe Lederstiefel, eine Hose von ungebleichtem Drillich und eine lange Hausjacke von dunklem Flanell, an der Bänder die Stelle der Knöpfe vertraten, machten seinen Anzug. Die Pelzmütze, welche er aufgehabt hatte, und die kleine, aus Maserholz geschnitzte, fast schwarz gewordene Pfeife hielt er in der linken Hand, während er die Rechte Henriette entgegenreichte.

»Na, endlich!« rief er. »Ich habe schon all die Tage gedacht, ob ich denn nicht einmal hinaufsollte während Mittag, aber ich hab' gemeint, wenn sie noch die alte ist, da kommt sie schon.«

»Ja, gewiß!« entgegnete Henriette. »Und nun sind wir ja

auch da. Das ist das Kind, Klaus«, sagte sie, nahm es in den Arm und hielt es ihm entgegen, freudestrahlend und doch errötend. »Und das ist der Prinz!« fügte sie hinzu, während ein noch tieferes Rot ihre Wangen überströmte.

»Ich werde ja wohl unsern Prinzen noch kennen, Mamsell Jettchen!« rief Klaus. »Aber das Kind, das ist gerade wie Sie! Na! Denn nur ins Haus, da ist's nicht so heiß und Sie sind ja oft drin gewesen, da wird's nun auch noch nicht zu schlecht sein, weil Sie ja doch gekommen sind.«

Der Alte nahm den Knaben auf den Arm und ging voran, das Kind ließ es sich gefallen, der Prinz und Henriette folgten, die Wärterin blieb in dem kleinen Vorflur stehen, da Klaus die Türe hinter den anderen zuzog.

Ein Tisch von weißem Holz mit Kreuzfüßen stand am Fenster, ein hölzerner Stuhl mit kleinem Sitz und hoher Lehne daneben. Brot, Käse und ein dickes Taschenmesser lagen auf der reinlichen Platte. Ein großes Bett mit weiß und blau gewürfelten Vorhängen und turmhohen Kissen nahm fast die eine Wand des kleinen Stübchens ein, der Herd, dessen Mantel weit in das Gemach hineinragte, das obere Ende. An dem Mantel des Herdes hingen ein paar Töpfe. Einige irdene Schüsseln, ein weiß und blauer Krug mit zinnernem Deckel waren als Prachtstücke des Hausrates auf dem Wandbrettchen aufgestellt. Darunter befand sich ein grüner Koffer, dessen geöffneter Deckel eingeklebte bunte Bilder und vergilbte Holzschnitte zeigte. Ein Paar Stühle stand zwischen der Tür und dem Fenster. Von diesen räumte Klaus den langen Rock und die anderen Winterstücke fort, die er eben zu lüften aus dem Koffer genommen hatte, und setzte sie dem Prinzen und Henriette hin, ohne sie weiter zu säubern oder sonst irgendein Zeichen jener Verlegenheit merken zu lassen, die gewöhnlich bei uns der Ärmere dem Reichen gegenüber an den Tag legt.

Dann zeigte er dem Kind mit der rechten Hand zur Decke des Stübchens empor, von deren schwarzen Balken drei weidengeflochtete Vogelbauer hᵉrniederhingen. Das größte bewohnte ein Dompfaff, der Stolz und die Freude des Alten, welcher den Vogel selbst in der einsamen Hürde für sich abgerichtet hatte. Als die anderen saßen, pfiff Klaus, mit dem Kinde tändelnd, den Dessauer Marsch, in den der Vogel sogleich mit einstimmte. Das Kind hob das Köpfchen und griff mit den Händen nach dem Vogelbauer hinauf.

»Aha, Schatz!« rief der Alte. »Du schlägst nach der Mama! Die hat auch ihre Freud gehabt an dem Jakob da oben, wenn er seine lustigen Stücke blies. Wart, du sollst's gleich ganz so gut haben als sie.«

Damit ging er an den Koffer, holte aus der kleinen Beilade desselben ein paar große Äpfel hervor, die er auf den Tisch legte und, nachdem er das Käsemesser an seiner Jacke abgewischt hatte, in Stücke zerschnitt. Das erste reichte er dem Kinde hin, welches es begierig in das Mäulchen steckte, dann bot er den Eltern das übrige an. »Es sind vorjährige«, sagte er, »große Stettiner, sie sind noch frisch, als kämen sie vom Baum, und Durst mögen Sie wohl haben, denn es ist heiß. Ich dachte nicht, daß ich sie für Mamsell Jettchen verwahrte.«

Der Prinz und Henriette nahmen davon, das freute den Alten. Währenddessen pfiff der Dompfaff unablässig seinen Dessauer Marsch, die anderen Vögel zwitscherten dazwischen, und das Kind lallte mit ihnen in die Wette seine unverständlichen Laute, zu großem Ergötzen der jungen Eltern und des Schäfers, der stolz die Vorzüge seines gelehrigen Vogels pries.

»Er war wohl auch Soldat, Alter«, fragte der Prinz, »daß Er den Dessauer so liebt? Da muß Er noch unter dem alten Fritz gedient haben und den alten Dessauer gut kennen, mit dem sie marschiert sind, wenn's losgegangen ist. Das war eine schöne Zeit!«

»Ich war niemals Soldat, gnädiger Herr«, sagte der Alte, »und mit Verlaub, ich halt' auch nichts davon. Der Krieg, der ist bloß für die großen Herren; die haben davon die Ehre und unsereiner die Not. Sie haben ja auch Hof und Haus, gnädiger Herr! Und haben nun auch Weib und Kind, da wollten wir doch n'mal sehen, wie's Ihnen gefiele, wenn Sie müßten die Frau verlassen und den armen kleinen Wurm, und kämen zurück und fänden die Saaten zerstampft und die Wälder umgehauen und Hof und Haus verwüstet und das liebe Vieh weggetrieben oder geschlachtet und Weib und Kind im Elend. Das ist eine verflucht schlechte Zeit, und solche Zeiten haben wir immerfort gehabt unter dem alten Fritz, solange er jung gewesen ist. Nachher, wie er zu Verstand kam, da ist's anders geworden, und unser König ist klug, daß er Frieden hält, denn's kommt nichts raus beim Kriege für unsereinen.«

»Aber, Klaus!« entgegnete der Prinz. »Wenn nun die Franzosen kommen und zerstampfen meine Saaten und treiben mein Vieh fort, da muß ich mich doch zur Wehr setzen, daß ich Herr bleibe in meinem Hause.«

»Ih! Das ist keine Rede, gnäd'ger Herr! Das versteht sich von selbst, und das tät' ich noch heute, und wenn mir einer bloß wollte meinen Dompfaff da nehmen. Aber wenn sie so ausziehen wie unter dem letzten König, dem Nachbar helfen, der sie nicht gebeten hat, komm und hilf mir, weil er sich schon alleine helfen wird, und unsereins verliert über dem Spaß seinen letzten Sohn, der sich muß totschießen lassen in Frankreich für nichts und wieder nichts, und die Alte nimmt sich's zu Herzen und geht auch unter die Erde, und nun bleibt man seelenallein, das ist kein Spaß, aber danach fragt der König nichts.« Er wischte sich mit dem Ärmel die Tränen aus den Augen und sagte: »Und leicht ist's auch nicht, König zu sein!«

»Das hast du mir immer gesagt«, fiel ihm Henriette ins Wort, »wenn wir uns Geschichten erzählt haben, und ich so gern die Königin sein wollte.«

»Man braucht's nur zu probieren an den Schafen«, meinte Klaus. »Da läuft eins rechts, das andere links, jedes will was für sich, jedes was Apartes haben und alle rennen durcheinander. Heut ist's naß, das vertragen sie nicht; und morgen ist's kalt, das geht auch nicht; und denn kommt einmal der Wolf und ein andermal ein Dieb, man wird nicht fertig, man muß ewig achtgeben, und wenn Gott nicht das Beste tut, so geht die ganze Herde zum Kuckuck. Es bringt's selten einer zustande, daß er es den Schafen recht macht. Kann er das aber und tut er's, so wird's auch dem Herrn recht sein, und ich denke, dem König geht's ebenso. Schwer ist's; macht er's aber den Menschen recht, denen Gott ihn zum Hirten gesetzt hat, so wird Gott auch mit ihm zufrieden sein und ihn im Paradies zur Ruh setzen, wie mich unser Herr Amtsrat hier im Hause.«

»So ist er nicht mehr bei den Schafen?« fragte der Prinz.

»Nein! Ich bleibe nicht mehr zu Nacht draußen; sie sagen, ich sei zu alt und ich kann die Nachtruh auch wohl vertragen. Aber am Tage, da gehe ich herum auf den Weiden und sehe nach dem Rechten, und soll einer Feiertag haben, oder sonst, so löse ich ihn ab.«

Der Knabe, den abwechselnd die Eltern und Klaus gehalten hatten, wurde unruhig, Henriette stand auf, um mit ihm fortzugehen. Dabei streifte der Prinz sie mit dem Hut an der Wange und küßte sie in der Besorgnis, sie verletzt zu haben.

Der Alte schmunzelte: »Gelt«, sagte er, »der ist anders als der dicke, alte Kammerrat! Ich konnt's nicht sehen, wie sie das Kind dem Alten geben wollten, der zweimal ihr Vater sein konnte. Das will Gott nicht, und es tut auch nicht gut. Aber wenn zwei beisammenkommen, wie ich und meine selige Alte, als wir jung waren, oder wie die Mamsell Jettchen und der gnädige Herr, zwei, die sich gut sind, so recht von Herzensgrund, das gefällt Gott wohl und darauf ruht denn auch der Segen Jahr für Jahr; solch einen Jungen wie den hätt's nicht gegeben mit dem alten Amtsrat.«

Sie verließen das Haus, nachdem Henriette den Alten, der sie begleitet gebeten hatte, zu ihr zu kommen.

»Ja! Das werd' ich«, sagte er, »ich bringe auch die Wiege mit, die ich geflochten, ehe das Kleine kam. Sie kann für's nächste bleiben.«

»Wie wußte Er denn, wo Henriette war und wie es ihr ging?« fragte der Prinz.

»Die Frau Amtsrätin hat es mir gesagt und mich ausgezankt wegen der Prophezeiung, Sie wissen's ja! Sie sagte, die wäre Schuld, daß es nichts geworden mit dem andern.«

»Alter!« rief der Prinz, während sie noch in der Türe standen. »Wir müssen fort, der Kleine soll nach Hause; komme Er noch ein Ende mit uns und sage Er, was es mit seinen Prophezeiungen auf sich hat?«

Der Alte war dazu bereit. Er ging zurück ins Haus, machte das Fensterchen zu, klinkte die Stubentür ein und schloß vorsichtig beide Hälften der Haustür. Dann steckte er seine Pfeife ein und wanderte neben dem Prinzen her, den Wiesenweg entlang, den sie gekommen waren.

»Das weiß ich selbst nicht, was es mit den Prophezeiungen ist«, antwortete der Alte auf die wiederholte Frage des Prinzen. »Wenn ich denn aber so in der Hürde sitze, seelenallein unter Gottes weitem Himmel, da habe ich denn wohl bisweilen an den und jenen gedacht und an sein Lebensschicksal und wie es wohl noch mit ihm werden möchte, und dann ist mir eingefallen, wie es wohl kommen könnte; und hin und her hab' ich es einem gesagt, und es ist so geworden. Das ist das Ganze.«

Die kräftige Physiognomie des Alten schien bei diesen Worten verändert, vergeistet zu sein. Alles Rohe verschwand daraus, die groben Gesichtsformen traten zurück und nur der geistige Ausdruck der hellblauen Augen, die unter den starken, weißen Brauen hervorsahen, beherrschte seine Züge.

»Klaus!« rief Henriette. »Sage mir nur das eine, woher hast du es gewußt, daß ich meinen Hochzeitskranz nicht aufsetzen würde?«

»Es fiel mir einmal ein, und ich konnte es nicht mehr vergessen. Weshalb? Das wußte ich nicht.«

»Sie wird es nie verschmerzen«, sprach der Prinz halb in Gedanken zu sich selbst und doch laut genug, um von Klaus verstanden zu werden.

»Und hat den Jungen? Den Gottessegen?« rief der Greis im Ton des Vorwurfs und Zweifels. Die ganzen Verhältnisse schienen ihm plötzlich klarzuwerden. Er nahm den Knaben der Wärterin vom Arm, gab ihn Henriette und sagte: »Das ist Gottes Segen, den der Herr nicht nehmen kann, auch wenn er das Kind zu sich nimmt; der Ehesegen, der sich nicht vergessen läßt, wo er einmal gegeben ist an Mann und Weib.«

Alle drei schwiegen. Der Prinz sowohl als Henriette fühlten sich wunderbar ergriffen von der ruhigen und doch so würdevollen Einfachheit des Schäfers. Sie drückte das Kind an sich, und der Prinz schloß beide in seine Arme mit der Gefühlsinnigkeit, mit der ein Mann sich dem Weibe verlobt am Altar. Klaus faltete unwillkürlich die Hände, die Wärterin stand betroffen, verständnislos dabei.

Als dann der Prinz Henriette aus seinen Armen ließ, hob er sein Haupt zum Himmel empor und sagte: »Ist das nicht Gottes Dom? Ist nicht der Alte, der dich liebt, ein heiligerer Priester des Herrn als der bezahlte Fremde, dessen Segen dir so unentbehrlich scheint, Geliebte?«

Henriettes Augen füllten sich mit Tränen. Es waren Tränen der Rührung, der Freude und des Dankes. Sie küßte den Prinzen, sie reichte Klaus die Hand, und neben ihnen schwangen sich zwei Lerchen mit kräftigem Flügelschlag aus den jungen Saaten empor, der Natur ihr jubelndes Abendlied zu singen.

13

In der gänzlichen Zurückgezogenheit, in welcher der Prinz zum erstenmal mit Henriette und dem Kind hier auf dem Lande lebte, gewannen seine Besitzungen einen neuen Wert für ihn. Er hatte bisher keine Liebe gehabt für seine Ländereien; sie waren ihm nichts gewesen als ungemünztes Gold, Mittel zum Zweck. Seit aber das Gefühl der Elternliebe in ihm rege geworden war, ging auch ein neues Verständnis des Besitzes, des vererbbaren Guts in ihm auf. Weib und Kind knüpften ihn an die Scholle, und jene Entwicklung, welche die Menschheit im allgemeinen durchlaufen hatte, um zu staatlicher Zivilisation zu gelangen, wiederholte sich hier in der Seele des Einzelnen.

Einfluß, Macht und Wirksamkeit waren ihm bisher nur in ihrer weitesten Ausdehnung, in der Gewalt der Krone denkbar gewesen: nun lernte er sie in der Begrenzung kennen und schätzen. Seine Unterredungen mit dem Prinzen Adolf wirkten in diesen Verhältnissen erfolgreich nach, seine Teilnahme für tüchtige Volksbildung, für die Verfassung Englands befestigte sich. Er fühlte, daß in einem Staat, in dem der Bürger Teil hat an der Regierung, jeder Landbesitzer ein Herrscher sei, der seinen freien Besitz nach den allgemeinen Grundsätzen als Souverän regiert. Sehnsüchtig nach Herrschaft, mußte er eine freie Staatsverfassung wünschen, weil er nicht Monarch, sondern Untertan war.

Seine Schulden, die er oft als gleichgültig, oft als ein unvermeidliches Übel betrachtet hatte, erschienen ihm nun als unwürdig, als eine Kette, die ihn von jener wahren, persönlichen Freiheit innerhalb der Beschränkung zurückhalte. Zum erstenmal erkundigte er sich ernstlich nach dem Umfang seiner Verpflichtungen, um die Möglichkeit zu bedenken, wie er ihnen genügen könne. Er war überrascht durch die Hilfsmittel, welche seine Besitzungen ihm zu bieten vermochten, wenn er nur einige Jahre hindurch größere Kapitalien auf ihre Verbesserung verwenden konnte, als er bisher getan hatte. Nicht nur die Tilgung seiner Schulden wurde ihm dann leicht, es ließ sich vielmehr übersehen, daß mit der Zeit hier für die Seinen ein freies, schönes Erbe zu begründen sei.

Wollte er dies erreichen, so mußte er jenen Aufwand beschränken, zu dem seine Verhältnisse in Berlin ihn zwangen, er mußte für eine Reihe von Jahren auf dem Land als erwerbender, schaffender Landmann leben. Weil ihm dies schwer und eine Entbehrung schien, reizte ihn der Gedanke und er beschloß, ihn auszuführen. Alle Anstalten dazu wurden getroffen. Der Prinz ließ die Meierei, welche nur ein Sommerhaus war und in der kälteren Jahreszeit mancher Bequemlichkeit ermangelte, so einrichten, daß man sie auch während des Winters bewohnen konnte; im Jagdschloß wurden für unerläßliche Galatage die Empfangszimmer hergerichtet, die Bibliothek, die Klaviere des Prinzen von Berlin nach Schricke geholt und alles auf einen längeren häuslichen Aufenthalt berechnet.

Diese Vorbereitungen unterhielten den Prinzen angenehm. Es war das erste Mal, daß er mit ruhiger Überlegung einen festen Plan verfolgte, der nicht auf überspannte Tatkraft, sondern auf tüchtige Ausdauer begründet war. Nicht die feurige Aufwallung des Jünglings, der beharrliche Charakter des Mannes sollte hier helfen, und der Prinz gewann Vertrauen zu sich selbst, da er sich Achtungswertes zumutete.

Die neuesten landwirtschaftlichen Bücher wurden herbeigeschafft und bildeten fast des Prinzen ausschließliche Lektüre. Verbesserungen aller Art sollten eingeführt, die Kultur des Bodens gehoben, das geistige und leibliche Wohl der Insassen gefördert werden. Die ganze Feuerkraft seiner Seele warf sich in diese neue Bahn. Von früh bis spät konnte man den Prinzen sehen, dem Amtsrat folgend in dessen Berufsgeschäften, um sich praktisch zu unterrichten. Lebhaft wie er in der Schlacht das Handgemenge suchte, um mit dem Degen in der Faust in den Reihen der Soldaten zu kämpfen, hätte er am liebsten auch jetzt überall selbst Hand angelegt in Garten und Feld, und manches Nützliche wurde in der ersten Zeit dieser neuen Tätigkeit geschaffen.

Jene Verbesserungen, bei denen der Erfolg sich augenblicklich offenbarte, Neubauten, welche schnell aus der Erde hervorstiegen, Anpflanzungen, Terrainverbesserungen durch Ableitung von Wassern gewannen die Teilnahme des Prinzen und erfreuten ihn; andere, die langsam fortschritten und erst nach Jahren einen Erfolg versprachen, ließen ihn kälter, ermüdeten und verstimmten ihn. Gewöhnt von Jugend an, seinen Willen durchzusetzen, seine Wünsche schnell ausgeführt zu sehen, war eine Ungeduld ihm zur zweiten Natur geworden, die in gewissen Fällen als Triebfeder zur Tat glückliche Erfolge hervorrufen konnte, die hier aber störend einwirkte, wo nur gleichmäßiges, besonnenes Vorschreiten helfen mochte. Der Amtsrat, ein verständiger Landwirt, der gern seine ruhige Straße ging, hatte dabei üble Tage. Führte er die übereilten Anordnungen des Prinzen aus, und diese mißlangen, glaubte der Prinz an Vernachlässigung und Versäumnis; widersetzte er sich der Ausführung, um diesen Vorwürfen zu entgehen, so ward ihm von dem Prinzen bald Unkenntnis der neuen landwirtschaftlichen Theorien, bald Trägheit als Beweggrund untergelegt, und da seine Gegenvorstellungen erfolglos blieben, wählte der Amtsrat endlich das Auskunftsmittel, Henriette als Vermittlerin zu benutzen.

Diese, eine echt weibliche, in bürgerlicher Beschränkung erzogene Natur, hatte den Begriff des Erwerbens durch sorgliche Sparsamkeit in hohem Grade, während ihr jene Art umfassender Tätigkeit fremd war, welche großen Zwecken große Mittel opfert. Sie begriff den Fleiß, nicht aber die Tätigkeit. So lag für sie in den weiten Plänen, in den kostspieligen Unternehmungen des Prinzen etwas Beängstigendes, und es bedurfte nur einer leisen Anmahnung von seiten ihres Onkels und ihrer Tante, damit sie dem Geliebten in treuer Besorgnis für sein Wohl alle diese Verbesserungen in großem Maßstabe als schädlich widerrief.

Überall auf Widerstand zu stoßen verstimmte den Prinzen. Er glaubte, mit dieser ländlichen Zurückgezogenheit Henriette seine tiefe Liebe zu beweisen, ihre und ihres Kindes Zukunft durch seine Pläne zu sichern; er hatte darauf gerechnet, daß sie dies alles einsehen und ihm hilfreich dabei zur Hand gehen würde. Da er ihr und dem Familienleben eine glänzende Existenz zu opfern im Begriffe war, sollte sie ihn dafür entschädigen, ihm in dem Familienleben, welches ihm als Ideal vorschwebte, den Ersatz dafür bieten; aber dies lag außer dem Bereich ihrer Fähigkeiten. Der Prinz war in den Fehler aller Männer verfallen, welche eine kindliche, schwache Frauennatur zur Gattin wählen, um ein Wesen zu haben, das in liebender Demut zu ihrem Beschützer emporsieht. In diesem Gefühl des Mannes liegt eine Eitelkeit und eine Schwäche des Charakters, die sich nur zu oft furchtbar rächen in jenen Stunden des Lebens, in denen der Sturm der Verhältnisse auch die Kraft des Stärksten erschüttert, so daß er sich sehnsuchtsvoll nach der Hand einer treuen Gefährtin umschaut, deren kraftvolle Liebe ihm Stütze sein, die Last erleichtern und tragen helfen könnte. Dann leidet der Mann unter dem Gewicht jenes Irrtums, und die schwache Frau, welche er freiwillig an sich gekettet hat, büßt ihn wie ein eigenes Vergehen.

Dies war auch hier der Fall. Das weibliche zaghafte Wesen Henriettes machte den Prinzen mißmutig, und er vergaß, daß er an Henriette einst kindlichen Liebreiz und rührende Einfalt genannt, was ihm jetzt eine beklagenswerte Schwäche und traurige Beschränktheit erschien.

Aber der Vorsatz, sich hier einen segensreichen Wirkungskreis zu gründen, war doch so mächtig in dem Prinzen gewesen, daß diese ersten Behinderungen ihn nicht davon zurückzuschrecken vermochten. Im Gegenteil, es fing an ihn zu reizen, daß er keinen Beistand fand und ganz auf sich allein angewiesen war. Er steigerte seine Tätigkeit, er nahm bedeutende Kapitalien als Darlehen auf, um schnell von allen Seiten sein Werk angreifen zu können, obschon der Amtsrat vielfach vorstellte, wie gewagt es sei, Kapitalien in den Landbesitz zu verwenden zu einer Zeit, in der an jedem Tag der Ausbruch des Krieges zu erwarten stand. Hatte der Prinz früher nichts sehnlicher verlangt, nichts mit größerer Sicherheit erhofft als den Krieg, so glaubte er jetzt mit derselben Zuversicht an die Fortdauer des Friedens, weil er sie wünschte; und auch die Handlungsweise des Königs wurde aus diesem Gesichtspunkt nun anders von ihm beurteilt. Offen und freimütig wie immer, sprach er sich darüber in Briefen an seine Mutter aus. Sie wurden von ihr dem König mitgeteilt und erwarben dem Prinzen die wiederkehrende Gnade desselben und das Versprechen tätiger Hilfsleistung, falls es ihm mit der Verbesserung seiner Güter und der Ordnung seiner Verhältnisse ernst bleiben sollte.

Einige Monate vergingen auf diese Weise in erwünschter Ruhe; die neuen Einrichtungen waren getroffen, nun mußte man dem Begonnenen Zeit zum Gedeihen gönnen. Der Herbst kam heran, die Getreideernte war vorüber, die Stunden der Muße wurden zahlreicher für den Prinzen, die Abende länger. Der Prinz griff wieder zu seiner Lieblingsbeschäftigung, zur Musik, die er in dem Drang der Arbeit fast vernachlässigt hatte; aber sie befriedigte ihn in diesem Augenblick nicht. Die Kunst fordert ein beruhigtes Gemüt oder leidenschaftliche Erregungen, sie gedeiht nicht in der Umgebung praktischer Tätigkeit. Sonst, nach den wilden Trinkgelagen, nach den leidenschaftlichsten Stunden an der Seite einer geliebten Frau, hatte Louis Ferdinand die vollste Herrschaft über das Reich der Töne ausgeübt. Der Sturm seines Innern hatte sich gewaltsam der Saiten bemächtigt und sie sich untertan gemacht, er hatte die Muse wie ein widerstrebendes Weib zu liebendem Nachgeben gezwungen durch die Gewalt seiner Seele, seine Kraft war durch seine Erregung gesteigert worden. Jetzt, nach der praktischen Tätigkeit, fühlte er nicht Erregung, sondern Abspannung und Ermüdung. Zahlen, Längenmaße, Berechnungen schwebten in seinem Gedächtnis, Tatsachen verdrängten die mystischen Träumereien des Geistes. Er wäre imstande gewesen, Musik zu genießen, sie zu schaffen vermochte er nicht, und der Schmerz des Künstlers, der zum erstenmal zweifelhaft wird an seiner schöpferischen Kraft, beugte ihn nieder. Die Mutlosigkeit, welche das Mißlingen des Gewollten in dem Menschen hervorruft, kam über ihn.

Von diesem Augenblick an erschien dem Prinzen sein ganzes Landleben in einem anderen Lichte, und das war natürlich, denn diese Monate voll feuriger Tätigkeit in Schricke waren keine aus innerem Bedürfnis hervorgegangene Notwendigkeit, sondern ein zufälliges Resultat äußerer, zusammenwirkender Ereignisse gewesen. Um nach einem glänzenden, genußvollen Leben in der großen Welt Glück und Befriedigung zu finden in kleinen, beschränkten Verhältnissen, muß man die Schule des Lebens erfolgreich durchgemacht, die Verschrobenheit unserer Zustände begriffen, die falsche Eitelkeit, den falschen Ehrgeiz überwunden haben, und auf einer Höhe philosophischer Weltanschauung stehen, von welcher der Prinz noch sehr fern war.

Von Ehrgeiz verzehrt, aus tausend Wunden blutend, hatte er Berlin verlassen. Stille und Einsamkeit des Landlebens hatten seine Schmerzen beruhigt; aber die reine Lust in Feld und Wald vermag nur den Genesenen zu neuer Kraft zu erheben, nicht die Krankheit im wildesten Paroxismus zu heilen.

Eine allmählich wachsende Unruhe in dem Wesen des

Prinzen hätte dem seelenkundigen Beobachter mit Sicherheit die Rückkehr des Übels verkündet. Mehr und mehr fing er an, die Verwaltung, deren er sich bemächtigt hatte, wieder den Händen des Amtsrats zu überantworten; er fing an, die Natur wieder als Künstler, als Liebhaber zu betrachten, die poetische Seite der praktischen vorzuziehen. Einsame Spazierritte, bei denen seine Seele sich in Erinnerungen der Vergangenheit, in Träume einer Zukunft verlor, die weitab lag von seinen landwirtlichen Plänen, verdrängten die persönliche Beaufsichtigung der Arbeiten, die er eine Zeit hindurch ganz unerläßlich geglaubt hatte. Dabei kam er vielfach mit den Landleuten in Berührung, und vor allen andern war es der alte Schäfer, dem er gern zu begegnen, den er selbst aufzusuchen pflegte.

Eines Tages war der Prinz in aller Frühe ausgeritten. Nach langer, brennender Dürre hatte in der Nacht ein reichlicher Regen die Erde getränkt, die Luft abgekühlt. Der Himmel glänzte in reiner Bläue, als hätte nie ein Wölkchen seine Klarheit getrübt, die Sonne durchfunkelte den ganzen Äther. Ein leichter, frischer Windhauch bewegte sich in der Luft und schüttelte von Sträuchern und Bäumen die funkelnden Regentropfen hernieder, welche der warme Kuß der Sonne noch nicht fortgetrunken hatte. So trocknet ein Weib die letzten Tränen der Sehnsucht vom Auge, wenn die Rückkehr des Geliebten ihre Seele entzückt, um selbst die Spur der Trauer zu verscheuchen in der Fülle des gegenwärtigen Glücks.

In scharfer Deutlichkeit zeichneten sich die fernsten Gegenstände an dem reinen Horizont ab, alles schwamm in Licht, selbst die Schatten hatten Farbe und Klarheit. Der Prinz fühlte sich freier und leichter als in den Tagen vorher. Tief aufatmend ließ er dem mutigen Pferd die Zügel schießen, und beseelt von der Stimmung seines Reiters, wie von der Frische der Natur, griff das schöne Tier weit aus und flog durch Wiesen und Felder mit ihm dahin, daß der Prinz voll reiner Jugendlust die Gerte jubelnd in die

Luft schwang, gleichsam gezwungen, sich durch ein sinnliches Zeichen seines inneren Wohlbefindens bewußt zu werden.

Fast eine Stunde mochte dies lustige Reiten gedauert haben, bei dem Roß und Reiter gleichmäßig das Glück des Daseins, das Glück der Kraftübung genossen. Ein weißer Schaum quoll bereits leicht an der vollen Mähne des Tieres hervor; des Prinzen Wange färbte ein dunkles Rot, und schutzsuchend vor dem wärmer werdenden Strahl der Sonne, die hoch am Himmel hinaufstieg, lenkte er den Braunen einem Tannenwald zu, der einen kleinen erhöhten Erdstrich krönte.

Ein starker, kräftiger Harzgeruch drang ihm aus dem Nadelholz entgegen. Hoch und schlank hoben sich die braunen Stämme unter den dunkelgrünen Ästen empor. Die hellen Schößlinge der Zweige glitzerten wie vergoldet in ihrer frischen Pracht. Die Käfer summten, sich langsam wiegend, durch die Luft. Kleine Quellen rauschten leise murmelnd zwischen grün bemoosten Steinen am Fuß der uralten Bäume hervor und flossen regengeschwellt zum Tal, als müßten sie der Ebene mitteilen von der neu erworbenen Wasserfülle. Der Schrei des Hähers und das Picken des Spechts schallten gellend durch die stille Einsamkeit. Hie und da trippelte eine Bachstelze in zierlicher Eile davon, wenn der Tritt des Pferdes sie emporschreckte aus ihrer sicheren Ruhe, während alte Dohlen verständig auf den Reiter herabschauten, als wüßten sie, daß für sie nichts zu fürchten sei von diesem Menschen, der mit solch heiterem Blick, mit solch liebendem Genießen in die Natur hinausschaute.

Der Regen hatte die abgefallenen Nadeln, welche den Boden bedeckten, so glatt gemacht, daß das Pferd vorsichtig und langsam einherschritt, dem Prinzen zur Lust, der dieses süße, träumerische Weben der Natur ruhig zu genießen begehrte. So gelangte er bis fast an den Ausgang des Waldes, wo eine neu gepflanzte Schonung sich an das

Heideland schloß, auf dem die Schafherde in diesem Augenblick aufgeschlagen war.

Der Prinz blickte hinüber und erkannte den alten Klaus. Er saß auf einem Stand vor dem Karrenhäuschen, hatte die Pfeife im Mund und richtete Weidenstäbe zum Korbflechten zu. Als er des Prinzen ansichtig wurde, legte er die Arbeit fort, ihm entgegenzugehen.

Es war Sonntag, die kleine Glocke einer Filialkirche, in welcher der Pastor von Schricke alle vierzehn Tage eine Frühpredigt halten mußte, tönte durch das Feld.

»Wie kommt Er denn in die Hürde«, fragte der Prinz den alten Schäfer, »und noch obendrein am Feiertage?«

»Eben darum, gnädiger Herr! Der Kaspar ist zum Abendmahl, weil nun nach der Ernte nächste Woche die Kinderlehre wieder beginnt, und sein ältester Junge soll diesmal mit zum Prediger gehen, da habe ich ihn abgelöst.«

»Und Er, geht Er nicht zum Nachtmahl?«

Der Alte schüttelte ablehnend das graue Haupt und blickte den Prinzen vorsichtig und forschend an.

»Höre Er, Klaus«, sagte dieser. »Er sieht mir aus, als hielte Er nichts davon; der Pastor meint auch, Er wäre ein schlechter Kirchgänger und wenn die Bauern von Seinen Wunderkuren sprechen an Menschen und an Vieh, so zucken sie die Achseln, als dächten sie, es sei doch wohl nicht ganz richtig mit Ihm. Sage Er einmal ehrlich, wie hält Er es denn mit dem Glauben?«

Klaus rückte bedächtig die Pelzmütze zurecht, stopfte den Tabak tiefer in die Pfeife hinein, betrachtete den Horizont nach allen Seiten und sagte dann, als habe er des Prinzen Frage gar nicht gehört. »Das Wetter ist doch ganz weggezogen! Hätt' kaum gedacht, daß sie es würden so hell haben zum Kirchengehen.«

Der Prinz lachte hell auf. »Weiß Er, Klaus, was ein Diplomat ist?«

»Nein, gnädiger Herr!«

»Das ist ein Mensch, der auf die Frage ›Wohin geht der Weg?‹ die Antwort gibt: ›Mein Nachbar hat gestern bei sich taufen lassen, und das tut er, damit ihn keine Verantwortung trifft, wenn jenem ein Unheil auf dem Wege begegnet.‹ So macht Er es auch.«

»Gnäd'ger Herr«, antwortete der Schäfer, »halten's zu Gnaden, aber unsereins lernt vorsichtig sein. Wie noch der vorige Pastor hier war, der nachher gestorben ist, da ist hier eine schlimme Zeit gewesen. Der ist herumgegangen und hat gesagt, der König und seine Minister, die hätten das Frommsein befohlen und mit dem Sonntag sei es nicht genug, wir müßten auch donnerstags zur Kirche und von Rechts wegen alle Tage, weil wir alle Tage neue Sünden begingen. Und wie er denn einmal zu mir gekommen ist, und mir hat wollen Vorhaltungen machen, daß ich nicht in die Kirche käme, da habe ich gesagt, ich täte meine Schuldigkeit gegen vornehm und gering, und wo ich helfen könnte, da sei ich bei der Hand, und es ginge ihn weiter nichts an, was ich täte, wenn der Amtsrat mit mir zufrieden sei.«

»Und was hat der Pastor dazu gesagt?«

»Er ist grob geworden und hat geflucht, und ich bin denn auch nicht fein gewesen. Darauf hat er mich verklagt, und sie haben mich eingesteckt, und nachher hat der Amtsrat gesagt, wenn ich wollte den Dienst behalten, so müßte ich in die Kirche gehen, und so bin ich gegangen. Es war auch so schlimm nicht; denn hatte ich dort in der kühlen Kirche die Mittagszeit verschlafen, so war ich nachts um so frischer und das kam denn doch wieder dem Dienst zu Nutzen und dem Herrn Amtsrat.«

Der Alte erzählte mit einer Art von ruhigem Humor, da er sah, daß seine Erzählung den Beifall des Hörers hatte; dennoch lag darin nichts von jener eitlen Überhebung eines Menschen, der sich durch seine Einsicht klüger oder besser als seine Umgebung dünkt. Er berichtete einfach die Tatsachen, wie sie ihm begegnet und erschienen waren.

»Also hält Er nichts von Religion?« fragte der Prinz.

»Gnäd'ger Herr!« sagte Klaus, und jeder Anflug von Scherz wich aus seiner Miene, um dem feierlichsten Ernst Platz zu machen. »Gnädiger Herr! Ich bin siebenzig Jahre alt geworden und habe auf freiem Felde die Nächte allein unter Gottes freiem Himmel zugebracht. Da habe ich Sonne, Mond und Sterne gesehen, untergehen und aufsteigen, und die Kometen kommen bei Kriegszeit und Krankheit im Lande; und es ist Frühling und Sommer und Herbst und Winter geworden alle Jahr. Und ich habe gesehen, wie meine Selige ihre Kinder geboren hat, und habe Weib und Kinder tot vor mir gesehen auf dem Leichenbrett. Und es ist Krieg gewesen und Frieden geworden und wieder Krieg, und es ist doch Sommer und Winter geworden. – Das muß wohl ein andrer besorgen als der König, der Herr Pastor oder unsereins, die wir uns auch hinlegen und sterben. Das muß einer besorgen, der nicht stirbt, und dem wird wohl nichts daran gelegen sein, ob ich mir das denke in der Kirche, wo mir der Küster aus dem Liederbuch den Vers vorsagt, den ich nicht recht verstehe. Ihm ist es ganz gleich, wenn ich mir das auch denke unter seinem freien Himmel, wo die Vögel singen und die Sonne scheint; oder nachts, wenn keiner wacht, als der, der oben die Sterne am Himmel weiden führt. Er tut still, was seines Amtes ist, und das sollen wir auch.«

Der Alte schwieg, mit ihm der Prinz. Die Glocken des Kirchleins klangen noch immer feierlich durch die Luft, und des Prinzen Seele war so mächtig ergriffen wie nie von den Worten der bedeutendsten Kanzelredner. Das Wesen des Schäfers, die Umgebung machten den lebhaftesten Eindruck auf ihn. Ihm war, als stünde einer der Apostel vor ihm, die Christus von den Herden und von der Arbeit weggerufen hatte, um auf den Boden ihrer unverdorbenen Naturanschauung seine Lehre von der Göttlichkeit des Menschen und von der allgemeinen Liebe zu pflanzen. Er fühlte Neigung und Zutrauen zu dem Greis, und diese trieben ihn, die Äußerung zu machen, daß er gesonnen sei, künftig ganz auf seinen Gütern zu leben.

Klaus hatte schon davon gehört. »Der Reitknecht, der Johann, hat es mir schon vor Wochen gesagt«, meinte er, »und der wär's zufrieden, denn er ist vom Lande und ist alt; aber der Jäger und vollends der Kammerdiener, der alte Franzos, die wollen nichts davon wissen. Der Oehrdorf ist zu jung dazu und der Franzos zu vornehm. Der Mamsell Jettchen, der wird's freilich auch schon recht sein, die bliebe gern hier, aber die gehört auch nicht in die Stadt.«

»Und was meint Er dazu, Klaus?«

»Ich? Ei nun!«

»Sprech Er nur immer dreist – Er darf es!«

»Gnädiger Herr! Sie halten's nicht aus.«

Der Prinz war überrascht von dem Ton sicherster Überzeugung in den Worten des Schäfers, und verlangte die Gründe zu wissen, die ihn zu dieser Ansicht bestimmten. Anfangs weigerte der Alte sich, sie auszusprechen, dann sagte er: »Gnäd'ger Herr! Ich hab's erlebt an all den Leuten, die der König mitgenommen hatte in den Krieg. Kamen die zurück, so war's erst eine Freude mit dem Frieden und dem ruhigen Leben, und kaum hatte das ein paar Monate gedauert, so hatten sie's satt. Erst hat man genug Freude an einem Glas Wasser, dann verlangt man nach Bier, zuletzt soll's Branntwein sein, und hat man den erst alle liebe Tage getrunken, so schmeckt das klarste Wasser nicht mehr. Sie halten's nicht aus, Sie haben dazu keine Ruhe, gnädiger Herr! Und was wollen Sie hier?«

»Wie kann Er das fragen?« rief der Prinz. »Sieht Er nicht, was ich hier schaffe und tue? Hat Er nicht selbst sich gefreut über das große Stück Feld, das wir gewinnen hinter dem großen Bruch? Wird nicht der Torf, den wir jenseits des Bachs stechen lassen, euch allen zunutze kommen, und werden nicht eine Menge Menschen, die jetzt im Winter sich ihr Leben mit schwerer Arbeit kaum zu fristen vermögen, künftig Winter und Sommer Arbeit finden in der Glashütte, in der Ziegelei und bei den Bauten für die nächsten Jahre?«

»Schon recht, gnädiger Herr!« entgegnete Klaus. »Aber das könnte ja alles der Herr Amtsrat besorgen, wenn Sie es ihm befehlen täten; aber sie sagen alle, wir bekommen Krieg, weil der Bonaparte ins Land rückt, und da meine ich, ob nicht der gnäd'ge Herr zum König müßten, ihn bitten, daß er Frieden hält und wenn's nicht geht, dem König helfen, daß er den Bonaparte schlägt. Gnäd'ger Herr! Das kann doch der Amtsrat nicht; aber hier wirtschaften, wie es ihm befohlen wird, das könnt' er wohl. – Ich hab's der Mamsell Jettchen schon neulich gesagt, wie die so glücklich war, daß hiergeblieben werden sollte. Ich sagte gleich: ›Mamsell Jettchen, das hält er nicht aus, das ist bloß für unsereinen, das Leben hier und nicht für einen Prinzen. Ein Prinz hat was anderes zu tun, ein Prinz ist kein Amtsrat!‹«

Verwundert blickte Louis Ferdinand den Alten an; er kam ihm unheimlich vor in diesem Augenblick. Was sich in den letzten Tagen in seiner Seele geregt, was er sich selbst kaum zu gestehen gewagt, das Ungenügen an dem eben erst mit soviel Liebe erwählten Wirkungskreis auf seinen Gütern, das sprach der Schäfer mit der ruhigsten Einfachheit als etwas ganz Natürliches aus. Klaus, der schlichte Landmann, fühlte, daß ein Prinz sein Leben nur im weiten Kreise zu entwickeln vermöge, daß nur in der Nähe des Thrones sich ihm eine angemessene Wirksamkeit eröffne. Aber eine solche war in Preußen, in dem monarchischen Staate nicht zu finden.

Seit Preußen ein Königreich geworden, und vollends seit Friedrich Wilhelm der Erste es in einen Militärstaat umgeschaffen hatte, war eine militärische Subordination dazugekommen, die Macht der absoluten Monarchie in der Person des Königs zu verstärken. Nur im Heere fanden die preußischen Prinzen eine Tätigkeit, die natürlich keine freie sein konnte, und nur in den Ausnahmsfällen des Krieges eine Möglichkeit zu selbständigem Handeln. Ihr Einfluß im Staatsrat war gering, von der Verwaltung waren sie ausgeschlossen; den Krieg hatte der Prinz als ein Übel betrachten lernen, das man dem Volke um jeden Preis, den seiner Ehre ausgenommen, ersparen müsse. Wohin also sollte in diesem Staate die Natur Louis Ferdinands sich wenden, die ihrer innersten Anlage nach auf Taten, auf freies Handeln angewiesen war?

Zerstreut und schmerzlich erregt trat der Prinz seinen Rückweg an. Es war gegen Mittag, als er die Meierei erreichte. Der Jäger stand an der äußersten Pforte des Parks, François, der Kammerdiener, in der Türe der Meierei, man erwartete offenbar die Wiederkehr des Herrn mit mehr als gewöhnlicher Ungeduld; auch Henriette lehnte am Fenster und spähte nach ihm hinaus.

Der Prinz fühlte sich beunruhigt dadurch in seiner gegenwärtigen Stimmung. Er fragte, was vorgefallen sei?

»Hoheit!« sagte François. »Es ist vor einer Stunde ein Kurier arriviert, der mit einer Depesche von seiner Majestät chargiert ist. Er wartet auf den Befehl, sich Hoheit zu präsentieren.« Und trotz aller Mühe, welche sich der im Dienste ergraute François gab, seine innere Zufriedenheit zu verbergen, leuchtete sie ihm unverkennbar aus den Augen hervor.

Der Prinz schwang sich vom Pferd, ging in sein Zimmer und befahl, den Kurier eintreten zu lassen, da er die Depesche sogleich zu empfangen gedenke.

14

Während der Prinz in Schricke seinen landwirtschaftlichen Plänen nachging, erfuhren seine Freunde in der Residenz nur wenig von ihm. Kaum ein- oder zweimal hatte er, außer jenem mitgeteilten Brief, an Rahel geschrieben, und der Sommer, der in großen Städten so traurig ist und so melancholisch macht, übte auf diese einen doppelt nachteiligen Einfluß, weil ihr Herz ohnedies von Schmerzen bedrückt, ihre Seele leidend war.

Schwermütig stand sie eines Abends am Fenster in der Wohnung ihrer Mutter. Das große Gastzimmer war würdig und stattlich eingerichtet. Möbel von weißlackiertem Holz mit Goldverzierungen und gelbseidenen Damastüberzügen glänzten in äußerster Sauberkeit; ein großer, mit weißem Tischzeug überdeckter Tisch befand sich in der Mitte des Zimmers. Silberne Armleuchter standen noch unangezündet darauf; eine Mahlzeit, aus Kuchen, Weißbrot, Butter und Kaffee bestehend, war aufgetragen, denn in einer Stunde, wenn die Sterne am Himmel erschienen, begann die Feier des Versöhnungstages, des größten Festes der Juden, und man sollte in dieser Stunde die letzte Mahlzeit genießen vor dem Fasten, das an diesem Tag geboten ist.

Es war in den ersten Tagen des September, eine trockene, schwüle Wärme ruhte über den staubigen Straßen der Stadt. Rahel fühlte sich davon beängstigt. Sie öffnete das Fenster, blickte hinaus, aber kein frischer Luftzug kam, ihre brennende Stirn zu kühlen. Erschöpft trat sie zurück und setzte sich in den Lehnstuhl ans Fenster nieder.

»Kein freier Atemzug!« murmelte sie vor sich hin. »Nichts als Leute in der Straße, nichts als Gesichter und Figuren, und niemals er!«

Sie seufzte, schüttelte das Haupt, als könne sie ein Unerklärliches nicht begreifen, und faltete die Hände in machtloser Erschlaffung. So blieb sie sitzen, in sich versunken, bis der Eintritt ihrer Mutter sie emporschreckte.

Madame Levin war eine ernste, charakterfeste Frau. In allem Wechsel von Glück und Leid, welchem die Familie unterworfen gewesen war, hatte die Mutter mit kluger Festigkeit nie das Ziel aus den Augen verloren, ihren Kindern durch geistige Ausbildung einen ehrenvollen Lebensweg zu sichern. Was ihr selbst versagt worden war, Kenntnisse und Bildung, das sollten ihre Kinder besitzen. Die tiefste Mutterzärtlichkeit gab ihr die Kraft zu einer fast männlichen Ausdauer und Strenge; und trotz der letzteren beteten ihre Kinder sie an.

Anbeten! Das war der Ausdruck für jenes Gefühl, mehr als Lieben. Es war die Anbetung der Juden vor ihrem strengen, allweisen eifrigen Gott, nicht die freie Liebe des Christen zu dem seinen. Das patriarchalische Wesen im damaligen Familienleben der Juden machte ein zutraulich annäherndes Verhältnis zwischen Eltern und Kindern fast unmöglich. Selbst Rahel, geistig so frei und unabhängig allen Fremden gegenüber, fühlte sich von dem Willen der Mutter, von der Rücksicht auf die Familie, oft gegen ihr besseres Wissen beherrscht. Die Furcht, eine Mutter zu betrüben, welche ihre Kinder mit so vielfachen Opfern erzogen hatte, vereint mit jener scheuen, anerzogenen Ehrfurcht, fesselten Rahel und machten sie unselbständig, sooft ihr Wille mit der Ansicht ihrer Mutter in Gegensatz geriet.

Weil es in der Synagoge bei dem Zusammenfluß von Menschen sehr warm sein mußte, hatte Madame Levin einen leichten weißen Oberrock angezogen. Eine weiße Haube, mit vielen breiten Kanten und weißen Bändern verziert, umschloß ihr Gesicht, und ließ nach mosaischem Gesetz das Haar nicht sehen, welches noch zur Vorsicht mit einem breiten, schwarzen Taffetband zurückgebunden war. Große echte Perlen hingen von ihren Ohrringen herab, kleinere, mit Brillanten untermischt, waren auf ein schwarzes Samtband benäht, das ihren Hals umgab.

Als sie in das Zimmer trat, legte sie ihr Gebetbuch, den Sidur, auf den Tisch neben die silbernen Leuchter nieder, zündete die Lichter an, deckte eine rote, mit Goldborten besetzte Damastdecke über das große Weißbrot, ordnete noch einiges an der Tafel und setzte sich dann zu Rahel ins Fenster, die ihre Hand ergriff und küßte.

Die Mutter ließ es geschehen, streichelte Rahel freundlich und sagte: »Wenn ich dich nur erst einmal mit mir am Versöhnungstag in die Synagoge kommen sähe.«

Rahel antwortete nicht. Nur verheiratete Frauen nehmen teil an dem eigentlichen jüdischen Gottesdienst, die Mädchen sind ausgeschossen davon. So enthielten die Worte der Mutter nicht anderes als den schon oft ausgesprochenen Wunsch, Rahel verheiratet zu wissen, der stets zu schmerzlichen Erörterungen zwischen Mutter und Tochter geführt hatte, denn bei den Juden, denen die Ehe als Gesetz geboten wird, war die Verheiratung der Kinder noch mehr als bei den Christen das Streben aller Familien.

Da Rahel schwieg, fuhr die Mutter nach einer Weile fort: »Ich habe das Verhältnis mit dem Grafen ruhig geduldet; du hast dir Glück und Freude davon versprochen, die Brüder selbst haben dir das Wort geredet, ich habe nie daran geglaubt. Was ist die Folge davon gewesen? Er hat dich verlassen, du hast dich gegrämt, du verblühst, bis dreißig Jahre alt, fühlst dich unglücklich und bist krank.«

»Liebe Mama!« sagte Rahel, die totenbleich geworden war bei der Erinnerung an das Weh, welches ihr Herz zerrissen hatte. »Sie wissen wohl, daß ich schon früher krank war; diese Schuld soll dem Unglücklichen wenigstens nicht aufgebürdet werden – er hat ohnedies genug getan«, fügte sie so leise hinzu, daß die Mutter die letzten Worte nicht hören konnte.

»Aber du würdest froh und gesund sein, hättest du dich verheiratet!« wandte die Mutter ein. »Bei all dem Lesen und Schreiben kommt nichts für dich heraus; von den Grafen und Prinzen heiratet keiner die Rahel Levin, und ich fange an einzusehen, daß ich eine Torheit begangen habe mit der Erziehung, die ich dir geben ließ. Du wärst heute glücklicher, wenn du den Cousin geheiratet hättest und segnetest die eigenen Kinder zum Versöhnungsfest, statt daß du jetzt wie eine Fremde unter uns sitzt und Gott weiß wohin und an wen denkst!«

»Mama!« rief Rahel im Tone eines Menschen, der um Gnade fleht vor seinem unbarmherzigen Richter. Bitte, Klage, Vorwurf zitterten in dem Laut. Dann aber, sich besinnend und gewaltsam zusammennehmend, sprach sie ruhig, während das unterdrückte Weinen in ihren Worten bebte: »Liebe Mama! Machen Sie mir keinen Vorwurf aus unverschuldetem Unglück; kann ich dafür, daß Gott meine Seele in den Körper einer Jüdin verbannte? Und ist es denn ein Unglück für Sie, daß ich bei Ihnen bleibe, Ihr Alter zu pflegen, da die Schwester sich nun bald verheiratet und uns verläßt? Sie haben nun einmal ein trauriges Kind an mir, aber kein schlechtes, Mama! Kein liebloses! Lassen Sie mich ruhig bei Ihnen bleiben, drängen Sie mich nicht zu einer Ehe, von der mein Herz nichts wüßte –«

»Aber Rahel«, sagte sie Mutter streng, »du bist ja nicht glücklich; willst du denn nicht begreifen, daß es immer ärger werden wird mit der inneren Unzufriedenheit, die dich bedrückt? Ich hätte dich zur Ehe zwingen sollen, als du noch jung warst und ich die Macht dazu hatte. Jetzt ist es zu spät, jetzt hast du eigenen Willen; und zur Strafe, daß ich es nicht verstand, dir Glück zu bereiten in der Jugend, willst du mein Alter durch Gehorsam nicht beglücken. Der Cousin nähme dich heute noch gern zur Frau, ihr zöget nach Breslau, du kämst in gute Verhältnisse, würdest bald all die Torheit, die Grafen und Prinzen vergessen und glücklich sein.«

Eine Pause entstand. Rahel litt sichtbar, ihre Mutter schien es nicht zu beachten; sie saß ihr streng und ernst gegenüber, den großen Brillantring an der Rechten mechanisch am Finger auf- und niederziehend. Da hörte man männliche Stimmen in dem Nebenzimmer; die Söhne kamen zum Imbiß.

Madame Levin stand auf, gab der Tochter die Hand und sagte: »Rahel! Es ist der Versöhnungstag, der Vater ist nicht mehr unter uns, ich selbst bin nicht mehr jung, wer weiß, ob ich das nächste Jahr erlebe. Versprich mir, daß du den Cousin heiraten wirst, du hast mir manche Sorgen gemacht, mache mir die Freude für meine alten Tage; deine Mutter bittet dich darum in dieser feierlichen Stunde, Rahel!«

»Gott, wenn ich es könnte, Mama!« rief Rahel. »Aber es ist unmöglich, ich kann es nicht!«

»Wenn du es nicht kannst, so muß ich freilich auf dies Glück verzichten, indessen mein Leben ist nicht so freudenreich gewesen, daß es mir leicht würde!« sagte Madame Levin, sich mit einer gewissen Kälte von der Tochter abwendend und die eintretenden Söhne begrüßend.

Man ging zur Tafel. Die Söhne hängten sich die Gebetmäntel um, der Älteste sprach den Segen über die Brote, wobei er und die andern Männer das Haupt mit dem Hut bedeckten; dann ward das gewöhnliche Sabbatsgebet gehalten, ehe man sich zur Mahlzeit niedersetzte, an der die Mutter den Mittelplatz des Tisches einnahm.

Eine feierliche Stille herrschte in dem Kreise, obschon keines der Geschwister mehr an den religiösen Gesetzen und Gebräuchen des Judentums hing, obschon die einen mit Leichtsinn, die andern mit der ruhigen Duldung freisinniger Denker auf diesen Ritus blickten. Der Ritus wurde ihnen heilig durch den Glauben ihrer Mutter an seine Notwendigkeit, das Fest war ihnen ehrwürdig als eine Erinnerungsfeier.

Regelmäßig wiederkehrende Feierlichkeiten sind dem Familienleben, der Familienliebe entschieden förderlich. Sie gleichen den Höhepunkten einer Landschaft, von denen man die Gegend in ihrem Zusammenhang betrachten, in ihrer Gesamtheit übersehen kann, ohne durch die Mängel geirrt zu werden, die im einzelnen unschön, doch oft wesentlich zur Verschönerung, zur Vervollständigung des Ganzen beitragen. Manches Leid, manche Härte, unter der einer oder alle zu leiden gehabt, hat im Laufe der Zeit eine mildere Lösung gefunden, mancher Streit ist durch versöhnende Liebe ausgeglichen worden. Die Lücken, welche der Tod gerissen und die Gewalt des Lebens gefüllt hat, öffnen sich dabei wieder dem Bewußtsein, und die Liebe erinnert sich der Toten, um sich doppelt reich über die Lebenden zu ergießen.

Diese Wirkung machte sich auch in der Levinschen Familie geltend, bei der mancherlei Störungen, mancherlei Zerwürfnisse nicht ausgeblieben waren. In der Sammlung dieser Stunden erinnerte man sich ihrer nur, um sie liebend zu vergessen.

Das Gesetz befiehlt dem Juden, sich mit den Menschen zu versöhnen, ehe er in die Kirche geht, durch seine Buße die Versöhnung mit Gott zu bewirken. Als nun Madame Levin sich von der Mahlzeit erhob, sagte sie feierlich: »Das Jahr ist zu Ende! Laßt uns einander nicht das Weh nachtragen, das wir uns hie und da bewußt oder unbewußt bereitet haben. Ich verzeihe allen von Grund des Herzens, und habe ich euch Unrecht getan, so vergebt auch ihr eurer Mutter!« Ihre Stimme zitterte, ihre Augen waren voll Tränen, als sie ihre Kinder der Reihe nach umarmte und segnete, wobei trotz aller Liebe ein erhabener Ernst, eine gewisse Strenge die Oberhand behielten. Jedes der Kinder küßte ihr die Hand; wie eine Königin nahm sie die demütige Huldigung hin.

Als sie dann ihr Entredeux anlegte, die Halbhandschuhe aufgezogen hatte und sich anschickte, das Zimmer zu verlassen, um sich nach der Synagoge zu begeben, da warf sich Rahel an die Brust ihrer Mutter und bat: »Vergeben Sie mir, Mama, sagen Sie mir, daß Sie mich lieben, obschon ich so unglücklich bin, Ihnen nicht gehorchen zu können.«

Der schmerzliche Ton ihrer Stimme schlug an das Mutterherz, Madame Levin umarmte die Tochter, küßte sie auf die Stirn und sagte im Hinausgehen: »Du wirst dich besinnen und mir die Freude machen, so Gott will! Darauf rechne ich, Rahel!«

Die Söhne begleiteten die Mutter zur Kirche, die jüngere Schwester verließ das Zimmer, Rahel blieb allein.

Schon tauchten die Sterne am Himmel auf, das Fest begann. Die Wachskerzen brannten ruhig fort und beleuchteten die zerstörte Ordnung der Tafel. Die gebrauchten Gerätschaften, die Reste der Speisen, die umherstehenden, von dem Tisch zurückgeschobenen Stühle machten einen unangenehmen Eindruck. Ein Zimmer, das soeben von einer Tischgesellschaft verlassen ward, hat immer etwas Unbehagliches. Rahel empfand dies, fühlte sich davon belästigt und vermochte dennoch nicht, sich zu entfernen oder eine Abhilfe zu befehlen. Ihre Seele litt so sehr, daß sie das körperliche Mißgefühl zwar bemerkte, aber nicht so hoch anschlug als in jeder andern Stimmung. Sie setzte sich wieder in den Lehnstuhl am Fenster, und jetzt in der Einsamkeit entlud sich ihr verwundetes Herz in einen Strom heißer Tränen.

So fand sie Dorothea Schlegel, welche sie besuchen kam. »Was fehlt dir, Rahel?« rief sie besorgt, als sie im Antlitz der Freundin die Spur ihrer Tränen erblickte. »Was ist geschehen, liebe Rahel?«

»Was geschehen ist?« wiederholte diese. »Ein Fluch ist ausgesprochen worden über dem Volk der Juden und ich sterbe daran, das ist alles.«

»Aber warum beängstigt dich heute so schwer, was du in dir längst überwunden hast, da du Christin bist nach deinem Glauben? Bekenne ihn öffentlich wie ich, blicke mit uns allen zum Kreuze, an dem der Heiland starb für alle, und du wirst den Frieden finden wie ich.«

Rahel sah sie scharf an, mit jenem durchdringenden Blick des Prüfens, der ihr so eigentümlich war, trocknete plötzlich ihre Tränen und sagte sehr ernst: »Wenn die Auguren allein beisammen sind, pflegen sie ehrlich zu sein; warum lügst du, Dorothea, vor mir, die nicht an deine Lügen glaubt?«

»Ich spreche die Wahrheit«, entgegnete Dorothea. »Du selbst weißt, wie sehr ich litt, als ich noch Jüdin war, welche Kämpfe ich in mir fühlte, welchen Zwiespalt; und wie ist das geschwunden, seit ich mich öffentlich als Christin bekannte, seit ich Schlegels Gattin geworden bin.«

»Das ist's!« rief Rahel. »Das allein! Das Glück der Erlösung, dein Kampf, dein Leid im Judentum war die Ehe mit Veit, dein Erlöser, dein Heiland, der dich durch Liebe erlöste, heißt nicht Jesus Christus, sondern Friedrich Schlegel.«

»Rahel, du frevelst! Du sündigst gegen den heiligen Geist des Christentums.«

»Nein«, entgegnete Rahel fest, »ich allein von euch allen kenne ihn in Wahrheit. Die Gottheit offenbart sich uns im Menschen, das ist das Geheimnis der Göttlichkeit in Christus, wie es sich mir enthüllt hat in der Begeisterung der höchsten Liebe, deren mein Herz fähig ist; und die Anbetung dieser Gottheitserscheinung, das Aufgehen in ihr, das ist die christliche Liebe und der heilige Geist, in denen die Seele Trost und Beruhigung findet. Gib mir den Mann, den ich liebe, gib mir ein Kind, an dem mein Herz hängt mit der angstvollen Seligkeit der Mutterliebe, gib mir nur eine Stunde reinen Glücksgefühls, und ich werde alle die Beruhigung in mir finden, all den Frieden, dessen ich bedarf für ein ganzes Leben.«

»Aber Rahel! Das Christentum ist die Lehre von der Entsagung; Christus erntete nicht Glück, nicht Dank, er starb am Kreuze, uns das Beispiel dieser Entsagung zu geben«, wandte Dorothea begütigend der heftig erregten Freundin ein.

»Wie ihr äußeres, durch Umstände bedingtes Schicksal

und innere Notwendigkeit verwechselt«, rief Rahel aus, »das ist unerklärlich in euch, die ihr geistreich seid, bis ihr euren Geist gefangen gebt in den dichten, schwarzen Netzen des Glaubens. Sowenig als ich mit meinem brennenden Glücksbedürfnis, mit meinem Wunsch, unterzutauchen in den Verband menschlicher Allgemeinheit, freiwillig das traurige Sonderdasein der Jüdin lebe, so wenig wollte Christus sterben für seinen Glauben. Wie ich angstvoll frage in den Stunden der Verzweiflung: Warum muß ich wünschen, was ich nicht erreichen kann? Warum muß ich als Jüdin tausend Hindernisse, tausend Beschränkungen und Leiden erdulden? Wie ich die Hände zusammenschlage und Gott anflehe: Mache mich glücklich, ich möchte nicht mehr leiden! – So hat Christus gebetet: Ist es möglich, so nimm diesen Kelch von mir, weil er leben, wirken, glücklich sein, aber nicht leiden und sterben wollte.«

Sie hielt einen Augenblick inne, dann sagte sie, als ob sie den Schlußsatz einer langen Gedankenreihe ausspräche: »Das ist der Fluch des Judentums, des Denkers überhaupt in unserer Zeit; wer Einsicht erwirbt über diese Zeit hinaus, in die freie Region einer dogmen- und parteilosen, menschlich in sich vollendeten Menschheit, der wird an das Kreuz des Todes oder des Leidens geschlagen. Ja! Auch ich bete zu Christus, nicht weil er starb, dazu ward er gezwungen; ich bete zu ihm, er ist mein Vorbild, weil er mit einer Liebeskraft, stark genug die Welt zu umfassen, sich ruhig in die irdische Notwendigkeit des Todes ergab und schön zu sterben wußte in diesem Glauben an eine höhere Notwendigkeit, der wir geopfert werden. Das möchte ich können!«

»Und warum kannst du es nicht?«

»Weil der Egoismus noch nicht tot ist in mir, weil ich noch immer frage, warum kann ich nicht glücklich sein? Weil ich noch nicht den Glauben habe an diese innere Notwendigkeit der Weltordnung, der man sich ergeben unterwirft.«

»Also fühlst du doch, daß der Glaube eine Gnade ist?«
fragte Dorothea, die wie alle Neubekehrten festhielt an
dem Rettungsboot, das sie hinübergetragen hatte von
einer Lehre zu der anderen.

»Eine Gnade? Nein! – Der Glaube ist Verständnis und
Wissen!« entgegnete Rahel. »Mache mich klug, wie dein
Vater Moses Mendelssohn es war, enthülle mir die
Geheimnisse der Natur, gib mir Einsicht, und ich werde
glauben aus Überzeugung, aus Wissen, unumstößlich
glauben und beruhigt sein auch ohne Glück. Ohne dies
Wissen vermag ich nicht zu glauben; ohne den Glauben an
das große Ganze fordert der einzelne Glück; aber das Wissen, die Erkenntnis des großen Ganzen, die lehren Entsagung für den einzelnen. So bin ich unglücklich, weil ich
unwissend bin!« schloß sie, plötzlich bei den letzten Worten zu einer Art von Heiterkeit übergehend, wie dies oft
bei ihr mitten in den schmerzlichsten Erregungen der Fall
war.

Dorothea, obgleich von jeher an Rahels Weise gewöhnt,
sah sie dennoch mit Befremdung an und schwieg eine
Weile, dann sagte sie: »Du bist das sonderbarste Geschöpf,
das ich kenne, Rahel! Alle Strahlen des Geistes, alle Spie-
gelungen von Welt und Natur sammeln sich in dir in
einem Brennpunkt, in der Liebe zu dem Mann deines Herzens. Wir andern lieben Gott, den Heiland, wir lieben den
Geliebten, du aber –«

»Kind!« rief Rahel. »Das ist eben mein Christentum,
diese eine Liebe! Ich habe kein Talent zur Vielgötterei.«

»Die Dreieinigkeit ist nicht Vielgötterei!« wandte Dorothea ein.

»Ach! Von der Dreieinigkeit spreche ich nicht, mit der
ist's ja nicht abgetan bei euch allen! Gott ist die Liebe, sagt
das Christentum, und wer in der Liebe ist, ist in ihm! Alle
Liebe konzentriert sich in der einen, das ist die Allmacht
der Liebe. Ihr aber nehmt sie, weil euch diese allmächtige
Liebe beängstigt durch ihre Größe, auseinander; ihr zer-

teilt den Gott in Götter. Ihr habt die Liebe für Gott, für Christus, für Eltern, Kinder, Freunde, für den geliebten Mann, und diese, weil euch auch die noch zu mächtig ist, zerteilt ihr in geistige und sinnliche, in physische und platonische Liebe; was wißt ihr davon!«

»Rahel, du tust mir Unrecht und uns!« sagte Dorothea, als in diesem Augenblick Schlegel und Graf Tilly gemeldet wurden.

Das Mädchen räumte die Stühle, die Tischgerätschaften fort, nur die Tafel selbst mit den Armleuchtern, der roten Damastdecke und dem aufgeschlagenen Gebetbuch, dessen hebräische Lettern sich dem Auge wie kabbalistische Zeichen darstellten, blieben zurück. Rahel und Dorothea gingen den Männern bis in die Mitte des Zimmers entgegen, so daß sie in der Nähe des Tischs standen, als die Gemeldeten erschienen.

Tilly kam von einem Mittagessen bei dem russischen Gesandten, er war lebhaft angeregt und dadurch noch schöner als gewöhnlich. In jener Zeit hatte die Mode aus der Kleidung der Männer noch nicht die farbigen Stoffe verbannt und war überhaupt nicht so tyrannisch als jetzt, da die altfranzösische Tracht und der Puder nicht ganz abgeschafft, die Kleidung der neueren Franzosen nicht allgemein angenommen war. Dies machte es dem einzelnen möglich, diejenige Art zu wählen, welche seinem Äußeren die angemessenste war, und der schöne Tilly wußte dies zu seinem Vorteil zu benutzen. Von der Kleidung der jungen Republikaner konnte für ihn die Rede nicht sein. Er verabscheute sie wie alles, was nur an die Republik erinnerte, und hing so fest an der vertriebenen Königsfamilie seines Vaterlandes, daß er schon um dessentwillen die Tracht beibehalten würde, welche zu Versailles üblich gewesen war. So erschien er auch heute in derselben.

Er war sechsunddreißig Jahre alt, und seine schlanke Gestalt hatte die ganze Biegsamkeit der Jugend behalten. Sein ovales, etwas bleiches Gesicht, die leuchtenden schwarzen Augen unter schön geschnittenen Brauen, der kräftig gebildete lächelnde Mund gewannen an Lebhaftigkeit durch die Art, in der Tilly sein Haar von Stirn und Schläfe zurückgekämmt trug, das leicht gepudert den Hinterkopf bedeckte. Ein blaßgraues Beinkleid, blaugraue Seidenstrümpfe, ein breitschößiger Rock von gleicher Farbe, hellgelb gefüttert und mit brillantierten Stahlknöpfen geziert, machten nebst einer gleichfalls hellgelben, reich in Seide gestickten Weste die Hauptbestandteile seiner ebenso einfachen als schönen Kleidung. Ein Halstuch von leichtem, vielfach gefaltetem Batist, an den Enden wie das Jabot mit Brüsseler Spitzen besetzt und mit künstlicher Nachlässigkeit um den kräftigen Nacken geschlungen, hob die schöne Form des Kinns hervor. Die ganze leichte und doch sichere Haltung des Grafen trug das Gepräge eines Menschen, der in festem Bewußtsein seiner Vorzüge sein Äußeres nicht zu beachten pflegt, weil er der günstigen Wirkung desselben auf andere gewiß geworden ist.

Schlegel, obgleich auch von feiner Gestalt und edler Gesichtsbildung, verlor neben ihm um so mehr, als sein unfrisiertes Haar, die Halbstiefel und der Frack mit kurzer Taille, wie ihn die Incroyables in Paris zur Zeit des Konsulates in Mode gebracht hatten, unschön neben Tillys Kleidung erschien. Die hohe, dicke Halsbinde, der steife Halskragen, die kurze Weste, unter der die Uhrkette mit vielen Berloques geschmückt hervorsah, hatte einen Anstrich von gesuchter Übertreibung, und auch die Verschiedenheit im Auftreten beider Männer fiel zu Tillys Gunsten aus, obschon er fast zehn Jahre älter sein mochte als Schlegel.

Als dieser den Tisch mitten im Zimmer und daneben die beiden weißgekleideten Frauen erblickte, blieb er stehen und sagte: »Sehen Sie, Graf, welch reizendes Bild! Es ist mystisch und lockend wie jedes Mysterium! Ich bitte, betrachten Sie es doch!« wiederholte er, als Tilly lebhaft an die Frauen herantrat und zum Willkommen ihre Hände küßte.

»Ich ziehe den Genuß der Betrachtung vor«, antwortete dieser, »und bin so eilig, mich von allen meinen Neuigkeiten zu entladen, daß ich mir zu nichts anderem Zeit gönnen darf.«

»Lassen Sie mich nur vorher erfahren«, bat Schlegel, »was diese Feierlichkeit hier bedeutet? Sooft ich jene hebräischen Lettern vor mir sehe, umweht mich der geheimnisvolle Zauber, der aus den Pyramiden Ägyptens zu uns spricht. Ein Strahl der fernen Vorzeit leuchtet zu uns herüber, und ich erfreue mich an der wunderbaren Erhaltung des Judentums in seiner starren Vereinzelung –«

»Wie sich der Knabe leichtsinnig erfreut an dem zuckenden Flattern des Schmetterlings, den er als Seltenheit für seine Sammlung auf eine Nadel spießt«, fiel ihm Rahel in das Wort. »Was kümmert es auch den Raritätensammler, ob das Tier dabei leidet?«

»Um Gottes willen!« bat Dorothea. »Lieber Friedrich, komm nicht auf dies Thema zurück, über das Rahel und ich schon heute lebhaft gestritten haben; laß uns lieber die Neuigkeiten des Grafen erfahren, die meine Wißbegierde reizen.«

»Ich komme Rahel zu dem Bund der nordischen Mächte auffordern, die Welt bedarf ihres Beistands«, sagte Graf Tilly.

Die Frauen lachten, aber Tilly versicherte, es sei ihm ernst damit. »Ich hab es mit Gentz besprochen«, erklärte er. »Sie allein, liebe Rahel, vermögen uns den Prinzen Louis herzuschaffen, dessen wir bedürfen, während er in Schricke sehr zur Unzeit den arkadischen Schäfer spielt.«

»Sie wissen, er ist in Ungnade, er darf nicht wagen, ohne Erlaubnis nach Berlin zu kommen, und ich begreife nicht, weshalb Sie ihm die Ruhe in Schricke mißgönnen«, entgegnete Rahel.

»Weil wir seinen Einfluß auf die Königin brauchen, liebe Freundin! Der Prinz darf nicht vergessen, daß der Krieg für Preußen unvermeidlich ist, und er scheint es zu vergessen in seinem Liebesidyll. Er war es, der die Stimme der Ehre wachhielt am Hofe; seit er fort ist, wird die Friedenspartei immer mächtiger. Statt den Krieg zu erklären, veranstaltet der König ein großes Manöver bei Magdeburg, und die republikanischen Generäle, die man mit Kartätschenkugeln zurückweisen sollte, werden als willkommene Gäste zu dem harmlosen, unzeitigen Spiel geladen. Briefe des Grafen von der Provence sind von Warschau eingetroffen; es befindet sich einer darunter, der an den Prinzen persönlich gerichtet ist und den ich ihm zu übergeben habe. Ich würde sogleich zu ihm eilen, aber meine Anwesenheit in Schricke ist unnütz, während die Gegenwart des Prinzen hier unerläßlich wird. Schaffen Sie den Prinzen her!«

»Wie vermag ich das, da er sich dort gefesselt fühlt?«

»Sagen Sie ihm, daß Sie es wünschen, Freundin! Ich denke, das können Sie, ohne eine Unwahrheit zu sprechen«, meinte Tilly lächelnd. Da Rahel schnell errötend es zu überlegen versprach, ließ jener das Gespräch sogleich fallen, wandte sich der Betrachtung des hebräischen Gebetbuchs zu, und summte, wie in halber Zerstreutheit sich vor- und rückwärts wiegend, wobei er die Daumen in die Armlöcher seiner Weste steckte, das damals beliebte Volkslied vor sich hin, das mit den Worten begann: ›*Cueillions la rose sans la laisser fâner, elle est éclose, pour nous charmer!*‹

Aber Dorothea Schlegel unterbrach ihn mit der Frage, ob das all die versprochenen Neuigkeiten wären, die er mitgebracht habe?

»Nein«, sagte er, »denn ich bringe die Nachricht, daß Gentz gleich hiersein wird, der einen langen Brief von Vetter erhalten hat. Er will den Inhalt selbst mitteilen und will, wie ich, Rahel bitten, den Prinzen zur Rückkehr nach Berlin zu bewegen, da man diese von seiten Englands ebenfalls wünscht. Gentz hat Briefe aus London bekommen, die ihn auffordern, alles dafür zu tun, daß die Friedensstimmung in Preußen nicht allzu mächtig werde.«

»Wie Gentz nur zu diesen Verbindungen, zu diesem Einfluß kommt!« meinte Schlegel. »Er ist doch eigentlich kein Genie, keine schöpferische Natur!«

»Im höchsten Grade genial und schöpferisch!« unterbrach ihn Tilly. »Er schafft nicht Gedichte, nicht Kunstprodukte, aber Taten, aber Ereignisse. Er erzeugt Verhältnisse, wie er sie bedarf, um seine Person geltend zu machen, und während andere ängstlich streben, sich den äußeren Umständen anzupassen, paßt er die Zustände seiner Persönlichkeit an, in einer Weise, daß er den meisten Vorteil genießt von dem Guten, welches er für das Allgemeine tut. Er ist klug, denn er weiß die Menschen zu brauchen, und er handelt oft weise, weil er sie meist zu guten Zwecken gebraucht.«

»Ist die Aufreizung zum Kriege etwas Gutes, weil Sie den Krieg wünschen, Graf?« fragte Dorothea.

»Und glauben Sie, daß von den überlebten, entarteten Bourbons ein Heil kommen könne für das neugeborene Frankreich, in dem die Rückkehr zu dem ursprünglichen Naturgesetz allgemeiner Gleichheit eine neue Ära der Tugend, der Freiheit, der ritterlichen Ehrenhaftigkeit erzeugt hat, von denen die in Etikette verlorenen Fürsten keine Vorstellung haben?« fügte Schlegel hinzu.

»Bah!« meinte Tilly. »Sie fassen die Sache zu romantisch, zu idealistisch auf. Wer kämpft denn in Frankreich für eine Idee? Wie ist denn Gleichheit möglich zwischen dem Pöbel und der Aristokratie? Zwischen mir und meinem Diener? Das Volk hat darin seine ihm zustehende Gleichheit, daß jeder der Lenkung des Beherrschtwerdens bedarf, während er den Beruf des Herrschers zu fühlen wähnt. Nachdem die Franzosen in diesem krampfhaften Schwindel ihr edles, angestammtes Königspaar gemordet haben, kann die Dynastie, welcher Frankreich als rechtmäßiges Erbe gehört, nichts Gnädigeres für das Volk tun, als daß sie, ihren gerechten Zorn vergessend, die Herrschaft wieder antritt – sei es auch auf gewaltsamem Wege – um zu verhindern, daß sich die Freiheitshelden und ihr Diktator nicht untereinander totschlagen. Man muß sie gleich unverständigen Kindern zu den Mitteln zwingen, die allein ihr Leben erhalten, denn die Masse des Volkes bestand aus Unverständigen zu allen Zeiten.«

»Außer damals, Graf, als sich das Volk im Gefühl unselbständiger Schwäche einen starken Führer, einen König wählte«, fiel ihm Rahel lächelnd in das Wort, »und die Genossen dieses starken Führers für eine bevorzugte Kaste erkannte. Nicht wahr, Graf! Damals war das Volk verständig! Und es sollte nun unverständig sein, weil es empfindet, daß es des Führers entraten kann? Wer einst lahm war und gehen lernt, ist nicht töricht, wenn er die Krücke von sich wirft; er braucht sie nicht gerade zu verbrennen, aber weit von sich legen soll er sie, damit sie ihm nicht in den Weg kommt und er nicht einmal gelegentlich darüber stolpert.«

»Rahel, was würden Sie dem Prinzen sagen, wenn man in Preußen die Republik erklärte und die Prinzen verbannte?«

»Ich würde dem Prinzen sagen: ›Bleiben Sie und dienen Sie dem Vaterland als Feldherr, wenn es Ihrer Dienste als Prinz nicht mehr bedarf.‹ Und er würde nicht kleiner, nicht unedler sein als der Held von Jemappes, als der Herzog von Chartres.«

»Kennen Sie den Rost so wenig, welcher den blankesten Stahl zerstört, liebe Rahel? Die Macht der Erziehung und der Gewohnheit?« wandte Tilly ein. »Es gehören Titanenkräfte dazu, diesen Einflüssen zu trotzen, Kräfte, welche sich am schwersten in der linden, weichen Luft des Hofes entwickeln. Kennten Sie die Prinzen und die Hoflust wie ich, Sie würden sie lieben wie ich, aber nicht um ihrer Stärke willen.«

Bei diesen letzten Worten war Gentz eingetreten, und die Unterhaltung fing an, noch einmal den Kreis zu durchlaufen, den sie seit Ankunft der Männer zurückgelegt hatte. Auch Gentz verlangte Rahels Verwendung, um die Rückkehr des Prinzen zu bewerkstelligen, und sagte, zu ihr gewandt, leise: »Sie sehen, wie wenig ich mein eigenes Interesse beobachte, da ich den Prinzen überreden möchte, nach Berlin zu kommen.«

»Im Gegenteil!« rief Rahel. »Ich bekomme dadurch einen Begriff, welche Rolle Ihre Liebe neben Ihrem Ehrgeiz spielt; ich gewinne die Vorstellung, wie die Liebe selbst Ihnen nur ein Mittel zum Zweck ist.«

»Und was sollte die Liebe sonst sein?« fragte Gentz so laut, daß die anderen es hören konnten. »Der Zweck des Lebens ist das höchste Wohlbefinden; erringe ich dieses Ziel auf dem Wege des Ehrgeizes und führt mich der Beistand der Liebe dahin, so muß ich sie benutzen, wie ich die Liebe von mir weisen muß, sobald sie mich hindert, das Ziel zu erreichen. Das allein ist vernünftig, und weil es vernünftig ist, edel und schön.«

»Aber bei dieser Theorie kann man erstarren vor Kälte, ehe man das Ziel erreicht!« rief Dorothea.

»Liebe Freundin«, antwortete Gentz, »es ist jeder lange kalt geworden, ehe er an sein Ziel gelangt. Oder glauben Sie zum Beispiel, Vetter sei heute noch so warm als an dem Tage, an dem er sich einschiffte zu seiner romantischen Liebesfahrt, um sein goldenes Vlies, Paulines Herz zu bewahren und zu retten?«

Die Frage lenkte die Teilnahme der Frauen auf Pauline, auf Vetter und Wiesel, und man verlangte, Gentz solle erzählen, welche Nachrichten er erhalten habe.

»Nachrichten, wie sie zu erwarten standen«, antwortete er. »Wiesel hat Pauline in Paris in die große Welt geführt, wo sie das höchste Aufsehen erregte durch Schönheit und Geist und bald begreifen lernte, welch eine Macht sie in sich besitze. Wie natürlich, war Wiesel voll von Plänen, die ihm Reichtum und Ansehen erwerben sollen. Er dachte an großartige Lieferungen, an Finanzoperationen, an Kolonisierungen, wußte für alles Mittel und Wege anzugeben und brauchte dazu den Beistand einflußreicher Männer, den er durch Paulines Herrschaft über dieselben zu gewinnen trachtete. Pauline versprach alles, wollte alles leisten, solange sie an Wiesels Liebe glaubte und ihn liebte; seit aber Wiesel sie nicht mehr mit der Glut der Flitterwochen behandelte, ist auch sie kälter geworden. Wiesel hat ihr Vorwürfe gemacht, wenn sie sich weigerte, ihren Einfluß auf die Machthabenden zu seinen Zwecken zu benutzen, und hat ihr Vorwürfe gemacht, wenn die einflußreichen Männer, welche sie begünstigen sollte, ihr mehr gefielen, sie lebhafter beschäftigten, als er es für nötig hielt. Die Ehe, obschon sie kaum ein halbes Jahr besteht, ist bereits die unglücklichste der Welt.«

»Und Vetter? Der arme Vetter? Wie geht es ihm?« fragte Rahel.

»Er leidet, wenn Pauline sich ihrem Mann zuwendet, er leidet, wenn sie in tausend flüchtigen Verbindungen die Kraft ihrer Seele erschöpft und nach immer neuen Enttäuschungen in immer schmerzlichere Zerrissenheit und Mutlosigkeit versinkt. Er wünscht ihr eine große, wahre Leidenschaft als Rettungsanker in dem Element der Entsittlichung, das ihr droht; und zittert bei dem Gedanken, jene Leidenschaft könne für einen anderen erwachen als für ihn. Er versichert, diese Qualen nicht ertragen zu können und sagt, daß es ihm unmöglich sei, die Unglückliche, seine angebetete Pauline, zu verlassen. Er beneidet den Prinzen um sein stilles Dasein in Schricke und schwört, es sei ihm dennoch das Leben in Paulines Nähe solch dringendes Bedürfnis, daß er bleiben müsse. Wüßte er sie glücklich durch Liebe, so würde er sich von ihr trennen, denn die Qualen des Ixion seien gering gegen das, was er erdulde!« schloß Gentz mit spöttischem Lächeln.

»Wie können Sie darüber lachen?« fragte Dorothea.

»Ich lache, wie es jeder täte, der sich so billigen Kaufs als Prophet erblickt. Als Vetter von mir Abschied nahm, rief ich ihm des Carlos' Wort gegen Clavigo zu: ›Da geht wieder einer hin, der einen dummen Streich macht!‹, aber Rahel und der Prinz fanden es erhaben. Ich glaubte nicht an die gute Folge der erhabenen Torheit, und ich sehe, daß ich recht gehabt habe.«

»Nennen Sie es Torheit, wenn man für seinen Glauben, für seine Liebe stirbt?« fragte Dorothea.

»Ja! Ohne alle Frage! Wenn man die Möglichkeit hat, dafür zu leben«, antwortete Gentz, und Tilly fügte hinzu: »So lassen Sie uns also ein wenig das Leben bedenken. Sie, liebe Rahel, schaffen uns den Prinzen her; Sie helfen dadurch mit Ihren schönen Händen die Karten mischen zu dem großen Spiele, und wir küssen dankbar diese schönen Hände, da man uns – die Lippen nicht gönnt. Auf diese Weise fördern wir das Wohl Europas und die eigene Zufriedenheit; das ist alles, was man in der Welt vermag.«

Dann, während die Frauen über Pauline und Vetter sprachen und Schlegel das hebräische Gebetbuch betrachtete, dem die Mendelssohnsche Übersetzung beigefügt war, sagte Tilly zu Gentz: »Sehen sie die Ruhe Schlegels; sitzt er nicht da, unbekümmert um Dorothea, als wüßte er gar nicht, daß sie einen hübschen Teil der Lucinde geschrieben und ihren Mann um Schlegels willen verlassen hat? Die Ehe bringt den Frieden über diese deutschen Männer; und dieser Frieden ist ebenso wunderbar als komisch.«

15

Die Depesche, welche der Kurier an jenem Morgen dem Prinzen Louis Ferdinand überreichte, hatte die Aufforderung des Königs enthalten, der Prinz möge bei dem bevorstehenden Manöver in der Gegend von Magdeburg die Sorge für die französischen Heerführer auf sich nehmen, welche man eingeladen hatte, den Übungen beizuwohnen.

Diese Nachricht mußte dem Prinzen in doppelter Rücksicht willkommen sein. Einmal bewies sie, daß der König sich mit ihm als ausgesöhnt betrachtete, was um so erwünschter war, je drohender die Lage des Vaterlandes wurde, andererseits machte sie für den Augenblick allen Überlegungen Louis Ferdinands ein Ende, da sie ihn zwang, wenigstens für einige Zeit seiner zurückgezogenen Lebensweis zu entsagen, wozu er, so sehr er es sich zu verbergen strebte, die lebhafteste Neigung empfand.

Die Manöver sollten in den ersten Tagen des September beginnen, und schon eine Woche vorher war das Eintreffen der französischen Heerführer angesagt, welche einstweilen in Schricke die Gäste des Prinzen werden sollten, da das Lager der Truppen sich bis an die Grenze seiner Besitzungen erstreckte.

Mit schlecht verhehlter Zufriedenheit erfuhr Monsieur François, mit Betrübnis Henriette, daß der Prinz nun in das Schloß ziehen und seine Wohnung in der Meierei verlassen werde. Henriettes häusliches Glück hatte dadurch ein Ende.

Schon am nächsten Tag wurden die Zimmer im Schloß für den Prinzen eingerichtet und zum Empfang der Gäste geöffnet. Monsieur François besorgte die Übersiedlung mit einem Eifer, mit einer so ängstlichen Hast, als fürchte er, jeden Augenblick könne ein Gegenbefehl seine Hoffnungen zerstören. Henriette ging traurig durch das kleine Haus. Bei jeder Schatulle, bei jedem Koffer, den François einem Diener zum Forttragen übergab, drängten sich ihr die Tränen in die Augen. Der Prinz war ausgeritten mit seinen von Magdeburg angelangten Adjutanten, das Terrain des Lagers zu besehen, das man abzustecken begonnen hatte. Erst spät am Abend kehrte er heim und sprach in der Meierei vor, um Henriette zu sehen.

Wie immer war der Tisch für zwei Personen gedeckt,

wie immer erwartete ihn Henriette; indessen, das frohe Lächeln war von ihren Lippen verschwunden. Der Prinz bemerkte es und fragte um die Ursache; aber lebhaft angeregt durch die Aussicht auf das Manöver, voll von dem Gedanken, wie man die Truppen anhalten müsse, Ausgezeichnetes zu leisten, um vor den Fremden dem Ruf des preußischen Heeres Genüge zu tun, beachtete der Prinz die Klage seiner Geliebten nur insofern, als er sich durch sie verstimmt und gehindert fühlte.

Er warf ihr vor, daß sie egoistisch in der Liebe sei, daß sie kein Herz habe für das höhere Interesse ihres Geliebten, daß sie niemals zu begreifen vermöge, welche Empfindungen die Brust eines Mannes, eines Prinzen bewegten; und heftig gemacht durch ihre hervorstürzenden Tränen, rief er: »Du hast nur ein Unglück gehabt, das Unglück, den Kammerrat nicht zu heiraten. Ein alter Mann, der wandellos im Schlafrock an deiner Seite gesessen und die ganze Welt in deiner beschränkten Häuslichkeit gefunden hätte, wäre dir ein größeres Glück gewesen als meine Liebe, der ich nicht die Welt vergessen kann über die Küsse und Tränen eines Weibes.«

Unmutig verließ er sie, warf die Tür zu und schwang sich auf das Pferd. Die Erinnerung an diese Szene bedrückte ihn; er ritt schnell, um seine Heftigkeit austoben zu lassen. Zum erstenmal war ihm Henriette lästig, zum erstenmal wünschte er, ihr lieber nie begegnet zu sein. Sein Landleben an ihrer Seite erschien ihm wie eine Torheit, welche ihn in den Augen des Hofes und seiner Freunde lächerlich machen müsse, und das um so mehr, als Henriette keine jener glänzenden Eigenschaften besaß, die seine Liebe für sie nach den Begriffen der Welt rechtfertigen konnten. Es mußte allen unbegreiflich erscheinen, daß Prinz Louis Ferdinand einer Henriette Fromm zuliebe sich vom Hof, aus jenen Kreisen entfernte, für die er geboren war, daß er daran denken konnte, für sie einer glänzenden Laufbahn zu entsagen, welche sich ihm unter den jetzigen

Verhältnissen doch früher oder später eröffnen mußte. Daß er aus innerer Unzufriedenheit mit seiner Stellung in der Monarchie, aus Überdruß an seinen ungeordneten Verhältnissen, aus Übersättigung endlich zu dem Gedanken an eine ganz entgegengesetzte Lebensweise getrieben worden war, das vergaß er in diesem Augenblick, um die Last seines aus Enttäuschung hervorgegangenen Unmuts nicht auf sich selbst, sondern auf Henriette zu wälzen.

Als er in die weite Halle des Schlosses trat, die luftigen Treppen emporstieg und seine Adjutanten in dem hellerleuchteten Saal seiner wartend fand, dachte er mit Beängstigung an die kleinen Zimmer, an das häusliche Leben in der Meierei. Er kam sich wie ein Verbannter vor, der aus dem Exil in seine rechtmäßige Heimat zurückkehrt, und mehrmals im Laufe des Abends drängten sich die Bilder der französischen vertriebenen Prinzen vor seine Seele, um die lebhafteste Teilnahme an ihrem Mißgeschick in ihm hervorzurufen. Sooft er gegen Rahel den Wunsch ausgesprochen hatte, kein Prinz, sondern frei und unabhängig zu sein, und wäre es in der engsten Beschränkung, so unerträglich schien ihm jetzt jede andere Existenz als die eines Fürsten für sich.

Mit dem ersten Schritt in das Schloß trat auch die ganze Vergangenheit des Prinzen in ihre Rechte. Er fühlte sich freier atmen in den weiten Räumen, seine Phantasie erwachte wieder, er sehnte sich nach Musik, und die Melodien strömten ihm in reicher Fülle zu.

Die Briefe von Rahel, von Tilly und Gentz fanden ihn in günstiger Stimmung. Nach Berlin zu kommen, wie Rahel ihn aufforderte, war ihm unmöglich, da er dem Willen des Königs zufolge bei dem Manöver bleiben mußte. Tilly einzuladen, wozu er Neigung hatte, da die leeren Säle des Schlosses Gäste zu fordern schienen, war nicht tunlich, weil der Prinz die republikanischen Generäle bei sich aufnehmen sollte, und nicht durch die Anwesenheit des streng legitimistischen Grafen Tilly das Ausbrechen unbehaglichen Meinungsstreits herbeiführen durfte. Aber Gentz erhielt noch am Tage nach der Ankunft seines Briefes eine Aufforderung des Prinzen, ihn in Schricke zu besuchen, und den berühmten Klaviervirtuosen Dussek mit sich zu bringen, der seit einiger Zeit in die Dienste des Prinzen getreten war.

Das Schreiben von Gentz begleiteten die Briefe von Vetter an den Prinzen und an Gentz, dem der letztere auf seine Weise spöttelnde Erläuterungen hinzugefügt hatte. Trotz dieser Sarkasmen machte jedoch derselbe auf den Prinzen einen lebhaften Eindruck durch die Schilderung von dem Wesen, von dem Charakter Paulines und von ihrer unglücklichen Ehe.

Die verschiedensten Personen, Rahel, Dorothea, Schlegel, Frau von Grotthuß, Gentz, Tilly und Vetter hatten diese Pauline jeder auf seine Weise gelobt und getadelt; darin aber waren alle übereingekommen, daß sie aus unerklärlicher Laune eine Wahl getroffen habe, die sie nicht glücklich machen konnte, und daß sie eines besseren Loses wert sei. Jetzt hatte jene Voraussetzung sich erfüllt, Pauline war unglücklich, wie Vetter schrieb. Sie haschte nach Zerstreuung, um sich zu übertäuben. Wie sehr verstand der Prinz diesen Zustand! Ohne daß er Pauline kannte, dachte er lebhaft an sie. Er stellte sie sich vor in der wunderbaren Anmut und Schönheit, in der Eigentümlichkeit des Wesens, die man ihr einstimmig zuerkannte, trostlos ringend um die Liebe eines Mannes, dem sie nichts war als ein Mittel zu seinen ehrgeizigen Zwecken. Er sah sie ungeliebt, leeren Herzens, unbefriedigten Geistes durch das Gewühl der Gesellschaftssäle wandern, zusammenbrechend vor einsamem Schmerz in der Stille ihrer Gemächer, wenn sie ihres verfehlten Daseins und all der Liebe gedachte, die sie fühlte, ohne sie einem Würdigen spenden zu können.

»Oh! Einem solchen Weibe den Glauben an Liebe wiederzugeben, das muß ein großes Glück sein«, sagte er, als

François ihn am Abend auskleidete, so laut zu sich selbst, daß dieser es hörte und die Frage wagte, ob Hoheit mit ihm gesprochen habe?

»Nein, François!« entgegnete der Prinz. »Aber Sie haben ja wohl die Tochter des Staatssekretärs Geheimrat Cäsar gekannt?«

»Welche? Hoheit! Der Geheimrat hat viele Töchter.«

»Pauline!« sagte der Prinz und mußte lächeln, da er bei dem Aussprechen dieses Namens jene innere Scheu empfand, die den blöden Jüngling abhält, vor Fremden den Namen der Geliebten zu nennen.

»*La petite Pauline!* O gewiß, Hoheit, denn sie war *tellement espiègle*, daß man im ganzen Schloß auf seiner Hut sein mußte vor ihren Streichen. Sie war gleichsam an allen Ecken auf einmal! Wollte man eine Livree anziehen, so hatte sie bunte Fleckchen darauf genäht, suchte ihr Vater seine Perücke, hatte sie sie einem Treppenpfosten aufgestülpt, oder am Ende eines dunklen Korridors von Kissen und Kleidern einen *loup garoux* hingestellt, daß alle Mägde vor Entsetzen aufkreischten. Kein Kind, kein Hund fanden vor ihr Ruhe, und die Geheimrätin klagte oft, daß es eine Not sei, weil *la petite Pauline* nichts lernen und weder von Haushalt noch Nähzeug hören wollte. *Je l'ai très bien connue, elle est devenue belle femme après tout*«, schloß der Alte.

Der Prinz hörte ihm mit einer Neugier zu, die er selbst ebenso komisch als unerklärlich fand. Ein so fröhliches Gemüt, dachte er, und doch unglücklich! Aber ein fröhliches Gemüt schien ihm in diesem Augenblick ein hoher Reiz an einer Frau, da er durch Henriettes Trauer über seine Entfernung zu leiden gehabt hatte.

»Ist Mademoiselle Pauline blond oder braun?« fragte er plötzlich.

»*D'un blond foncé*«, sagte François, »groß, voll, *la plus belle gorge, les bras superbes!* Fuß und Gang *comme une vraie Parisienne!* Und Augen, Hoheit! Augen wie ein Sommerhimmel mit Sonnenschein.«

144

»Sie werden zum Poeten für Mademoiselle Pauline«, meinte der Prinz lächelnd.

»Sie ist nicht mehr Mademoiselle, Hoheit! Sie ist verheiratet mit Monsieur Wiesel und in Paris, *tant que j'en sais!*«

»Ich weiß es!« antwortete Louis Ferdinand und wunderte sich, warum er sich Pauline immer als Mädchen, niemals als Wiesels Frau vorgestellt habe, obschon er sie als dessen Braut nennen hörte an jenem Abend, da man ihrer zum erstenmal in seiner Gegenwart erwähnte.

Die Unterhaltung hatte ein Ende mit diesen Worten; der Prinz vergaß sie in den nächsten Tagen, als das Schloß anfing sich mit Gästen zu füllen, aber Monsieur François hatte das Gespräch wohl behalten.

Niemand kannte den Prinzen so gut als er, niemand verstand jede Äußerung desselben so sicher auf ihre Quelle zurückzuführen. So unbeständig Louis Ferdinand in seinen Neigungen für Frauen auch war, so fest glaubte er von jeder Leidenschaft, diese werde dauern, diese sein ganzes Wesen für immer erfüllen. Weder der Vergangenheit und früherer Liebe noch der Zukunft und der Möglichkeit einer neuen Leidenschaft gedachte er dann. Die ganze übrige Frauenwelt ließ ihn kalt; er sah, er dachte, er empfand nur die Geliebte und sein Glück in ihr. Sobald er Teilnahme für irgendein weibliches Wesen außer der Geliebten bezeugte, war der höchste Wärmepunkt der Leidenschaft für sie nach Monsieur François' Thermometer erreicht, ein Steigen derselben unmöglich, ein Erkalten wahrscheinlich.

Fast niemals hatten ihn diese Beobachtungen in früherer Zeit getäuscht, Mademoiselle Fromm jedoch hatte all seine bisherigen Erfahrungen zunichte gemacht; schon deshalb liebte er sie nicht. Er mußte sich gestehen, daß die eigentliche Leidenschaft des Prinzen für sie von kurzer Dauer gewesen sei, die Anhänglichkeit an Henriette aber war, trotz mancher Störungen, die dem wachsamen Auge eines so feinen und beständigen Beobachters nicht entgangen waren, tiefer, als er sie dem Prinzen überhaupt zugetraut hätte. Diese Anhänglichkeit mißfiel ihm, weil sie seine Pläne, seine Absichten kreuzte. Er gehörte nicht wie der Jäger Oehrdorf zu jenen Dienstboten, welche nur um Geld dem Herrn dienen. Nächst sich selbst und seinen Vorteil liebte er nichts so sehr als seinen Prinzen und dessen Ruhm und Ehre, wie er sie verstand.

In François' Gedächtnis lebten die Erzählungen seines Vaters, welcher einem der galantesten Prinzen am Hofe Ludwigs des Fünfzehnten gedient hatte. Die tollkühnsten Wagnisse, die freigebigste Großmut, die zügellosesten Orgien und der ritterlichste Frauendienst waren nach seiner Ansicht nötig, um das Ideal eines jungen Fürsten darzustellen; sein Ehrgeiz bestand darin, einem solchen Ideal zu dienen. Von ganzem Herzen nahm er teil an den Abenteuern des Prinzen; die Eroberung einer gefeierten stolzen Schönheit nach leidenschaftlicher Bewerbung war ihm ein Tag des Sieges, des Triumphes, der ihn stolz machte, als hätte der Prinz eine Schlacht gewonnen. Sorgsam wachte er über die Gesundheit seines Herrn, soweit er es vermochte, damit die Schönheit, die Kraft desselben nicht Abbruch litten. Den Prinzen beneidet, bewundert zu sehen, machte seinen Stolz und seine Freude. Diesen Zweck zu erreichen, hätte er versucht, das Unmögliche möglich zu machen; dafür verlangte er aber auch, ohne es doch fordern zu dürfen, daß der Prinz beständig dem Ideal entspräche, welches er sich von ihm gemacht hatte. Vor den Fenstern einer Fürstentochter, die Louis Ferdinand zu entführen beabsichtigt hätte, während die ganze Welt sie ihm streitig machte, würde Monsieur François trotz seiner sechzig Jahre willig Nachtwache gehalten haben in scharfer Kälte, um froh lächelnd die Heldentat seines Prinzen zu berichten, nachdem sie gelungen war. Aber ein Verhältnis wie das zu Mademoiselle Fromm war ihm verhaßt, denn es bot keine Spannung, es erregte keine Neugier, erforderte keinen Mut. Louis Ferdinand bedurfte François nicht dabei. Niemand beneidete den Prinzen, ja, man fing an, ihn in seiner Zurückgezogenheit zu vergessen. Deshalb haßte François Mademoiselle Fromm und hielt es für Pflicht, seinen Herrn womöglich von einem Verhältnis frei zu machen, bei dem der glänzende, schöne Prinz zu einem bürgerlichen Hausvater herabzusinken drohte.

So erfüllte denn des Prinzen Frage das Herz des Alten mit Zufriedenheit. Nicht, als ob er geglaubt hätte, sein Herr könne eine Neigung hegen für eine Frau, die er gar nicht kannte, aber die Hoffnung tauchte in ihm auf, der Prinz fühle sich nicht mehr durch Mademoiselle Fromm befriedigt, er habe Langeweile, eine Änderung, eine neue und hoffentlich glänzendere Ära könne beginnen.

Schon die Entfernung aus der Meierei, die Ankunft der Adjutanten waren glückliche Augenblicke für den Kammerdiener; als dann der Kriegsrat Gentz und Dussek anlangten, als die ersten französischen Generäle auf dem Schloß eintrafen, das erste Souper bereitet ward, und der Prinz zum erstenmal nicht zu Mademoiselle Fromm ging, da rieb sich François fröhlich die Hände und sagte: »*Voilá le beau temps qui nous revient.*«

16

In wenigen Tagen war der Anblick gänzlich verändert, den die Ebene um Magdeburg nach der Ernte dargeboten hatte. Ein großes Lager war auf den Stoppelfeldern aufgeschlagen worden und belebte die Einsamkeit der Gegend.

In drei weitgestreckten Linien zogen sich zur rechten und linken Seite der großen Zeltgasse die Zelte der Infanterie hin, aus deren Mitte stattlich das Zelt des Königs hervorsah, von welchem zwischen Laubgewinden und Ehrenpforten majestätisch das große preußische Banner mit seinem schwarzen Adler herniederflatterte.

Hinter den Lagerreihen der Infanterie befanden sich das Geschütz, die Zelte und Stallungen der Artillerie, von beiden Seiten durch die Lagerplätze der Kavallerie eingeschlossen. Bunte Fahnen bezeichneten die Standplätze der verschiedenen Regimenter und wehten lustig in der frischen Herbstluft über der vergänglichen, leichtgebauten Soldatenstadt. Nun aber konnte man von den bunten Farben dieser Fahnen nicht mehr viel unterscheiden, denn die Septembersonne war schon vor zwei Stunden in dem flammenden Lichtermeer des Abendrots versunken, und die Schatten der Nacht breiteten sich allgemach über die Erde aus. Vom Himmel sahen die Sterne hell hernieder, während die Rauchwolken der Wachtfeuer sich rötlichweiß, im Dunkeln leuchtend, erhoben, und glitzernd widerschimmerten in den Bajonetten der zusammengestellten Gewehre.

Hier und dort brannten große Feuer in den Feldküchen, vor welchen den Soldaten unter Aufsicht der Feldwebel die Abendration zugeteilt ward. In den Stallungen wurde Häcksel geschnitten und Geschirre gesäubert, in vielen Zelten Kleider geputzt, Riemenzeug weiß gemacht und alles für den kommenden Tag vorbereitet; vor anderen Zelten saßen Soldaten rauchend, würfelnd oder schwatzend beisammen. Lieder von den Heldentaten des alten Fritz erklangen an allen Ecken, untermischt mit Spottgesängen, welche zur Zeit des Feldzuges in der Champagne gegen die Franzosen gedichtet worden waren, ehe man die Kraft der französischen Waffen zum Nachteil des preußischen Heeres kennengelernt hatte. Aber trotz dieser üblen Erfahrung glaubte man sich unbesiegbar und wünschte nichts sehnlicher, als diesen verhaßten Franzosen gegenüberzustehen, deren gastliche Aufnahme im Lager von der Mehrzahl der Offiziere sehr widerwillig angesehen wurde.

Am lautesten ging es jedoch vor dem großen Speisezelt der Offiziere her, welche heute auf Befehl des Königs diesen fränkischen Gästen ein Mittagsmahl gegeben hatten, bei dem auch Prinz Louis gegenwärtig gewesen war. Man hatte die Tafel bereits aufgehoben und verweilte noch, in größeren und kleineren Gruppen beisammensitzend, unter der überdachten Vorhalle, welche eigens für diesen Tag vor dem Zelt errichtet worden war. Brennende Pechtonnen warfen ein dunkelrotes Licht über die ganze Szene. Sie machten es der herbeigeströmten Menge möglich, die Teilnehmer des Festes zu betrachten, während diesen die magisch beleuchtete Volksmasse und die von Reitknechten zum Nachhauseritt bereitgemachten Pferde, deren Köpfe über dem Gewühl hervorragten, einen eigentümlichen, lebensvollen Anblick gewährten.

Dem Fest zu Ehren war man von der strengen Lagerordnung abgewichen, welche Fremden den Besuch des Lagers nach Sonnenuntergang verwehrte. Sowohl in der Halle als vor derselben befanden sich eine große Anzahl von Zivilpersonen, und das Fragen, Schwatzen und Erklären war hier so lebhaft, daß man kaum die Musik zu hören vermochte, welche innerhalb des Festlokals aufgeführt wurde.

Vor allen andern war jedoch eine Gruppe der Gegenstand allgemeiner Neugier, die ziemlich im Mittelpunkt der Vorhalle um einen Tisch beisammensaß. Sie bestand aus einer Anzahl Militärs, und aus zwei Männern in Zivilkleidern. Mehr als die Hälfte von allen diesen rauchte, und zwar die eben erst in Europa eingeführten Zigarren, deren Gebrauch durch die Kriegszüge der Franzosen sich schnell unter den jungen Männern der vornehmen Gesellschaft verbreitete.

An jenem Tisch schien es sehr zwanglos herzugehen. Prinz Louis Ferdinand hatte hier nach der Tafel mit denjenigen Franzosen Platz genommen, welche in Schricke seine Gäste waren. Der Kriegsrat Gentz und der Kapellmeister Dussek, die am Morgen den Prinzen in das Lager begleitet, waren als Zivilisten nicht bei dem Mahl zugegen gewesen, nahmen nun aber, auf Einladung des Prinzen, an der Gesellschaft teil, die noch beisammengeblieben war.

Man hatte von Musik gesprochen, und auf Dusseks Veranlassung wurden von der Regimentsmusik einige jener französischen Romanzen aufgeführt, welche durch die Truppen den Weg nach Deutschland gefunden hatten. Nun spielte man gerade das schöne *Vous me quittez* und einer der jungen Franzosen, General Grenier, ein geübter Sänger, trug die Romanze vor, da der Prinz wohl die Musik, aber nicht die Worte kannte. Sie lauteten:

> Vous me quittez pour aller à la gloire,
> Mon triste cœur suivra partout vos pas
> Allez, volez au temple de mémoire
> Suivez l'honneur, mais ne m'oubliez pas.

> A vos devoires comme à l'amour fidèle
> Cherchez la gloire évitez le trépas
> Dans ces combats où l'honneur Vous apelle,
> Distinguez Vous, mais ne m'oubliez pas.

> Que faire hélas! dans mes peines cruelles
> Je crains la paix autant que le combat
> Vous y verrez tant de beautés nouvelles
> Vous leur plairez, mais ne m'oubliez pas.

> Oui! Vous leur plairez et Vous vaincrez sans cesse,
> Mars et l'amour guidront partout vos pas:
> De Vos succès gardez la douce ivresse
> Soyez heureux; mais ne m'oubliez pas.

Die weiche und doch volle Bruststimme, mit der das Lied gesungen ward, machte auf alle den günstigsten Eindruck; auch der Prinz fand es ansprechend.

»Auffallend ist es mir«, sagte er, »daß gefühlvolle, man möchte sagen, sentimentale Romanzen wie diese oder gar wie *le beau Dunois* Anklang finden bei Ihren Truppen. Man sollte meinen, das *aux armes!* der Marseillaise müsse jeden milderen Klang in der Seele übertönen.«

»Eines schließt das andere nicht aus, Hoheit«, sagte Dussek, »im Gegenteil! Nur ein Volk, das tiefer, menschlicher Gefühle fähig, das in diesen Gefühlen furchtbar verletzt worden ist, kann zu dem blutigen Kriegsgesang der Marseillaise gelangen, in der doch die Elemente des weichen, rührenden Schmerzes neben dem blutigen Aufruf zur Rache nicht fehlen. Merkwürdig ist es, daß diese Hymne in ihrer Komposition keinen wilden Charakter hat, sondern einen ruhigen, feierlichen Ernst, wie ihn schon das langsam fortschreitende, marschartige Tempo andeutet.«

»Und doch! wie elektrisiert die Marseillaise!« rief General Grenier. »Es ist wahr, man hat das Lied gesungen, als Tausende von schuldlosen Opfern ihr Leben unter dem Beil der Guillotine verbluteten, man hat es gesungen, als Schandtaten verübt wurden unter dem Deckmantel des Rechts, der Notwendigkeit! Aber dennoch wird dieses Leid jedem Franzosen heilig und begeisternd sein, wie Lerchenjubel bei Sonnenaufgang, als tagverkündendes Symbol. Wenn unsere Truppen zusammenbrachen in dem Wüstensand vor den Pyramiden, wenn die Sonne das Mark ihrer Knochen ausgedörrt hatte bis zur höchsten Erschöpfung, so genügte es, die Marseillaise spielen zu lassen, um neues Leben, neue Kraft in ihnen zu erwecken. Mit diesem Lied sind wir unüberwindlich, es ist die Hymne unserer Befreiung, das Loblied der Göttin, für die wir kämpfen. Mit dem Klang der Marseillaise will ich mein Regiment gegen eine Welt voll Teufel führen, und kein Franzose soll weichen.«

Plötzlich unterbrach er sich, als fühle er die Unvorsichtigkeit, diese leidenschaftliche Äußerung in Gegenwart des Prinzen getan zu haben. Dieser bemerkte es und sagte ruhig: »Unbesorgt, General! Wir sind unter Kameraden! Ich begreife die Kraft, welche eine Armee belebt, wenn sie für eine Idee kämpft; wir selbst haben dies bewiesen in den Tagen Friedrichs des Großen.«

»Verzeihen Hoheit!« rief Grenier, »für eine Idee hat man in Preußen damals nicht gekämpft, sondern für einen angebeteten Herrscher, der ein Genie war.«

»Das bleibt sich gleich!« meinte einer der älteren französischen Generäle, »man war doch unüberwindlich durch die Begeisterung für ihn.«

»Nein!« behauptete Grenier, ein starrer Republikaner. »Das ist nicht gleich. Bei uns liegt das begeisternde Prinzip in dem Freiheitsbewußtsein jedes einzelnen; und fallen Tausende unter dem Kugelregen, das Freiheitsbewußtsein bleibt ganz und ungeteilt in der Brust des letzten Überlebenden; das ist *une et indivisible*. Die Begeisterung aber, welche sich an das Genie eines Fürsten knüpft, geht überall mit dem Tode des Genies unter.«

»Und doch übt Bonapartes Name denselben Einfluß auf die Truppen wie der Klang der Marseillaise«, behauptete Dussek.

»Weil Bonaparte der Repräsentant der gesicherten Freiheit ist, die wir beim Klang der Marseillaise erkämpften. Bonaparte liebt die Republik und hält sie für heilig, wie er seine Mutter, Madame Lätitia, liebt und ehrt. Tausendmal hat er sein Leben in die Schanze geschlagen für die Republik, er würde sterben für sie –«

»Und sie wird untergehen für ihn«, fiel ihm der Kriegsrat Gentz in die Rede.

»Was soll das heißen?« fragten die Franzosen heftig.

»Daß die Tage einander folgen und sich nicht gleichen! Ich habe in Berlin einen Gesandten der Republik gekannt, der sein Ludwigskreuz sorgfältig verwahrte, weil, wie er zu sagen pflegte, man es doch gelegentlich noch brauchen könne.«

»Wer hat das gewagt? Wer war der Ehrlose? Es ist eine Verleumdung!« riefen die Franzosen durcheinander, und ein Zerwürfnis schien unvermeidlich.

Da erhob sich der Prinz, der nachlässig auf seinem Sessel gelegen hatte, die Füße auf einen Feldstuhl ausgestreckt, ein ernster, schweigender Zuhörer der letzten Unterhaltung. Hoch aufgerichtet stand er da und mit aller Würde eines zum Befehlen geborenen Mannes sagte er: »Keinen Streit, meine Herren! Konnte ich schweigen, wenn unsere Gäste behaupteten, das Preußen Friedrichs des Großen sei zu Grabe getragen mit der Leiche meines königlichen Ahnherrn, wer will es dann wagen, in diesem Augenblick eine Ungerechtigkeit zu rügen?«

Alle verstummten, und plötzlich vom Ernst zum Tone leichten Scherzes übergehend sprach er: »Genug der Tagesgeschichte und des Lärms, den die knarrenden Räder der Weltuhr machen; lassen Sie uns fröhlichere Dinge hören! Dussek! Jetzt ist es Zeit, uns endlich einmal die Geschichte Ihrer Prinzessin-Entführung zu erzählen.«

»Sie haben eine Prinzessin entführt?« rief Grenier. »Und wie? Und wann? Hat die Leier des Arion sie bewogen, den Klängen freiwillig zu folgen?«

»Nichts davon, meine Herren!« sagte Gentz. »Er ist entführt worden.«

»Von einer Prinzessin?«

»Bei Nacht und Nebel!« bestätigte Dussek, den Mund öffnend, als wolle er weitererzählen; dann schwieg er und legte sich behaglich lächelnd in den Stuhl zurück.

Die Neugier der übrigen war aber nun angeregt, man wollte sich die Erzählung nicht unterschlagen lassen, man drang in ihn, und mit jener Eitelkeit, von der kein Mann, am wenigsten ein Virtuose, frei ist, sagte er: »Im Grunde ist die Sache die einfachste der Welt. Wir andern, denen die Natur mit dem Talent eine frühe geistige Reife gegeben hat, wir treten so zeitig in das Leben, daß wir die gewöhnlichen Erfahrungen durchgemacht haben in dem Alter, in welchem andere Männer erst zu leben beginnen. Dafür muß das Schicksal uns dann etwas Besonderes zukommen lassen, wenn es uns für unser Mahl ein Dessert zudenkt.«

Er sagte dies mit wegwerfender Gleichgültigkeit, während auf seinem vollen blühenden Gesicht und aus den blitzenden Augen die ganze Freude eines Lebemannes leuchtete, der mit nachgenießender Erinnerung seiner frohen Stunden gedenkt, neben dem Siegesbewußtsein eines bei Frauen glücklichen Mannes.

»Tatsachen, Dussek!« rief man von allen Seiten. »Tatsachen und keine Betrachtungen! Schnell mit dem Texte heraus, die Melodie werden wir selbst uns machen!«

»Nun wohlan«, versetzte er, »aber dann muß ich ein Stück meiner Lebensgeschichte als Introduktion geben dürfen.«

Dies ward ihm bewilligt. Alle rückten näher, nur Gentz setzte sich an einen Nebentisch und fing an, die Berliner Zeitung zu durchblättern, welche sich auf demselben befand.

»Fürchten Sie, Gentz«, fragte der Prinz, der plötzlich aus tiefem Sinnen emporsah und des Kriegsrats Entfernung bemerkte, »fürchten Sie, daß Ihre Tugend von Dusseks Erzählung beleidigt werden könnte?«

»Nein, Hoheit«, antwortete er, »aber mich quält das Anhören fremder Liebesgeschichten, in denen die Eitelkeit immer so majestätisch umherspaziert. Mir ist fremde Eitelkeit zuwider, weil ich die eigene beobachte und liebe.«

Man lachte darüber, Gentz ließ sich aber nicht irremachen und Dussek hub also an, während seine schönen, etwas zu fetten Hände mit den reichen Gehängen seiner Uhrkette spielten und ein kostbarer Brillant an seiner Rechten im Lichtglanz funkelte: »Die Introduktion soll kurz sein! Ich bin in Böhmen geboren, der Sohn armer Eltern, und war vor vier Jahren sechsunddreißig Jahre alt. In diesen sechsunddreißig Jahren war ich Musikant, Jesuitenschüler, Organist, Studiosus der Philosophie, Magister, Prinzenlehrer, Bachs Schüler, Musikalienhändler in London, verheiratet, arm und reich; vergessen in der Heimat, angebetet in Italien und Frankreich; von Prinzessinnen, von Marie Antoinette gefeiert und verzogen, von meiner Frau in London gequält; von meinen Gläubigern aus London vertrieben, wofür Gott sie lohne und bezahle statt meiner, denn mit dieser Vertreibung ward ich des Musikalienhandels, meiner Frau, meiner Gläubiger und der englischen Nebelatmosphäre auf einmal ledig. Das war ein Glück, wie ich es allein noch zu empfinden vermochte. Das sogenannte Glück hatte mich seit Jahren so sehr mit seinen billigen Gaben überschüttet, daß es mich langweilte; nur in der Befreiung von Widerwärtigkeiten fand ich jene süße Genugtuung, jene anmutige Erregung für mich wieder, welche anderen Leuten das Glück gewährt. In dieser Stimmung langte ich in Hamburg an und gab Konzerte, weil ich so nötig Geld brauchte, als ich wenig Lust hatte Musik zu machen vor jenen Krämern, denen der Klang ihrer Dukaten und das Knarren der Speicherwinden die süßesten Töne sind.«

»Sie tun den Hamburgern Unrecht«, fiel der Prinz ihm in das Wort, »ich habe dort Seelen gefunden, die tief empfänglich waren für Musik!«

»Ja! Weibliche Seelen! Und besonders für die Musik, die ein schöner Fürst sich herabläßt vorzutragen. Was ist denn überhaupt undankbarer, als sein Licht, sein Genie leuchten zu lassen vor einem Publikum? – Man bezahlt uns, man versteht uns nicht. Nur das Volk und die Aristokraten verstehen Musik, mit aller Achtung vor denen, die weder zum Volke noch zur Aristokratie gehören.«

»Oho!« rief Grenier. »So schnell kommen Sie nicht fort über diese Behauptung. Sagen Sie uns erst, wie Sie das meinen?«

»Ganz einfach«, entgegnete Dussek, »man muß sorglos wie das Volk am Tage den Tag leben oder aller Sorgen enthoben sein, um die Musik rein auf sich wirken zu lassen; man muß leichtsinnig oder glücklich sein.«

»Und der Unglückliche, der von ihr Trost verlangt –«, wandte einer der Männer ein.

»Der steht in keinem reinen Verhältnis zur Musik, eben weil er schon ein Bestimmtes von ihr fordert. Er trägt seine

Wünsche, seine Empfindungen in die Musik hinüber, er genießt sie nicht rein, aber —«

»Aber lassen wir diese Paradoxien«, unterbrach ihn der Prinz, »und erzählen Sie uns von der glückseligen Aristokratin, welche die Musik nicht nur rein, sondern so allein zu genießen wünschte, daß sie den Musiker entführte. Wie sah sie aus? War sie jung? blond? schön?«

»Hoheit! Ein Kenner wie Sie und diese Frage!« rief Dussek. »Wie ist das möglich? Junge, blonde Weiber entführt man, die haben den Mut der Duldung, nicht die Energie der Tat! Nein! Meine Räuberin war eine Frau in der Fülle ihres Lebens, eine jener Russinnen, in deren Adern alle Glut der orientalischen Rasse sich unter der nordischen Schneehaut birgt; eine Frau, geschaffen mit dem Mut der Liebe, die erkämpft und ertrotzt, was sie ersehnt, da sie nicht die Kraft hat, es zu entbehren. Müde häuslicher Kämpfe, stumpf gehetzt von finanziellen Verdrießlichkeiten, gelangweilt durch Glück und Leid, ohne inneren Lebenszweck als den, mein Leben zu fristen, weil ich es nicht enden mochte, kam ich nach Hamburg und gab mein erstes Konzert. Gleichgültig spielte ich Gleichgültiges, bis mein Blick plötzlich in zwei schwarze, glanzlose, unergründliche Augen tauchte, die mich magisch festhielten. Eine brennende Glut strömte von ihnen in mein Wesen, meine Finger waren davon durchzittert, meine Seele belebt; ich konnte nicht aufhören, die Augen anzusehen, und doch hatte diese urplötzliche Anziehung etwas so Unheimliches für mich, daß ich beschloß, diese Frau nicht kennenzulernen.«

»Und Sie machten es wie jener junge Militär«, unterbrach ihn General Grenier, »der sich aus Angst vor dem Tode erschoß, ehe die Schlacht begann.«

»Nein«, sagte Dussek, »ich tat nichts der Art. Ich verhielt mich nach meinem Vorsatz; aber kaum war das Konzert beendet, als die Dame an mich herantrat, mir in den wärmsten Lobsprüchen ihren Beifall ausdrückte und mich fragte, ob ich mich entschließen könne, ihr Musikunterricht zu geben? Sie sei die Fürstin Natalie –«

»Natalie? Nun weiter heraus mit dem Namen«, rief der Prinz, da Dussek ihn nennen zu wollen schien.

»Verzeihen Sie, Hoheit! Der Name Natalie mag genügen, denn bald war sie mir nicht die Prinzessin, sondern nur noch Natalie, ein wunderbares Weib. Ich habe viele Frauen gekannt; keine – die ihr glich. Ihr ganzes Wesen war eine Flamme, welche zusammenschlug über den Mann, den sie erwählt, ihn abtrennend von aller Welt, ihn der Welt entrückend und entziehend. Man lebte neben ihr in Ekstasen der Liebe, gemartert von ihrer rasenden Eifersucht, gequält von ihrer Tyrannei, doch so gefesselt, so geblendet von ihre Liebesglut, daß man vergaß, es gäbe noch etwas außer ihr. Ich hätte mich losreißen, sie fliehen mögen, hätte ich nur den Gedanken zu fassen vermocht, wohin? Auf die Frage ›Wohin?‹ gab es immer nur eine Antwort: zu ihr! –«

»Dussek«, rief der Prinz, »ich beschwöre Sie, wo lebt dieses Weib, dieses göttliche Wunder der Natur?«

»Sie lebt nicht mehr!« antwortete Dussek. »Und es lebt keine, keine die ihr gleich wäre.«

»Nichts ist ohne seinesgleichen in der Natur!« warf Gentz spöttelnd hin, der sich doch wieder der Unterhaltung zugewandt hatte, nachdem er die Zeitungen durchblättert.

»Doch!« meinte Grenier. »Unsere Revolution und Bonaparte sind bis jetzt ohne ihresgleichen auf der Erde.«

»Und Cäsar? Und Brutus?« fragte Gentz, indem er mit feinem, überlegenem Lächeln den enthusiastischen Franzosen anblickte. »Die französische Revolution wird den Kreislauf aller Revolutionen durchmachen. War es denn anders in Rom, als es jetzt ist? – Brutus erkämpft die Freiheit, als das Joch der Tyrannei unerträglich geworden ist; die Erhabenheit der Republik scheitert an den menschlichen Leidenschaften, an Genußsucht und Herrschsucht;

der Faustkampf um diese beginnt. Aus der Anarchie des Kampfes errettet ein Genius die Kämpfenden, indem er alle knechtet. Die Diktatur, die Herrschaft dieses Einzelnen endet naturgemäß in Willkür, die neuen Umsturz, neue Befreiung verlangt und findet. Ehe zehn Jahre vorüber sind, wird Frankreich durch Bonaparte selbst an dieses Ziel geführt sein! Das ist der Kreislauf des Menschheitsjahres, dem man als Zuschauer seinen Gang lassen muß, ohne im Frühjahr den Sommer, im Sommer den Winter hervorzaubern zu wollen. Der Vernünftige trachtet einzig danach, sich in jeder Jahreszeit so gut als möglich einzurichten, um diejenige erwarten zu können, welche ihm die angenehmste ist.«

Bei diesen Worten strich er sein Haar und sein Jabot zurecht und wickelte sich fester in den Mantel, den er schon lange umgeschlagen hatte, während die andern Männer noch in Überröcken saßen, und Dussek, vom Wein und von seinen Erinnerungen erhitzt, die offene Brust dem kühlen Abendwinde preisgab.

Gentz' Eitelkeit, die es nicht ertragen konnte, daß ein anderer so lange Zeit der Gegenstand der Teilnahme für die Gesellschaft blieb, hatte durch seine Bemerkung eine Mißstimmung hervorgerufen, welche auf ihn zurückwirkte. Grenier, tödlich verletzt, stellte ihm lebhaft alle Begeisterung für sein republikanisches Vaterland, allen Glauben an den Republikanismus des ersten Konsuls entgegen. Dussek, obschon vom Prinzen zum Fortfahren in seiner Erzählung aufgefordert, fand die Stimmung dazu nicht wieder. Kalt und nicht ohne Schmerz berichtete er, wie die Prinzessin, infolge eifersüchtiger Zweifel, ihn durch ein Billet mit verstellter Handschrift zu einem Rendezvous nach einer der Vorstädte gelockt habe. Er sei der Aufforderung gefolgt, habe dort die Prinzessin selbst in ihrem Wagen gefunden und diese ihn, statt zurück nach Hamburg, auf ein entlegenes Gut in Dänemark gefahren, wo sie ihn zwei Jahre so zu fesseln gewußt habe, daß er halb freiwillig, halb gezwungen ihr Gefangener geblieben sei. Man sprach noch eine Weile darüber, dann mahnte der Prinz zum Aufbruch, weil die frühere Heiterkeit nicht wiederkehren wollte.

Plötzlich, als man die Festhalle verließ und die Pferde geholt wurden, entstand ein Gedränge vor dem Zelt, man rief nach Wachen, der Braune des Prinzen, den Johann in einiger Entfernung bereithielt, bäumte sich wiehernd empor. Angstrufe aus weiblicher Kehle ließen sich vernehmen, man schrie um Hilfe, und den wilden Lärm übertönend stieß der alte Johann die Worte aus: »Mit Hunden soll man das Gesindel hetzen, das meinen Prinzen zu beleidigen wagt, totschlagen muß man das Volk, das keinen Respekt mehr hat.«

»Johann«, donnerte die Stimme Louis Ferdinands dazwischen, »mein Pferd!«

Der Befehl des Herrn machte den Alten verstummen, wie das Vortreten des Prinzen augenblicklich Ruhe zuwege brachte. Die Armee-Gensd'armen, welche auf den Lärm herbeigekommen waren, machten Platz für die Pferde, der Prinz und seine Begleiter stiegen auf, während einige andre sich in die Wagen setzten, um den Rückweg anzutreten.

Im Abreiten musterte des Prinzen klares, blaues Auge, das lebhaft an seinen Ahnherrn Friedrich den Großen erinnerte, die Gruppen, aus denen der Streit hervorgegangen war. Da fiel sein Blick auf einen stattlichen Mann, an den sich eine Frau wie bittend und besänftigend lehnte, während er die Faust drohend gegen den alten Johann erhob und, den Hut vor dem Prinzen nicht wie alle übrigen lüftend, mürrisch zwischen den Zähnen brummte und schimpfte. Die Worte: »Ich bin Herr in meinem Haus und kein Prinz und kein Teufel soll wider meinen Willen hinein!« erreichten das Ohr Louis Ferdinands. Der Prinz sah nochmals hin; er erkannte plötzlich die Dame. Es war ein Fräulein von Wernink, die früher als gefeierte Schönheit in

Berlin geglänzt hatte. Dort war der Prinz ihr begegnet und aufmerksam auf sie geworden, als eine schnelle Heirat, zu der man das Mädchen gezwungen hatte, sie seinen Blicken entzog. Er erinnerte sich deutlich der Tatsachen, ohne den Namen oder den Wohnort ihres Mannes zu kennen.

»Möllendorf!« sagte er, zu seinem Adjutanten gewandt. »Fragen Sie doch gelegentlich Johann, was es da gegeben hat. Sie können es mir abends berichten.«

»Ich weiß es bereits, Hoheit! Da ich mich zufällig außer dem Zelte befand, als sich der Streit erhob.«

»Nun? Was war es?«

»Die Frau, welche Hoheit wohl bemerkt haben werden, sprach ganz bezaubert von Dero Schönheit, wie sie nichts sehnlicher wünsche, als Sie einmal zu sehen und zu sprechen, und der Mann –« Möllendorf stockte.

»Nun, der wünschte es eben deshalb nicht, dies begreife ich. Er würde es um so weniger wünschen, wüßte er, daß ich dies prächtige dunkle Weib wohl auch einmal wiedersehen möchte, wenn sie am Tage noch so schön ist, als sie früher war, und in der halben Beleuchtung noch zu sein scheint. Aber warum zankte man denn? Was kümmert das den Johann?«

»Eine unehrerbietige Äußerung des Mannes –«

»Nur weiter!« rief der Prinz, da Möllendorf abermals innehielt. »Ich befehle Ihnen, seine Worte zu wiederholen.«

»Er meinte, er wolle Hoheit nicht raten, seine Schwelle zu betreten, in seinem Hause sei er Herr und wisse es vor Verführern der Weiber zu wahren. Er würde Hoheit die Tür verschließen, selbst wenn Sie der König wären und die ganze übrige Welt sich Ihren Besuch wie eine Gnade erbäte.«

»Oho«, rief Louis Ferdinand lachend, aber nicht ohne Gereiztheit, »da haben wir ja den stolzen freien Bürger, den Republikaner auf deutscher Erde! Und, nicht wahr? Johann hat diesen Collatinus –«

»Mit der Reitpeitsche geschlagen, da er zufällig jene

Reden hörte, darüber entstand der Lärm«, fiel Möllendorf dem Prinzen in das Wort.

Dieser schwieg eine Weile, dann sprach er von gleichgültigen Dingen mit seinen Gefährten. Erst als sie die Treppe zu den Gemächern des Prinzen in Schricke erstiegen, wandte er sich wieder an Möllendorf mit der Frage: »Wissen Sie zufällig, wie der Mann hieß?«

»Amtmann Scheinert auf Bernau.«

»Scheinert auf Bernau«, wiederholte der Prinz, »das ist ja ganz in unserer Nähe.«

Dann war von dem Ereignis nicht weiter die Rede.

17

Der nächste Tag war ein Ruhetag. Man hatte den Abend nach der Rückkehr aus dem Lager musiziert, dann zu den Karten gegriffen und sich erst gegen Tagesanbruch getrennt. Noch schliefen Gentz und Dussek ermüdet, als Louis Ferdinand schon am Morgen seine militärischen Gäste um sich versammelt hatte und ein Pistolenschießen im Garten in Vorschlag brachte.

Die Scheibe wurde aufgesteckt, Pistolen herbeigebracht, und das Schießen begann. Der Prinz hatte tüchtige Mitbewerber um den Ruhm des besten Schützen. Die Franzosen waren sehr geübt, die feste, unwandelbare Scheibe war für sie alle kein schweres Ziel. Man fing an, nach Flatterscheiben zu schießen, aber auch hierin fand man kein Genüge, denn obschon der Prinz jedesmal mit Sicherheit traf, so gelang dies den andern mehr oder weniger ebenfalls, und es bot sich dadurch nicht die Spannung, welche Louis Ferdinand allein in diesen Übungen suchte.

»Wagen Sie es, einen Schuß zu tun wie Tell?« fragte er plötzlich.

»Falls Hoheit den Schuß meinen, mit welchem er Geß-
ler tötete, so haben wir zu derlei oft genug Gelegenheit,
wenn wir dem Feind gegenüberstehen«, antwortete einer
der Franzosen.

»Wer spricht davon?« rief der Prinz. »Nein! Würden Sie
es wagen, von dem Haupte eines Sohnes, aus der Hand
eines Menschen, den Sie liebhaben, einen Apfel fortzu-
schießen?«

Die Anwesenden verneinten. »Johann soll kommen!«
befahl der Prinz, und François eilte freudestrahlend davon, ihn zu holen, weil er ahnte, worauf es abgesehen sei.

Als Johann kam, sagte der Prinz: »Diesem Menschen
habe ich das Leben gerettet, er ist mir viel wert, ein treuer
Diener; er und ich, wir kennen einander. Ich werde die
Kokarde an seinem Hut zum Ziele nehmen.«

Die Anwesenden drückten auf verschiedene Weise ihr
Erstaunen aus. Der Prinz sprach ein paar Worte leise mit
seinem Diener, dann stellte sich der Alte in Schußweite,
der Prinz legte an und die Umstehenden hielten es noch
für unwahrscheinlich, daß er den Schuß wagen werde, als
schon das Pulver aufblitzte, das Pistol losbrannte und der
alte Johann, aus der Rauchwolke hervortretend, ruhig, den
Livreehut in der Hand, auf seinen Herrn zuschritt.

»Grade mitten durch die Kokarde, wie Hoheit gewollt!«
sagte er und hielt den Fremden triumphierend den Hut
zur Besichtigung hin. »Die Kugel muß in den Baum hinter
mir geschlagen sein.«

Die Franzosen sprachen lebhaft ihren Beifall aus, man
betrachtete den Hut, man suchte die Kugel, lobte den alten
Johann, sein Vertrauen auf den Prinzen, die sichere Hand
des letzteren.

»Ih nun!« meinte Johann. »Wir haben noch andere
Stückchen, Hoheit und ich; wenn er sie nur zeigen wollte,
ich wäre schon dabei. Hoheit haben mir schon manch
schönes Mal einen Taler zwischen den Fingern wegge-
schossen und ich wollte wohl, daß die Herrschaften das

ansehen könnten. Die letzte Zeit haben wir immer französisches Geld dazu genommen, und –«

»Ein andermal wollen wir deutsches nehmen«, unterbrach der Prinz den gesprächigen Alten, um die Erzählung zu verhindern, wie er nach dem französischen Gelde zielend den Wunsch geäußert hatte, Frankreich so sicher vernichten zu können als seine Münzen.

Die Bewunderung seiner Gäste belebte Louis Ferdinand. Man kam von der Unterhaltung über das Pistolenschießen auf den Gebrauch der übrigen Waffen, man sprach von Duellen auf Hieb und Stich, ließ Degen und Fleurets herbeibringen und der Prinz trat mit Grenier in die Schranken.

Sie hatten eben einige Stöße gewechselt, als plötzlich der Portier die Ankunft des Königs meldete. Louis Ferdinand stand in seiner Morgenkleidung, in leichtem Pantalon mit grüner runder Jacke, mit entblößtem Halse und unfrisiert mitten unter seinen Gästen; seine Wangen waren gerötet von der Aufregung und Bewegung, seine Hände von dem Laden der Pistolen geschwärzt, das er selbst zu besorgen liebte, wenn es einen Meisterschuß galt. Dem König so entgegenzutreten, der streng auf die Regeln des Anstands hielt, und dem Prinzen seine unbefangene Nachlässigkeit den Fremden gegenüber zum Vorwurf gemacht haben würde, wünschte er nicht; und doch mußte er ihm begegnen, wenn er den Weg zu seinem Zimmer antrat, um seine Kleidung zu wechseln.

Verlegen blickte François, der eben noch in allem Stolz über seinen Herrn geglänzt hatte, auf diesen hin; fragend sahen ihn die Adjutanten an. Der König sah nach den Berliner Mißhelligkeiten den Prinzen zum erstenmal wieder, und man mußte fürchten, daß unter diesen Umständen die Aussöhnung, welche so wünschenswert schien, gestört oder verzögert werden könne.

Louis Ferdinand allein schien nicht im geringsten beunruhigt. Er warf das Rapier zur Erde, eilte nach dem Schloß, faßte das Kreuzholz eines offenen Fensters und schwang sich mit kräftigem Schwunge schnell in ein Zimmer, von dem aus er seine Gemächer erreichen konnte, ohne dem König zu begegnen.

Kaum aber hatte dieser, seine Gemahlin am Arme, den Garten betreten, als wie durch einen Zauber Prinz Louis in voller Uniform vor ihm erschien, mit jener ruhigen, in sich gefaßten Haltung, welche den König selbst auszeichnete, und die er deshalb auch an andern schätzte.

Die Franzosen trauten ihren Augen nicht, als sie den Prinzen erblickten, der durch solche Züge ihre besondere Teilnahme gewann. Aufmerksam betrachteten sie die beiden Fürsten, welche die verschiedenen Gesinnungen des Volkes in sich darstellten, und dadurch einander in gewissem Betracht seit langem feindlich gegenüber gestanden hatten. Beide, hoch und schlank gewachsen wie das ganze Geschlecht der Hohenzollern, waren in der ersten Blüte des jugendlichen Mannesalters. Zeichnete den König sein abgeschlossenes Wesen, sein ruhig blickendes Auge vor vielen andern aus, so leuchtete von dem Antlitz Louis Ferdinands eine geniale Lebhaftigkeit, ein strahlendes Jugendbewußtsein.

Zwischen den beiden Männern stand die junge Königin Luise, das schöne Antlitz mit den großen blauen Augen von blondem Gelock reich umflossen. Während sie dem Prinzen freundlich die Hand reichte, welche er dankbar küßte, sagte der König: »Haben einmal sehen wollen, die Königin und ich, wie weit Sie mit ihren Einrichtungen in Schricke gekommen sind. Haben viel davon gehört durch Dero Frau Mutter, sehr damit zufrieden gewesen und mit Ihrer Beharrlichkeit. Sollten aber, wenn Sie hier fortkommen können, den Winter in Berlin zubringen, würde der Frau Mutter doch lieber sein.«

Diese Worte hoben die Verbannung des Prinzen auf. Die Königin blickte ihn mit jener schönen Freude an, welche edle Naturen über fremdes Glück empfinden. Sie hatte es ausdrücklich gefordert, den König bei diesem Besuch zu begleiten, weil sie wußte, daß dem Prinzen eine erwünschte Botschaft verkündet werden sollte; aber der Ausdruck in den Zügen desselben entsprach den Erwartungen der Königin nicht.

Es war Louis Ferdinand willkommen, wieder Herr über die Wahl seines Aufenthaltes zu sein, indes es verletzte ihn, in Gegenwart seiner Gäste eine Erlaubnis zu erhalten, welche ihn an ein früheres Verbot erinnerte, und ihm seine Abhängigkeit von einem fremden Willen ins Gedächtnis rief. Selbst das Lob des Königs berührte ihn unangenehm, weil es die Möglichkeit des Tadels voraussetzte. Mehr als je empfand der Prinz seine abhängige, unfreie Stellung, mehr als je drückte sie ihn jetzt, da er, seit Monaten dem Zwang des Hofes entrückt, keinem andern Gebote gefolgt war als der eigenen Neigung. Die Rückkehr nach Berlin, die Anknüpfung mit dem König dünkten ihm plötzlich nicht mehr so wünschenswert als in den letzten Tagen und Wochen. Seine Ungebundenheit in Schricke, sein Leben mit Henriette kamen ihm süßer vor als das Dasein, welches am Hofe seiner wartete, und kälter vielleicht als er selbst beabsichtigte klang seine Antwort:

»Die Wünsche meiner Mutter sind mir Befehle, denen ich glücklich bin zu folgen, wenn sie von der Zustimmung Ew. Majestät unterstützt werden.«

Das königliche Paar schien befremdet, aber die Königin machte, um keine Frage und Erörterung in diesem Augenblick zuzulassen, den Vorschlag, das Innere des Schlosses in Augenschein zu nehmen, während man das Frühstück zurüstete, das der Prinz seinen königlichen Gästen angeboten und diese angenommen hatten.

Mit Freundlichkeit ging die Königin auf alle Einzelheiten der Einrichtung ein. Bemüht, ihren Gemahl in guter Stimmung zu erhalten, war sie, zugleich voll Liebenswürdigkeit für den Prinzen, ausschließlich mit diesen beiden beschäftigt. Das enthob sie der Verpflichtung, den Franzo-

sen mehr Rücksicht zu beweisen, als ihr von dem über-
handnehmenden Einfluß derselben verletztes Gefühl
ihnen zuerkannte.

Durch die Reihe der Empfangszimmer gelangte man in
das Arbeitskabinett des Prinzen. Die Königin trat zum
Schreibtisch, die Familienbilder zu betrachten, welche
über demselben aufgehängt waren. Da fesselte ein kleines
Pastellbild ihre Aufmerksamkeit. Ein schöner, etwa einjäh-
riger Knabe lag unter Blütenbüschen auf weichem Rasen,
die nackten, runden Glieder behaglich im warmen Sonnenlicht dehnend. Man konnte kein schöneres Kind sehen,
und die Königin, eine der zärtlichsten Mütter, rief in über-
wallendem Entzücken: »Ach, welch herrliches Kind!« Da
fiel ihr heller Blick auf den Prinzen, die sprechende Ähn-
lichkeit des Knaben mit demselben konnte niemand entgehen. Schnell und schweigend setzte sie das Bild auf den
Schreibtisch zurück, und ihr leichtes Erröten rief eine
dunkle Flamme auf der Stirn des Prinzen hervor.

Eine harte Hand faßte nach seinem Herzen, denn er
liebte dies Kind, er liebte seinen Sohn, er hatte Wünsche,
Hoffnungen und Pläne an dies Kind geknüpft, und die
Königin hatte das Bild dieses geliebten Kindes mit scham-
haftem Erröten von sich gewiesen. Alle seine tiefsten
Gefühle, so schien es ihm, wurden durch die Berührung
mit der Welt, mit dem Hofe gekränkt; es gab für ihn nur
eine Möglichkeit, sich davor zu bewahren, die Einsamkeit,
den Aufenthalt auf seinen Gütern, bei dem er doch wieder
ein peinliches Ungenügen empfand. Er kam sich unglücklicher vor als jemals.

Kaum vermochte er es, seine Stimmung vor den königlichen Gästen zu verbergen, und Friedrich Wilhelm verließ
nach dem Frühstück das Schloß mit dem Gedanken, Prinz
Louis habe das gnädige Entgegenkommen seines Souve-
räns nicht mit der Freude und Anerkennung aufgenommen, welche die Huld des Herrn auch von dem ersten
Untertan der Krone verdiente.

18

Der Vorgang mit dem Amtmann Scheinert, der Besuch des
Königs mit seinen verschiedenen Ereignissen hatten die
kaum beruhigte Seele des Prinzen wieder aus dem Gleichgewicht gebracht. Er fühlte sich nicht aufgelegt, mit seinen
Gästen zu verkehren, und eilte nach der Meierei, sich zu
erholen, sich zu zerstreuen.

Es waren wieder zwei Tage vergangen, in denen der
Prinz sie nicht besucht hatte. Henriette, gewöhnt an ein
inniges Beisammensein mit dem Geliebten, sah sich versäumt. Sie empfing ihn mit Vorwürfen, welche in ihren
Tränen erstickten. Sie klagte über seine Vernachlässigung,
über ihre Einsamkeit, über die Langeweile, welche ihr Teil
sei, während der Prinz mit seinen Genossen fröhliche
Stunden verlebe.

Um sie zu erheitern, schlug er ihr vor, noch an demselben Tage mit Gentz und Dussek zu ihr zu kommen. Er
erzählte ihr das Abenteuer des letzteren mit allem Zauber
der Phantasie, mit dem seine Seele sich die von Dussek
kurz angedeuteten Vorgänge ausgemalt hatte. Henriette
hörte aufmerksam zu. Sie hatte seit Monaten in solcher
Abgeschiedenheit von der Welt gelebt, daß sie, bereits an
das Leben in der Gesellschaft gewöhnt, sich nach Menschen sehnte, ohne es zu wissen. Der Gedanke, den Helden
eines so romantischen Abenteuers kennenzulernen, regte
sie an und beschäftigte sie so lebhaft, daß sie kaum noch
des Prinzen gedachte, sondern nur nach Dussek fragte,
nur von ihm zu hören begehrte.

Louis Ferdinand teilte mit, was er wußte, teilte es gern
und freundlich mit, und dennoch war es ihm unangenehm, daß Henriette nicht größeres Gewicht auf seine
Begegnung mit dem König legte, von der er ihr ebenfalls
gesprochen hatte, daß sie gleichgültig fortging über seine
Auseinandersetzung von den Folgen dieser Versöhnung,

daß sie nach der Kleidung der Königin fragte und endlich mit Tändeln und Küssen der ganzen Unterhaltung ein Ende machte.

Als der Prinz sie verließ, war er nicht heiterer als zuvor, ›Ich bin ein Tor‹, sagte er sich, ›daß ich von einem Kind die verstandesreife Teilnahme einer vernünftigen Frau erwarte, aber warum mußte ich mein Herz an das Dasein eines Kindes knüpfen? Warum mußte meine Wahl auf Henriette fallen, während ich an Rahel sehen konnte, welcher Tiefe die weibliche Seele fähig ist? Wie konnte mich dies reizende Äußere, diese vergängliche Jugendfrische über die geistige Unbedeutendheit verblenden? Bin ich verpflichtet, mein ganzes Sein an ein kindliches Wesen zu verschwenden, weil ich im Rausch der Leidenschaft seinen inneren Gehalt überschätzte?‹

Diese Fragen, welche in ihrer Auseinanderlegung zu schmerzlichen Verwicklungen führten, beängstigten den Prinzen, er wollte den Gedanken daran um jeden Preis loswerden; es verlangte ihn nach heftiger, körperlicher Bewegung, nach gewaltsamer Zerstreuung. Er trank viel bei der Tafel und befahl dann, die Pferde vorzuführen.

Als dies geschehen war, wandte er sich zu Grenier und den andern mit der Frage: »Haben Sie Lust zu sehen, wie man Festungen erobert?«

»Gewiß, Hoheit! Wenn Sie die Eroberung leiten.«

»So folgen Sie mir.«

»Und wohin?«

»Nach Bernau zu einem Amtmann Scheinert, der dem Prinzen Louis Ferdinand, dem gefährlichen Verführer, sein Haus verschließen will.«

Die Adjutanten blickten ihn betroffen an, auch Grenier und Gentz schwiegen bedenklich, endlich bemerkte dieser, es werde doch schon früh dunkel in dieser Zeit, ob Hoheit das Unternehmen nicht auf den folgenden Tag verschieben wollten?

»Mitnichten! Am Abend ist man am behaglichsten im

traulichen Familienkreis, aber wenn die Herren dort Langeweile fürchten, so bleiben Sie zurück. Ohnedies wird Mademoiselle Fromm Sie, lieber Gentz, und den Kapellmeister erwarten. Bleiben Sie also zurück, gehen Sie zu ihr und unterhalten Sie sie, falls ich später heimkehren sollte, als ich glaube.«

Mit diesen Worten verließ er das Zimmer, Grenier allein folgte ihm, und von Johann begleitet machten sie sich auf den Weg.

Man hatte mehr als zwei Stunden zu reiten bis nach Bernau. Als sie dort anlangten, mochte es fünf Uhr nachmittags sein. Auf dem stillen Amtshof war außer einigen Arbeitern niemand zu sehen. Das Haus lag von großen, herbstlich gelben Bäumen beschattet in tiefem Frieden. Bei dem Pferdegetrappel schlug der große Kettenhund an, und zugleich tauchte an einem der unteren Fenster ein schwarzlockiger Frauenkopf empor, dessen Stirn sich bei dem Anblick des Prinzen mit dunkler Röte überzog. Eine schlanke und doch üppige Gestalt erhob sich, warf eilig das Nähzeug aus den Händen, verschwand vom Fenster.

»Das ist die Festung«, lachte der Prinz, »und – da erscheint ja schon der Kommandant!« fügte er hinzu, als der Amtmann in sichtlicher Verlegenheit vor die Tür seines Hauses trat, ohne zu wissen, was er tun oder sagen solle.

Der Prinz kam dem sich demütig neigenden Manne zuvor. »Man hat behauptet, Herr Amtmann, daß Sie gestern ganz abscheuliche Dinge gegen mich gesprochen haben, für die ich Sie müßte zur Rechenschaft ziehen lassen, wenn ich es nicht vorzöge, von ihnen den Tatbeweis des Gegenteils zu erlangen, indem ich mich bei Ihnen zu Gast lade. Ich hoffe, ich bin Ihnen willkommen und Sie führen uns zu Ihrer schönen Frau, die ich von früher zu kennen das Glück habe. Ich sah sie eben das Fenster verlassen.«

Der Prinz sprach diese Worte mit einem Anschein freimütiger Heiterkeit, die den Spott nicht zu verhüllen vermochte. Der Amtmann empfand ihn, empfand die Kränkung, welche ihm zugefügt ward, und um so schwerer, als es in Gegenwart von Franzosen geschah, die schon damals sich durch Geringschätzung der Deutschen verhaßt gemacht hatten. Aber der empörte Stolz des Mannes konnte nicht die Herrschaft gewinnen über das tief eingewurzelte Gefühl ererbter Untertänigkeit. Schon der Großvater des Amtmanns war königlich preußischer Beamter gewesen, abhängig von dem Willen und der Gnade des preußischen Königshauses, dessen Domaine er verwaltete. Die königlichen Prinzen unter ihrem Dach beherbergt, an ihrer Tafel bei Jagden bewirtet zu haben, war der Ehrgeiz, der Stolz seiner Eltern gewesen. Vom König, von den Prinzen hatte man ihn als Kind gelehrt mit Achtung zu sprechen, sie mit der Ehrfurcht zu betrachten, mit welcher man von Gott und dem Heilande sprach. Sie waren dem Untertanen, dem Beamten höhere Wesen, an die kein gewöhnlicher Maßstab gelegt werden durfte. Selbst die Verirrungen der Herrscher galten für berechtigt, durften nicht als solche betrachtet und in der Familie dieser treuen Beamten kaum erwähnt werden. Das war ja eben die gelobte Untertanentreue.

Freilich hegte der Amtmann dies blinde Untertänigkeitsgefühl nicht mehr; freilich hatte die Revolution ihn belehrt, daß jedes Volk ein Recht habe, die Taten seiner Beherrscher zu beurteilen; und deshalb hatte er sich als Mann offen über den Leichtsinn ausgesprochen, welchen Prinz Louis den Weibern gegenüber bewies. Aber als der Prinz nun vor ihm stand, mit dem Hoheitsblicke eines jener glücklichen Menschen, denen nicht Gehorsam und Unterordnung als die ersten Pflichten gepredigt und anerzogen worden sind, als der Prinz Aufnahme begehrte in das Haus, welches der Amtmann für den Onkel desselben, den alten Prinzen Heinrich verwaltete, da ward die Unterwürfigkeit des bezahlten Beamten, des unfreien Dienstes durch lange Gewohnheit mächtig über den freieren Sinn des Mannes, und sich selbst, seine Abhängigkeit, seine Feigheit verwünschend, sagte der Amtmann, wie sehr er sich durch den Besuch seiner königlichen Hoheit geehrt fühle, und wie es ihm eine Genugtuung sei, daß Hoheit mehr auf die alte Treue der Familie Scheinert als auf die Verleumdung böswilliger Menschen geachtet habe.

Diese Szene währte nur einen Augenblick, und doch empfand der Prinz, als er die spottenden Worte gesprochen, als der Amtmann ihn demütig willkommen geheißen hatte, die tiefste Beschämung, die schmerzlichste Reue. Er, der eifrige Vertreter persönlicher Freiheit, deutschen Volksbewußtseins, trat beiden zu nahe in Gegenwart eines Franzosen. Er begriff sich selbst nicht; er verachtete sich um einer Eitelkeit willen, welche Befriedigung verlangte auf Kosten eines Ehrenmannes.

Wäre er allein gewesen mit dem Amtmann, er hätte seiner offenen Natur gemäß freimütig die innere Bewegung seiner Seele enthüllt, sein Unrecht gestanden und ehrlich Verzeihung erbeten. In Greniers Gegenwart dies zu tun schien ihm unmöglich, und doch fühlte er, es würde edler, fürstlicher gehandelt sein, eine verdiente Zurechtweisung zu ertragen, als einen Bürger des Landes zu kränken, dessen Fürst zu heißen die ganze eigene Würde ausmachte. Wie mußte der Republikaner herabsehen auf diese Zustände! Wie gerechtfertigt mußte er die Verbannung, den Tod seiner Königsfamilie empfinden, wenn Menschen so tief durch Herrschaft und Knechtschaft zu sinken vermögen!

Innerlichst erregt, bot der Prinz äußerlich seine ganze Liebenswürdigkeit auf; er zeigte den ganzen männlichen Freimut seines Wesens, um das Zutrauen des Amtmanns zu gewinnen, um den Weg für eine spätere Verständigung und Ausgleichung anzubahnen, um nicht zu elend vor Grenier zu erscheinen.

Der Amtmann führte seine Gäste in das beste Zimmer

des Hauses, das bald darauf die Frau betrat, doppelt schön in der beglückenden Gewißheit, der Besuch des Prinzen gelte ihr, und doppelt freundlich, um ihn die harte Äußerung ihres Mannes vergessen zu machen.

Mathilde Scheinert war die Tochter eines adligen Beamten aus Berlin, sie hatte eine gute Erziehung genossen, sich in den höheren Kreise der Gesellschaft bewegt und fand das Landleben in Bernau, trotz treuer Pflichterfüllung und trotz Liebe ihres Mannes, oft recht eintönig, besonders, da die Ehe kinderlos war. Seit Monaten hatten die Erzählungen von der idyllischen Einsamkeit, in welcher Prinz Louis mit seiner Geliebten lebte, die Gegend erfüllt; sie waren auch Mathilde zu Ohren gekommen und der Gegenstand ihrer Träumereien geworden, wenn sie nach vollendetem Tagewerk sich einsam an der Seite ihres Mannes fühlte. Je mehr ihre Jugend entfloh, je weniger sie sich verbergen konnte, daß selbst ihre große Schönheit nicht mehr die strahlende Frische früherer Jahre habe, um so schmerzlicher schien es ihr, eigentlich nie das Glück der Liebe gekannt und ein gleichmäßiges stilles Dasein, ohne Leid, aber auch ohne Freude gelebt zu haben. Sie sehnte sich nach einem einzigen Tag voller Glücksempfindung, nach dem Bewußtsein, einem Mann mehr gewesen zu sein als eine brave Hausfrau. Henriette Fromm erschien ihr das beneidenswerteste Weib der Erde, weil sie die Liebe eines Louis Ferdinand in dem Grade besaß, daß er für sie der ganzen übrigen Welt entsagen konnte.

Und als sie bei dem Fest im Lager den Prinzen wiedersah, der einst lebhaften Eindruck auf ihr Herz gemacht, als er jetzt in der gewinnenden Anmut seiner Schönheit vor ihr stand, ihr achtungsvoll begegnend wie einer Königin, um ihrem Mann auf diese Weise genugzutun, da zog eine heiße, flammende Liebe in ihr Herz, die sich nur zu deutlich den geübten Augen des Prinzen und seines Begleiters verriet.

Der Besuch währte länger als der Prinz beabsichtigt

hatte, denn sein Betragen söhnte den treuherzigen Amtmann aus, der jetzt selbst nicht mehr begriff, wie er jemals Worte des Tadels gegen den Prinzen auszusprechen vermochte. Die Freundlichkeit, mit der er sich die Wiederkehr desselben für die bevorstehende Jagdzeit erbat, die Zuversicht des Ehrenmannes, der sich von dem Manne kein Arg versieht, welchem er gastlich sein Haus geöffnet, bewegten den Prinzen. Er versprach sich, den Frieden dieses Hauses zu achten, aber er fühlte, daß er dann nicht wiederkehren dürfe, denn die leuchtenden Blicke Mathildes schlugen wie zündende Blitze in sein Gehirn und brachten seine Sinne in Aufruhr. Er wollte ihrem Auge ausweichen, und doch zog es ihn an, er wollte ehrenhaft handeln an dem ehrenhaften Mann, und doch ward ihm dieser mehr und mehr Mathildes beneideter Gatte.

Stunde auf Stunde schwand in diesem Zwiespalt dahin, der für eine Natur wie die des Prinzen nicht ohne Reiz war. Grenier berichtete von Ägypten, von Bonaparte, von seinen Zügen in Ost und West, weder Mathilde noch der Prinz hörten etwas davon. Je mehr ihr Mann sich, von den Erzählungen des jungen Generals gefesselt, diesem zuwandte, um so unverwandter hing Mathildes Auge an dem Auge des Prinzen. Als er sich endlich erhob, um den Heimweg anzutreten, erbleichte sie plötzlich.

Starr und leblos stand sie da, sich selbst zürnend über ihre Unbeweglichkeit, und doch unfähig, sie zu besiegen oder ein Wort zu sprechen.

Der Prinz bemerkte es mit Überraschung. Wie mächtig mußte die Leidenschaft in dieser Seele sein! Er betrachtete sie mit schnellem, prüfenden Blicke, trat nahe an sie heran und sagte leise: »Wir sehen uns wieder, Mathilde!«

Der Amtmann begleitete seine Gäste vor das Haus, Mathilde blieb schweigend, das Gesicht mit beiden Händen verdeckend, auf der Stelle stehen, auf welcher der Prinz sie verlassen hatte. Erst die Rückkehr ihres Mannes, sein Vorwurf, daß sie die Wirtin nicht zu machen verstehe, daß sie solchen Herrschaften gegenüber befangen und linkisch sei, erweckten sie aus ihrem Traum, wie die verzückte Hellsehende zu einer niederen Wirklichkeit zurückgerufen wird.

19

Als an diesem Abend die vergoldete Pendule in dem Zimmer, welches Gentz in Schricke bewohnte, die siebente Stunde geschlagen hatte, war Dussek, eine Melodie aus seiner ›Jagd‹ trällernd, eingetreten.

»Nun, gehen wir?« fragte er.

»Zur Fromm? Ich nicht, falls der Prinz nicht zurückkehrt, und selbst dann kaum. Ich entschuldige mich mit Briefen nach England, die ich auch wirklich schreiben will.«

»Aber der Prinz wird es übelnehmen, da er es gefordert hat.«

»*Cher ami*«, lächelte Gentz, »für eine Geliebte, die man seit zwei Jahren besitzt, ist man nicht so empfindlich; das sollten Sie wissen, denke ich; und am wenigsten für Henriette, die gar nicht *les grandes manières* einer *maitresse en titre* hat, sondern die langweilige Art einer rechtmäßigen Hausfrau. Der Prinz wird nicht so schnell zurückkehren; Henriette, die ihn echt hausfraulich als ihr Eigentum betrachtet, als ein Grundstück, auf das sie eine Hypothek hat, wird traurig sein, beleidigt, schmollend – dafür habe ich keine Zeit. Die Kleine begreift nicht, daß eine Geliebte nur dann allmächtig ist, nur dann dauernd fesselt, wenn sie alle Eigenschaften, alle die Demut, die Hingebung, die Nachsicht besitzt, welche eine Hausfrau haben müßte, um den Einfluß der reizendsten Geliebten zu zerstören.«

»Sie haben tiefe Kenntnisse in dem Bereiche, lieber Kriegsrat!«

»Es hat mich etwas gekostet, sie zu erwerben! Frau Kriegsrätin Gentz hat mich die negative Seite dieser Wissenschaft so gründlich kennen lehren, daß ich meine Studien als beendet betrachten durfte. Daher ließ ich vom Advokaten mit gutem Bedacht trennen, was der Pfaffe ohne Überlegung salbungsvoll zusammengeschmiedet hatte. Seitdem ist mir alles zuwider, was mich an meine Ehe erinnert, und Henriette Fromm vor allem, in ihrer langweiligen Treue.«

»Dennoch möchte ich sie kennenlernen«, meinte Dussek, »denn ich liebe die sanften, schmachtenden Blondinen bisweilen.«

»So gehen Sie hin, um so mehr, da der Prinz es gewünscht hat, und benutzen Sie das *tête à tête,* das Sie haben werden, so liebenswürdig zu sein als möglich; denn der Prinz wird nicht kommen und die Kleine Trost und Erheiterung brauchen. Sie tun ein gutes Werk, Kapellmeister!«

Mit den Worten legte sich Gentz, der eine vornehme Nachlässigkeit im Äußeren zur Schau zu tragen liebte, bequem auf das Sofa zurecht, Dussek nahm von ihm Abschied, ihn seinen Arbeiten zu überlassen, und ging durch die dunklen Gänge des Parks nach der Meierei, deren Fenster freundlich erleuchtet durch die Nacht winkten.

Fast kein Ereignis des Lebens betrachtet man mit größerer Sorglosigkeit als das Herantreten neuer Persönlichkeiten in festgewohnte Kreise, und doch ist es eines der bedeutungsvollsten. Niemand, der in die fernste Beziehung zu uns tritt, ist ohne Einfluß auf uns, auf die Gestaltung unserer Zukunft, unseres Lebens; jeder schlingt einen leisen Faden durch unser Dasein, und wie diese verschiedenen Fäden sich dann kreuzen, welch' ein Gewebe sie bilden, uns zu halten, zu verstricken, das möchte dem schärfsten Verstand oft unmöglich sein, vorauszubestimmen.

Jener Abend begann eine neue Entwicklung in dem

Leben des Prinzen und Henriettes. Tage reihten sich an Tage, Wochen an Wochen, das Lager war längst abgebrochen, die militärischen Gäste in ihre Garnisonen, Gentz nach Berlin zurückgekehrt, und noch immer erwartete man dort die Rückkehr des Prinzen Louis Ferdinand vergebens, der in Schricke verweilte, obschon die Herbststürme das letzte Laub von den Bäumen geweht und Nebel und Kälte sich über die Gegend gebreitet hatten. Weder der Prinz noch Henriette schienen dies zu bemerken; denn der Einfluß der äußeren Natur verschwindet für den Menschen, wenn sein Seelenleben bedeutend angeregt ist.

Mathildes Schönheit, ihre schnell erwachte Leidenschaft hatten alle guten Vorsätze des Prinzen erstickt. Er dachte nur an sie, an ihren Besitz; aber der Amtmann Scheinert war kein feiler Höfling, dem die Schande seines Hauses mit einer Gnadenbezeugung zu bezahlen gewesen wäre. Er verbot seiner Frau, als er über die Leidenschaft derselben nicht mehr im Zweifel sein konnte, den Prinzen wiederzusehen, er verbot diesem endlich den Besuch seines Hauses, freimütig erklärend, er wolle lieber von Haus und Hof wandern, ehe er zugebe, daß seine Gattin ein Opfer des Prinzen werde.

Er dachte daran, die von Leidenschaft verblendete Frau zu entfernen, aber wohin sollte er sie senden! Zu ihren Eltern nach Berlin? Dort war sie sich selbst und dem Prinzen überlassen! Nur in der Nähe ihres Gatten, nur in seiner Obhut, unter seiner Leitung war es denkbar, daß sie ihm und ihren früheren Verhältnissen wiedergegeben und erhalten bliebe. Indes, trotz der Sorgfalt des Amtmanns fand der Prinz Gelegenheit, Mathilde zu sehen. Die gewagtesten Unternehmungen dazu, die wildesten Touren zu Pferde waren ihm die willkommensten. Jedes solche Wagnis, jede abenteuerliche Verkleidung erhöhten sein Verdienst und seine Schönheit in Mathildes Augen, und schon nach wenigen Wochen war sie, hingerissen von seiner Leidenschaft und ihrer eigenen Liebe, entschlossen, ihren Gatten zu verlassen, um dem Prinzen zu folgen.

Er wünschte, sie nach Berlin zu führen, aber er mißtraute der Verschwiegenheit seiner Leute, er wollte selbst François nicht in das Geheimnis dieser Flucht einweihen, aus Besorgnis, es könne Henriette verraten werden, die, wunderbar genug, die langen und häufigen Abwesenheiten ihres Geliebten nicht zu bemerken, oder nur wenig zu beachten schien.

Sooft der Prinz in die Meierei kam, sie zu besuchen und das Kind zu sehen, klopfte sein Herz, und er bangte vor den Klagen, vor den Tränen Henriettes; indes, diese Tränen schienen getrocknet, alle Klagen verstummt zu sein. Sie empfing ihn sanft und heiter, sie erzählte ihm, wie sie Glück und Freude daran finde, unter des Kapellmeisters freundlicher Leitung ihre vernachlässigten musikalischen Übungen wiederaufzunehmen; sie rühmte die Güte, mit der Dussek sich ihr und ihrer Unterhaltung widme, und der Prinz ließ sich dies gern gefallen, weil es ihm die Freiheit gewährte, deren er in diesem Augenblick bedurfte. Der vierzigjährige Dussek, den sein sybaritisches Leben stark und schon ein wenig schwerfällig gemacht hatte, der es nicht verhehlte, wie ihm die Frauen keiner idealen Hingebung mehr wert schienen, Dussek war nicht der Mann, den Louis Ferdinand als einen Nebenbuhler gefürchtet hätte, wäre er in seiner jetzigen Leidenschaft für Mathilde auch irgendeiner derartigen Überlegung fähig gewesen.

All sein Sinnen und Trachten war auf Mathildes Entführung gerichtet. Hatte er sie aus dem Haus ihres Gatten entfernt, konnte er sie nur während vierundzwanzig Stunden an einem Ort verbergen, an dem man sie nicht vermutete, so ließen sich von hier aus Mittel und Wege zu fernerer Flucht bereiten. Solcher Zufluchtsorte standen in Berlin dem Prinzen genug zu Gebote, aber hier auf dem Lande, wo jeder Schritt bemerkt wurde, wo jedes Kind die schöne Amtmannsfrau kannte, war der Ausweg schwer zu finden.

Nur von Johann begleitet, auf dessen Schweigen er mit vollster Sicherheit zählen konnte, kehrte der Prinz eines Abends in eiligem Ritt von einem Stelldichein zurück, das er mit Mathilde für die Zeit verabredet hatte, in der eine Amtsverrichtung ihren Mann vom Hause entfernte und es ihr möglich machte, ohne sein Wissen auszugehen. Wie früher schon hatten sie sich bei der Frau des Küsters von Bernau treffen wollen. Diese, einst Kammerjungfer in Mathildes väterlichem Haus und ihr treu ergeben, war so weit von der Sittenverderbnis der Residenz angesteckt, daß sie es sich zur Ehre rechnete, die Vertraute in dem Liebeshandel eines Prinzen zu sein, der ihr außerdem bare Vorteile gewährte. Die Stunden, in welchen der Küster die Feste einzuläuten oder sonst in der Kirche zu tun hatte, waren von den Liebenden schon oft mit Glück für ihre Zusammenkünfte benutzt worden, und voll Sehnsucht hatte der Prinz auch an diesem Abend die kleine Küsterwohnung erreicht.

Aber seine Hoffnung auf Mathilde war diesmal nicht in Erfüllung gegangen, sie war nicht dort gewesen. Nur ein Blatt Papier hatte er statt ihrer gefunden, auf das mit verstellter Schrift die Worte hingeworfen waren: *Mein Mann hat einen Besuch, einen Verwandten, der seit einigen Tagen bei uns verweilt, zu längerem Bleiben geladen, ich kann nicht fort, nicht dorthin, wo meine Seele weilt, kommen Sie morgen um dieselbe Stunde an das Heckentor des Vorwerks Bandingen.*

Mathilde nicht zu sehen war dem Prinzen eine schwere Entbehrung; sein Blut siedete; gewaltig preßte er dem Pferde die Sporen in die Seite, es leidenschaftlich antreibend.

Feuchte graue Nebel stiegen von der Wiese empor und lagerten sich an die entfernteren Bäume, sie wie ein Schleier verhüllend, aus denen die kahlen, braunen Äste öde und traurig hervorsahen. Langsam schwankte das dürre Rohr im Winde, der, stoßweise die Luft durchzitternd, die Wolken verjagte, so daß hier und dort ein bleiches Sternenlicht feucht und kalt durch die Trübe schimmerte. Das ganze Unbehagen, die traurige Öde eines nordischen Herbstes lagen über der Gegend; sie teilten sich der Seele des Prinzen mit.

Plötzlich trat eine Gestalt aus dem Nebel hervor und mit einem ›Gott zum Gruß‹ an den Prinzen heran.

»Woher des Weges?« fragte dieser, da er den alten Klaus erkannte.

»Von Bernau, Ew. Gnaden!«

»Von Bernau?« wiederholte der Prinz fragend.

»Der Amtmann hat mich herüberholen lassen, weil seine Schafe das Drehen haben.«

Der Prinz wollte mit einem Gruß vorwärts reiten, aber der Alte schien dies nicht zu beachten, sondern sagte wie jemand, der die Unterhaltung fortzusetzen wünscht: »Böses Wetter heute und grundloser Weg, da kommt einer zu Fuß noch besser fort als zu Pferde. Der Amtmann ist auch fünf Stunden unterwegs gewesen an den zwei Meilen.«

»Wo war er denn?« fragte der Prinz, da es ihm schien, als wolle der Alte ihm eine Mitteilung machen, die er nicht zu beginnen wisse.

»Gnädiger Herr!« entgegnete Klaus, so leise sprechend als seine Baßstimme es zuließ, während er des Prinzen Pferd am Zügel faßte und es über ein tiefes Loch fortgeleitete. »Gnädiger Herr! Wenn der Wolf sich bei der Hürde blicken läßt, so bringt man die Schafe weg und gräbt eine Falle.«

»Was soll das heißen?«

»In Bernau ist heute gepackt worden den ganzen Morgen, und am Nachmittag ist der grüne Korbwagen mit der Frau weggefahren. Nun sind nur die beiden Herren dort.«

»Klaus!« rief der Prinz lebhaft. »Was weiß Er und was ist vorgegangen? Wo ist die Frau hin? Hat sie Ihm einen Auftrag gegeben? Sprecher Er, sage Er alles, aber schnell, nur schnell. Wer ist der andere Herr?«

»Ich weiß nichts, als was ich gesagt habe, Ew. Gnaden.«
»Aber was wollte Er mit der Geschichte vom Wolf und von der Schafherde? Sage Er, was weiß Er denn?«

»Ich habe, wenn ich denn so meiner Wege ging, manchmal den gnädigen Herrn gesehen so ganz von ferne reiten, und von der anderen Seite ist dann wohl einmal die Frau weggegangen auf einem Weg, den sie nicht hätte kommen sollen. Aber ich kann's nicht übers Herz bringen, daß der gnädige Herr ins Unglück rennen sollte, schon wegen der Mamsell Jettchen nicht, der es das Herz abfressen würde, und wegen dem Kleinen. Der lange Peter aus Bernau hat auch den Brief zur Küsterei getragen, den der Fremde aus Bandingen geschrieben hat. Es geht was vor sich, gnädiger Herr!«

Von unheimlichen Vorstellungen, von Besorgnis um Mathilde gepeinigt, fragte der Prinz nochmals, wohin die Frau gefahren sei und wie der Fremde heiße? – Vergebens! Der Alte wollte oder konnte nichts sagen und, ihn zurücklassend, trieb der Prinz sein Pferd zur höchsten Eile an, in der Aussicht, vielleicht im Schloß zu Schricke einen Brief mit näherer Nachricht von Mathilde vorzufinden; aber auch diese Erwartung täuschte ihn.

Statt dessen ward ihm die Ankunft des Majors von Massenbach gemeldet, der im Auftrag des Königs ihn sogleich zu sprechen verlangte. Der Prinz empfing ihn in dem Glauben, irgendeine dienstliche Angelegenheit schnell und leicht abtun und dann sich ungestört den eigenen Gedanken, den Sorgen hingeben zu können, die in ihm tobten.

Indes, die Botschaft war anderer Art. Major von Massenbach überbrachte dem Prinzen den Befehl, sich gleich am folgenden Tage nach Berlin zu verfügen, und hatte die Weisung, ihn persönlich bis in das Palais des Prinzen Ferdinand, seines Vaters, zu geleiten. Vergebens erklärte der Prinz, er wolle in Schricke verbleiben, vergebens verlangte er Gründe zu wissen für eine Anordnung, welche sein freies Handeln beschränkte. Major von Massenbach, einer der geachtetsten Männer des Heeres, beteuerte, die Gründe zu diesem Befehl nicht zu kennen. Er beschwor den Prinzen aber, die Ungnade des Königs nicht durch eine Verweigerung des Gehorsams herauszufordern, denn der König sei sehr erzürnt gewesen, als er ihm in Person den Auftrag erteilt habe, den Prinzen abzuholen.

20

Schlaflos, in wilden Gedanken, verging dem Prinzen die Nacht. Bald fühlte er die Notwendigkeit, dem König zu gehorchen, bald empörte sich seine Seele gegen solch blinde Unterwerfung. Vergebens strebte er, einen Grund für jenen Befehl zu entdecken, er konnte keinen finden, und ließ die Gedankenreihe fallen, um sich mit ebenso unbeantwortbaren Fragen dem Schicksal Mathildes zuzuwenden.

Daß er Schricke nicht verlassen könne, ehe er darüber Auskunft und Beruhigung erhalten, stand fest in ihm. Als daher am Morgen François mit der Frage vor ihn trat, ob es wahr sein, daß königliche Hoheit abzureisen gedächten, ob er zu packen befehle, entgegnete der Prinz, er werde allerdings nach Berlin gehen, aber erst am folgenden Tage; und trotz aller Ermahnungen und Vorstellungen des Majors von Massenbach blieb es bei dieser Erklärung.

Es war ein finsterer Dezembertag, einzelne Schneeflocken kräuselten sich durch die trübe Luft, die schwer und nicht einmal durch einen Windzug erfrischt über der Erde ihre feuchten Dünste ausbreitete. Der Prinz ging unruhig in seinen Gemächern umher. Er fühlte die Notwendigkeit, Henriette von seiner Abreise zu benachrichtige, ehe ihr durch die Dienerschaft die Kunde zugetragen wurde; aber er hatte sie in den letzten Tagen nicht besucht, und diese äußere Vernachlässigung drückte ihn schwerer ihr gegenüber als das Bewußtsein, daß die Leidenschaft für Mathilde ihn kalt gemacht habe für Henriette.

In dieser Stimmung noch die Klagen Henriettes anhören zu müssen, dünkte ihm unerträglich, und von Stunde zu Stunde verschob er es, sie aufzusuchen. Major von Massenbach hatte sich am Morgen in ehrerbietigster Form das Wort des Prinzen erbeten, daß er diesen Tag des Aufschubs nicht benutzen wolle, gegen den Befehl des Königs einen anderen Aufenthalt als Berlin zu suchen und hielt sich nun in gänzlicher Zurückgezogenheit, um ihn nicht durch seinen Anblick unangenehm zu berühren. François überwachte die Reisevorkehrungen; der Prinz selbst wollte Briefschaften zusammenlegen, Papiere verbrennen, aber auch dazu fehlte ihm die Ruhe.

Dussek, der gegen Mittag wie gewöhnlich kam, ihm aufzuwarten und anzufragen, ob der Prinz musizieren wolle, fand ihn beschäftigt, ein paar Pistolen zu laden. Mit der flüchtigen Frage, ob Dussek bei Henriette gewesen, ob sie wohl und das Kind munter sei, ward er kurz abgefertigt.

Langsam schlichen die Stunden des Tages hin. Am Nachmittag war es, als wolle die Sonne die Nebel durchbrechen, aber sie waren zu dicht. Nur ein matter, gelblicher Schein flimmerte durch die Luft und streifte die Gipfel der kahlen, frostzitternden Bäume.

Um diese Zeit ließ der Prinz sein Pferd vorführen und ritt in einfachem Jagdrock, mit einem Hirschfänger an der Seite, ohne alle Begleitung zum Dorfe hinaus.

Kurz ehe man die große Straße von Schricke verläßt, den Feldweg nach Bernau einzuschlagen, hielt er an einem Kreuzweg, um die Straße nach dem Vorwerk zu überblicken. Alles war still und einsam, kein Mensch auf dem Felde zu sehen. So ritt er auf dem Weg nach Bernau vorwärts.

Schon tauchte das rote Dach des Amtshauses durch die

Äste der kahlen Bäume hervor, und noch immer schwankte Louis Ferdinand, ob er der geheimnisvollen Einladung nach Bandingen folgen sollte, wohin ihn Mathilde nie zuvor beschieden, wo er niemals gewesen war, und wo irgendeine unberechenbare List ihm nach der Weisung des alten Klaus Gefahr bringen konnte, oder ob er geradewegs nach Bernau zu dem Amtmann reiten, von ihm Auskunft über Mathilde verlangen und mit ihm persönlich die Sache zu ordnen versuchen sollte. Das erstere forderte physischen, das zweite moralischen Mut. Von unsichtbaren Fäden umgarnt, eingeengt durch den geheimnisvollen Befehl des Königs, durch die Ungewißheit über Mathildes Schicksal von Minute zu Minute mehr gefoltert, verlangte der Prinz nach einem äußeren Kampf. Es schien ihm Wollust, Belebung, Befreiung, sich durch einen Haufen von Feinden durchzuschlagen, Leben gegen Leben einzusetzen, aber mit Grauen dachte er an die Möglichkeit, dem Amtmann entgegenzutreten, dem vertrauenden, beleidigten Gastfreund.

Das Vorwerk war ein kleines, einsam liegendes Gebäude, nur eine Scheuer und ein Stall daneben. Obschon die Ankunft eines Reiters in solch entlegener Gegend wohlgeeignet war, die Neugier zu erregen, ließ sich niemand blicken. Die Stille machte dem Prinzen Herzklopfen, der Gedanke, es sei dennoch Mathilde, die ihn hierher beschieden, und somit die Nachricht des Schäfers vielleicht unrichtig, durchzuckte ihn mit einem Freudenstrahl.

Er sprang vom Pferd, band es an einen Pfahl und trat in die niedere Pforte des kleinen Hauses, welche man nur angelehnt hatte. Der schmale Flur war dunkel, zur rechten Seite befand sich eine Tür, die in das Zimmer führte. Der Prinz klopfte an. Niemand antwortete, er trat ein.

Da saß, soweit man es in dem Halblicht erkennen konnte, das durch die kleinen Fensterscheiben drang, an einem Tisch ein großer, blonder Mann, den der Prinz nie zuvor gesehen hatte. Beim Eintritt des letzteren stand er auf und neigte sich mit kalter Höflichkeit, dem Prinzen einen Stuhl anbietend.

»Waren Sie es, mein Herr«, fragte dieser, »der mich hierher beschieden?«

»Ja!«

»Sie sehen, ich bin gekommen, was verlangen Sie von mir.«

»Nichts, da ich Ihnen vielmehr Aufklärung zu geben gedenke über das Schicksal der Frau, welche Sie hier zu finden hofften.«

»Und was berechtigt Sie dazu?«

»Der Auftrag meines Vetters, des Amtmanns Scheinert, dem ich tief verpflichtet bin.«

»Ihr Name?« fragte der Prinz.

»Der tut hier nichts zur Sache«, entgegnete der andre. »Ich bin hier nur Organ meines Freundes, der seine Ehre zu wahren, und eine Frau vor den Nachstellungen eines Prinzen zu schützen, dem das Gastrecht nicht heilig ist, kein anderes Mittel wußte, als das, welches ich ihm an die Hand gab. Er hat seine Frau und sich unter den Schutz seiner Majestät des Königs gestellt.«

»Wo ist Mathilde?« rief der Prinz, von seinem Sitze emporspringend.

»An einem Ort, den die Huld des Königs ihr fürs erste zum Aufenthalt bestimmte; ich selbst kenne ihn nicht.«

»Aber Scheinert? Wo ist Scheinert? Und wer sind Sie, mein Herr? Ich will, ich muß dies wissen.«

»Mein Vetter Scheinert ist heute früh zum Onkel Eurer Hoheit, zum Prinzen Heinrich nach Rheinsberg gereist, dem er und seine Eltern seit Menschenalter treu gedient haben, ihn von den Vorgängen zu unterrichten. Er will ihn bitten, er möge ihn auf eines seiner andern Güter versetzen, da ihm der Aufenthalt in der Nähe von Schricke durch Ew. Hoheit verleidet ist.«

Der Prinz, von dem kalten Hohn des Sprechenden auf das äußerste gereizt, seiner selbst nicht mächtig, sprang auf seinen Gegner zu, ihn heftig bei der Brust fassend.

Dieser, ebenso ruhig als der Prinz erregt, trat fest zurück. »Entehren Sie sich nicht, Hoheit, durch einen Angriff auf einen von seinem Regimente ausgestoßenen Offizier, der nicht imstande ist, Satisfaktion zu fordern, obschon er sich zu erheben sucht, indem er wie Ew. Hoheit der Verteidiger weiblicher Tugend wird!«

»Heldrich!« rief der Prinz, und die Todesblässe des Entsetzens wechselte mit der flammenden Röte des Zornes. Er zog den Hirschfänger.

»Ich bin waffenlos, Hoheit!« sagte Heldrich mit vernichtender Kälte.

Wütend schleuderte der Prinz die Waffe von sich und wollte sich auf Heldrich stürzen, als die Tür sich öffnete und der alte Klaus zwischen die Streitenden trat.

»Mit Verlaub! Ich sah Ew. Gnaden hierherreiten«, sagte er, »und dachte, Sie könnten bei der frühen Dunkelheit den Weg verfehlen, da wollte ich fragen, ob ich nach Schricke mitgehen sollte.«

Die beiden jungen Männer standen sich gegenüber, als wollten sie sich mit ihren Blicken durchbohren.

»Wir sehen uns wieder!« rief endlich der Prinz.

»Gewiß, denn unsere Rechnung ist nicht zu Ende.«

»In Berlin! Heute in acht Tagen, ich bestimme den Ort.«

»Ich werde mich nicht stellen, Hoheit, denn ich habe, dank Ihrem Eifer, meine Ehre eingebüßt. Nur mein Leben ist noch mein, und dies will ich nicht der nie fehlenden Hand des Prinzen Louis Ferdinand opfern, der sich auf leichte Weise seines Gegners zu entledigen wünscht. Ich denke mein Leben zu schonen, für meine Zwecke.«

»Mensch! Du bist mein böser Dämon!« rief der Prinz voll Entsetzen vor dieser eisigen Kälte.

»Wie Sie der meine! Es kommt darauf an, wer Sieger bleibt. Der Ausgestoßene, der nichts zu verlieren hat, wird so mächtig als derjenige, dem alles zu Gebote steht. Wir sehn uns wieder!«

Mit den Worten schritt er der Türe zu; der Prinz stürzte ihm nach, aber Klaus warf sich zwischen sie, und mit starkem Arme den Prinzen zurückhaltend, sagte er, während Heldrich davonging: »Gnäd'ger Herr! Der käme ans Rad, wenn er nur die Hand an Eure Gnaden legte.«

Der Prinz erstarrte in krampfhaftem Zorn. Einen Augenblick hielt er wie betäubt beide Hände in stummem Schmerz vor sein Antlitz gepreßt, dann raffte er sich zusammen, eilte zur Tür, bestieg sein Pferd und stürmte davon. Sinnlos, keines bestimmten Gefühls mächtig, gelangte er in die Meierei, in Henriettes Zimmer, und schien erst dort gewahr zu werden, daß er nicht nach dem Schlosse geritten sei.

Henriette blickte ihn an, seine Zerstörung entging ihr nicht, aber auch sie war bleich und in furchtbarer Aufregung.

»Lies das Blatt«, sagte sie, dem Prinzen einen Brief hinreichend. Es enthielt die Worte von des Prinzen Hand:

Ich komme wie gestern um vier Uhr, voll Verlangen nach Deinen Augen, voll unaussprechlicher Sehnsucht nach Dir, Mathilde.

»Also darum deine Kälte! Darum deine Gleichgültigkeit!« klagte Henriette, als der Prinz das Blatt nicht achtend auf den Tisch warf. »So fern stehe ich dir, daß du es ruhig ansiehst, wenn mein Herz in Martern zerrissen wird. Aber ich Törin! Wie darf ich klagen, da ich selbst es weiß, daß man der Liebe nicht gebieten kann, da ich selbst vergebens mit mir rang, dir –«

Der Prinz sah sie scharf und schnell an, mit einem Blick des Zornes und Schmerzes, in dem sein ganzes Inneres bebte, und vor dem Henriette die Augen niederschlug.

Ihr Sohn lag schlummernd auf dem Sofa. Der Prinz ergriff sie bei der Hand, führte sie vor den Knaben und sagte tonlos: »Es ist genug, daß ein Mensch auf Erden lebt, der den Vater dieses Kindes beschimpft hat, ohne daß er sich zu rächen vermag – schweige du wenigstens und laß mir den Glauben an seine Mutter.«

Henriette verstummte, ihre Arme sanken schlaff an ihrem Körper herab; sie wagte weder das Kind noch den Prinzen anzublicken. Schweigend verließ dieser das Zimmer und die Meierei.

Am anderen Morgen begleitete der Major von Massenbach den Prinzen nach Berlin; Dussek und die Dienerschaft waren schon vor ihm abgefahren, und einige Tage darauf meldeten die Zeitungen, Prinz Louis Ferdinand sei auf dem Schlosse seiner Eltern angekommen, um das Weihnachtsfest im Kreise seiner Familie zu verleben.

Zweiter Band

1

An einem schönen Septembertag des Jahres 1803, fast zwei Jahre nach den zuletzt erwähnten Vorgängen, hielten in der Lindenstraße zu Berlin mehrere elegante Wagen vor einem der Häuser, welche damals von der Jerusalemer Kirche bis zum Hallischen Tor abwärts noch vereinzelt dastanden. Von großen Gärten begrenzt, die Mitte bildend zwischen ländlichen und städtischen Wohnungen, vereinigten sie in sich die Annehmlichkeiten von beiden.

In dem Garten dieses Hauses ward die Weinlese in aller Form gefeiert. Eine zahlreiche Familie, Eltern, Kinder, Verwandte und Freunde, alle offenbar den höchsten Ständen angehörend, kletterten auf Leitern an den Spalieren umher, die reifen Trauben in Körbe zu sammeln, wozu man es sich mit einer Art berechneter Nachlässigkeit bequem gemacht hatte. Die Kleider der Frauen waren mehr geschürzt als die Notwendigkeit des Steigens es bedingte, die Strohhüte größer als die vorgerückte Jahreszeit verlangte. Nach dem Beispiel des Hausherrn gingen die Männer zum Teil in Weste und Hemdsärmeln umher, obschon mancher von ihnen, der luftigen Tracht ungewohnt, sehnsüchtig nach seinem Frack und nach den Kaminen der Zimmer blickte.

Der Hausherr schien ein Mann in der Mitte der vierziger Jahre. Seine kleine, zierliche Gestalt war fett geworden, die schwarzen Augen glänzten aus roten, etwas schwammigen Wangen hervor, ihr schwärmerischer Ausdruck bildete einen wunderlichen Gegensatz mit den schlauen Falten, die sich an den Schläfen hinzogen, mit dem Lächeln der starken, sinnlichen Lippen. Er war ganz in die Erntefreude vertieft und stieg eine Leiter herab, den Korb voll blauer Trauben vorsichtig zur Erde setzend.

»Wenn mir Preußen nichts verdankt, wenn es alles verkennt, was ich für das Land getan habe«, sagte er zu einem neben ihm stehenden, »so muß man mir zugeben, daß ich der erste bin, welcher diese Muskatellertrauben in solcher Vollkommenheit bei uns erzielte. Gestehen Sie, lieber Neal! Selbst die besten Exemplare von Sanssouci sind diesen Trauben kaum zu vergleichen.«

»Exzellenz sollten der Königin davon senden, welche zweifelte, daß dieser Garten dieselben Vorteile für die Weinkultur darböte als die vor Wind geschützten Terrassen in Sanssouci.«

»Glauben Sie, daß ich ehrgeizig bin? Lieber Kammerherr, nicht im geringsten. Ich habe in Staatsgeschäften gelernt, mich des Anspruchs auf Anerkennung zu entschlagen, den Segen meiner Arbeit von andern ohne Dank genießen zu lassen. Hierher fliehe ich, um Lob und Tadel nur in meinem Innern zu suchen, um diese Früchte meiner eigensten Arbeit heiter mit meinen Freunden zu verzehren. Hierher folgt mir das Rasseln der Räder nicht, welche die Staatsmaschine treiben, hier erreicht mich kein Ton des Weltlärms, hier bin ich nicht Minister, hier bin ich Mensch, hier darf ich's sein!«

Mit diesen Worten säuberte der Staatsminister von Haugwitz an einem Battisttuch seine Hände und schien von den Personen seiner Umgebung, die sich allmählich um ihn versammelt hatten, den Beifall für diese Äußerungen zu erwarten, welchen der angeredete Kammerherr von Neal, vom Hofstaate der Prinzessin Ferdinand, zuerst lebhaft zu erkennen gab. Die andern stimmten zum großen Teil mit ein, man pries den Minister glücklich, daß er sich den Sinn für diese schuldlosen Freuden zu erhalten gewußt habe. Er umarmte seine Gemahlin, winkte seine Familie heran und sagte: »Wem Gott solche Schätze gegeben hat, der darf wohl behaupten, daß er berufen sei, das Menschenleben in seiner rein menschlichen Schönheit zu genießen, welche eben darum die idealische Schönheit ist, und, wie sich von selbst versteht, in innigem Zusammenhang mit den heiligen Freuden der Natur bleiben muß.

Ehe ich diese meine ländlichen Genüsse opferte, wollte ich lieber alle Ehren der Welt meiden, und die Macht, dem teuren Vaterland zu dienen, aus den Händen geben.«

Die Seinen schmiegten sich mit einer wirklichen Innigkeit an ihn, deren Ausdruck indessen gemacht und theatralisch war, und die Gäste umgaben ihn mit denjenigen Zeichen gerührter Teilnahme, welche diese Gruppe zu erfordern schien.

Nur zwei Männer, die sich ferner hielten, blickten mit kaum verhehltem Spott auf Haugwitz, als er plötzlich durch eine schnelle Bewegung die Gruppe auflöste, mit komischer Ungeschicktheit sein Beinkleid in die Höhe zog, seine Halsbinde fester band, aus einer goldenen Tabaksdose eine Prise nahm und mitten in der Rührung zweimal auf dieselbe klopfend, den feinen Spaniol mit unschöner, gieriger Hast zur Nase führte.

»Er schnupft so ungeschickt als er regiert, und Macht und Einfluß könnten ihm einmal unversehens aus den Händen fallen, wie jetzt der Spaniol!« sagte Graf Tilly zu seinem Gefährten, dem russischen Gesandten Alopäus. »Das kommt davon, wenn man die Grenzen seines eigentlichen Berufes verkennt und überschreitet.«

»Und welches wäre der eigentliche Beruf des Ministers, mein werter Graf Tilly?« fragte der Gesandte.

»Mein Gott! Es steckt ein Poet in ihm, der literarisch nicht zum Ausbruch gekommen ist, und der nun im Leben überall seine Hörner hervordrängt. Hier in der Lindenstraße, beim Blöken seiner Herden, im Kreise der schäferlich geputzten Familie, schafft er seine Idyllen. Seine Mätressen und Tänzerinnen helfen ihm zu orientalischen Haremsphantasien, und er selbst würde Preußen gern zu glorreichen Siegesgesängen verhelfen, wenn dazu nicht mehr nötig wäre als die grillenhaften Einfälle eines Phantasten.«

»Ihnen, Graf Tilly«, meinte der Kammerherr, »sollten doch diese ländlichen Feste nicht auffallen, da Sie in Trianon dergleichen viel gefeiert haben.«

»Und wie mit den Festen in Trianon«, sagte Alopäus, »wird es in Preußen enden. Die Monarchie geht dem Untergang entgegen, wenn Haugwitz am Ruder bleibt, wenn die jetzigen Ansichten weiter befolgt werden. Man tanzt, man gibt Maskeraden, aber unter den Masken schlagen die Herzen der Verständigen angstvoll der Zukunft entgegen. Man schließt Augen und Ohren, will nicht sehen, was jenseits der Grenzen geschieht, will nicht hören, was die Stimme im Lande fordert. Man phantasiert von friedlichen Idyllen, von patriarchalischem Völkerglück; indes, Napoleon Bonaparte läßt sich nicht fortphantasieren und die zweihundertvierzig Quadratmeilen, welche Preußen durch den Bund mit Frankreich so widerrechtlich auf Kosten des deutschen Reiches gewonnen hat, lassen sich nicht hinter Weinspalieren verstecken.«

»Es denken viele wie Sie«, seufzte der Kammerherr, »auch an unserem Hof. Prinz Louis, seine Schwester, die Prinzessin Radziwill, und die Königin vor allen fühlen die Demütigung durch jene Abhängigkeit, die mit allen Erwerbungen nicht aufgewogen werden kann; aber ihre Stimmen werden nicht beachtet.«

»Weil sie alle einzeln sprechen«, fiel Tilly ein, »weil die Ansicht des Volkes nicht mit in Anschlag kommt.«

»Das sagen Sie, der Anhänger der vertriebenen Bourbonen, der Verteidiger strenger Legitimität? Sie sprechen von der Stimme des Volkes?«

»Ich habe die Macht des Volkes nicht vergebens zu unserem Nachteil kennengelernt. Das Volk in Preußen ist gegen die Revolution, gegen die Neuerungen in Frankreich, gegen Bonaparte –«

»Nicht unbedingt gegen die Revolution, nicht unbedingt gegen die Neuerungen, Graf Tilly! Aber gegen die Herrschaft Frankreichs ist das Volk allerdings«, erklärte Neal.

»Gleichviel, lieber Graf! Wenn es nur gegen Bonaparte

194

und die jetzige Ordnung der Dinge ist, wenn es nur den Krieg gegen Frankreich fordert. Was kümmern uns die Beweggründe, da die Forderung unseren Zwecken entspricht? Schaffen Sie Haugwitz fort, stellen sie den Prinzen Louis, der die Neigung der Jugend besitzt, an die Spitze des Heeres, so wird das Volk in Scharen zu den Fahnen strömen und Bonapartes Macht gebrochen werden.«

»Und dann?« fragte Alopäus.

»Dann –« wiederholte der Graf, aber ehe er den Nachsatz sprechen konnte, fügte Neal hinzu: »Dann wird man wieder Winzerfeste im kleinen Trianon feiern, und Graf Tilly den Schönen dort von seinen glücklichen Abenteuern in Deutschland erzählen.«

Tilly nahm es für einen Scherz, obschon er den Tadel des Deutschen wohl herausfühlte, und wandte sich mit einer gleichgültigen Frage der übrigen Gesellschaft zu. So blieben der Kammerherr und der Gesandte allein. Sie gingen in den Alleen des Gartens auf und nieder, während die anderen sich in das Haus zurückzogen, wo ein Familienball das Winzerfest beschließen sollte.

»Wie haben Sie den Prinzen Louis gefunden?« fragte Alopäus.

»Unverändert! Ganz wie wir ihn seit seiner Rückkehr aus Schricke kennen. Ernster als früher, mit mancherlei wissenschaftlichen Studien beschäftigt, welche ihn zum Feldherrn ausbilden sollen, aber dieser Studien müde, da die Anerkennung der preußischen Landeserweiterungen seitens des deutschen Reiches die Aussicht auf den Krieg zerstört hat. Dabei ohne die liebenswürdige Frische, welche man sonst an ihm bewunderte. Es schwebt ein geheimnisvolles Dunkel über den letzten Tagen seines Aufenthalts in Schricke. Man darf dieser Zeit nicht erwähnen, ohne ihn zu verstimmen. Irgendein Abenteuer mit der Frau eines Beamten muß tragisch geendet haben; sie soll tiefsinnig, tot sein, es soll ein übles Zusammentreffen mit ihrem Gatten gegeben haben. Man weiß es nicht! Aber etwas sehr Schmerzliches muß es sein, denn selbst Rahel Levin und seine nächste Umgebung kennen die Tatsachen nicht.«

»Sieht er die Levin viel?«

»Fast täglich seit ihrer Rückkehr von Paris.«

»Und wie steht es mit der Fromm?«

»Sie sind nach der Geburt ihrer Tochter, und seit der Prinz sich mit ihr in dem Haus an der Weidendammer Brücke, welches er gekauft hat, förmlich eingerichtet, auch zu einer förmlichen Häuslichkeit gekommen, das heißt zu einer gründlich unglücklichen Ehe, der nichts fehlt als der priesterliche Segen. Sie lieben sich, hassen sich, quälen sich, als wären sie Eheleute, die nicht voneinander könnten. Auch ein Cicisbeo ist da. Und dies Verhältnis, von dem selbst die Prinzessin Mutter sich Gutes versprach, von dem sie Beruhigung des Prinzen hoffte, wird ihm zum Verderben, denn mehr als je hascht er nach betäubender Zerstreuung, um sich selbst und seiner Häuslichkeit zu entfliehen.«

Alopäus hörte mit schweigendem Bedauern zu, fragte dann nach einigen Nebenumständen in den Verhältnissen des Prinzen, sprach von den Gesinnungen der anderen Personen des preußischen Königshauses und sagte: »Die letzte Hoffnung zu Bonapartes Sturz und zur Erhebung der gesunkenen Fürsten ruht in Bonaparte selbst. Sein maßloser Ehrgeiz wird es dem Friedfertigsten unmöglich machen, Frieden zu halten und die Schale des Zorns so bald füllen, daß sie überfließen und ihn vernichten muß.«

2

Um die zehnte Abendstunde desselben Tages erwarteten im kleinen Empfangszimmer der Kammerherr Graf Neal und seine Gemahlin, die Oberhofmeisterin der Prinzessin Ferdinand, die Rückkehr der letzteren.

Wie immer, so hatte die Prinzessin auch heute von acht bis neun Uhr mit ihrem Gatten seine Partie Piquet gespielt, seine Fragen über kleine Vorfälle des Tages beantwortet, die Erzählungen von den Wunderlichkeiten und Eigentümlichkeiten seiner Lieblingshunde aufs neue geduldig angehört und dann mit ihm das Zimmer verlassen, um ihn zu Bett zu bringen. Darauf legte der Prinz großen Wert, denn er behauptete, nicht gut zu schlafen, wenn nicht die Prinzessin selbst ihm die Kopfkissen zurechtrückte und das Deckbett festlegte.

Je weniger innere und äußere Gemeinschaft die Gatten aber von jeher miteinander gehabt hatten, um so strenger machte die geistvolle, lebhafte Fürstin es sich zur Pflicht, diesen kleinlichen Forderungen des unbedeutenden, phlegmatischen Prinzen zu genügen. Weder ein Fest im eigenen Haus noch irgendein anderer Anlaß ließen sie jemals davon abweichen.

Die Oberhofmeisterin ruhte ermüdet auf einem Sessel. Sie hatte den Kopf in die Hand gestützt und blickte gedankenvoll vor sich nieder, während der Graf, vor ihr stehend, ihr seine Unterredung mit Alopäus und Tilly wiederholte, und sie fragte, ob der Prinz in den letzten Tagen im Palais seiner Eltern erschienen sei.

»Wie immer seit dem Beginn des unglücklichen Prozesses, nur zu den Empfangsstunden, in denen die Sitte es fordert«, antwortete die Gräfin. »Die Prinzessin Mutter bereut es jetzt selbst, nach dem Tod des Prinzen Heinrich, der Prinz Louis zum alleinigen Erben eingesetzt, auf Umstoßung des Testaments zugunsten ihres zweiten Sohnes, des Prinzen August, geklagt zu haben. Man hat sie abgewiesen und sie fühlt schmerzlich, daß des Prinzen Louis Herz sich ihr verschlossen, daß sie sich selbst der Mittel beraubt hat, eine friedliche Erbteilung zwischen ihren Söhnen herbeizuführen. Indes hat sie den Prinzen Louis grade heute ersuchen lassen, den Abend zu ihr zu kommen, wenn der alte Prinz zur Ruhe gegangen sein würde, und ich erwarte jeden Augenblick seine Ankunft, um ihn zur Prinzessin zu führen.«

Bei diesen Worten trat die letztere selbst in das Zimmer. Obschon nicht groß, war ihre Erscheinung doch stolz und ehrfurchtgebietend. Ihr Gesicht zeigte Spuren großer Schönheit, die hellblauen Augen hatten ein jugendliches Feuer bewahrt, die Leidenschaftlichkeit und Heftigkeit ihrer Natur verratend. Sie verabschiedete den Kammerherrn, setzte sich nieder und wandte sich mit der Frage an die Oberhofmeisterin, ob sie irgendwelche interessanten Neuigkeiten von ihrem Mann erfahren habe. Dann aber, noch ehe jene antworten konnte, fügte sie selbst hinzu: »Ich frage Sie um Neuigkeiten, liebe Neal! Und habe doch seit Jahren nur üble Nachrichten empfangen, so daß ich wenig Gelüste danach haben sollte, Neues zu erfahren. Was können Sie denn auch zu berichten haben? Wieder einen Sieg Bonapartes, wieder eine Kränkung der unglückseligen ausgewanderten Königsfamilie! Man möchte sich in sich selbst zurückziehen, von der Welt nichts hören, wenn man nur Glück und Ruhe in der eigenen Seele fände.«

Sie stand auf, ging im Zimmer umher und sagte dann: »Sie kennen die Verhältnisse, Neal! Wie gewinne ich das Vertrauen meines Sohns wieder? Wie überzeuge ich den Prinzen, daß nicht Abneigung gegen ihn, sondern Rechtsgefühl für meinen jüngeren Sohn mich zu jener Klage veranlaßten? Ich habe das Glück der Ehe nie gekannt; soll ich nun auch in Unfrieden leben mit meinen Kindern, so bleibt mir nichts als die makellose Größe unseres Hauses. Und selbst diese droht mein Sohn durch seine Leidenschaftlichkeit zu beflecken. Ich bin recht kummervoll, Neal!«

»Hoheit hätten aber vielleicht grade jetzt ein Mittel in Händen, dem Prinzen eine neue Richtung zu geben, die seinen Ansichten, seinen Neigungen entspräche. Dadurch würden Sie sich sein Herz wieder zuwenden, sein Vertrauen wiedergewinnen.«

»Und das wäre?«

»Man müßte den Prinzen von seinen Zerstreuungen abziehen, indem man ihn vermöchte, sich an die Spitze der öffentlichen Meinung zu stellen; er müßte offen die Partei der auswärtigen Mächte nehmen, welche Preußens Auftreten gegen Frankreich fordern –«

»Und dem Willen des Königs entgegenhandeln, Neal? Das ist unmöglich!« fiel ihr die Fürstin streng ins Wort. »Der Wille des Königs ist Gesetz in Preußen, ist Gesetz in seinem Hause. Es ist mir eine Vermehrung meines Kummers, daß Prinz Louis sich mehr als er sollte den Ansichten geneigt gezeigt, welche Sie jetzt zum ersten Male mir auch als die Ihrigen aussprechen, daß er sich zuwenig dem Befehl seines Königs unterwirft.«

Die Oberhofmeisterin schwieg. Es entstand eine Pause, welche durch die Meldung beendet ward, daß Prinz Louis angelangt sei.

Nach den ersten, ziemlich unfreien Begrüßungen zwischen Mutter und Sohn wurde die Gräfin Neal entlassen, dann blieben jene beiden allein. Es schien jedoch, als wisse die Fürstin nicht, wie sie die Unterredung mit ihrem Sohn anknüpfen solle, um ihr die trauliche Wendung zu geben, welche allein die Möglichkeit der Verständigung und Aussöhnung bieten konnte.

Der Prinz hatte sich in den letzten Jahren verändert. Er war scheinbar noch ebenso blühend und kräftig als früher, aber ein Zug von Schwermut hatte sich über sein edles Gesicht gelagert wie Wolkenschatten über eine strahlende Sommerlandschaft, und man konnte in seinen Zügen die Spuren tiefer Seelenkämpfe lesen.

Da die Prinzessin schwieg, war es der Prinz, der die Unterredung begann.

»Sie haben mich rufen lassen, Hoheit! Darf ich fragen, welche Befehle Sie mir zu geben haben, welche Auskunft Sie von mir wünschen?«

»Louis«, sagte die Prinzessin, »um dich allein zu sehen, um zu deinem Herzen das Mutterherz sprechen zu lassen, beschied ich dich zu dieser Stunde. Wir haben uns lange nicht allein gegenübergestanden, lange nicht Wort und Blick frei aufeinander wirken lassen, das ist nicht gut gewesen, mein Sohn!«

Vor dem Ton dieser Stimme wich die künstliche Haltung des Prinzen: »Nein! Nein, meine Mutter!« rief er lebhaft. »Es war nicht gut. Aber warum mußten Sie mir, dem sich so wenig Hoffnungen erfüllten, auch den Glauben an die Mutterliebe nehmen?«

»Heißt es den Glauben an die Mutterliebe zerstören, Louis, wenn die Schwägerin des gerechtesten Königs, wenn die Schwägerin Friedrichs des Einzigen, der selbst dem ärmsten seiner Untertanen gerecht ward, es nicht dulden kann, daß eine schwere Ungerechtigkeit begangen werde in ihrem Hause, an ihrem eigenen Sohn?«

»War es nur dies Gefühl, das Sie antrieb, Mutter! Warum sagten Sie mir es nicht? Auch mir ist die Ehre unseres Hauses teuer, doppelt teuer in dieser Zeit, da sie zu Boden getreten wird von dem Korsen, da man nicht den Mut hat, sie aufrechtzuerhalten. Aber glaubten Sie die Ehre unseres Hauses zu wahren, indem Sie als Klägerin auftreten gegen Ihren ältesten Sohn? Indem Sie öffentlich erklären, daß Sie Ihre Liebe ungleich teilen unter Ihre Kinder? Daß Sie mir eine rechtmäßige Erbschaft mißgönnen, deren Besitz nur –«

»Deinen Gläubigern zugute käme«, unterbrach ihn die Prinzessin, gereizt durch seine Vorwürfe. »Die Gerichte haben dich als Verschwender erklärt, sie verwalten dein Vermögen, welches du leichtsinnigen Freunden und leichtsinnigeren Frauen geopfert hast. Das ist es, was ein schlechtes Licht wirft auf die Ehre unseres Hauses, und nicht das Gerechtigkeitsgefühl deiner Mutter.«

Der Prinz fuhr zornig empor, nahm sich aber gewaltsam zusammen und sagte: »Wenn Sie einen Menschen sehen, Mutter, der nach einer Quelle sucht in den Martern brennenden Durstes, würden Sie ihn verdammen, wenn er Hab und Gut daran wendete, sich vor dem Verschmachten zu bewahren? Dürften Sie ihn schelten, wenn er Schätze verschleudert an jeden, der ihm sagt: Ich hüte die Quelle, welche deinen Durst stillt, gib mir Gold, ich will dich erquicken? – Was ist das Gold für den, der auf den goldenen Stufen des Throns geboren ward? Was ist das Gold gegen die Möglichkeit erreichbaren Glücks, nach dem ich mich sehne? Und um Gold rechten Sie mit mir? Um Gold bringen Sie Zwietracht in die Herzen Ihrer Kinder? Um den Besitz dieses elenden Metalles töten Sie die Liebe? – Fürstin! Das ist nicht königlich! Mutter! Das ist nicht mütterlich gehandelt. Ich verachte das Gold, ich hasse den Besitz.«

Die Prinzessin war erschüttert, aber es war ihr unangenehm, die offenbare Hoheit anzuerkennen, mit der ihr Sohn in diesem Augenblick auf sie herabsah. Das Mißverhältnis beleidigte sie, und ausweichend sagte sie: »Nicht der Besitz war es, den ich erstrebte; ich forderte Gerechtigkeit. Nicht um Gold klagte ich vor den Gerichten, ich verlangte für meinen Sohn die Anerkennung seines Rechts, die er verdient; denn August, obschon weniger begabt als du, ist ein edler Sproß des preußischen Stammes und wird des Namens wert sein, den er trägt.«

»Oh! Nehmen sie diesen Namen von mir, Mutter!« rief der Prinz in heftigster Bewegung. »Machen Sie mich vergessen, daß Friedrich der Einzige mein Ahnherr ist, daß das Blut des großen Kurfürsten, das Blut Friedrichs des Ersten in meinen Adern rollt; machen Sie mich vergessen, daß jeder Prinz des Hauses ein Wächter sein soll der Preußenehre, und Sie nehmen den Fluch von meinem Leben, Sie wenden die Dämonen der Verzweiflung von mir ab, die, Wahnsinn brütend, über meinem Haupt schweben.«

»Louis! Mein Sohn! Was ist geschehen?« fragte die Fürstin in einem Ton des Schreckens, in dem zum erstenmal die Angst des Mutterherzens erzitterte.

»Was geschehen ist? Und Sie fragen mich das? Hören Sie nicht den Ton der Verachtung, der von allen Seiten gegen Preußen erklingt? Hören Sie nicht den Vorwurf feiler Besitzeslust, niedriger Fügsamkeit, den man gegen uns schleudert? Sehen Sie nicht die mißachtenden Blicke des Volkes, das uns seine Fürsten nennt und Schutz und Ehre von uns erwartet? Nicht die drohende Gigantengestalt des Korsen, der höhnisch lächelt, weil im königlichen Hause Friedrichs des Einzigen nicht ein Mann ist, sich dem Genius des Advokatensohnes würdig gegenüberzustellen? Und Sie fragen, was geschehen sei?«

Des Prinzen Stimme erbebte in tiefer Erschütterung. Er hatte sich zurückgelehnt in die Ecke des Diwans, das Gesicht in den Händen verbergend. Die Prinzessin erhob sich, legte ihre kleine volle Hand auf sein Haupt und sagte: »Der Jugend, und dir vor allen, sind beängstigende Übertreibungen eigen. Die Einflüsterungen des Grafen Tilly, der für die Bourbons den Krieg gegen Bonaparte ersehnt und den Untergang Preußens prophezeit, falls man sich nicht zum Kampf entschließt, verblenden deine Augen, lieber Sohn. Preußen ist reicher, größer, mächtiger als je durch den Reichsabschluß, der die Erweiterung unserer Grenzen anerkennt: Der König hofft alles zu gewinnen auf friedlichem Wege und –«

»Wird die Ehre Preußens vernichten, weil er das materielle Gedeihen des Volkes höher schätzt als den Stern der hellstrahlenden Ehre, welchen das Volk im Herzen trägt und mit Trauer untersinken sieht.«

»Welche Worte, mein Sohn! Die Ehre Preußens ist so wenig angetastet wie die Liebe und Achtung des Volks für unser Haus. Stets empfängt uns der freudige Zuruf der Menge, wenn wir in den Straßen erscheinen, wenn der Trommelwirbel unsere Ankunft verkündet –«

»Mutter! Sie werden einst durch die Straßen fahren und man wird nicht trommeln und das Volk wird Sie nicht freudig begrüßen; dann, Mutter, dann denken Sie an mich! Denn beim Allmächtigen, diesen Tag werde ich nicht erleben!«

Er hatte diese Worte mit jener Überzeugung ausgesprochen, in der eine prophetische Kraft zu liegen scheint. Seine Mutter erbleichte.

»Wer vermag hier zu helfen? Wo ist Rettung, mein Sohn?« fragte sie plötzlich beklommen.

»In der Einheit aller, in einer Wiedergeburt der Nationalehre, die ich ahne, aber nicht zu hoffen wage, wenn ich um mich blicke. Sagen Sie dem König, der mich vermeidet, der mein Wort geringachtet, was wir hier gesprochen haben. Er mag mich verdammen, er mag glauben, wie er es ja tut, daß ich, ein Philipp Egalité, die ehrgeizige Hand nach der Krone ausstrecke, und mit dem Volke mich verbinde, um sie von seinem Haupte zu reißen! Der König soll König und Herr sein in seinem Lande, er soll die Haugwitz, die feilen Höflinge verbannen, Frankreichs Anmaßungen züchtigen, die Ehre Preußens vertreten; und nicht als Prinz, als gemeiner Soldat will ich fechten in den Reihen meines Volks und, wenn es sein muß, ruhmlos sterben; nur nicht leben als ein Prinz von Preußen, solange Preußen beladen ist mit der Verachtung der Mitwelt.«

Die Kerzen in dem Zimmer brannten matter, das Feuer im Kamin fing zu erlöschen an, eine unheimliche Trübe lagerte über dem Gemach und ließ den erschöpften Prinzen und die Prinzessin noch bleicher erscheinen, als sie von der Anstrengung dieser Unterredung sein mochten. Die Prinzessin saß in Gedanken versunken, Louis Ferdinand ging mit heftigen Schritten auf und nieder. Plötzlich blieb er vor einem Gemälde stehen, das die Königin Luise darstellte.

Er betrachtete es in halber Zerstreuung, dann, sich mit Bewußtsein immer tiefer in die schönen Züge versenkend, sprach er: »Ja! Du fühlst wie ich, in dir schlägt das Herz des Vaterlandes, du reine Heilige! Sei du der Mittler zwischen König und Volk, du sollst mich hören, dir will ich vertrauen.«

Die Prinzessin blickte betroffen empor. »Mit wem sprachst du, mein Sohn?« fragte sie.

»Ich betete an vor diesem Bild.«

»Louis! Sohn! Du rasest, wohin führt dich deine Leidenschaft; die Gattin deines Königs? Die reinste Frau der Zeit?«

»Bin ich so tief gesunken, Mutter, daß ich nicht mehr zu den Himmlischen beten darf, ohne daß man wähnt, ich ziehe sie herab von ihrer Höhe mit irdischem Begehren?« sagte der Prinz in einem Ton, der zwischen Schmerz und Heiterkeit schwankte. »Fürchten Sie nichts! Es gibt genug Weiber in der Welt, als daß es mich gelüsten könnte, auch in dieser Königin nur ein Weib zu finden. Der Morgenstern ist sie, zu dem ich blicke aus dem nächtigen Dunkel, das uns umgibt; sie wird es sein, die uns den Tag heraufführt, kann er jemals wieder hell werden für das Haus der Hohenzollern. Alle Herzen schlagen ihr entgegen, sollte das meine ihr fehlen?«

»Du mußt dich dem König nähern, mein Sohn! Die Königin soll dir dazu verhelfen«, rief die Prinzessin wie von einem neuen Gedanken durchzuckt. »Ich will für dich handeln; baue ganz auf mich, vertraue mir unbedingt. Ich söhne dich mit dem König aus, ich will der Königin diese Unterredung mitteilen, Ihr sollt vereint zum König sprechen, er wird, er muß Zutrauen zu dir fassen; er wird dich besser kennenlernen, dich kennenlernen, wie ich dich kennenlernte in dieser Stunde!« Der Sohn neigte sich zu ihr hernieder, ihre Hand zu küssen, sie kam ihm mit einer Umarmung zuvor.

Dann, als er sich erhob, sich zum Fortgehen anschickend, fragte die Prinzessin, gleichsam als fiele ihr es nur zufällig wieder ein: »Würdest du dich zur Abtretung eines geringen Teils der Erbschaft an den Bruder verstehen, falls das Kuratorium dir dazu die Befugnis einräumte, und der König sie bestätigte?«

Eiseskälte durchzuckte das Herz des Prinzen, das sich eben erst so warm in der Begeisterung für seine heiligsten Empfindungen geöffnet hatte. Nur Liebe für den andern!

Nur Eigennutz im Mutterherzen! rief es in ihm, nirgends Wahrheit, nirgends Treue und Glauben!

Und sich gegen seine Mutter neigend, sprach er: »Ich habe Ihnen gesagt, daß Gold und Besitz nur geringen Wert für mich haben; ich hätte gewünscht, frei über mein Vermögen schalten zu können, um es Ihnen zu beweisen. Dies steht nicht mehr in meiner Macht. Richten Sie mit dem Kuratorium alles möglichst nach Ihren Wünschen ein. Ich werde den Verlust des Geldes nicht so schwer empfinden als den Verlust des Glaubens, daß meine Mutter mir mit dem Herzen zuhörte in der Stunde, da meine Seele sich im Schmerzensdrang vor ihr zu erschließen begehrte.«

Die Prinzessin wollte ihm entgegnen, ihn begütigen, aber er verließ das Gemach und den Palast mit einem tiefen Weh im Herzen.

3

Der Winter des Jahres 1803 brachte in politischer Beziehung für Preußen wenig Veränderungen hervor, um so veränderter aber waren die Verhältnisse der Personen, welche wir zu Anfang unserer Erzählung als die Umgangsgenossen des Prinzen Louis Ferdinand erblickten.

Schlegel und seine Frau hatten in zerrütteten Vermögensverhältnissen Berlin verlassen, um sich ein Glück in Paris zu gründen, von wo Rahel nach längerem Verweilen mit der unverminderten Neigung für Prinz Louis zurückgekehrt war, bereichert an Erfahrungen und Einsicht, aber schwer bedrückt durch den sich täglich trüber umwölkenden Horizont des Vaterlandes. Preußen hergestellt zu sehen in der Achtung der übrigen Nationen, hergestellt durch den Prinzen, das war der Traum ihres Lebens geworden.

Mit der leidenschaftlichen Liebe des Weibes einten sich hier Vaterlandsliebe und Begeisterung für nationale Unabhängigkeit, um ein Gefühl hervorzubringen, das an Stärke, an Erhebung und darum an Leidensfähigkeit nur selten seinesgleichen hatte. Große, wahre Liebe schließt, als die köstlichste Seelenblüte, alle Arten von Liebe in sich, wie die Königin der Nacht, der stolze *Cactus grandiflorus*, den Duft aller andern Blumen in sich vereint. Grade die Mängel, die Unvollkommenheiten und Schwächen in dem Charakter des Prinzen wurden für Rahel ein Grund, ihm fester anzuhängen. In leidenschaftlicher Begeisterung hing sie an seinen schönen Zügen, wenn von seiner Stirn die Strahlenkrone des Genies in männlicher Hoheit leuchtete; angstvoll, mit der Angst des Mutterherzens, bewachte sie seine Handlungen, versuchte sie seine Irrtümer zu verhüten, seine Fehler gutzumachen, mitleidend von jedem Mißlingen, beglückt durch jeden Erfolg.

Starke, mächtige Frauen fühlen sich naturgemäß fast immer zu den Männern hingezogen, denen es an Stärke gebricht, denen sie abgeben, aushelfen können mit ihrer Kraft. Es ist der Instinkt der Naturökonomie, welcher dies oft angestaunte Rätsel löst; es ist nicht Laune, nicht freie Wahl, es ist Naturtrieb und Notwendigkeit. Solche Liebe hat die höchste Hingebung, die stärkste Selbstverleugnung, denn sie will das ganze geistige Vermögen, die ganze Seelenkraft auf den Geliebten übertragen, um ihn zu dem zu machen, wozu die Liebende ihn erkoren, zum Ideal, vor dem sie sich beugt. Es ist die Liebe des Schöpfers für das Geschöpf, das er liebend dachte, noch ehe es war; es ist das Anbetungsbedürfnis der antiken Menschheit, welche sich Götter bildete nach dem eigenen Bilde, um vor ihnen zu knien; es ist die Liebe des Künstlers für sein Werk; es ist die Dreieinigkeit der Liebe, in der das Ich in dem geliebten Du untergehen möchte, um das Ideal aus ihm zu erzeugen.

Mit dieser selbstlosen, reinen Liebe hing Rahel an dem

Prinzen, und gegen dies Gefühl mußten alle andern Bewerbungen, alle andern Beziehungen in den Hintergrund treten. Vergebens strebte Gentz, der auf einer Reise nach England in London mit Auszeichnungen und Anerkennung überhäuft worden war und nun in Wien eine ehrenvolle Anstellung als geheimer Hofrat gefunden hatte, vergebens strebte Gentz, Rahel zu einer Übersiedlung nach Wien zu bewegen. Sie freute sich seiner dauernden Neigung, sie blieb ihm treu anhänglich, aber Berlin zu verlassen vermochte sie nicht. Vermittelnd zwischen dem kampfesdurstigen Jugendmut des Prinzen und den Ratschlägen des klugen Diplomaten Gentz, der sich unbedingt auf Rahels scharfes, unbestechliches Urteil verließ, wo es die Volksstimmung und die Ansicht der einzelnen Personen in Berlin galt, besaß sie wesentlicheren Einfluß als es den Anschein hatte. Ein Wort von Rahel, in vertraulicher Mitteilung geschrieben, wog für Gentz oft die bogenlangen Depeschen der Ministerien auf und hielt seine Bewunderung für ihren Geist sowie die Liebe für sie rege in ihm.

Seit langem waren, durch die wechselnden Truppenzüge, die Postverbindungen in Deutschland nicht mehr sicher gewesen. Gentz bediente sich daher der Kuriere zu seinem Briefwechsel mit Rahel und Vetter, der, nach jener erwähnten Trennung von Wiesel und Pauline, als Assessor im Ministerium zu Berlin beschäftigt war.

Immer noch in der Gesellschaft des Prinzen, hatte doch das Verhältnis zwischen ihnen eine andere Gestalt angenommen. Vetters Aufenthalt in der französischen Republik war nicht ohne Einfluß auf seine Ansichten geblieben. Ernst gemacht durch den Schmerz um Pauline, gleichgültiger gegen die Anziehungskraft, welche die Frauen sonst auf ihn geübt, hatte er tiefer und fester in das Leben zu blicken begonnen und war schneller vom lebenslustigen Jüngling zum Manne gereift, als es bei seiner früheren Denkweise möglich geschienen hatte.

Der Glanz der Throne, der Reiz, welcher in dem vertrauten Umgang mit einem Prinzen für seine Eitelkeit gelegen, hatte an Macht verloren. Er stand dem Prinzen voll Selbstgefühl gegenüber, oft als ernster Mahner an das, was die Zeit erfordert, oft als Tadler, wenn Louis Ferdinand in gewohntem Leichtsinn Handlungen beging, welche sowohl seiner fürstlichen Stellung als seiner eigenen Würde zu nahetraten.

So kam es, daß er den Prinzen und dieser ihn abwechselnd suchte und mied, je nachdem er Vetters Urteil zu scheuen hatte und seine Offenheit fürchtete. Den Tadel eines Mannes erträgt der Mann schwerer als den Tadel einer Frau, und oft war es Rahel, welche als versöhnendes Element Vetter und den Prinzen zusammengehalten hatte, wenn eine Spannung zwischen den beiden den Bruch dieser mehrjährigen Freundschaft befürchten ließ.

Eines Tages hatte der König eine große Parade abgehalten; der Prinz, gelangweilt von der stundenlangen Dauer derselben, eilte, sobald sie beendet war, zu Vetter, und da er diesen nicht fand, zu Rahel, der er am Tage vorher von seiner Dienstobliegenheit gesprochen hatte.

»Nun, Hoheit, wie ist es gegangen?« rief sie ihm entgegen.

»Unübertrefflich, Kleine!« antwortete er, ihr die Hand zum Gruß bietend und sich neben ihr auf das Sofa niederlassend. »Unübertrefflich! nicht ein Knopf hat gefehlt an den schwarzen Tuchgamaschen, nicht ein Stäubchen ist zu sehen gewesen auf den weißen Hosen und Rabatten. Die Zöpfe makellos, die Gewehre spiegelblank – aber eingerostet, wie ich vermute.«

Rahel lachte, den Prinzen mit jener Freude anblickend, welche der bloße Ton einer geliebten Stimme im Herzen erregt.

»Der alte Fritz hat die Franzosen bei Roßbach Tanzmeister geheißen«, fuhr der Prinz fort. »Bonaparte könnte uns das wiedergeben. Wie die Tanzmeister sind die jungen

Offiziere über den Straßenkot gehüpft; ich wollte, sie hielten unser Wappen so blank als ihre Schuhe. Bei den Alten hingegen, da ist von Hüpfen freilich nicht die Rede, denn unsere Generäle sind von der Art, daß ein Marsch ihr Tod sein würde. Es sind atemlose Gerippe oder keuchende Fettkolosse, Don Quichotte oder Falstaffs.«

Rahel lachte wieder, aber der Prinz sagte ernsthaft: »Da ist nichts zu lachen, Liebe! Ich spreche im bittern Ernst. Ich vergehe vor Scham über den Frieden, den wir genießen, und denke mit Angst an den Krieg, den ich ersehne.«

»Aber, Hoheit!« unterbrach ihn Rahel. »Ein Heer, das die Generäle Friedrichs des Großen zu Führern hat, das solche Erinnerungen an seine Fahnen geknüpft weiß!«

»Du sprichst ja wie eine hochadlige Hofdame«, rief der Prinz, Rahel Du nennend, wie er bisweilen zu tun liebte. »Du, kluge Rahel, solltest doch wissen, daß Erinnerungen ein schlechtes Gegengewicht sind gegen die Erfahrungen des französischen Heeres. Und die Feldherrn des alten Friedrich? – Laß heute König Artus aufstehen mit den zwölf untadligen Rittern seiner Tafelrunde, stelle sie dem Bonaparte gegenüber an der Spitze seiner jungen, ruhmesdurstigen Marschälle und Generäle und dann sieh zu, auf welche Seite der Sieg sich wendet. Täusche mich nicht mit leerem Trost; es sind genug Taube und Blinde, genug Selbstbetrüger am Hof! Laß mich klar sehen, wo ich klar sehen muß.«

»Wenn klar sehen hoffnungslos aufgeben heißt, so ist sich täuschen und voll Hoffnung streben besser, Prinz.«

»Und wer sagt dir, Rahel, daß ich nicht strebe und nicht hoffe? Ich hoffe auf den Kampf.«

»Und also auch auf Sieg für Preußen?«

»Nein! Aber auf den Tod für mich!«

»Prinz! Um Gottes Willen!« rief Rahel, seine Hände ergreifend. »Woher dieser düstere Gedanke? Sie, so jung, so reich begabt, so anbetend geliebt« – sie erschrak über den Laut, der ihren Lippen unwillkürlich entflohen war und fügte leise, um sich nicht zu verraten, die Worte hinzu: »vom Volke.«

»Sieh, Rahel, zwei Dinge sind es, die der Mühen des Lebens wert sind, Wirksamkeit oder Glück. Ein preußischer Prinz hat die erstere nicht; denn Soldaten exerzieren und Parademärsche leiten, nicht wahr? Das lohnt die Arbeit nicht, sich täglich an- und auszukleiden. Und Glück? Glück habe ich nie gekannt. So stürbe ich gern, denn mein Tod befreite mich von der Last des Lebens und betrübte niemand.«

»Aber Ihre Mutter!« rief Rahel, während ihre Hand in der des Prinzen bebte und große, schwere Tränen sich in ihre Augen drängten.

»Meine Mutter? Törichte Furcht! Die erbte des Prinzen Heinrich Nachlaß für meinen Bruder, ihren Lieblingssohn.«

»Und Henriette?«

Der Prinz legte seinen Arm um Rahel, ein Zittern flog durch alle ihre Glieder, das sie nur mühsam unterdrückte; dann, sich zu ihr neigend, wie man sich gegen einen Freund neigt, dem man eine Mitteilung zu machen hat, welche man sich selbst nur schwer gesteht, sagte er mit gedämpfter Stimme: »Henriette würde mich nicht betrauern, denn mein Tod machte sie frei.«

»Frei von der Liebe? Aber Freiheit ist ja furchtbar, wo gebunden sein Glückseligkeit gewährt!«

»Schweig doch und höre! Glaubst du, daß Henriette mich noch liebt, daß ich sie liebe? Rahel! Du hast kein Herz, die kleinen Weiber zu verstehen, denn deine Seele ist eine Männerseele, auch vertraue ich dir wie einem Manne, wie dem treusten Freund.«

Er drückte ihr die Hand, Rahel lehnte, einer Ohnmacht nahe, ihr Haupt an seine Brust. Eine Mannesseele nannte er sie, seinen treusten Freund, und doch bebte die heiße, flammende Leidenschaft des Weibes in ihren Adern, doch zitterte das seligste Erglühen in ihrem Herzen in diesem

Augenblick. Es war das erste Mal, daß der Arm des Prinzen sie umschlang. Was sie seit Jahren sich ausgemalt in den Stunden einsamen Brütens, was in wonnevollen Träumen ihr wie der Gipfel des Glücks erschienen war, auszuruhen nur einmal, nur einen Augenblick an der Brust des geliebten Mannes, das war jetzt zur Wirklichkeit geworden und zum tiefen Schmerz.

Nicht die Liebe war es, die ihn bewog, sie an sich zu ziehen, sondern eine Freundschaft, eine geschlechtslose Neigung, welche der liebenden Rahel wie eine Verhöhnung, wie eine Verurteilung ihrer eigenen Gefühle erscheinen mußte. Er hielt sie in seinen Armen, ihr Herz, ihr Leben waren sein, und er seufzte nach Liebe, nach Glück. Nicht einmal der Gedanke tauchte in ihm auf, daß sie ihn lieben, daß ihre Liebe ihn beglücken könne. Sie hätte sich aufraffen, ihn fliehen, sich tief gedemütigt in den Schoß der Erde verbergen mögen, und doch hielt die magnetische Kraft der Liebe sie gebannt, doch gab sie sich schweigend, sich selbst verdammend, dem Glück dieses Augenblicks hin.

Der Prinz hatte von dem Kampf in Rahels Seele keine Ahnung. »Sieh«, sagte er, »wäre Henriette mein rechtmäßiges Weib, trüge sie meinen Namen, noch heute trennte ich mich von ihr, denn sie steigert mein Unglück!«

Rahel fuhr empor. Wie aus einem wirren Traum erwachend, öffnete sie die Augen, strich das Haar aus ihrer Stirn, tief aufatmend, da die Arme des Prinzen sie nicht mehr umfingen.

»Unglück?« wiederholte sie, und die Furien der Eifersucht schwangen die brennenden Fackeln vor ihren Augen, daß es ihr schien, als stehe das Weltall in Flammen und müsse untergehen.

Der Prinz hatte Henriette geliebt, und sie machte ihn unglücklich, sie wünschte vielleicht sogar die Trennung von ihm? Und hier saß sie selbst, Rahel, gesucht von vielen, geehrt von den Besten, für nichts achtend jede andere Bewerbung, nichts kennend, nichts begehrend als die

Liebe dieses Mannes; hier saß sie, bereit für ihn, für ein Liebeswort seines Mundes tausend Tode zu sterben, und er ließ sie ahnen, daß ein unbedeutendes Weib ihn verrate, er gestand, daß Henriette das Unglück seines Lebens mache, daß er sie nicht liebe und sich dennoch an sie gefesselt fühle.

Gott! mein Gott! waren die einzigen Worte, welche sich in Wogen des Schmerzes ihrer Brust entrangen. Ihre Arme sanken machtlos an ihrem Leibe nieder, sie faltete die Hände und neigte ihr Haupt.

Der Prinz sah es. »Nicht wahr?« fragte er, »das ist ein wundersames Los. Oh! immer und immer wieder beneide ich den Bürger um sein Glück. Als ich Henriette liebte, als ich in ihr den Inbegriff sanfter Weiblichkeit erblickte und mit reiner Glücksempfindung meine Kinder auf ihren Knien sah, was hätte ich darum gegeben, sie meinen Namen tragen zu sehen als mein angetrautes Weib. Jetzt, da –«, er stockte, das Wort der Anklage widerstrebte seinen Lippen, »– jetzt muß ich mit meiner Ehre, mit meinem Festhalten an der Mutter, die es nicht mehr um mich verdient, die Ehre meiner Kinder vertreten, denn sie sind verachtet, wenn sie nicht mein Stolz sind, wenn meine ganze Liebe sich nicht schützend über sie breitet.«

»So leben Sie für diese!« sagte Rahel leise.

»Ich will's, so lange ich es vermag. Aber es ist schwer, ohne eigne Freude nur für andere zu existieren!«

»Ja, das weiß Gott!« rief Rahel, und beide schwiegen lange.

Endlich sagte der Prinz: »Rahel! Sie sind ja so klug, nennen Sie mir nur ein Mittel, mich zu zerstreuen. Es ist mir alles farblos, alles grau. Sie sagen: studieren Sie! Sie schicken mich hin zu Fichte, Sie senden Johannes Müller und die anderen Gelehrten zu mir, mit denen Sie selbst Ihre Tage verleben – aber sind Sie glücklich dadurch? Tröstet es Sie, zu wissen, daß niemand glücklich war in alter und neuer Zeit? Beruhigen sie die philosophischen Theorien, die uns beweisen, es müsse alles sein, so wie es ist, oder die uns ein Ideal aufstellen, das zu erreichen die Fesseln der uns umgebenden Welt uns hindern?«

Rahel hatte von dem allen nichts gehört, ein Zustand geistiger Lähmung war über sie gekommen. Allmählich fiel es dem Prinzen auf, daß sie, der sonst das Wort so wunderbar zu Gebote stand, die es handhabte mit der Lust und dem Geschick, mit welcher der Virtuose sein Instrument gebraucht, daß sie kaum eine Antwort gehabt hatte auf alle seine Fragen, daß er in Monologen gesprochen, fast wie zu sich selbst.

Er blickte sie an, sie war totenbleich. Ihr Kopf war auf die Sofalehne zurückgesunken, das Tuch von ihrem Nacken geglitten, und die schwarzen Locken fielen auf ihre entblößten Schultern nieder, welche in der gelblichen Weiße und Vollendung des Marmors aus dem dunklen Kleide hervorsahen. Bei der halben Beleuchtung der früh untergehenden Wintersonne hatten ihre stark ausgeprägten Züge die Schärfe verloren, sie schienen weicher, jugendlicher als sonst. Der Prinz betrachtete sie verwundert, dann, sich zu ihr neigend, fragte er: »Sind Sie unwohl, Rahel? Leiden Sie?«

Die Ahnung der Wahrheit war über ihn gekommen; zum erstenmal fiel es ihm ein, ihr Äußeres zu betrachten, und er fand sie reizvoller, als er je gedacht hatte. Da er sie bebend sah vor Liebe, ward sie ihm zum Weibe, dessen Besitz Wert haben, dessen Liebe Glück gewähren konnte. Ein tiefes Gefühl für sie zuckte warm durch seine Brust; er kniete nieder und fragte, sie sanft in seine Arme nehmend: »Nicht wahr, Rahel! Du liebst mich?«

Aber Rahel, sich emporraffend, schien plötzlich wie verwandelt, jede Spur von Schwäche war von ihr gewichen. Sie schämte sich, eine Liebe zu verraten, für welche der Prinz in jahrelangem Beisammensein kein Auge gehabt hatte, selbst das höchste Glück des Lebens wollte sie nicht dem Mitleid verdanken, für das sie des Prinzen plötzlich erwachendes Gefühl nehmen zu müssen glaubte. Ihr Stolz empörte sich dagegen, und mit der größten Ruhe, die sie in sich zu erzwingen vermochte, antwortete sie auf die Frage des Prinzen: »Ja! Ich liebe Sie wie Ihr treuester Freund.«

Der Prinz schwieg betroffen. Rahel stand auf, ordnete ihr Tuch und ihr Haar, dann trat sie an ihren Schreibtisch, und einen Brief zur Hand nehmend sagte sie: »Sie haben mich gebeten, Ihnen Zerstreuung, Tätigkeit zu schaffen, die habe ich Ihnen nicht zu bieten, aber Neuigkeiten genug. Da ist ein Brief von Gentz, er berichtet von abermaligen Rüstungen in Österreich, von Truppenmärschen, diplomatischen Verhandlungen, und ist wohl mit für Sie geschrieben. Auch Wiesels Rückkehr meldet er, die ich nun täglich erwarte. Wollen Sie den Brief lesen, lieber Prinz?«

Er verneinte es. Rahel plauderte mit gewaltsamer Fassung, sich zu einer Heiterkeit steigernd, von der ihre Seele weit entfernt war, und die dem Prinzen unheimlich erschien. Nachdem er ihr eine Weile zugehört und sie scharf beobachtet hatte, sagte er: »Rahel! Sind Sie wohl auch der Lüge fähig, wie die andern alle? Sagen Sie mir das.«

»Ich habe nur einen Gott, Prinz, und der ist die Wahrheit, ihn verleugne ich nicht.«

»So sind Sie auch mir wahr gewesen immerdar?«

»Immerdar!«

»Dann ist es gut! Ganz gut! Auch so! Lebe denn wohl, du treuester Freund. Auf dich will ich zählen und dir fest vertrauen.«

Er drückte ihr fest die Hand, dann ging er fort. Rahel aber warf sich in ausbrechender Leidenschaft auf ihre Knie und rief: »O nimm den Fluch von mir, Natur, den du mir gegeben in meinem kalten Verstande, nimm mir den Verstand! Warum habe ich Einsicht, warum Kraft und Stärke, daß er mir vertraut, warum nicht milde Schönheit, daß er mich liebt? Aus Erbarmen schloß er die Reizlose in seine

Arme, da ein Frauenherz hervorblutete aus der düsteren Hülle; ein Almosen war er bereit, mir großmütig zu geben von dem Überflusse der Zärtlichkeit, welche er verschwendet an Henriette, die ich hasse, die ihn quält, ihn verrät, und die seine Kinder auf ihren Knien wiegt, während ich einsam die Hände ringe in aufgezwungener Entsagung. Und sie sagen, es gäbe einen Gott im Himmel! Sie sprechen von himmlischer Gerechtigkeit! Die wahnsinnigen Toren!«

Ihre Stimme brach in tiefem Schmerz, und tränenlos sank sie zusammen.

4

Für Rahels reizbare Nerven war die Erschütterung dieser Stunde zu heftig gewesen. Ein Fieberanfall warf sie nieder. Es vergingen einige Wochen, in denen der Prinz sie nicht wiedersehen konnte.

Während dieser Zeit hatte die Prinzessin Ferdinand, welche wußte, wie lebhaft ihr Sohn in diesem Augenblick eine Aussöhnung mit dem König wünschte, dieselbe zu vermitteln gesucht, um ihren Sohn sich wieder geneigter zu machen, als er sie nach ihrer letzten Unterredung verlassen hatte. Indes, der in sich und seine Anschauungsweise begrenzte, aber reine Charakter des Königs fühlte sich instinktmäßig von dem Wesen des Prinzen abgestoßen. Er hatte keine Nachsicht für seine Ausschweifungen und Übertreibungen, weil ihm das Verständnis für die Gründe dieser Maßlosigkeit in der Natur des Prinzen fehlte. Einen Mann von dem Rufe Louis Ferdinands in seinem engeren Umgang, in der Nähe der Königin zu dulden, hätte ihm eine Verletzung der Achtung geschienen, welche er vor der reinen Seele seiner Gattin hegte. Er wollte seinem Volk zeigen, daß er christliche Sittenreinheit in jeder Lebenssphäre fordere, ihren Mangel überall tadle. So vermied er den Prinzen aus Neigung und Grundsatz; Haugwitz aber sowohl als die ganze friedliebende Partei suchten diese Stimmung des Königs zu nähren, um Louis Ferdinand vom König fernzuhalten. Sie schilderten den Ehrgeiz desselben als gefährlich und wußten die Eifersucht des Königs auf die Popularität, deren der Prinz im Volk und im Heer genoß, so geschickt zu steigern, daß die Verwendungen von Hardenberg, Alopäus und selbst die der Königin erfolglos blieben, welche die Prinzessin Ferdinand für ihren Sohn in Anspruch genommen hatte.

Dennoch war gerade zu Ende dieses Jahres eine Art freundlicher Annäherung zwischen dem König und dem Prinzen zustande gekommen. Der Bruder des Königs Prinz Wilhelm hatte sich nämlich mit der Prinzessin Marianne von Hessen-Homburg verlobt; die Hochzeit sollte noch im Laufe des Winters gefeiert werden. Eine Reihe von Hoffesten stand in Aussicht, und die Vorbereitungen zu denselben brachten den Prinzen häufiger als sonst in unmittelbare Berührung mit der Königin.

Die glückliche Ehe, welche er in diesem Beisammensein mit dem Herrscherpaar vor Augen hatte, ließ den Prinzen die schmerzlichsten Betrachtungen über sein eigenes glückloses Leben machen, und mit tiefer Rührung hatte er sich einmal andeutend darüber gegen die Königin selbst ausgesprochen.

»Ich wünsche Ihnen eine große ausfüllende Liebe, mein Cousin«, hatte sie ihm geantwortet, »Ihre schmerzliche Vergangenheit darin zu versenken, und eine begeisternde Idee, Ihre Zukunft darauf zu erbauen!«

Mit diesen Worten in der Seele war der Prinz in den Wagen gestiegen, der ihn zu seiner Wohnung führen sollte. Ja, eine große, ausfüllende Liebe hatte ihm gefehlt sein Leben hindurch, und nur weil er sie rastlos gesucht, weil er sie so heiß zu finden gewünscht, war es ihm möglich gewesen, sich so oft und so schwer in seiner Wahl zu täuschen. Mit Schmerz gestand er sich selbst, er habe eigentlich noch nie geliebt, noch nie das Glück einer ausfüllenden, verständnisvollen Liebe genossen.

In weicher Stimmung langte er vor seinem Hause an. Lautes Lachen schallte ihm aus dem Musikzimmer entgegen, die einzelnen Akkorde übertönend, welche Dusseks geübte Hand auf dem Flügel hervorrief.

»Was geht dort vor, François?« fragte er den Alten.

»Mademoiselle ist aus dem Konzert retourniert und repetiert mit dem Kapellmeister *les pièces qu'on a éxcutées*. Auch Monsieur Vetter und die andern Herren *que Votre Altesse a ordonné d'inviter* sind schon beisammen.«

Der Prinz trat in das Zimmer, ein düsterer Zorn flammte in ihm empor. In einem Kreise von Männern, die laut und rücksichtslos durcheinandersprachen, befand sich Henriette als die einzige Frau. Sie hatte den Arm auf die Lehne von Dusseks Stuhl gestützt und sang mit ihm ein italienisches Duett, die Manier Cadet Feuillades, eines berühmten Sängers nachahmend, der sich im Verein mit dem Gitarrenspieler Aimari in einem Konzert hatte hören lassen.

Henriettes maßlose Fröhlichkeit beleidigte heute den Schönheitssinn des Prinzen, ihr Alleinsein im Kreis dieser Männer, deren leichtfertige Gesinnungen er nur zu gut kannte, sein Gefühl. Mag ein Mann noch so leichtsinnig von den Frauen, noch so frei über die Schranken der Sitte denken, das Weib, das er besitzt, will er rein wissen, um an sie zu glauben. In der Unfähigkeit, an reine Weiblichkeit zu glauben, findet der Wüstling die Strafe für seine Schuld.

Das Gefühl der Schuld war es auch, welches dazukam, den Prinzen in diesem Augenblick mit seiner ganzen Schwere zu belasten. Wie wenig glich diese gefallsüchtige Frau dem schuldlosen Mädchen, das er einst entführte! Er war es, seine Vernachlässigung, seine Untreue, die ihn schweigen ließ, als Henriettes Neigung sich von ihm wandte. Seine Untreue hatte diese traurige Verwandlung in einem Wesen hervorgebracht, das die Mutter seiner Kinder war.

Er hätte sie um Verzeihung anflehen mögen, und doch wandte er sich mit schmerzlichem Schamgefühl von ihr ab, als sie sich ihm mit neckenden Worten an die Brust warf.

Es trieb ihn, sie von sich zu stoßen, aber eine Stimme in ihm rief die Namen seiner Kinder. »Warum bist du nicht bei den Kindern?« fragte er finster. »Ich hoffte, dich dort zu finden, denn sicher sind sie noch wach.«

»Hören Sie nun, meine Herren«, rief Henriette, »was Sie nie glauben wollen, daß ich dem Prinzen nichts bin als die Wärterin der Kinder? Zieht er einmal ins Feld, so werde ich gewiß in Schricke eingemauert, damit nur den Kindern kein Schade geschieht.«

»Das wäre zu grausam«, meinte Dussek. »Wo soll der Künstler die Begeisterung finden, wenn ihm der Anblick der Schönheit vorenthalten wird? Mademoiselle Fromm hat im Konzert die Augen aller Männer und den Neid aller Frauen auf sich gezogen, so schön war sie.«

»Aller Männer?« spottete Henriette. »Nun, Vetters Augen nicht! Die hingen wie festgebannt an Pauline Wiesel, und Sie alle haben nach ihr hingesehen, wozu denn auch Paulines wunderbare, hier unerhörte Kleidung das Ihrige beigetragen hat.«

Die Unterhaltung blieb an Pauline Wiesel geknüpft, als man sich bald darauf zur Tafel setzte. Alle Männer stimmten in das Lob ihrer Schönheit ein, und diese ward in einer Weise zergliedert, wie nur der gänzliche Zynismus jener Tage und jenes Kreises es möglich machte.

Der Prinz, sonst einer der Kecksten in dreisten Äußerungen dieser Art, fühlte sich heute davon beleidigt. Er wußte nicht, ob es Henriettes Anwesenheit, ob es eine Art von Teilnahme für Pauline sei, deren Name in großen Zwischenräumen immer wieder vor ihm auftauchte, oder ob das häufigere Beisammensein mit der Königin ihn sehn-

süchtig machte nach einer reineren Atmosphäre, empfind-
licher gegen die Unschönheit dieser Zügellosigkeit.

Fast unwillkürlich brachte er das Gespräch auf die
Königin, aber Henriette fiel ihm, sich gegen die andern
wendend, lachend in das Wort: »Wissen Sie es schon«,
sagte sie, »daß dies die neueste Leidenschaft des Prinzen
ist? Wir haben eine vollständige Umwandlung zu gewär-
tigen. Die königliche Ehe ist sein Ideal geworden, ich und
Sie alle erscheinen ihm nur als Sünder, als Verworfene. Wie
ein alter deutscher Ritter schwärmt er für treue Minne, für
Tugend und Keuschheit, und es soll mich gar nicht wundern, wenn er nächstens mit einer geraubten Schleife der
Majestät an seinem Pilgerhut nach dem gelobten Land
wandert, um seiner Sünden los und ledig zu werden.«

»Henriette!« sagte der Prinz streng. »Ich wünsche nicht,
ich verbiete, daß hier in dieser Weise von der Königin
gesprochen werde; es ist Entweihung.«

»Da haben wir es! Sie werden sehen, er wandert morgen
fort«, lachte Henriette.

»Mich fortzutreiben«, sagte er leise, »fort von dir, ist dies
ein sicheres Mittel.« Und laut fügte er hinzu: »Ja, ich
wollte, daß ich wandern könnte, denn der Boden Berlins
brennt mir unter den Sohlen, und seine Luft erdrückt
mich.«

»Aber wer tröstet mich dann?« fragte Henriette.

Der Prinz warf einen ausdrucksvollen Blick auf Dussek.
Dieser und Henriette erröteten. Es war ein Experiment
gewesen, zu dem er sich im Unmut des Augenblicks entschloß. In furchtbarem Seelenschmerz stürzte er den Wein
hinunter, den er in der Hand hielt.

»Seht«, rief er dann, »könnte ich die ganze Welt, wie sie
ist mit ihrer Lüge, Falschheit, Faulheit, in meine Hand fassen wie dieses Glas, und sie zertrümmern – mit so raschem
Wurfe wäre es getan, wie ich dies Glas zerschmettere.«

Er warf es gegen die Wand, daß es in Scherben klirrend
niederfiel.

»Und was bliebe Ihnen dann?« fragte einer der Gäste, um die peinliche Stille zu unterbrechen, welche dieser Szene folgte.

»Was mir bliebe? Das, was ich jetzt besitze – nichts!«

Er stand auf und verließ das Gemach, die anderen sahen ihm bestürzt und erschrocken nach.

<h1 style="text-align:center">5</h1>

Schon nach wenigen Tagen lief die Erzählung dieses Vorgangs in widrigster Entstellung durch die Stadt. Einer der Männer, welche an jener Abendmahlzeit teilgenommen hatten, war der Verbreiter derselben gewesen, und was Henriette in frevelndem Übermut gesprochen, ward ohne weiteres dem Prinzen in den Mund und zur Last gelegt. Eine leise Andeutung davon wußten die Gegner Louis Ferdinands selbst bis vor das Ohr des Königs zu bringen. Es reichte hin, die Mißachtung zu erhöhen, welche derselbe gegen den Prinzen hegte, und diesem die beginnende Teilnahme der Königin zu entziehen, deren charaktervolle Weiblichkeit allein vielleicht stark genug gewesen wäre, einen dauernden Einfluß auf den Prinzen zu gewinnen, und ihn einer höheren Lebensrichtung zuzuführen.

Gepeinigt von der Wiederholung dieses Gerüchts, kam er eines morgens zu Rahel. Es war das erste Mal, daß er sie nach ihrem Erkranken wiedersah. Er fand sie bedeutend verändert, und es schien ihm ein Rätsel, daß er sie einen Augenblick für reizend und begehrenswert gehalten habe. Sie lag noch auf einem Ruhebett, hatte geweint und hielt einen Brief in den Händen.

»Sie sehen mich ganz niedergeworfen, lieber Prinz!« rief sie ihm entgegen. »Pauline Wiesel war eben bei mir vor dem Bette, und hat mir ihre Geschichte erzählt. Eine Stelle war darin für mich, wie sie es sagte, so erschütternd, daß ich förmlich einen Krampf davon bekam und sie zu reden aufhören mußte.«

»Und worin bestand das Erschütternde?«

»In dem Verzweifeln an sich selbst, in den Worten: ›Sieh! Ich würde mein Leben daran geben, geliebt zu werden, wie ich mir Liebe denke, und würde verzweifeln, wäre es der Fall, denn man hat mich so behandelt, daß ich nicht mehr glauben kann. Und ich weiß auch, daß ich selbst der Treue nicht mehr fähig bin.‹ Dabei weinte sie die heißesten Tränen und sah wie die Liebe selbst aus.«

»Das ist ein wunderbares Geständnis, teure Rahel, und ein unwahres, wie mir scheint. Wer sich nach Liebe, nach Treue sehnt, sie als Glück empfindet, kann wohl das Mißgeschick haben, den rechten Gegenstand dafür nicht zu finden, aber die Fähigkeit zu lieben und treu zu sein muß er besitzen.«

»Nicht so unbedingt, als Sie glauben. Ich gebe zu, daß er sie einst besessen haben muß, aber sie kann zerstört worden sein in ihm, wie in Pauline. Wenn Sie mir versprechen, es niemanden sehen zu lassen, so will ich Ihnen ein Blatt mitteilen, das mir Pauline heute gegeben hat. Es ist ein Brief, den sie mir in Wien geschrieben hat und der nicht abgesandt worden ist. Sie brachte ihn mir heute als ein Zeichen, daß sie an mich gedacht habe.«

Der Prinz versprach Verschwiegenheit, erbat sich die Erlaubnis, den Brief in seiner Wohnung zu lesen, und entfernte sich bald, da andere gleichgültige Besuche ein trauliches Gespräch mit Rahel unmöglich machten.

Kaum in seinem Zimmer angelangt, entfaltete er das Blatt und las wie folgt:

Ich habe heute so lange und so viel mit Gentz von Dir gesprochen, liebe Rahel, daß mir war, als säßest Du mit den klugen Augen uns gegenüber, und ich dachte mir, wie Du mit Deinem Seherblick in mein Herz schauen würdest, wenn ich bald wieder in Berlin vor Dich hin trete, von außen die alte Pauline, von innen so verändert; äußerlich froh und jung und schön, im Herzen so gleichgültig, daß es mich gar nichts mehr kostet, immer froh zu scheinen.

Rahel! Heiraten, sich mit Eiden zu schwören, man wolle einander ewig treu sein, nie einen andern lieben, das ist Tollheit, weil es Lüge ist. Fühlt man sich durch den Eid gebunden, so nimmt man die Folterqualen eines nur zu oft vergeblichen Kampfes auf sich; bindet der Eid uns nicht, wozu leisten wir ihn denn?

Weil mich Schuwaloffs Untreue, die so früh mein Leben zerstörte, sehr unglücklich gemacht hatte, wollte ich meine Liebe einem Würdigeren geben und ihm treu sein, um in seinem Glück zu empfinden, daß meine Liebe, daß ich selbst ein Gut wären, welches Wert haben könne.

Wiesel war nicht glänzend, nicht schön, nicht reich und vornehm, nicht leidenschaftlich und zärtlich wie Schuwaloff. Weil er das alles nicht war, wollte ich ihn lieben und heiratete ihn. Man sagte mir, er sei ein Egoist, ein kalter, berechnender Verstand. Dies schien mir die Bürgschaft zu geben, er werde alles aufbieten, daß wir nicht so elend würden als die meisten Menschen, die ich in unglücklichen Ehen sich aufreiben, oder sich nach schmerzensvollen Kämpfen trennen sah. Ich wollte durchaus nicht mehr leiden, Schuwaloff durchaus vergessen, und ich meinte dies zu können, wenn ich mir vornähme, Wiesel eine musterhafte Gattin zu werden. Was hält man nicht alles für möglich, wenn man noch unerfahren ist!

Aber ich habe Schuwaloff nicht vergessen, Wiesel nicht lange lieben können; ich habe andere Männer geliebt, sie haben mich, ich habe sie getäuscht mit absichtlicher, mit unwillkürlicher Täuschung. Wiesel hat es gesehen und es ist ihm ein Beweis mehr gewesen für seine alte Überzeugung, daß der Mensch nicht für die Treue, für die Beständigkeit geschaffen sei. Diese Überzeugung ist es, die ich Wiesel verdanke, und sie ist trostlos.

Denke nur! Mit vierundzwanzig Jahren, mit einem weichen Herzen, das sich der Liebe erschließt, immer und immer zu wis-

sen: Das ist nur augenblickliche Erregung, das dauert nicht! Dies Feuer, dies Bedürfnis ewigen Haltens sind Blumen, die verwelken, damit neue erblühen; es ist ein materieller Werdeprozeß wie jeder andere im All.

Und wenn dieses eisige Wort Wiesels in meiner Seele erklingt, wenn ich trotzdem die Wundmale fühle, welche jede neue Liebe in mir zurückgelassen hat, wenn ich bald die eigene, bald die fremde Untreue beklage, und doch mit bebendem Ahnen empfinde, daß mein Herz der Liebe nicht abgestorben ist, dann kommen alle Schmerzen meiner Vergangenheit als Bilder der Zukunft vor mein Auge, und ich sage mir: So werde ich wieder lieben, so wieder verzweifeln, und niemals, niemals Ruhe finden, niemals Glück und Ruhe bereiten, denn niemand wird glücklich durch Liebe. Liebe ist eine Lebensblüte, welche der Wind verweht, damit die ernstern Kräfte im Menschen Früchte tragen.

Meine Liebesblüten, meinen Glaubensfrühling hat der eisige Zweifel meines Mannes zerstört. Er wollte nicht leiden durch meine glaubensvolle Liebe, die er unbequeme Empfindelei nannte. Er wollte kein Sklave des Eides sein, sondern frei auch in der Ehe, Herr seines Willens und doch Herr des meinen. Ich sollte ihm nicht Liebe heucheln, wenn ich sie nicht mehr empfände. Diese Zeit kam bald. Aber ich sollte seinen Absichten dienen, er wollte Einfluß, Macht gewinnen, wirken durch meine Schönheit, beneidet sein um sie – und ich wollte beglücken und genießen.

Wohin uns dies geführt? Frage mich nicht. Aber wenn Du mich sehen wirst, lachend und tändelnd wie die andern, so denke, da geht ein Gespenst umher auf seinem eigenen Grabe, eine Nixe, eine Loreley, die liebesdurstig den Schiffer anlockt, obschon sie weiß, daß es ihr kein Glück und ihm vielleicht den Tod bereitet.

Im übrigen frage mich, was Du willst. Ich habe die halbe Welt gesehen, kenne alle Berühmtheiten, bin im Besitz der neuesten Moden und eigentlich ebenso glücklich als all die andern Männer und Frauen unserer Zeit, die auch nichts glauben, nichts heilig halten und an jedem Tage einen neuen Tag leben. Meine Torheit ist nur, daß ich manchmal wünschte, es wäre doch anders.

Kaum hatte der Prinz diesen Brief beendet, als François ihm Wiesel meldete.

Nur drei Jahre waren vergangen, seit der Prinz ihn nicht gesehen hatte. Wiesel war im Äußern durchaus nicht verändert, und doch dünkte er ihm in diesem Augenblick eine vollkommen neue und fremde Erscheinung, da er ihn als Paulines Gatten betrachtete.

Seine große, magere Gestalt, die starke, spitze Nase, welche zwischen den hellgrauen, scharfleuchtenden Augen hervorsprang, sein fester, durchbohrender Blick und der feinlächelnde Mund, dessen Sprache den sanftesten Wohllaut behielt, auch bei den härtesten Aussprüchen, machten zusammen einen fast unheimlichen Eindruck, welcher durch die unverkennbare Klugheit und geistige Überlegenheit des Mannes noch erhöht wurde.

Wie immer war er mit einer Menge von Plänen beschäftigt. Die Handelskrisis, welche dadurch veranlaßt, daß England im Juni dieses Jahres die deutschen Häfen blockiert hatte, bot für kaufmännische Spekulationen ein reiches Feld. Die deutschen Baumwollwaren und gedruckten Kattune waren noch so schlecht, daß sie neben den englischen keinen Vergleich aushielten und nur die Ärmeren sich ihrer notgedrungen bedienten. Alle überseeischen Produkte, Kaffee, Zucker und Gewürze, waren zu einem fünffachen Werte gestiegen, weil man sie nur durch einen Schleichhandel erlangen konnte, den die Wachsamkeit der englischen Blockadeschiffe sehr gefährlich machte. Diese Teuerung wurde noch fühlbarer, da es im Lande selbst an Geld fehlte; denn auch der Absatz deutscher Fabrikate und Produkte nach England und Amerika war gehemmt. Namentlich lag der schlesische Leinwandhandel gänzlich darnieder, so daß Preußen und Österreich, jedes für seinen Teil, die Not der Weber kaum zu bewältigen vermochten.

Wiesel war längere Zeit in Wien gewesen, hatte Schlesien durchreist, sich in Breslau aufgehalten, und nach seiner rührigen Weise mit Personen aller Stände Verbindungen angeknüpft. Er kannte die Sachlage auf das genaueste, wußte die Bedrängnis des Fabrikanten, des Handwerkers, des Ackerbauern lebhaft zu schildern, aber auch ebensogut die Vorteile zu berechnen, welche sich einzelnen unternehmenden Männern durch diese Verhältnisse geboten und sie zu Millionären gemacht hatten.

Im Auftrag von Gentz berichtete er dem Prinzen, daß Österreich seine Truppen gegen die italienische Grenze hin unmerklich zusammenziehe und auf den Kriegsfuß rüste, da Frankreich an der piemontesischen Grenze eine Heeresmacht aufgestellt habe. Er schilderte die Tätigkeit und den Einfluß des Erzherzogs Karl, der, kraftvoll und kriegerisch gesinnt, dem Kaiser Franz hilfreich zur Seite stand. Dann aber ging er bald wieder zu seinen eigenen Absichten über, bei deren Ausführung ihn mehr noch die Tätigkeit reizte als der Gewinn.

Man müsse, sagte er, Bonaparte nachahmen, Rübenzuckerfabriken anlegen, Getreidekaffee schaffen, um den Folgen der Kontinentalsperre entgegenzutreten und dem Bedürfnis des Volkes abzuhelfen. Es müßten verbesserte Kattundruckereien eingeführt, Vereine unter den Frauen gestiftet werden, sich nur in deutsche Leinwand und deutsche Baumwollstoffe zu kleiden, und gerade der Prinz müsse sich an die Spitze aller dieser Unternehmungen stellen, damit König und Volk sich gewöhnten, ihn sowohl im Großen wie im Kleinen, in den Angelegenheiten des Krieges wie des Friedens, als den Vertreter der öffentlichen Meinung und des allgemeinen Besten zu betrachten.

Die große Lebhaftigkeit, mit welcher Wiesel dies alles vortrug, die Dringlichkeit, durch die er den Prinzen zu Unternehmungen verleiten zu wollen schien, welche außer dem Bereich seiner eigentlichen Teilnahme lagen, machten ihm einen quälenden Eindruck.

Von der Kriegspartei im Lande öffentlich als ihr Haupt genannt, von allen Seiten zum Einschreiten, zu Taten gedrängt, nach denen er selbst sich sehnte, und die doch unmöglich für ihn waren, konnten solche Zumutungen ihn nur verstimmen. Mit mühsam verhehlter Ungeduld hatte er Wiesels Erzählungen angehört.

Als er geendet, sagte der Prinz: »Sind Sie nur darum zurückgekommen, lieber Wiesel, um zu erfahren, daß hier in Berlin, daß in Preußen alles beim alten ist, während die übrige Welt rastlos fortschreitet und sich entwickelt, so werden Sie sich bald von der Wahrheit dieser Tatsache überzeugt haben. Hoffen sie jedoch mit Ihrer Hand irgendeines der ins Stocken geratenen Räder unserer Staatsmaschine in Bewegung zu setzen, dann wählen Sie einen andern Gehilfen dazu als mich.«

»Und doch blicken alle Augen auf Sie, grade auf Sie, Hoheit!«

»O ja! wie man nach einer Standarte blickt, die hoch auf einem Felsen aufgerichtet steht; man ersieht sie als Vereinigungspunkt, weil sie hoch steht, ohne zu fragen, aus welchem Holz sie gemacht ist. Aber jeder weiß, daß eine Standarte ein totes, willenloses Werkzeug ist, das weder das Signal zum Kampf geben, noch die Massen selbständig in Bewegung setzen kann. Vielleicht nimmt einmal ein Mächtigerer sie zur Stunde der Not in die Hand, um sie dem Volke im Kampf vorzutragen, bis der Kugelhagel sie zerschmettert. Darin liegt denn aber für die Standarte eben kein Glück und kein Ruhm. Wie könnte ein Werkzeug darauf auch Anspruch machen wollen! – So, lassen wir das, und sprechen Sie mir von andern Dingen.«

Wiesels lebhaftes Auge überflog mit schneller, kluger Betrachtung die Züge des Prinzen. Diesen Ausdruck der Erbitterung, des Widerwillens und zugleich der Ermüdung hatte er früher niemals an ihm wahrgenommen. Was er auch tat, den Prinzen durch Mitteilungen vom Stand der Ereignisse in Wien und Paris zu fesseln, der Prinz blieb zerstreut und kalt. Aber Wiesel war nicht leicht zu entmutigen. Da weder die Schilderung von dem Fanatismus der Franzosen für Bonaparte noch die Auseinandersetzung von der großen Wirksamkeit des Erzherzogs Karl des Prinzen Teilnahme erregten, so ging Wiesel allgemach auf die ihm zunächst liegenden Dinge zurück.

»Als ich Hoheit von den notwendigen Fabrikunternehmungen sprach, hatte ich eigentlich die Absicht, Sie für bestimmte Personen zu interessieren«, sagte er. »Ein gewisser Wegmann, der schon seit Jahren eine Kattundruckerei besitzt, hat dieselbe bedeutend erweitert. Er wünscht nichts lebhafter, als der Königin und der Frau Prinzessin Ferdinand Proben seiner Tätigkeit vorlegen zu dürfen, um deren Schutz zu erlangen. Vielleicht entschließen sich Hoheit einmal die Druckerei anzusehen, und den Herrschaften davon zu sprechen. Es ist wirklich notwendig, den Mut der Gewerbetreibenden durch die Gnade des Hofs zu beleben.«

»Kennen Sie die Leute?«

»Ja, gnädigster Herr! Ein kleines Kapital, das mein Vater diesem Wegmann anvertraute, steckt noch in dem Geschäft. Er hat einen Sohn, welcher als Drucker England und Frankreich bereist und sich so bedeutend vervollkommnet hat, daß man sich Gutes von ihm versprechen kann. Gestatten Sie mir, den Wegmanns die Aussicht auf Ihren Besuch zu eröffnen?«

»Es kann geschehen, Wiesel! Erinnern Sie mich daran!« entgegnete der Prinz in halber Zerstreutheit und fragte dann plötzlich: »Wie geht es Ihrer Frau?«

»Sie ist erfreut, wieder in Berlin und im Vaterhause zu sein.«

»Wohnen Sie bei Ihrer Schwiegermutter?«

»Nein, Hoheit, ich wohne in der ›Stadt Paris‹, und es ist möglich, daß ich den ganzen Winter diese Wohnung behalte, die mir durch ihre Lage in der Brüderstraße, im Mittelpunkt der Stadt, manche Bequemlichkeit gewährt. Nur meine Frau wohnt bei ihrer Mutter.«

»Wissen Sie, daß ich Ihre Frau nicht kenne?«

»Pauline bedauert dies lebhaft. Sie hat die Hoffnung

gehegt, Hoheit vielleicht diesen Abend bei Frau von Grotthuß vorgestellt zu werden.«

»Ich bin verhindert, der Einladung der Baronin Folge zu
leisten, so gern ich hinkäme, Ihre Frau zu sehen, von deren
Schönheit und Anmut ich seit Jahren sprechen höre. Aber
Sie scheinen nicht eifersüchtig zu sein, Wiesel, da Sie sich
so fern halten von Ihrer Frau?«

Wiesel zuckte lächelnd die Schultern. »Ich bin auch
darin Fatalist, wie in allem anderen.«

Beide Männer lachten. Es war Mode, die eheliche Treue
gering zu achten, Mode, mit der Sittenlosigkeit zu prahlen.
Da die meisten Ehen in den höheren Ständen und unter
den Wohlhabenden nicht nach der Neigung der zu Verhei-
ratenden, sondern nach den Berechnungen ihrer Eltern
geschlossen wurden, waren Ehe und Familienleben in
jenen Kreisen fast gänzlich aufgelöst. Männer und Frauen
hielten sich vollkommen berechtigt, sich für den Zwang,
welchen ihnen die Konvenienzehe auferlegte, in selbstge-
wählten Herzensverbindungen zu entschädigen. Der
Umgang der Geschlechter war überaus frei; und wie man
nachsichtig war gegen den Ehebruch, so tadelte man
streng die Untreue gegen diese Liebesverhältnisse, welche,
wie das Cicisbeat der Italiener, durch die Gewohnheit
geheiligt wurden.

Der Prinz tat noch einige leicht hingeworfene Fragen
nach den Neuigkeiten des Tages. Als Wiesel sich dann
empfehlen wollte, sagte jener: »Ich überlege eben, daß ich
mich allenfalls diesen Abend freimachen und Frau von
Grotthuß besuchen könnte. Sagen Sie Ihrer Frau, daß ich
mit großer Freude daran denke, sie heute kennenzulernen.
Auf Wiedersehen also, lieber Wiesel, bei Frau von Grotthuß.«

6

Zeitiger als es sonst seine Gewohnheit war, verfügte sich der Prinz heute zur Baronin. Abgestumpft fast gegen jeden geselligen Genuß, war ihm die Spannung der Neugier reizend, mit der er Paulines Ankunft erwartete.

Die Baronin, Henriette, die Unzelmann, Vetter, Tilly, eine größere Gesellschaft von Männern und Frauen waren bereits beisammen, als Wiesel mit Pauline eintrat.

Der Prinz hatte erwartet, sie schön zu finden, aber diese strahlende Erscheinung übertraf seine Vorstellungen. Groß, schlank und doch voll gebaut, zeigte ihr Körper jenes wellenförmige Verschmelzen der einzelnen Glieder zu dem Gesamtausdruck makelloser Formenschöne, wie man sie an griechischen Statuen der besten Zeit bewundert. Nach der französischen Sitte jener Tage trug sie ein antikes Kostüm, das, obschon im Norden ebenso unangemessen als den Begriffen deutscher Sitte entgegen, ihrer Schönheit sehr zustatten kam. Ganz in rosa Trikot gekleidet, von leichten Mousselingewändern, die ein Goldgürtel unter der Brust zusammenhielt, mehr umwallt als verhüllt, die blonden, nach Art der Antike aufgewundenen Locken mit einem Diadem geschmückt, um das sich ein reicher Efeukranz wand, war sie das schönste Modell einer Bacchantin, das die vielverlangende Phantasie des Künstlers begehren konnte. Ihre großen blauen Augen schienen Strahlen zu werfen, ihre Stirn leuchtete in dem Siegbewußtsein der Schönheit, und der Prinz hing wie festgezaubert an den glühenden Lippen, an dem zauberischen Lächeln Paulines, weil ihm war, als müsse dieser Mund sich öffnen, einen jubelnden Lobgesang der Freude anzustimmen – jener Freude der Götter, welche unendlich ist.

Da Pauline auf die Anwesenheit des Prinzen vorbereitet war, suchten ihre Blicke ihn bei dem Eintritt, und sie begegneten den seinen, um einander festzuhalten.

Mag man den Glauben an eine geheime Sympathie als dichterische Erfindung verwerfen, dennoch ist nicht zu leugnen, daß Menschen wie durch Wunderkraft plötzlich gewaltsam aufeinander wirken, daß es eine Liebe gibt, die der Moment erzeugt, als wäre ihr Entstehen eine Notwendigkeit in dem großen Ganzen des Alls.

Daß dieses Urbild weiblicher Vollkommenheit, zum Glück berechtigt, Glück gewährend durch sein bloßes Erscheinen, das Glück nicht kenne, daß hinter dieser lachenden Außenseite ein Schmerz, eine Hoffnungslosigkeit sich berge, so groß wie sein eigner Lebensüberdruß, so tief wie seine eigne Herzensleere, diese Überzeugung zog den Prinzen zu Pauline.

Er hätte ihr augenblicklich sagen mögen, daß er sie liebe, daß er die Wunde ihrer Seele kenne und sie heilen wolle durch eine Hingebung, die endlos und ohnegleichen sein solle.

Seine Vergangenheit drückte ihn zu Boden. Er wünschte schuldlos zu sein, schuldlos wie der Mensch hervorgeht aus dem Schoß der Natur, damit Pauline achtend zu ihm emporsehen, sich auf ihn stützen könne.

Befangen, fast mit der Schüchternheit des Jünglings trat er an sie heran. Das ist das große Wunder, die Wiedergeburt durch die Liebe, daß sie den Menschen mit Abscheu erfüllt gegen alles Unedle, daß sie ihn sehnsüchtig macht nach Schönheit und nach Reinheit.

Pauline, von der äußeren Erscheinung des Prinzen lebhaft angezogen, fühlte sich betroffen durch die scheue Ehrfurcht, in welcher er ihr nahte. War dies Prinz Louis Ferdinand, den die Welt einen Wüstling nannte?

Sie hatte einen übermütigen, begehrenden Mann zu finden erwartet, zu einem spielenden Wettkampf war sie gerüstet gewesen, aber hier trat ihr eine so tiefe Huldigung entgegen, daß sie in dem Gefühl, solcher Hingebung nicht wert zu sein, dem Prinzen einen überdachten Plan zuschrieb, und ihm mit leichtfertiger Gewandtheit begegnete, obschon sie wünschte, mehr von ihm zu erfahren, als es bei dieser Art der Unterhaltung möglich sein konnte.

Graf Tilly, im Interesse der Bourbonen stets sehr begierig, den Stand der Meinung in Europa zu kennen, hatte Wiesel bald in eine Unterredung verwickelt, die sich allmählich auf jene Punkte zurückwandte, welche am Morgen zwischen diesem und dem Prinzen verhandelt worden waren. Namentlich besprach man wieder die Notwendigkeit, durch das Benutzen inländischer Fabrikate dem Nationalwohlstand zu Hilfe zu kommen.

Da die Königin und die Prinzessin Radziwill sich schon vielfach derselben Meinung erklärt und manche dahin einschlagende Schritte getan hatten, schien diese Vorsorge für die Arbeitslosen Mode zu werden, so daß Frau von Grotthuß sowohl als Henriette und die Unzelmann sich bereit erklärten, auf alle ausländischen Stoffe zu verzichten. Nur für die Bühne begehrte die letztere der unbeschränkten Freiheit, die Kleidung nach ihrem Ermessen zu wählen.

Henriette, welche, um ihre geringe Bildung zu verbergen, sich einer gewissen Schönrednerei befleißigte, seit sie mehr in der Gesellschaft jener ihr geistig überlegenen Frauen lebte, sagte: »Ich werde meine Kinder von heute ab nur in deutsche Stoffe kleiden, und sie sollen sich von Jugend an gewöhnen, wie ihr Vater, rechte Deutsche zu sein. Was mich betrifft, habe ich dem Wunsch durch meine Kleider die Augen zu fesseln, lang entsagt, ich trage jeden Stoff und jede Farbe, die mein Herr mir anzulegen befiehlt.«

Ein scharfer, wenn schon flüchtiger Blick auf Pauline, die ganz in den kostbarsten ostindischen Mousselin gekleidet war, gab diesen Worten eine bestimmte Bedeutung und verriet, daß die nie schlummernde Eifersucht Henriettes hier ihr neues Ziel erkannt habe.

»So sind Sie gar nicht mehr eitel?« fragte die Unzelmann. »Davon habe ich keinen Begriff. Ich will gefallen –«

»Und darum gelingt es Ihnen so wunderbar«, meinte Tilly. »Das Schlimme ist nur, daß Sie mit jeder neuen Toilette einem neuen Verehrer gefallen wollen, und daß die alten, eben wie die früheren Toiletten, fortgetan werden.«

»Fällt Ihnen das auf?«

»Nicht im geringsten, schöne Freundin! Sie folgen Ihrer Natur: *souvent femme varie, bien fol est qui s'y fie!*«

»Und doch wären Sie der erste, Graf Tilly, sich über die Beständigkeit einer Frau zu beschweren, wenn man von Ihnen das gleiche verlangte. Ich gestehe, ich liebe den Putz, ich liebe ein neues Kleid und –«

»Einen neuen Verehrer!« neckte Tilly.

»Das kommt vom Unterbrechen heraus!« rief sie. »Ich wollte sagen, und doch hänge ich an manchem alten –«

»Verehrer?« fragte Tilly.

»Wünschen Sie das nicht?« sagte sie, dem Grafen die Hand reichend, der sie küßte und eine Weile in der seinen behielt.

Pauline hatte ruhig zugehört, jetzt bemerkte sie: »Ich habe oft mit Wiesel darüber gestritten, wenn er mir die Lust am Putz als Zeichen der Gefallsucht auslegen wollte. Muß man sich denn für andere schmücken?«

»Nun, doch sicher nicht für sich selbst«, meinte Henriette. »Es würde uns schwerlich einfallen, uns zu putzen, wüßten wir, daß kein fremdes Auge uns sieht.«

»Da kennen Sie Pauline nicht«, sagte Wiesel, »die liebt den Schmuck aus Lust am Schmuck, wie ein Kind –«

»Nein, Wiesel«, unterbrach sie ihn, »nicht wie ein Kind! Ich liebe ihn, weil der Schmuck schön ist und nur wenn er schön ist, und ich lege ihn an, weil es mich freut, wenn mir mein Bild so schön als möglich aus dem Spiegel entgegenblickt. Ich wäre untröstlich, wolltet ihr mich verdammen, mich in die schweren, dichten Stoffe Deutschlands zu verpacken, in denen man wie die Mumie seiner Großmutter umherwandert. Ich glaube, ich sehnte mich in der Tracht, die ihr vorschlagt, bald nach mir selbst.«

Henriette lächelte spöttisch, Wiesel neckte seine Frau mit ihrer Selbstvergötterung, die andern Männer fanden diese in ihrer Schönheit rechtmäßig begründet und machten ihr die Lobsprüche, welche ihr Geständnis herauszufordern schien; nur der Prinz faßte es anders auf.

»Wie fremd«, rief er, »sind wir der wahren Natur geworden, daß uns ihr Ausdruck, wo er uns, wie hier, offen und rein entgegentritt, auffallend, ja fast unmöglich und unwahr erscheint.«

Man wollte wissen, wie er das meine.

»Sehen Sie nicht, daß dies jenes reine Selbstgenießen ist, welches die Alten ihren Göttern zuschrieben? Jenes Ruhen in sich, das aber freilich nur der Vollendung möglich ist? Hätte die Rose Bewußtsein, sie müßte ihre Schönheit so sicher und so gewiß empfinden und genießen als diese Frau. Es ist ein Gottesdienst in dieser Selbstgenügsamkeit!«

Die Unzelmann blickte im Kreise umher, sah alle der Reihe nach prüfend an und sagte: »Wir alle sind nicht häßlich, wir sind der Mehrzahl nach sogar schön, so wollen wir uns denn jetzt jeder sich selbst auf den Thron der Göttlichkeit erheben und uns selbst anbeten. Ich erkläre feierlich, daß ich keine Götter haben will neben mir, namentlich keine weiblichen, wären sie auch so schön als Pauline Wiesel.«

Mit diesen Worten sprang sie auf und küßte Pauline auf die Stirn; sei es, daß sie, von Natur neidlos und selbst sehr reizend, sich unbefangen an fremder Schönheit zu erfreuen vermochte, oder daß sie empfand, es sei klug, sich einem aufgehenden Gestirn anzuschließen, welches zu verdunkeln man nicht die Macht besitzt. Wüßten die Frauen, wie ihr Neid sie selbst erniedrigt und ihre Nebenbuhlerinnen verschönt in den Augen der Männer, als Beweis, daß sie sich gezwungen fühlen, die Gewalt der beneideten Schönheit anzuerkennen, sie würden gerade in ihrer Abneigung die Kraft finden, fremde Vorzüge zu bewundern und gelten zu lassen, um die eigenen nicht vergessen zu machen.

Von diesen Neckereien kam man auf die Unterstützung der Armen zurück. Vetter schlug vor, man wolle gleich hier eine Sammlung veranstalten und Freunde und Bekannte zu ähnlichem Unternehmen auffordern.

Alle waren damit zufrieden. Männer und Frauen leerten ihre Börsen. Als die Reihe an Pauline kam, lachte sie hell auf und rief, kindisch froh in die Hände klatschend: »Nun habe ich Sie alle in der Idee der Wohltätigkeit bestärkt und bewundre Sie auch sehr, aber ich kann nichts geben, denn ich habe nichts.«

»So will ich Ihnen borgen, Pauline!« sagte Vetter.

»Wie auf der Reise? Nicht wahr? Aber Sie wissen ja, ich habe Schulden. Wiesel will sie nicht mehr bezahlen, und ich bin jetzt auf ein bestimmtes Nadelgeld gesetzt, das nun am Ende des Jahres längst vertan ist.«

Man nahm dies für Scherz, Pauline beteuerte, es sei Wahrheit, und als man dennoch darauf bestand, sie müsse um so mehr beisteuern, da sie sich gegen das Aufgeben fremder Stoffe erklärt habe, sagte sie: »Da bleibt mir nichts anderes übrig, als mein eigenstes Eigentum zu opfern.« Sie löste eine kleine Spange von ihrem Oberarm, warf sie in die Vase, in welcher man die Sammlung veranstaltet hatte und sagte: »Nun sehen Sie sich nur vor, daß Sie sie gut verkaufen.«

»Das werde ich besorgen!« rief der Prinz, nahm die Spange, legte sie um sein Handgelenk und ging dann gleich an das geöffnete Klavier, vor dem er sich niederließ.

Alles schwieg, man stellte sich herum ihn zu hören, auch Pauline trat in den Kreis. Des Prinzen Augen sahen nur sie.

Jener Plan der Freude, welchen er aus Paulines Lippen zu hören geglaubt, erklang aus den Akkorden. Ihm war es, als läge in dem Armband, welches den Arm Paulines umspannt hatte, eine magnetische Kraft. Eine Fülle von

Gedanken, eine Welt von Gefühlen und Ahnungen durchbebten ihn, deren Reichtum fast zu groß war für das Menschenherz. Die fernliegendsten Akkorde vereinten sich zu Harmonien, wie er sie nie gefunden hatte, ihm selbst erst klarmachend, welch eine Macht er in seiner musikalischen Begabung besitze. So hatte er nie gespielt, so niemals seine Herrschaft über das Reich der Töne erkannt. Er tat sich selbst genug, er entzückte sich selbst, weil er Pauline genugtun und entzücken, weil er ihr sein ganzes Inneres enthüllen wollte; und wie sie ruhte im Genuß der eigenen Schönheit, so genoß der Prinz in diesem Augenblick den Reichtum seiner schöpferischen Begabung.

Wie lange er gespielt hatte, er wußte es nicht. Mit glühenden Wangen, in tiefer Erregung stand er endlich auf. Seine Zuhörer schwiegen, denn jede große Erhebung ist stumm, weil das Wort nicht mächtig genug für ihren Ausdruck ist.

Als die erste Erschütterung verklungen war, als der Beifallssturm und die Bewunderung sich in lauten Ausrufen geltend machten, seufzte der Prinz tief auf, als erwecke man ihn unsanft. Er blickte nach Pauline, ihre Augen schwammen in Tränen. Ohne sie anzureden, ohne mit jemand zu sprechen, schied er mit einem letzten, langen Blick auf sie.

7

Am nächsten Morgen schon kamen Wiesel und Vetter, nach einer Verabredung, welche man bei Frau von Grotthuß getroffen hatte, den Prinzen zu einem Besuch in der Wegmannschen Kattundruckerei abzuholen.

Trotz des leichten Schneegestöbers, das den trüben Dezembertag noch mehr verdunkelte, machten die Männer sich zu Fuß auf den Weg. Zu dreien durchschritt man die Straßen der Königsstadt. Endlich sagte Wiesel vor einem grauen, zweistöckigen Hause der Stralauerstraße: »Hier sind wir am Ziel!«

Aber ehe er noch klingeln konnte, ward die Tür geöffnet, und Herr Wegmann selbst, gefolgt von seinem Sohn, trat heraus, den Prinzen zu empfangen. Es war ein rüstiger Greis von untersetzter Gestalt. Der zimtfarbene, breitschößige Rock mit den großen Perlmuttknöpfen, die gelbe, buntgeblümte Piquéweste, das weiße Halstuch, die kurze Manchesterhose und die weißen Strümpfe, alles, von dem sorgfältig gepuderten Zöpfchen, das sich schlängelnd bei den Verbeugungen des Greises bewegte, bis hinab zu den großen silbernen Schuhschnallen glänzte vor Sauberkeit. Der Sohn, ein blühender junger Mann in der Mitte der zwanziger Jahre, war nach der Tagessitte, aber in einfachster Art gekleidet, und sah ruhig den immer wiederholten Bücklingen seines Vaters zu, der sich in freudiger Ergebenheit und demütiger Höflichkeit dem Prinzen gegenüber nicht genugzutun vermochte.

»Dies ist der schönste Tag meines Lebens, königliche Hoheit! Und ich werde es Herrn Wiesel ewig danken, daß er mir die Gnade verschafft hat, königliche Hoheit unter meinem Dach zu sehen!«, das waren die ersten Worte, die er mit Tränen in den Augen hervorbrachte, während er nach der Hand des Prinzen griff, um sie an seine Lippen zu drücken, ehe dieser es zu hindern vermochte.

Eine dunkle Röte überflog das Antlitz des Sohnes. Er trat, sich stumm verneigend, einige Schritte tiefer in das gepflasterte Portal des Hauses zurück, das zugleich den Durchgang nach dem Hofe und den Arbeitsgebäuden bildete.

Der Prinz hatte die Bewegung des Sohnes bemerkt. Mit aller Natürlichkeit, welche ihm eigen war, sagte er: »Danken und freuen Sie sich nicht zu früh, Herr Wegmann, denn möglicherweise werden Sie bald über meine technische Unwissenheit erstaunen und es für eine geringe Ehre halten, einem Kenntnislosen Aufklärungen zu geben.« Dann, auf den jüngeren Wegmann deutend, fragte er: »Ihr Sohn, nicht wahr? – Mich dünkt, ich habe Sie gesehen?«

»Ich habe im vorigen Jahre die Vorlesungen –«

»Über Experimentalphysik besucht«, fiel ihm der Prinz ins Wort. »Richtig! Da war es, da habe ich Sie gesehen. Sie sind ein fleißiger Zuhörer gewesen.«

»Es bleibt uns so wenig Zeit zu geistiger Ausbildung«, antwortete der junge Mann, »daß man dankbar und eifrig eine Gelegenheit wie jene Vorlesungen ergreift, um so mehr, wenn sie in unser Fach einschlagen.«

Während man das sprach, stand die Hausfrau auf der untersten Schwelle der Treppe, welche aus dem Portal in die obere Etage und zu dem Putzzimmer führte, unaufhörlich knicksend und mehrmals den Mund zu einer Anrede öffnend, die sie sich seit zwei Stunden, seit man von dem Besuch des Prinzen unterrichtet worden war, unablässig wiederholt hatte. Dabei strich sie die kleinen grauen Löckchen unter der fein gefältelten Haube zurecht und zog bald die schwarze Taffetschürze, bald das zusammengelegte Taschentuch in regelrechte Falten. Eine schöne, junge Frau stand neben ihr.

Da des Prinzen Augen sich nach den beiden wandten, sagte der jüngere Wegmann: »Meine Mutter, Königliche Hoheit, und meine Frau.«

Nun trat die Matrone heran: »Gnädigster Herr! Ich habe meine silberne Hochzeit gefeiert, aber dieser Tag! Aber diese Ehre! – Wenn Sie uns die Gnade erzeigen wollten, hier heraufzukommen! Wir können in der Eile nicht viel bieten, aber was wir konnten – wenn Sie ein Frühstück einnehmen wollten! – Ach, gnädigster Prinz! –«

Sie war ganz rot geworden vor Freude und Verlegenheit, und als der Prinz ihr entgegnete: »Ein Frühstück wird uns sehr guttun nach der feuchten Luft, lassen Sie uns nur erst die Druckerei besehen«, da wußte sie offenbar ihres

Glückes kein Ende. Leuchtend über das ganze Gesicht, wandte sie sich zu ihrer Schwiegertochter und sagte leise, während die Männer nach dem Hof gingen: »Geh und binde dir meine goldene Kette um, ich schenke sie dir.«

Das alles war das Werk einiger Minuten gewesen. Nun eilten die beiden Frauen die Treppe empor, und schon auf der Hälfte derselben rief die Mutter in das obere Stockwerk hinauf: »Ja! Er bleibt; nun nur geschwind!«

Die Fabrikgebäude bestanden aus einigen Häusern von Fachwerk, in denen etwa hundert Arbeiter beschäftigt sein mochten. Die Druckmaschinen, welche jetzt eine so ungeheure Produktion möglich machen, benutzte man damals im allgemeinen in Berlin noch nicht, und es durfte für einen großen Fortschritt gelten, daß man hier mit einer solchen Versuche zu machen angefangen hatte. Feuerfarbene Kattune, mit kleinen türkischen Blümchen übersät, waren eine sehr beliebte Mode, aber nur die französischen Fabrikanten hatten es bisher vermocht, diese Grundfarbe echt darzustellen, und erst der junge Wegmann hatte diesen Färbungsprozeß in seiner Vaterstadt eingeführt.

Bald vor, bald hinter dem Prinzen gehend, geleitete der Vater ihn in die Gerberei, aufrichtig beklagend, daß der heiße Dampf aus den brodelnden Färbekesseln das Betrachten des Zeuges fast unmöglich machte. Von diesen Räumen ging man nach den Trockenböden, in denen die Zeuge der Länge nach aufgehängt waren, und endlich zu der Druckmaschine und zu den Zimmern der Drucker. Während des dumpfen Aufschlagens der Druckformen auf die mit Wollzeug überzogenen Drucktische, erklärte der Alte das ganze Verfahren der Fabrikation. Aber der demütige, tief untertänige Mann hatte plötzlich eine ganz andere Haltung gewonnen. Er schien gewachsen zu sein, trug den Kopf hoch und das Zöpfchen, das vorher so untertänig gewedelt hatte, hing nun steif und fest über den breiten Rockkragen herab. Immer noch voll Rücksicht und Ergebenheit gegen den Prinzen, hatte er ein ernstes, sehr bestimmtes Wesen gegen seine Leute, und sein Blick machte die Drucker und Streichjungen an den verschiedenen Tischen so taktmäßig mit der Arbeit anhalten und sie wieder beginnen, wie das Kommandowort des Generals die Truppen in Bewegung bringt.

Eifrig setzte der Alte auseinander, wie das Gelingen und Mißlingen des Zeuges von der Genauigkeit des Druckers abhänge, mit der er die Blockformen aneinanderpasse, und von der Stärke, mit der er den Abschlag der Form auf das Zeug vollbringe. Man ließ ein frisches Stück gefärbten Stoffes auflegen, auf dessen Anfang der Prinz mit einem Pinsel seinen Namen schrieb, und fing an, ein neu erfundenes Muster darauf zu drucken.

»Das soll Prinzenkattun heißen in der nächsten Leipziger Messe!« rief der Alte, nachdem man eine Elle davon gedruckt haben mochte, »und der Holzschneider soll in das Modell den Namen Seiner Hoheit einschneiden für ewige Zeiten und das Datum bemerken.« Dann, als der Prinz freundlich eine Frage über die Masse des Zeuges, welches der einzelne in einem Tage zu drucken vermöchte, an den Sohn richtete, drehte sich der Vater plötzlich um, und sagte, sich an einen Drucker wendend: »Sieht Er denn nicht, daß der Bengel da die Farbe aufstreicht, als ob er Wagenschmiere auf Räder striche? Und was das für ein Einsetzen ist! Die Streifen brechen ja alle ab!« – Der Drucker bekam einen zornigen Blick, der Streichjunge ein paar Püffe im Vorübergehen: denn selbst die Freude über die Anwesenheit seines hohen Gastes hinderte den Fabrikanten nicht, die Augen überall zu haben, und er konnte sich nicht versagen, die Anordnungen zu geben, welche ihm notwendig erschienen.

Wiesel, der die Fabrik schon mehrmals besucht hatte, sich auch gewissermaßen als Teilnehmer an dem Unternehmen fühlte, kannte bereits jeden Arbeiter, und fragte hier und da um einzelne Versuche und Einrichtungen, von denen in den vorhergehenden Tagen die Rede gewesen.

Vetter hielt sich zu dem jüngeren Wegmann, mit dem er befreundet war.

Nachdem man dem Prinzen alles Technische erklärt hatte, was irgend seine Teilnahme erregen konnte, schickte man sich zur Rückkehr in das Wohnhaus an. Alle Arbeiter hielten inne, wie von einem Zauber befreit, die Blockformen, die Streichpinsel, die Abstreichbürsten schwebten in der Luft, alle Augen folgten dem Prinzen, und kaum hatte die Gesellschaft die Fabrik verlassen, als das ganze Arbeitspersonal in Gruppen zusammentrat, dies wunderbare Ereignis, diesen Besuch Louis Ferdinands zu besprechen.

»Sehen Sie, königliche Hoheit, wie die Leute beglückt sind«, sagte der alte Wegmann. »Sie würden nicht glücklicher sein, wenn Gott vom Himmel selbst herabgestiegen wäre, unserer Fabrik eine solche Ehre zu erzeigen.«

»Das eben ist es, was mich wundert, alter Herr«, entgegnete der Prinz, »und grade ihn diesem Augenblick fragte ich mich, worin liegt die Macht, die wir auf diese Menschen üben, welche ja alle wissen, daß wir Sterbliche sind wie sie selbst? Ich gestehe, ich hatte Achtung vor dem Fleiß dieser Arbeiter, die sich rastlos mühen um den täglichen Bedarf, und kam mir müßig und träge neben ihnen vor.«

»Wie königliche Hoheit nur so sprechen mögen! Als ob es keine Standesunterschiede gäbe, als ob das Gefühl des schuldigen Respekts vor Gott und Fürsten uns nicht angeboren wäre!«

Der Prinz lächelte, und, sich gegen den Sohn wendend, sagte er: »Da haben Sie in Frankreich wohl andere Erfahrungen gemacht?«

Karl, der junge Mann, wollte etwas erwidern, aber man war in das Haus getreten, die Mutter, an der Treppe harrend, rief abermals: »Sie kommen!«, und mit wiederholten Ergebenheitsbezeugungen wurde der Prinz die Treppe hinauf in das Putzzimmer geführt.

Einige schlecht gemalte Familienporträts und Bilder des

Königspaars zur Rechten und Linken des alten Fritz schmückten die Wände. Blanke Möbel von Nußbaumholz, Sofa und Stühle mit Kattunen von eigener Fabrikation überzogen, altertümliche Spiegel, aus viereckigen, mit Blei verbundenen Glasstücken zusammengesetzt, mochten noch von der ersten Einrichtung der Eltern herrühren. Der Tisch war mit blauweißem Gerät sauber gedeckt, alles verriet Wohlstand, Rücksicht auf das Notwendige, aber nirgends war eine Spur von modischem Luxus zu bemerken.

Als man an den Tisch trat, falteten die Eltern beide die Hände und ließen sie dann mit einem Blick auf den Prinzen wieder sinken. Der aber hatte ein Gleiches getan, und dadurch zutraulich gemacht, sprach die Schwiegertochter leise das gewohnte Tischgebet:

>>Komm Herr Jesu sei unser Gast
Gesegne, was du uns bescheret hast!<<

Dann setzte man sich nieder, jedoch ohne die Frauen, welche es sich nicht nehmen lassen wollten, der hin- und hergehenden Magd die Schüsseln abzunehmen, um den Prinzen selbst zu bedienen.

Wiesel und Vetter waren Bekannte des Hauses, und des Prinzen Natürlichkeit überwand nach wenigen Augenblicken die Untertänigkeit des Greises, besonders nachdem ein paar Gläser Wein seine Zunge gelöst hatten. Die Frauen waren durch die Anmut und Freundlichkeit ihres Gastes gewonnen, und jeder Dienst für ihn ward zu einer Lust. Eine wirkliche Heiterkeit verbreitete sich über alle, nur der Sohn schien sie nicht mit voller Hingebung zu teilen.

>>Königliche Hoheit!<< rief endlich der Alte. >>Sie haben heute schon so viel an mir und unserem Hause getan, daß Sie mir die letzte Gnade nicht verweigern werden. Ich möchte einmal mit einem unserer Prinzen selbst auf das Wohl unseres allergnädigsten Königs und Ihrer Majestät, der Frau Königin getrunken haben.<<

»Von Herzen gern, lieber Wegmann! Und aus dem Grund der Seele!«

Alle standen auf, da der Alte sich erhob. Man füllte die Gläser; plötzlich aber rief er: »Halt! Die Ehre soll doch meine Alte auch haben und die Louise auch, damit sie es ihren Kindern erzählen kann. Kommt her, da sind Eure Gläser, stoßt an: Seine Majestät der König und die Frau Königin hoch! – und abermals hoch! – und nochmals hoch! –«

Die Gläser klirrten, die beiden alten Leute küßten sich, Louise umarmte ihren Mann und trocknete, gleich den Eltern, die Tränen aus den Augen. Es herrschte eine Stille wie nach einer feierlichen Handlung.

»Wie schön ist diese treue Liebe«, sagte der Prinz, »wie viel Glück muß man spenden, sie zu verdienen.«

Die Worte brachen das Schweigen. »Nieder mit allen Feinden, nieder mit den Franzosen und dem Bonaparte, die uns den Krieg ins Land bringen wollen«, rief wieder der alte Wegmann. »Aber können Hoheit sich denken, daß der da drüben, daß mein Sohn mein Fleisch und Blut, an dem Bonaparte hängt, und ihn wie einen Welterretter verehrt?«

»Ich würde Ihrem Sohne, sowenig ich auch Gelegenheit hatte, ihn kennenzulernen, eher Neigung für die französische Freiheit, als für ihren Unterdrücker zugetraut haben. Haben Sie sich wohl gefühlt in Frankreich, Herr Wegmann?« sagte der Prinz, um die unpassende Wendung des Gesprächs abzulenken.

»So wohl, Hoheit, daß ich es nur ungern verließ!«

Nun aber verfinsterte sich das Gesicht des Vaters, und Wiesel bemerkte: »Hoheit berühren hier den Zankapfel dieses sonst so friedlichen Hauses. Ich glaube, nur die Rücksicht auf Eltern und Frau hat diesen Abtrünnigen gehindert, sich in Frankreich niederzulassen.«

»Nennen Sie denjenigen abtrünnig, Herr Wiesel, der sich selbst, der die Bedingungen seines Glücks kennt und diese zu erlangen wünscht?« fragte der junge Wegmann sehr ruhig.

Die Mutter und Louise wurden verlegen, machten sich neue wirtliche Pflichten, boten dem Prinzen abermals Obst und Kuchen an und suchten auch den Vater zu beschäftigen. Gutmütig kam der erstere ihnen zu Hilfe.

»Die erste Bedingung zum Glück«, sagte er zu dem jungen Wegmann verbindlich, »ist eine so liebliche Hausfrau als die Ihre«.

Der alte Herr ging darauf ein. Er nahm sie bei der Hand, nannte sie eine liebe Seele und sprach zuversichtlich die Hoffnung aus, die jungen Leute würden eine ebenso friedliche und lange Ehe leben, als er selbst mit seiner Gattin. Bald zog der Prinz auch diese in das Gespräch, und redselig erzählten die beiden Alten von den Tagen ihrer Jugend, von der Not mancher Jahre, von dem Aufblühen ihres Gewerbes, und priesen Sohn und Schwiegertochter als gute Kinder, wobei der Vater bemerkte, die Grillen seines Sohnes würden sich nun wohl legen, da ihm solche Ehre in seinem Vaterland, in seinem Hause widerfahren sei.

Den Prinzen sprach die schlichte Herzenseinigkeit der alten Leute sichtlich an, und teilnehmend fragte er: »Sie haben nur den einen Sohn, nicht wahr?«

Aber als hätte ein unheilvoller Zauber die kleine Familie ergriffen, veränderten sich plötzlich alle Mienen. Der Vater sah düster drein, die Frauen erbleichten, und auf den Zügen des Sohnes erschien eine Wolke tiefen Schmerzes. Da die Eltern sich nicht zu fassen vermochten, sagte er: »Ich habe noch einen Bruder, er lebt aber nicht mit uns!«

Die Seinen blickten ihn an, als habe er sie von einer Not erlöst. Man sprach von anderen Dingen, von Krieg und Frieden, von Handel und Gewerbe, indes, der rechte Ton war nicht mehr zu finden, und der Prinz erhob sich, um fortzugehen, von seinen Wirten mit Dank und Segenswünschen bis an die Schwelle des Hauses begleitet, nachdem er versprochen hatte, auch die Königin und seine Mutter zu einem Besuch in der Fabrik zu veranlassen.

Als er sich mit Wiesel und Vetter auf der Straße befand, fragte er, was es mit dem Sohne, dessen man so geheimnisvoll erwähnte, für eine Bewandtnis habe. Wiesel wußte es nicht, Vetter aber sagte: »Er war Student und hat, so glaube ich, schlechte Streiche gemacht. Da haben die Eltern ihn verstoßen und ihn entweder selbst in das Militär stecken, oder er hat sich freiwillig anwerben lassen. Seitdem vermeidet man, von ihm zu sprechen, und niemand weiß von ihm als Karl, der Sohn, der heimlich mit ihm verkehrt, was denn auch zu manchen Reibungen zwischen diesem und dem Vater Veranlassung gibt.«

»Und Sie wissen nicht, was er begangen hat?«

»Ich glaube, er hat nicht studieren wollen, und hat dann eine Liebe zu einem Mädchen unter seinem Stande gehabt. Es sind eben die gewöhnlichen Familienquälereien, in denen Bevormundung selbständiger Menschen und das Festhalten an den hergebrachten Standesunterschieden die kleinen Parallelen für die großen Staatsfragen bilden.«

»Wie haben Sie die Fabrik gefunden, Hoheit?« fragte Wiesel. »Haben diese Männer Ihnen Zutrauen einzuflößen vermocht, daß Sie sie einer Unterstützung durch Ihr Vorwort würdig finden? Es wäre ihnen wesentlich zu helfen, es würde allmählich dem Lande selbst der größte Vorteil daraus erwachsen, wenn der Staat ihnen ein Darlehen von dreißig- bis vierzigtausend Talern gegen Zinsen bewilligen wollte. Sie könnten dann mehr Maschinen kaufen, mehr –«

»Lieber Wiesel!« fiel ihm der Prinz lachend ins Wort. »Von Darlehen weiß ich nichts, als daß ich bei meinen Anleihen immer sehr hohe Zinsen zahle und sehr schwer Geld erhalte; und von der Fabrik verstehe ich auch nichts. Mich freute es, daß ich Ihnen gefällig sein und den alten Leuten ein Glück bereiten konnte, obschon ich dort eine schmerzliche Empfindung hatte.«

»Und worin bestand diese?« fragten die anderen zugleich.

»Je mehr ich die Welt in materiellen und geistigen Kämpfen ringen sehe, je weniger ich selbst mich vom Dasein befriedigt fühle, um so mehr freut es mich, wenn ich irgendwo Glück und Zufriedenheit entdecke. Diese stille Familie, die friedliche Ehe der Eltern, der ungetrübte Glaube an Gott, an den König, an alles Bestehende, der Wohlstand dieser ebenfalls glücklichen jungen Gatten gaben mir die Empfindung, hier weilen glückliche Menschen. Das tat mir wohl und stimmte mich so feierlich, wie die Alten durch den Toast auf den König gestimmt worden waren. Ich neidete ihnen fast ihr Glück. Nun merke ich, daß auch dieser Boden nicht fest ist, daß auch diese Menschen nicht glücklich sind, daß auch hier der ewige Unfriede eingedrungen ist, der unsere Zeit durchwühlt. Was ist eine Welt wert, in der es kein Glück zu geben scheint!«

»Glauben Hoheit noch immer an ein positives Glück?« fragte Wiesel mit dem gewohnten sarkastischen Lächeln, das zuckend seine Lippen umspielte.

»Sehen Sie nicht, daß ich es suche, daß ich danach ringe?«

»Ringen, Hoheit? Ringen um ein Ding, das so vergänglich ist, so zerbrechlich, daß es bei der Berührung in nichts verschwindet? Ringen um etwas, dessen einziger Vorzug darin besteht, täglich ein anderes zu sein? Ringen nach Glück? Welch unnütze Kraftanstrengung! *Quel bruit pour une omelette*, teuerster Prinz! Das Glück lohnt nicht der Mühe, man nimmt es, wo man es findet, und wirft es von sich, hat man genug davon. Es gibt kein beständiges Glück!«

Der Prinz sah ihn düster an und sagte: »Ich fragte Sie schon einmal, mußten Sie dazu heimkehren, Wiesel! Um mir zu wiederholen, was mein eigner, trostloser Unglaube mir bis zur Verzweiflung predigt?« Dann, sich gegen Vetter wendend, rief er: »Ich wollte, ich wäre wie Sie, Vetter, auf dem Wege, ein Schwärmer zu werden und an Ideale zu glauben wie Fichte. Nannten Sie mir nicht gestern den jungen Wegmann als einen Ihrer idealistischen Glaubensgenossen?«

»Wenn Hoheit unter dieser Bezeichnung, die wie Spott klingt, einen Mann verstehen, der seinen Glauben an ein Rechtsideal, der die Überzeugung seiner Vernunft soweit als möglich in sich selbst und im Leben zu verwirklichen strebt, so gehört Wegmann dazu!«

»Er scheint aber dadurch nicht wesentlich zu seinem und dem Glück seiner Familie beizutragen«, meinte Wiesel. »Sein Idealismus bringt den Zank ins Haus und ich glaube, der Alte verkaufte den Idealismus billiger als die praktische Tätigkeit des Sohnes!«

»Ich möchte den jungen Wegmann wiedersehen, Vetter! Bringen Sie ihn zu mir, wenn er kommen will.«

»Hoheit!« lachte Wiesel. »Nehmen Sie idealistische Republikaner nicht unter das Brennglas der Hofatmosphäre, in diesem Feuer verflüchtigen die Stärksten so schnell, daß nichts von ihnen übrigbleibt, als – ein Höfling, wie wir alle.«

Bei diesen Worten hatte man die Wohnung des Prinzen erreicht und er trat ein, seine Begleiter verabschiedend. Wiesel und Vetter, die ohnehin nicht freundlich miteinander standen, trennten sich, um nach verschiedenen Seiten davonzugehen.

8

Mehrere Tage waren vergangen, ehe der Zufall Pauline und den Prinzen wieder zusammengeführt hatte. Endlich konnte er seine Sehnsucht, sie wiederzusehen, nicht mehr beherrschen. Eine Tante Paulines war mit dem preußischen Konsul von Crayen in Leipzig verheiratet gewesen und lebte jetzt nach dem Tode ihres Mannes in Berlin. Prinz Louis kannte Frau von Crayen; sie hatte ihn und die andern Prinzen mehrfach als Gäste bei sich gesehen, wenn sie während der Messe nach Leipzig gekommen waren, um sich an dem regen Treiben derselben zu ergötzen, das damals noch bedeutender erschien, weil die Menschheit noch nicht so beständig auf der Wanderschaft war als in unserer Zeit der Eisenbahnen und Dampfer. Frau von Crayen war es, welche den Prinzen bei Paulines Mutter einführte.

Die Geheimrätin Cäsar hatte viele Töchter. Sie waren alle schön, alle verheiratet, aber Pauline war immer der Liebling der Mutter gewesen und wurde nach der Rückkehr in das Vaterhaus mit jener Liebe verhätschelt, die elterliche Schwäche sonst wohl einem einzigen Kinde angedeihen läßt. Jeder ihrer Wünsche fand Erfüllung, jeder Neigung ward gewillfahrt, nur den Besuchen des Prinzen glaubte die Geheimrätin sich widersetzen zu müssen, obschon sie nicht sittenstrenger dachte als ihre übrigen Zeit- und Standesgenossen. Es lag ein selbstsüchtiger Grund hinter diesem Verhalten. Frau von Cäsar bezog eine Pension vom Prinzen Ferdinand, dem ihr Mann gedient hatte. Sie und ihre ganze Familie waren dem prinzlichen Hofstaat persönlich bekannt. Möglicherweise konnten die Eltern des Prinzen irgendwelchen Anstoß an dieser neuen Verbindung nehmen, man konnte der Geheimrätin aus ihrer Nachsicht einen Vorwurf machen, es konnten Verwicklungen, Mißverständnisse entstehen und ihr die Pension vorenthalten oder auch nur geschmälert werden. Dies wünschte die kluge Frau zu vermeiden. So ward, obschon sie vermögend genug war, die Pension entbehren zu können, dem Prinzen Louis von Paulines Mutter ein kühler, fast ablehnender Empfang zuteil.

Je ungewohnter dies dem überall mit Freude aufgenommenen Fürstensohn sein mußte, um so mehr war er entschlossen, diesen Widerstand zu besiegen. Seine Sehnsucht steigerte sich an jedem mißglückten Versuch, Pauline zu sehen und zu sprechen, und bald loderte eine Leidenschaft für sie in seinem Herzen empor, der er sich überließ, ohne sich zu fragen, wohin sie ihn führen könne und solle.

Solche Frühlingstage der Liebe sind von zauberischer Süße. Wie man sich im Lenz des Lebens und des Jahres der Einwirkung überläßt, welche die träumerische Stille der brütenden Mittagssonne auf uns übt, wenn alle Blüten, sich der Wärme erschließend, ihre süßesten Düfte ausströmen, wenn Käfer und Bienen, leise summend, sich voll Daseinswonne wiegen in dem goldenen Licht und der Schmetterling, langsam schwebend, sich in die frisch erblühte, strahlende Rose versenkt, so gibt man sich genießend jener Wärme hin, mit der das junge Liebesleben uns wonnig süß durchströmt. Wer beachtet die leichten, weißen Wölkchen, die vereinzelt, wie silberne Wellen, an der dunkelblauen, sonnendurchjubelten Himmelsdecke schweben? Wer fürchtet, daß sie am Abend, zusammengeballt zu einer gewitterschweren Wolkenmasse, Blitze niederschleudern könnten, uns zu zerschmettern? Die Natur selbst hat die Sorglosigkeit des Genießens in uns gelegt, denn diese ist Bedingnis unserer Existenz. Das Leben würde zur Qual, zur Hölle werden, wenn aus der Blüte des Genusses uns schon der Hauch des Verwelkens anwehte, wenn der Genuß uns nicht ganz erfüllte, wenn das Gespenst der Vergänglichkeit stets drohend vor uns auftauchte in der Freude.

Trotz aller Vorsicht und List der Mutter sahen Pauline und der Prinz sich täglich, und diese Leidenschaft, welche bald für niemanden ein Geheimnis sein konnte, machte die Verzweiflung Henriettes aus.

Voll brennender Eifersucht flüchtete sie zu Rahel, sowenig sie sonst Verständnis und Neigung für diese empfand. Weib genug, um zu wissen, daß Rahel den Prinzen liebe, war sie nicht groß genug, diese Liebe in ihrer Selbstverleugnung und Schönheit zu verstehn. Mit leidenschaftlicher Lebhaftigkeit schilderte sie alle Vorgänge jenes Abends bei Frau von Grotthuß, um Rahels Eifersucht zu erregen, und an ihr eine Verbündete gegen Pauline zu gewinnen. Rahel hörte ihr ruhig zu, keine Miene ihres Gesichts veränderte sich, nur noch bleicher wurde sie als gewöhnlich, und in träumerischem Sinnen das Haupt hin und wieder wiegend, sprach sie, wie zu sich selbst: »Und ich mußte es sein, die ihm jenen Brief Paulines gab? Grade ich?«

Henriette fragte, von welchem Briefe sie spräche, was sie meine? Rahel wich der Antwort aus.

Ihr schneller Geist überflog alle gegenwärtigen Verhältnisse des Geliebten. Sie dachte seines gesunkenen Lebensmuts, seiner geistigen Abspannung, welche ihm selbst die Willenskraft nahm, sich gegen Henriettes Untreue und das Unglück dieses ganzen häuslichen Verhältnisses zu verteidigen, oder sich dagegen abzustumpfen. Paulines plötzliches Erscheinen dünkte sie eines jener Mittel, welche das Leben immer darbietet, wenn eine Krisis für den Menschen notwendig und unvermeidlich geworden ist. Pauline hatte Rahels Teilnahme erregt, sie hielt sie einer Erhebung fähig, der Prinz selbst sah in ihr ein Wesen, dem er die helfende Hand reichen müsse, sollte nicht ein Ideal menschlicher Schönheit rettungslos in dem Abgrund sittlicher Verwilderung untergehen, der vor ihm gähnte. Wenn der Prinz sich ermannte, wenn er hier ein neues Lebensziel erblickte, sich selbst erhöbe, um ein geliebtes Weib zu retten! dachte Rahel, und eine traurige Stimme in ihrem Herzen fragte: Und was dann?

Eine neue Gedankenreihe tat sich vor ihr auf. Rahel fühlte zu bewußt, um sich die Qualen zu verbergen, welche, trotz aller eigenen Hoffnungslosigkeit, die Eifersucht auf Pauline ihr bereiten würde. Sie war eine zu gesunde Natur, um in Entsagung jene von den Poeten mit Unrecht besungene, krankhafte Seligkeit des Schmerzes zu empfinden. Der Schmerz ist unser Feind, wir sollen ihn hassen und ihm als einem Feinde gewappnet gegenübertreten, ihn zu besiegen, wenn wir stark genug dazu sind. Genuß im Schmerze finden ist Seelenkrankheit. Der Gesunde überwindet oder unterliegt ihm, wie er dem Tode unterliegt, aber sowenig er spielt mit seinem Weh, so freudig kann er den Kampf mit dem Schmerze über sich nehmen, wo es gilt, sich einem großen Zwecke still zum Opfer darzubringen. Rahels Liebe hatte diesen Mut.

Ob Henriette leiden, was sie selbst erdulden würde, das fragte sie sich nicht mehr. Louis sollte frei werden von den Qualen, welche sein Verhältnis zu Henriette ihm bereitete, und glücklich in Paulines Erhebung und Besitz! Tausend Pläne, dies Ziel zu erreichen, flogen durch ihre Seele. Das Dasein aller dieser Menschen entrollte sich vor ihrem inneren Auge wie ein Kunstwerk, sie selbst stand außer diesem Kreise, sie schien sich der Dichter, welcher eine schöne, eine befriedigende Lösung zu schaffen hat. In der Natur muß das Geringere dem Höheren dienen, es wird ihm aufgeopfert, sagte sie sich. Begehe ich ein Unrecht, wenn ich das Glück eines Louis Ferdinands höher anschlage als das Glück Henriettes? Wenn ich Menschen nur als Mittel zum Zwecke betrachte, wo es gilt, eine Mannesseele zu retten, von der die nächste Zukunft Taten zu fordern hat?

»Nein!« rief sie, in dem Egoismus ihrer Liebe für den Prinzen. »Nein! Er soll nicht leiden! Es soll alles gut und glücklich enden. Ich wollte eine schöne Entwicklung für dies Drama finden, wenn nur die Weiber etwas anders wären!«

Man war an Rahel solche Ausrufe gewohnt, und sie hatte es ungern, wenn man sie um ihre Bedeutung fragte. Dennoch tat es Henriette.

»Was denken Sie, Rahel?«

»Oh! Ich dachte, ob man eine Dichtung befriedigend lösen könne, in der die eine Heldin schwach und die andere leichtsinnig ist.«

Henriette verstand dies nicht. »Sie sind recht teilnahms-los an meinem Schicksal, an dem Glück des Prinzen«, sagte sie, »für den Sie soviel Freundschaft zu hegen behaupten. Ich bitte Sie um Rat, ich verlange von Ihnen Antwort auf die Frage, was soll aus dieser Liebe für Pauline werden, und Sie denken an ein Trauerspiel! Sie kennen Louis. Raten Sie mir, Rahel, was soll ich tun?«

»Ertragen, was Sie doch nicht ändern können!«

»Und wenn diese Liebe ihn weit und weiter führte? Wenn er mich verließe um dieser Pauline willen? Was dann, Rahel?«

Rahel sah sie ruhig und fest an: »Dann werden Sie ent-sagen müssen, wie die Gräfin entsagen mußte, als Louis sie verließ um Ihretwillen!«

»Und das sagen Sie mit dieser Kälte, mit dieser eisigen Unerbittlichkeit?«

»Ich sage es, weil ich Sie stark machen möchte gegen die Gewalt des Unvermeidlichen. Wir kennen Louis beide.«

Henriette fing zu weinen an. »Was habe ich diesem Manne geopfert!« rief sie aus. »Und ich sollte verlassen werden? Ich sollte unglücklich werden? Die Kinder ihres Vaters beraubt?« Sie ging händeringend und klagend durch das Gemach.

Rahels Mut brach zusammen. Sie hatte nur Kraft gegen das eigene Weh, nicht gegen fremdes, aber dennoch fand sie keine Möglichkeit, Henriette eine andere Zukunft vor-auszusagen, dennoch konnte sie den Gedanken nicht auf-geben, der Prinz könne als Erlöser Paulines sich selbst erlö-sen, wie man lehrend lernt.

Die Härte ihres Wesens, ihrer Ausdrücke bereuend, wel-che Henriette so furchtbar erschüttert hatten, versuchte sie beruhigend und mildernd auf sie zu wirken. Sie beschwor sie, das Leben eines solchen Mannes nicht durch Eifer-sucht zu trüben, die ihn nur weiter von ihr entferne, sie stellte ihr vor, daß man des Prinzen Handlungen nicht mit dem Maßstab engherziger, begrenzter Liebe messen dürfe.

»Weil Louis nur sich selbst als Richter seiner Handlungen erkennt, hat er Sie, Henriette, entführt, sind Sie die Seine geworden und haben Sie Jahre des Glücks genossen mit ihm. Dürfen Sie ihn verdammen«, sagte sie, »wenn das Schwert, mit dem er Ihre Bande durchschnitt, sich jetzt auch gegen Sie wendet? Sie gingen aus Liebe einen Pfad, der Sie weit ableitete von den Begriffen Ihres früheren Lebens, Sie machten sich frei von den Pflichten der bürgerlichen und christlichen Sitten, und wollen klagen, wenn auf dem frei gewählten Pfade Dornen und Disteln Sie zerreißen? Wer seinen eigenen Weg geht, muß den Mut haben, alle Schrecken dieses Weges fest und mit bewußter Entsagung über sich zu nehmen. Tragen Sie Ihr Schicksal edel, um Ihrer Kinder willen!«

Henriette hörte dies an, ohne es zu begreifen, weil Rahel ihre Trost- und Beweggründe nach der eigenen, nicht nach Henriettes Seele maß. Aber es gibt Naturen, deren Gedankenkreis, deren Verständnis in sich beschränkt ist, auf die kein Beweis wirkt, der nicht aus ihrer eigenen Anschauungsweise geschöpft ist. Henriette gehörte zu ihnen. Ihre Einsicht über die Schranke des eigenen Wesens zu erweitern war unmöglich, jeder Kampf gegen diese Seelenbeschränktheit ein Pfeilewerfen gegen eine Mauer von Granit.

Ohne Trost verließ sie Rahel, und beide Frauen hegten ein Gefühl des Zorns gegeneinander, weil beide ein Schuldbewußtsein hatten. Henriette drückte das Gefühl ihrer Untreue gegen den Prinzen, Rahel der Gedanke an die Vermessenheit, welche darin liegt, das Schicksal im Leben anderer Menschen spielen zu wollen.

In heftiger Gemütserregung ging sie auf und nieder in ihrem Gemach, unschlüssig, was sie tun solle, um dem Prinzen, bei dem auf Selbstbeherrschung nicht zu rechnen war, neue Leiden, neue Verwicklungen zu ersparen. Alle Hoffnungen konnten sich nur an Pauline anknüpfen, und diese bot keinen Grund, mit Zuversicht auf sie zu bauen.

Seufzend ließ sie sich endlich auf dem Sessel an ihrem Schreibtisch nieder und versank mit den Worten »Ach, wenn ich mein Herz in ihre Brust versenken könnte!« in tiefes Sinnen. Dann griff sie zur Feder, um Pauline durch ein paar Worte zu sich einzuladen.

9

Rahel hatte seit Jahren das Vertrauen des Prinzen so unbedingt besessen, daß es nicht lange währen konnte, bis er ihr von seiner Liebe zu Pauline sprach. Sie hatte sich gefaßt gemacht, wie sonst die lebhafte Schilderung einer heißen Leidenschaft zu hören, wie der Prinz sie bald für diese, bald für jene Frau zu hegen behauptete, aber eine ganz andere Seite seiner Natur schien von dieser Liebe für Pauline angeregt zu sein.

Paulines wunderbare Schönheit, schrieb er eines Tages an Rahel, *hat mich fromm gemacht. Es ist ein Gefühl der Anbetung, was ich für sie empfinde; ihre Nähe macht mich weich und still, und meine ganze Seele jammert, daß dieses Götterbild durch die Liebe eines Wiesels, durch die Liebe unwürdiger Menschen entweiht ist. Wenn Pauline mir die Irrtümer ihres Lebens erzählt, wenn sie mit Tadel, mit einer Art schmerzensvoller Verachtung von sich spricht, so möchte ich hinknien und ihr sagen: ›Sähest du dich mit meinen Augen, damit du glauben lerntest an dich!‹ Und doch wage ich nicht, ihr zu sagen, daß und wie ich sie liebe. Es haben ihr so viele von Liebe gesprochen, so viele von Liebe geheuchelt, und niemand hat sie je genug geliebt, um ihre Treue zu verdienen. Nicht ihre Schuld war es, daß sie von einer Leidenschaft in die andere stürzte, es war die Schuld der Männer, welche ihr nicht jene tiefe, starke, stützende Liebe entgegentrugen, die allein ihr genügen, die allein die Treue dieses Weibes erhalten kann. Meine ganze Seele dürstet nach ihrem Besitz, und doch vermag ich zu schweigen, doch vermag ich mich an ihrem Anschauen zu begnügen und fühle ein Glück, wie ich es nie gekannt habe, in dem ich mich beherrsche um ihretwillen. Erst wenn ihr Glaube an die Unwandelbarkeit reiner Liebe in ihr feststeht, erst wenn sie fühlt, daß sie endlich das Wesen gefunden hat, von dem sie sich nicht trennen kann, ohne unterzugehen, erst dann verdiene ich sie, und bis dahin will ich ruhig um sie werben.*

Voll Schmerz, und doch erfreut über diese Richtung des Prinzen, faltete Rahel das Blatt zusammen und eilte zu Pauline, um es ihr zu zeigen.

Pauline las es und gab es erbleichend zurück. »So tief vermag er sich zu täuschen!« rief sie. – »Sieh«, fuhr sie nach einer Weile fort, »wenn er den andern gliche, wenn er nichts in mir sähe als was ich bin, ein schönes, eitles Weib, dann würde ich ihn lieben können, und wir würden eine Weile glücklich sein, um einander zu verlassen und zu vergessen, wie alle lieben und vergessen in dieser Welt. Aber jetzt!«

»Jetzt, Pauline?«

»Jetzt will ich das einzige tun, was ich vermag, ich will ihn nicht belügen. Ich kann nicht jene Liebe empfinden, die er sich träumt, ich habe zuviel erfahren in mir selbst, ich glaube und liebe nicht wieder. Sage ihm das und sage ihm, daß Ihr alle mich nicht kennt. Er soll mich meiden, denn er ist so schön, daß ich ihn täuschen könnte, und ist so gut, so jung in seinem Herzen, daß ich es nicht möchte. Ihr kennt mich nicht!«

Am wenigsten aber kannte Pauline sich selbst. Sie wußte nicht, wie sehr sie den Prinzen bereits lieben mußte, um diese Anschauung ihres Wesens gegen sich selbst geltend zu machen. Sie wollte den Prinzen fliehen und suchte doch jede Gelegenheit, ihn zu sehen. Bald ihn anziehend aus gewohnter Koketterie, bald ihm kälter begegnend, als ihr Herz empfand, litten der Prinz und sie gleichmäßig unter dem Druck eines Verhältnisses, das für beide ein ganz ungewohntes, und darum, trotz aller Schmerzen, ein reizendes war.

So verging das Ende des Jahres, und das Neujahr kam heran. Am zehnten Januar sollte die Prinzessin Marianne ihren Einzug in Berlin halten.

Pauline hatte den Prinzen in jenen Tagen weniger gesehen, da er am Hofe mannigfach in Anspruch genommen wurde, und ihr letztes Begegnen war kein erfreuliches gewesen. Wiesel hatte sie unablässig überwacht und störend zwischen ihnen gestanden. So sehr er an Paulines Untreue gewöhnt, so gleichgültig sein Herz dabei war, gewann sie immer als Besitz einen neuen Wert für ihn, sobald ein anderer ihm denselben streitig machte.

Oft hatte er in freundlichen Stunden scherzend zu ihr gesagt, er gehöre zu den Menschen, die nach einer bewegten Jugend ein ruhiges Alter ersehnen. Deshalb wolle er ihr volle Freiheit gönnen, alle Erfahrungen des Herzens zu erschöpfen, gewiß, daß sie dann einst um so sicherer in seine Arme, in die Arme eines geprüften, lebenskundigen Mannes zurückkehren und mit ihm in den Hafen der Lebensruhe einlaufen werde.

Dennoch trat er der Liebe des Prinzen entschieden entgegen, sei es, weil er hier ein tieferes Verhältnis ahnte, oder weil andere Rücksichten ihn dazu bewogen. Aber den gekränkten Gatten zu spielen neben einer Frau, deren Untreue er, gegen sie selbst, stets als eine Berechtigung ihres freien Willens anerkannt hatte, war er zu klug, wie er zu sehr Weltmann war, sich als Eifersüchtiger dem Spott bloßzustellen. Unter dem Schein ruhiger Gleichgültigkeit tat er, was in seinen Kräften stand, Pauline gegen den Prinzen einzunehmen. Keine von den früheren Leidenschaften desselben, keine seiner unschönen Ausschweifungen enthielt er ihr vor, und mit der Wendung, er wolle sie auch in diesem Falle klar sehen machen, schilderte er ihr die Lage aller der Frauen, welche der Prinz geliebt und wieder verlassen hatte.

Unmerklich wirkte dies auf Paulines Verhalten ein. Verstimmt hatten der Prinz und Pauline sich an einem Abend im Haus der Frau von Crayen getrennt. Beide litten, beide schwiegen, beide sehnten sich nach Verständigung, und keiner vermochte sich zu überwinden, um sie herbeizuführen.

Von Stunde zu Stunde wartete Pauline auf die Ankunft des Prinzen; immer wieder war sie im Lauf der letzten Tage an das Fenster geeilt, zu sehen, ob er noch nicht käme, ob er nicht vorüberreite, ob sein Wagen nicht nach dem Schloß fahre? Sie hatte ihn nicht erblickt. Vetter und Wiesel erzählten ihr von den Feierlichkeiten am Hof, von der Ankunft verschiedener Prinzessinnen aus den kleinen deutschen Staaten, welche der Vermählungsfeier beiwohnen sollten, von den Damen des Adels, die jenes Fest nach der Residenz geführt habe. Man schilderte ihr den Prinzen so vielfach in Anspruch genommen, so tausendfältig abgezogen, daß sie sich nicht verwundern durfte, wenn er in dieser Zeit wenig Muße für sie hatte.

»Sei kein Kind, Pauline«, sagte ihr Wiesel, »und spiel die Beleidigte. Frage Henriette Fromm, ob nicht sie selbst in den Hintergrund treten muß in solcher Zeit. Wer kann wissen, welche Fürstentochter den Leichtbeweglichen jetzt fesselt?«

Pauline versicherte, dies in der Ordnung zu finden, aber eine Eifersucht, wie sie sie nie gekannt, verriet ihr die Gewalt der Liebe, die sie für den Prinzen hegte. In quälender Unruhe verging ihr die Nacht. Am Morgen sollte der Einzug der Prinzessin vor sich gehen. Dann war der Prinz durch das Zeremoniell der Feierlichkeiten für diesen ganzen Tag gefesselt. Noch vierundzwanzig Stunden diese gleiche Pein zu tragen, davor schreckte Pauline zurück.

Früh in winterlichem Dunkel verließ sie ihr Lager, ihm zu schreiben. Es war der erste Brief an ihn. Was sollte sie ihm sagen? Sie fand das Wort nicht.

Ich liebe Dich und ich vergehe, wenn ich Dich nicht heute

noch spreche, diese Worte waren es, welche sie auf das Blatt warf. Aber konnte sie das sagen, ohne in seinen Augen durch dieses rückhaltlose Geständnis zu verlieren, da er ihr niemals von seiner Liebe gesprochen hatte?

Sie schrieb ein anderes und noch ein drittes Billet, es war immer derselbe Aufschrei der geängsteten Liebe. Endlich sandte sie das erste Blatt ab; aber schon nach wenigen Augenblicken brachte ihr Bote es zurück, denn der Prinz war bereits nach Schöneberg zum Empfang der Prinzessin aufgebrochen.

Ein klarer, sonniger Wintertag lag über den Straßen Berlins, funkelnd hoben die Bäume der Lindenallee, die vom Opernplatz nach dem Brandenburger Tor führt, ihre Äste gegen den hellblauen Himmel empor. Der festgefrorene Schnee knisterte unter den Füßen der Tausende von Menschen, welche die Straßen erfüllten. Alle Fenster der Stadtteile, durch die der Zug kommen mußte, waren von Menschen besetzt. Vom Hallischen Tor abwärts, die Wilhelmstraße entlang, die Linden hinab bis zum Schlosse wehten Fahnen von den mit allegorischen Bildern gezierten Ehrenbogen, welche von den verschiedenen Zünften und Gewerken zu Ehren des jungen Paares errichtet worden waren, und trotz des tiefen Winters hatte man überall so viel Tannengrün anzubringen gewußt, daß mitten auf dem Schnee ein künstlicher Sommer dem Auge entgegenlachte.

Im Haus der Geheimrätin Cäsar, das auf der rechten Seite der Linden die Ecke der kleinen Lindengasse bildete, hatte sich in den Zimmern des von ihr bewohnten ersten Stockes eine zahlreiche Gesellschaft zusammengefunden, die zum Ansehen der Feierlichkeit geladen worden war. Pauline, in ein Kleid von dunkelrotem Kaschmir gekleidet, stand klopfenden Herzens an einem der Fenster und erwartete in größter Spannung die Ankunft des Zuges, in dessen Mitte sie den Geliebten zu sehen hoffte.

Taub für die Unterhaltung der sie Umgebenden, achtlos

gegen die Aufmerksamkeit der Vorübergehenden, welche immer wieder nach dem Fenster hinausblickten, wenn sie Pauline dort einmal wahrgenommen hatten, schien sie nur ein Interesse zu haben, das Beginnen des Glockengeläuts und der Kanonenschüsse, welche die Ankunft der Prinzessin im Weichbild der Stadt verkünden sollten.

Endlich dröhnte der Kanonendonner durch die Luft, alle Glocken der Stadt erklangen, nur noch kurze Zeit konnte es währen, nur noch Minuten konnten vergehen, bis der Zug die Wilhelmstraße herabgekommen war und in die Linden einbog.

Aber die Sehnsucht harrender Liebe wächst zu errötender Stärke grade in diesen letzten Minuten, sie wird größer, ungestümer, überwältigender, je kleiner der Zeitraum wird, der sie von der Erfüllung ihrer Wünsche trennt.

Warum Pauline zitterte? Was sie fürchtete? Weshalb es ihr so unerläßlich schien, grade jetzt den Prinzen zu sehen, grade heute noch ihm zu sagen, daß sie ihn liebe? Sie wußte es nicht. Und doch war ihr, als müßte ein Unglück geschehen, wenn sie daran gehindert würde, als sei es nicht ihre Wahl, sondern eine Notwendigkeit, der sie zu gehorchen habe.

Plötzlich wandten sich alle Blicke dem Brandenburger Tor zu, Gensd'armes sprengten die Straße entlang nach dem Schloß, die Soldaten, welche im Spalier aufgestellt und durch das stundenlange Warten ermüdet waren, machten Richt, die Offiziere gingen musternd die Reihen entlang, das Volk ward von Polizeibeamten auf die Seiten zurückgedrängt, und geführt von dem Polizeipräsidenten und seinen Beamten eröffnete die Zunft der Schlächter, welche seit den Zeiten des großen Kurfürsten in Berlin dieses Privilegium genießt, den feierlichen Zug.

Die Kaufmannschaft, die andern Zünfte folgten; dann begann der Zug der Hofbeamten. Nach ihnen mußte die Prinzessin kommen.

Ihr Bräutigam, Prinz Wilhelm, sollte sie im königlichen Schloß am Fuß der Wendeltreppe empfangen, welche Friedrich der Große zu seiner Bequemlichkeit hatte erbauen lassen, um zu Pferd in seine Zimmer zu gelangen. Der König, seine Gemahlin und die Königinmutter erwarteten sie in den großen Gemächern. Die andern Prinzen des Hauses begleiteten ihren Wagen; zur Rechten der Onkel des Königs Prinz Ferdinand und des Königs Bruder, Prinz Heinrich; zur Linken die Prinzen Louis Ferdinand und August.

Wo der offene Wagen vorüberzog, in welchem die schöne Prinzessin Marianne sich befand, wurden alle Fenster geöffnet, lauter, freudiger Zuruf scholl ihr entgegen; ein Freudenwillkomm, den die seltenen Eigenschaften dieser fürstlichen Frau in späterer Zeit vollkommen rechtfertigen sollten.

Pauline war unter den ersten, welche die Fensterflügel zurückschlug. Weit hinausgebogen über die Brüstung, die Kälte nicht achtend, die ihre entblößten Schultern eisig berührte, spähte sie nach dem Geliebten, dessen Auge sie bereits gesucht und gefunden hatte. Je näher er kam, je fester sich sein Blick auf sie heftete, je lauter rief es in ihr: Ich muß ihn sprechen, jetzt, in diesem Augenblick, sogleich!

Sie wußte nicht, was sie tat, aber weit sich vorneigend, mit der Hand ihm winkend, gab sie ihm in dem Augenblick, als der Zug vor ihrem Hause hielt, ein Zeichen, das er nicht mißverstehen konnte.

Sein Gesicht glühte auf in heller Freude. Die Feierlichkeit, die Prinzessin, das Menschengewühl, jede Rücksicht verschwanden vor ihm; er sah, er empfand nichts als Pauline und das Glück, von ihr geliebt zu werden.

Mit raschem Zügeldruck hielt er sein Pferd an, riß es durch das Gefolge hinter dem Wagen der Prinzessin auf die rechte Seite herüber, schwang sich aus dem Sattel, das Pferd dem Nächststehenden überlassend, sprang die

Treppe vor dem Haus der Geheimrätin empor, sich Bahn machend durch die Menschen, welche auf derselben in engen Haufen zusammengedrängt waren, und Pauline lag an seinem Herzen.

»Pauline!« – »Louis!« – das waren die einzigen Worte, welche ihren Lippen entflohen. Fest und gewaltig preßte er sie an sich, fest, als könne sie ihn nicht wieder lassen, hielt sie ihn umschlungen, als er sich losriß, um auf seinen Posten zurückzukehren.

»Ich sehe dich noch – heute abend – ich komme zu dir!« rief er ihr zu und war verschwunden.

Das ganze Begebnis war das Werk weniger Augenblicke gewesen. Fast niemand auf der Straße hatte das Zurückbleiben des Prinzen bemerkt, das man einem äußeren Vorfall, einem Scheuwerden des Pferdes zuschrieb. Noch weniger war, in der allgemeinen Teilnahme am Zug, Paulines Verschwinden aus dem Zimmer beachtet worden.

Als die Feierlichkeit beendet war, die Volksmasse sich zerteilte, die Gäste der Geheimrätin Cäsar sich um die Tische zum Frühstück niederließen und Pauline in halber Zerstreuung Vetters Arm nahm, der sie zur Tafel führen sollte, sagte ihre Mutter: »Mein Gott! Pauline, was hast du denn? Dein Kleid ist ja wie bestäubt, auch dein Gesicht und dein Haar sind voll von Staub?«

Pauline errötete und wandte sich nach dem Spiegel, aber Vetter bemerkte leise: »François muß heute in der Eile den Prinzen schlecht gepudert haben.«

10

Eine Reihe von Festen folgte dieser Vermählungsfeier. Berlin war glänzender als seit Jahren, man schien die drohende Gefahr, den Lärm des Krieges, die blutigen Jahre der Revolution und des darauffolgenden Kampfes vergessen zu haben. Das Theater hatte seine schönste Höhe erreicht. Schillers und Goethes Dichtungen beherrschten die Bühne, und trotz der politischen Windstille, in deren Ruhe man sich am Hof ergötzte, streuten Schillers freiheitsatmende Dramen, Fichtes männliche Vorträge eine Saat im Volke aus, welche, langsam wachsend, nach Jahren reiche Früchte tragen sollte.

Obschon Rahel mit ungeteilter Verehrung Goethe anhing und ihn hoch über Schiller stellte, bemerkte sie dennoch mit Freude den Eindruck, welchen die Werke des letzteren auf den Prinzen ausübten. ›Wallensteins Tod‹, die ›Braut von Messina‹, der ›Fiesko‹ waren im Laufe des Januar und Februar über die Bühne gegangen, und Mattausch, Iffland, die Unzelmann, hatten sich Lorbeeren errungen, indem sie die Gestalten des Dichters in höchster Vollendung ins Leben gerufen.

Es war nach der ersten Aufführung von ›Wallensteins Tod‹, als der Prinz mittags zu Rahel kam, und mit lebhafter Teilnahme der Aufführung, mit tiefer Rührung der Liebe gedachte, wie sie in Max und Thekla dargestellt wird.

»Es ist wunderbar, Rahel«, sagte er, »daß man so jung bleiben kann trotz der wachsenden Anzahl von Jahren. Glauben Sie wohl, daß ich gestern im Theater, in der Loge neben meiner Mutter diese nicht anzusehen wagte, weil ich fühlte, daß Max und Thekla mich erschütterten, als wäre ich ein Jüngling, der die ersten Regungen des Herzens sich selbst nicht zu gestehen wagt. Ich schämte mich dieser inneren Jugend, und doch machte sie mich glücklich.«

»Das soll sie auch, lieber Prinz! Denn wer jung ist, hat eine Zukunft, und jung bleiben setzt Lebenskraft voraus.«

»Aber wenig Verstand. – Rahel! Alle meine Erfahrungen, alle meine Enttäuschungen stehen vor mir; Sie wissen, welche Geständnisse Pauline mir gemacht hat, und doch liebe ich sie, doch habe ich noch nie gewünscht, sie wäre eine andere, sie hätte ihre Vergangenheit nicht gelebt. Ja, wäre sie keusch und rein wie Schillers Thekla, ich liebte sie gewiß weniger als jetzt.«

»Darin scheint mir kein Widerspruch zu liegen«, meinte Rahel. »Sie empfinden wie Gott mehr Freude über einen Sünder, der Buße tut, als über zehn Gerechte, und wollen, wie der barmherzige Samariter, sich der Sünderin erbarmen.«

»Nein! Das ist es doch nicht ganz«, entgegnete er. »Es liegt ein Glück in der weichen Demut, in dem Zauber des Hingebens auf Gnade und Ungnade, in dem Dank für unseren Glauben an sie, welchen Frauen, wie Pauline, vor jenen Weibern voraus haben, deren untadliges Bewußtsein unsere Liebe als natürliches Ergebnis ihrer Tugend, unseren Glauben als Pflicht hinnimmt. Diese tugendhaften Frauen sind stolz und niemals dankbar für Liebe. Sie sehen ewig auf den Mann herab, wie der Gläubiger auf seinen Schuldner, und was man auch für sie empfindet, man kommt nie auf den Punkt, bei ihnen etwas zu gut zu haben, wofür sie Erkenntlichkeit und Dank zu fühlen hätten.«

»Sie bürden den Frauen auf, was die Männer reichlich mit ihnen teilen, Hochmut und Unduldsamkeit.«

»Die Frauen besitzen sie in höherem Grade.«

»Ja, das gebe ich zu, Prinz, weil die Frauen noch weniger als die Männer jeden Menschen als Spezialität betrachten, an die man nur ihren eigenen Maßstab legen darf. Sie messen mit der Elle, welche ihre Mutter oder ihr Pastor ihnen als die richtige bezeichnet haben, und verwerfen als übermäßig oder nicht vollzählig, was damit nicht stimmt.«

Der Prinz räumte dies ein, dann sagte er: »Ich bin eigentlich zu Ihnen gekommen, Rahel, um von Ihnen die Gewährung einer Bitte zu verlangen. Die Geheimrätin, Wiesel und selbst Vetter hängen sich wie Fesseln an Pauline und mich, unsere Schritte voneinander haltend. Nehmen Sie unsere Liebe unter Ihren Schutz, ich muß Pauline öfter, ungestörter sehen, und Sie allein können mir dies Glück bereiten.«

Noch ehe Rahel antworten konnte, trat Pauline ein. Der Prinz ging ihr entgegen, und ihre Hand ergreifend, rief er: »Wie habe ich mich nach Ihnen gesehnt, Pauline! – Aber was haben Sie da?« fragte er, ein kleines Billet bemerkend, das aus dem Rande ihres Kleides hervorsah. »Das ist die Handschrift des Grafen Tilly.«

»Und wenn sie es wäre? Was fällt Ihnen daran auf? Tilly schreibt mir oft.«

»Das hast du mir nie gesagt, Pauline«, sagte der Prinz lebhaft. »Warum hast du es mir verheimlicht?«

Pauline antwortete neckend, der Prinz ward besorgt und dringend, da sie es entschieden und zuletzt mit Heftigkeit verweigerte, ihm das Blatt zu zeigen. Er bat, er beschwor sie, er zeigte die ganze Fülle seiner Liebe, die ganze Angst seiner Eifersucht. Pauline, abwechselnd empfindlich und scherzend, lachend und zuletzt weinend vor Ungeduld, blieb allem Flehen des Prinzen, allen Vorstellungen Rahels unzugänglich, so daß beide endlich der Überzeugung waren, jenes Blatt berge ein Geheimnis, dessen Enthüllung Pauline fürchte.

In heftiger Aufregung schloß der Prinz sie in seine Arme. »Du weißt es, Pauline, wie ich dich liebe!« rief er. »Du weißt, daß ich leide, wenn ich an dir zweifeln muß. Ich will dir alles verzeihen, alles! Denn ich liebe dich ja, nur reiße mich aus dieser Angst, gib mir das Blatt.«

Er griff danach, aber Pauline kam ihm zuvor. Ehe er es hindern konnte, hatte sie es aus dem Kleide gezogen, zerrissen, in den Mund gesteckt und hinuntergeschlungen.

»Lieber sterben«, rief sie, »als mich zwingen lassen durch Gewalt!«

Der Prinz schauderte. Erschreckend sowohl vor der unschönen Tat als vor Paulines Heftigkeit, sagte er: »War es Gewalt, daß ich dich bat, mich nicht leiden zu lassen? So handelt nur die schwerste Schuld. Sei ruhig! Ich frage dich nichts mehr.«

Voll Schmerz verließ er das Zimmer. Pauline brach in einen Strom von Tränen aus. Rahel litt für beide und für sich.

»Unglückselige!« sagte sie. »Also liebst du ihn nicht? Also täuschst du auch ihn?«

»Wie darfst du das sagen, Rahel?«

»Du hast ein Geheimnis, das du vor ihm verbirgst, Pauline; ein Geheimnis, welches jenes Blatt verraten hätte.«

»Weißt du, was jenes Billet des Grafen enthielt?« fragte Pauline. »Nichts als die Nachricht, daß die Grotthuß mich bitten lasse, sie zum Tee zu besuchen. Tilly sollte es mir mündlich sagen und schrieb es auf, da er mich nicht zu Hause fand.«

Rahel sah sie ungläubig an. »Und aus Neckerei, aus Laune vermagst du ihn zu quälen?«

Pauline erglühte. »Neckerei, Laune nennst du es, wenn ich mein Recht vertrete, wenn ich fordere, daß er mir glauben soll? Gestand ich ihm deshalb die Zerwürfnisse meines Innern, damit er an mir zweifle? Ist das die Liebe, welche er mir versprochen hat, die glaubensvolle Liebe, in der mein Herz genesen soll? – Er ist wie alle und ich hasse ihn!« rief sie, sich weinend auf das Sofa werfend.

Aber Paulines heftiger Schmerz war ebenso schnell vorüber, als er plötzlich gekommen war. Sie sprang vom Sofa empor, schlug lachend die Hände zusammen, wie es ihre Art war und rief: »Im Grunde bleibt es doch ein prächtiges Taschenspielerstück, wie ich das Papier forteskamotierte. Schade nur, daß es mir den Hals ganz wund gemacht hat. Ich bin krank davon!«

Vergebens bat Rahel, Pauline solle dem Prinzen schreiben, ihn um Verzeihung bitten; sie war nicht dazu zu bewegen. Dadurch wurde Rahel selbst wieder irre an ihr.

Als Pauline sich entfernt hatte, ließ Rahel den Grafen Tilly zu sich bitten, um die Wahrheit zu erfahren, und womöglich den Prinzen zu beruhigen. Tilly bestätigte den unschuldigen Inhalt des Blattes. Voll Mitleid für den Prinzen übernahm es Rahel, Pauline schriftlich mit der Eigentümlichkeit ihrer Natur zu entschuldigen, aber der Prinz war zu tief verletzt. Rahels Worte fanden keinen Glauben, weil er es nicht für möglich hielt, daß man einen Menschen, den man liebt, aus eigensinniger Laune, aus Koketterie leiden lassen könne.

11

Um Herr zu werden über seinen Schmerz und der inneren Unruhe ein äußeres Gegengewicht zu geben, eilte der Prinz nach der Mittagstafel ins Freie. Schnellen Schrittes ging er von seiner Wohnung die Friedrichstraße entlang, dem Oranienburger Tor zu.

Es war einer der letzten Tage des Februar. Die Sonne drang schon erwärmend in die Straßen ein und vergoldete im Untergehen die oberen Stockwerke der Häuser, deren Fenster man geöffnet hatte, dem neuen Frühlingshauch den Einzug zu gestatten. Mädchen standen an den Fenstern, die Blumentöpfe ordnend, Kinder spielten auf den halbfeuchten Steinen des Trottoirs. In den Werkstätten klapperte das rührige Handwerk, Wäscherinnen waren an den Flößen auf der Spree beschäftigt, und in der Kaserne, an der rechten Seite der Friedrichstraße, haspelten und kämmten die schlechtbesoldeten Soldaten Wolle, um die

Mittel zu ihrem Lebensunterhalt durch diesen Erwerb zu erhöhen. Einige, deren dunkle Gesichter die Ausländer verrieten, lagen müßig in den Fenstern und blickten ins Freie hinaus nach dem Tor, welches ihnen verschlossen war; denn nur nach zweijährigem untadelhaftem Betragen erhielten die Ausländer, aus denen das Heer zum großen Teil bestand, die Erlaubnis, alle Monat zweimal unter Vorzeigung eines Passes die Stadt auf zwei Stunden am Sonntagnachmittag zu verlassen.

Tausendmal hatte der Prinz alle diese Bilder vor Augen gehabt und sie mit Gleichgültigkeit betrachtet oder sie ganz übersehen; heute rührten und beängstigten sie ihn, weil er sich selbst niedergedrückt fühlte, denn der eigene Schmerz macht edle Naturen empfänglich für fremdes Leid, wie er unedle dagegen abstumpft.

Plötzlich stand dem Prinzen jene Scheidenacht des Jahrhunderts vor der Seele, in der er hier in derselben Kaserne die Leiche des jungen Weibes gesehen hatte. Die Gestalten Kuglers und Heldrichs, sein letztes Zusammentreffen mit diesem auf dem Vorwerk bei Schricke waren ihm mit unheimlicher Klarheit gegenwärtig. Henriette, die Kinder, Mathilde Scheinert verschlangen sich zu einer ihn beängstigenden Gruppe. Gegen diese alle hatte er Pflichten, sie hatten Ansprüche an ihn. Ansprüche an ihn hatten auch die Armen, welche hier im Schweiße des Angesichts ihr Brot suchten in den Straßen des Landes, das ihn als einen seiner Fürsten mit reichem Übermaß ernährte. Ansprüche an ihn hatten auch jene unglücklichen gefangenen Soldaten in der Kaserne dort, welche ein elendes Dasein fristeten für kargen Sold, um dies Dasein hinzugeben, sobald es gefordert ward, den Thron seiner Väter, die Freiheit eines Landes zu verteidigen, in dem ihnen selbst nur Knechtschaft bereitet ward.

Wo ist Gerechtigkeit, wo Freiheit auf Erden? fragte er sich. Wo ist das Glück, zu dem wir geboren sein müssen, da jeder es als Notwendigkeit fordert, und mit jenem

Naturinstinkt erstrebt, der uns zu atmen zwingt? Ist es die Schuld des Menschen, welche das Glück unmöglich macht? Aber was ist Schuld? Wo liegen die ersten Fäden der Verwicklung, welche uns vom freien Wollen des Guten in die nächtigen Abgründe trauriger Verwirrung hinabziehen?

Reine Freude an Henriettes kindlicher Unschuld hatte ihn an sie gefesselt; reines Erbarmen ihn zum Verteidiger des unglücklichen Kugler, gerechter Zorn zum Ankläger Heldrichs gemacht. Welche Verwirrungen waren aus diesen Ereignissen für ihn entsprungen, in welche Schlingen hatte ihr Zusammenwirken mit seinem frühern Leben ihn verstrickt! Jetzt trat Pauline in den Kreis seines Daseins, neue Bande schlangen sich um seine Seele, sie konnten ihn zu neuen Schmerzen, zu neuen Verwicklungen führen, und doch fühlte er nicht den Mut, sie zu zerreißen, nicht die Kraft, das Band zu lösen, von dem allein er jetzt Glück und Freude, Erhebung und Lebenslust erwartete, weil er dies alles Pauline zu bereiten hoffte.

In tiefes Sinnen versenkt ging er, ohne des Weges zu achten, vor das Tor hinaus, bis eine Menschengruppe vor einer der zahlreichen Schenken, die sich dort an der Oranienburger Chaussee befanden, sein Auge fesselte. Es waren Rekruten, welche an die Regimenter abgeliefert werden sollten, Leute von den verschiedensten Nationen, zum Teil mit Physiognomien, die von Leidenschaften auf das furchtbarste verwüstet schienen. Auch war es oft genug die Hefe der Menschheit, welche durch die Werbungen im Ausland den preußischen Regimentern einverleibt wurde, da man nur die körperliche Kraft und Größe der Leute in Betracht zu ziehen pflegte.

Manche der Neuangeworbenen, welche man durch List zum Annehmen des Handgeldes bewogen hatte, sahen traurig und düster vor sich hin. Andere sangen Schelmenlieder und neckten mit dreisten Angriffen und noch frecheren Worten die Schenkmädchen, welche den Angeworbenen den Trunk herausbrachten. Seitwärts saß ein junger, hochgewachsener Bursche, den Rücken gegen die Straße gewandt, das Gesicht in die Hände gestützt, Speise und Trank von sich weisend, die ein Kamerad ihm bot. Er schien sich fernzuhalten von den übrigen und den Besseren ebensoviel Teilnahme einzuflößen, als er Spott von den Roheren erdulden mußte.

Dieser Halt vor dem Tor war eine Gnade der Unteroffiziere, welche den Rekruten hier vor ihrer Einkerkerung in die Haft der Kasernen den letzten Trank im Freien vergönnten, die Henkersmahlzeit der Sklaverei, zu der sich die Soldaten mit dem Handgeld auf zehn Jahre und einen Tag verpflichtet hatten.

Die Unteroffiziere, von denen sie eskortiert wurden, standen mit geladenen Pistolen daneben, um jedem die Flucht unmöglich zu machen, und hatten zur Vorsicht noch große Hunde bei sich, welche, eigens auf Menschen dressiert, diese Rekruten zusammenhalten mußten, wie der Schäferhund die Herde.

Einer der am verwegendsten aussehenden Burschen war einige Schritte aus dem Kreis getreten, und nahm die Magd, welche ihm zunächst stand, in den Arm: »Schatz!«, sagte er, »merk dir mein Gesicht! Wenn nicht Donner und Blitz die verfluchte Kaserne und mich in ihr zerschlagen, so bin ich wieder da, ehe es grün wird, und dann sollst du von mir hören, denn dein Apfelgesicht gefällt mir, daß ich einbeißen möchte!«

»Du Narr!« lachte die Magd, sich von ihm losmachend. »Du und wiederkommen, wenn's grün wird! Wie willst du das wohl anstellen; du kommst nicht vor's Tor!«

»Nicht vor's Tor? Das ist wahr. Das haben sie auch in Österreich gesagt, und in Bayern gesagt. Vors Tor komm' ich nicht, aber in die weite Welt schon gewiß. Das Geld hab' ich im Sack; damit reiß' ich aus und bin hier, eh du dich's versiehst!«

Das Mädchen sah ihn an, dann den Unteroffizier. Sie

schien ihn angeben zu wollen. Der Rekrut aber nahm sie an die Hand, drückte ihr ein Geldstück hinein und sagte, sie seitwärts fortziehend: »Schweig, dummes Mädel! Was hast du vom Schwatzen! Dein Schade ist's nicht, wenn ich wiederkomm'! —«

Aber kaum hatte er mit dem Mädchen die paar Schritte aus dem Kreis getan, so sprang schon einer der Hunde an ihm empor, ihn trotz seiner wütenden Gegenwehr mit sich fortzerrend nach dem Zentrum. Der Unteroffizier fluchte ein Schock Donnerwetter ihm entgegen, zog ihm mit seinem Stocke mehrere Hiebe über den Rücken, kommandierte: »Vorwärts Marsch!« und der ganze Trupp marschierte dem Stadttore zu.

»Verflucht sei dies preußische Soldatenwesen und das ganze Nest!« schrie ingrimmig der blutende Mensch, erhielt noch ein paar Hiebe und hinkte mühsam den übrigen nach.

Der Prinz schauderte widerwillig und empört. Das waren die Bestandteile des preußischen Heeres, das zu befehligen er für eine Ehre hielt. Und gleichsam seinen Gedanken begegnend, sagte jemand neben ihm zu einem Dritten: »Dabei sind diese Kerle Juwele im Vergleich zu den geckenhaften Offizieren und den alten Generälen. Heldrich erzählte mir, daß der Chef seines Regiments sich auf dem Pferd des Reitknechts immer eine Fußbank nachbringen lasse, weil er zu dick geworden ist, ohne diese auf- und abzusteigen. Und solche Exemplare finden Sie in jedem Bataillon.«

Die Stimme kannte der Prinz. Er wandte sich um, es war Wiesel, welcher mit dem jungen Wegmann sprach. Sie hatten, ebenfalls vom schönen Wetter gelockt, einen Spaziergang gemacht und waren von der Szene vor der Schenke zum Verweilen bewogen worden.

Der Prinz hatte nach jenem Besuch in der Fabrik Wegmann öfter gesehen und sprach sich, unbehindert durch seine Gegenwart, rückhaltlos und bitter gegen dies preußische Werbesystem aus.

»Ja!« sagte Wegmann. »Es ist eine Schmach, und wir werden die Früchte davon ernten. Daß wir es noch wagen in unserer Zeit, Menschen zur Sklaverei zu erniedrigen, sie trunken zu machen, und trunkenen Mutes sie um ihr unverkäuflich Erbe, um das Recht des freien Willens zu betrügen, das wird sich furchtbar rächen. Der erste Kampf mit Frankreich wird's uns lehren.«

Wiesel lachte. »Seht den Phantasten! Das unverkäufliche Erbe des freien Willens! Sie sehen ja, daß die Kerle dies Erbe für einige Friedrichsd'ors verkaufen und froh sind, auf zehn Jahre sich dieses unveräußerlichen Rechts entäußert zu haben. Der Mensch, wie unser Jahrhundert ihn uns darstellt, diese Bauern, Taglöhner, Arbeiter und Vagabunden sind sowenig eigener Leitung als erhabener Gedanken fähig. Es sind Maschinen, welche, je maschinenmäßiger um so besser, ihre Pflicht tun, sobald der Werkmeister das Rad gestellt hat. Der Kampf der Fürsten ist, wie die Konkurrenz der Fabrikanten, ein Wettstreit um die Oberherrschaft zu eigenem Gewinn, nur gewaltiger, weil er blutiger und zerstörender ist. Es ist wahr, die Soldaten sind elendes Gesindel. Aber kommt es darauf an, ob Diebe oder Ehrliche, ob Schurken oder Heilige die Masse ausmachen, welche man vor die Kanonen stellt? Die Kugeln treffen die einen wie die andern, und wer zuletzt die meisten Augen behält, hat die Partie gewonnen?«

»Nein, Wiesel, bei Gott, so ist es nicht!« rief der Prinz mit Lebhaftigkeit. »Diese Ausländer und die Anzahl schlechter Gesellen, die unter den Truppen sein mögen, sind nicht das preußische Heer. Das Heer besteht aus Landeskindern, und diese lieben ihr Land, diese sind treu und werden selbstbewußt das Recht ihrer Nationalität zu erhalten wissen, wenn man sie ihnen rauben wollte.«

»Hoheit!« wandte Wegmann ein. »Es ist nur zu beklagen, daß die Fürsten auf den Thronen an dieses Recht nicht glauben.«

»Wie meinen Sie das?«

»Haben Ihre Ahnen an das Recht der Nationalität geglaubt, als sie Polen teilen halfen, und dieses rein slawische Volk in Deutsche verwandeln wollten? Hat der große Friedrich die Nationalität der Österreicher geachtet, als er die Schlesier zu Preußen machte, welche noch heute ›unser Kaiser‹ sagen, wenn sie vom Kaiser Franz sprechen? Und jetzt! Wer hat an die Nationalität der deutschen Stämme gedacht, die man in dem letzten Jahre der preußischen Herrschaft unterwarf?«

»So wollen sie behaupten, die Völker hätten kein Gefühl für ihre Nationalität?«

»Im Gegenteil! Aber ich behaupte, daß die Fürsten es in ihnen aus persönlichem Interesse untergraben und nur auf dies Gefühl Rücksicht nehmen, wenn es die Erhaltung nicht der Nationalität, sondern der Throne gilt.«

»Und glauben sie, daß das preußische Volk sich den Franzosen ruhig unterwerfen würde?« fragte der Prinz in gereiztem Ton.

Wegmann ließ sich davon nicht irren: »Ich fürchte, der Widerstand wird schwach und von kurzer Dauer sein, denn –«

»Sie tun dem Volke, dem Sie angehören, unverdientes Unrecht, Wegmann! Wohl ihm, daß seine Fürsten es besser kennen, besser von ihm denken!« fiel ihm der Prinz ins Wort.

»Sie haben mir die Ehre erzeigt, mich oftmals zu befragen, meine Ansicht gelten zu lassen. Hoheit! Soll ich Ihnen heute lügen, da Ihnen die Wahrheit hart erscheint?«

Der Prinz antwortete nur durch einen Händedruck. Es entstand eine Pause. Dann fragte er: »Was wollten Sie sagen, als ich Sie unterbrach?«

»Ich wollte sagen: Wir werden keinen Widerstand zu leisten imstande sein, denn wir haben kein Volk.«

»Kein Volk?«

»Nein, Hoheit! Ich nenne nur das ein Volk, das freier Herr seines Landes ist, das sein eigenes Eigentum verteidigt, wenn es für sein Land den Kampf beginnt. Wir haben besoldete Beamte, sie dienen jeder Macht, und müssen ihr dienen, denn sie leben vom Solde und sind Maschinen der Gewalt; wir haben Leibeigene, abhängig von dem reichen Gutsbesitzer, der den Frieden will, um seiner ruhigen Ernte willen; wir haben Krämer, denen ihr Groschengewinn das Höchste, das einzig Wichtige scheint, und reiche Kaufleute, welche den Rock des gemeinen Soldaten für die Strafkutte halten, in die sie ihre mißratenen Kinder stecken. Wo sehen Sie da die Elemente eines Volks? Ich sehe nur Knechte! Knechte der Macht und des Besitzes! Die sind kein Volk, welches sich den freiheitjubelnden Franzosen entgegenstellen kann.«

Der Prinz versank in Gedanken. Nach einer Weile sagte er zu sich selbst sprechend: »Also Unterwerfung? Schmachvolle Niederlage? Demütigung vor diesem Bonaparte?«

»Hoheit, davon ist ja nicht die Rede!« fiel Wiesel ein. »Sehen sie denn nicht, daß Sie hier immer den alten republikanischen Schwärmer vor sich haben, der seinen Fürstenhaß durch Schweigen an den Tag legte, als Sie damals die Fabrik besuchten? Wer denkt denn an die Völker? Bonaparte gewiß nicht, der nur für seinen Ehrgeiz kämpft. Es handelt sich hier darum, ob die Fürsten von Hohenzollern den Übermut des Korsen ertragen wollen oder nicht. Das Volk schwiege geduldig dazu, und feierte den Einzug Bonapartes in Berlin mit derselben Ergebenheit, mit welcher die Hildesheimer den Einzug des Grafen Schulenburg und der preußischen Truppen in Hildesheim gefeiert haben, als dieser es für Preußen in Besitz nahm. Das Volk ist eine stupide Masse, die essen und trinken, heiraten und Kinder zeugen will, gleichviel ob unter diesem oder jenem Herrn. Wer denkt ans Volk!«

»Kein Volk?« wiederholte der Prinz nach einer Pause. »Und wir hätten kein Recht, die preußischen Männer gegen Frankreich in den Kampf zu führen, solange sie nicht freie Männer in ihrem Lande sind? Wir hätten kein Recht, auf das Volk zu zählen?«

»Nein!« sagte Wegmann mit höchster Bestimmtheit.

»Aber rechnen Sie die Liebe zum Vaterland für nichts, Wegmann? Diese Liebe, die selbst bei wilden Stämmen zu den Naturinstinkten gehört?«

»Was bei den Wilden instinktiv ist, Hoheit, muß in dem entwickelten Geiste des zivilisierten Menschen die Zustimmung der Vernunft erhalten, um zu bestehen. Die Liebe roher Völker für die Scholle sollte man eher Heimatsliebe als Vaterlandsliebe nennen. Sie zwingt den Menschen um der Scholle willen, Bedrückung und Tyrannei zu dulden, ist Instinkt, und ein sehr untergeordnetes Gefühl. Jene höhere Vaterlandsliebe aber, welche nicht zum Dulden, sondern zum Handeln, zu Taten treibt, kann der reife Mann nur für das Land empfinden, das ihn in seinen Rechten, im freien Gebrauch seiner Kräfte schützt. Für solche Liebe bieten England, bieten Frankreich Raum. In Preußen sehe ich noch keinen Boden für diese Art der begeisternden Vaterlandsliebe, und es gibt viele unter uns, die leichter in dem freien Frankreich, als in Preußen ihr Vaterland finden würden.«

Alle schwiegen und gingen, jeder mit sich selbst beschäftigt, nebeneinander her. Endlich sagte Wiesel: »Pauline hat mir heute erzählt, Hoheit, wie töricht sie sich wieder gegen Sie betragen hat. Halten Sie es ihr zugute. Sie ist eben ein verzogenes Kind, das allen seinen Einfällen Folge gibt, nachträglich bereuend, was sie getan hat. Ich fand sie weinend über ihre Unart, als ich sie mit Herrn von Heldrich besuchte.«

Zum zweiten Male hörte der Prinz heut diesen Namen aus Wiesels Mund. Er mußte wissen, ob es derselbe, ob es die Absicht Wiesels sei, ihm mit dieser Erwähnung widerwärtige Erinnerungen zu erwecken. Er fragte, wer Heldrich sei, und wo Wiesel ihm begegnet wäre?

»Herr von Heldrich ist ursprünglich in preußischen

Diensten gewesen, aber durch Mißverhältnisse mit seinem Chef gezwungen worden, den Abschied zu nehmen. Jetzt dient er dem französischen Divisionsgeneral Sarafin, der am Niederrhein steht, als Sekretär. Wir haben ihn zufällig kennengelernt, und er ist uns als Landsmann behilflich gewesen, eine Truppenlinie zu passieren. Ich glaube, es ist eine Erbschaftsangelegenheit, die ihn nach Berlin geführt hat und ihn hier zu längerem Verweilen nötigt.«

Der Prinz konnte keinen Augenblick daran zweifeln, daß er es hier mit seinem Feind zu tun habe. Er ließ sich das Äußere des Mannes beschreiben, es traf zu. Nicht ohne Empfindlichkeit fragte er, ob Wiesel die Ursache von Heldrichs Dienstaustritt, die Art und Weise kenne, in der er selbst dabei beteiligt sei?

Aber Wiesel war nicht davon unterrichtet. Jenes Abenteuer in der Kaserne hatte sich wenige Tage vor seiner Hochzeit und der darauffolgenden Abreise ereignet, und der Name des Offiziers war damals entweder noch nicht genannt worden, oder Wiesel hatte ihn überhört. Wie lange Heldrich in Berlin verweilen würde, wußte er nicht anzugeben, und aus begreiflichen Gründen brach Louis Ferdinand selbst das Gespräch bald wieder ab.

Indes, der Gedanke, daß Heldrich in Berlin sei, daß Pauline ihn kenne, ließ dem Prinzen keine Ruhe. Er fühlte sich in einer Abhängigkeit von diesem verhaßten Menschen, die ihm entsetzlich erschien, ohne daß er ein Mittel fand, sich davon zu befreien, um so weniger, da Heldrich selbst sein Vaterland aufgegeben und französische Dienste genommen hatte. Ein jeder Schritt des Prinzen, der jene Angelegenheit in Schricke berührte, konnte sie aus dem Dunkel hervorziehen und einer Öffentlichkeit in den französischen Blättern preisgeben, die höchlich zu fürchten war, da Bonaparte sie nach seiner Weise mit Freude benutzen konnte, die Ehre eines legitimen Fürsten anzugreifen.

Zerstreut die Fragen Wiesels beantwortend, welcher über den Maskenball Auskunft verlangte, der zum

Geburtstag der Königin stattfinden sollte, gelangten sie vor die Wohnung des Prinzen, vor der er sich von Wiesel und Wegmann trennte.

Es war schon Dämmerung und kühl, als Louis Ferdinand sein Haus betrat. Aber gegen seine Gewohnheit befand sich François, welcher bei zunehmenden Jahren die Abendluft mehr und mehr fürchtete, in der Loge des Portiers, sich in einer Weise die Hände reibend, welche bei ihm ebensogut ein Mittel zur Erwärmung als der Ausdruck einer inneren Genugtuung zu sein pflegte.

»*Voyez-vous!*« hatte er dem Portier gesagt, »es ist nichts mit unserem *arrangement bourgeois*, kein Anstand, kein Eklat. Mademoiselle, welche bisweilen gern *la princesse* spielen würde, ist doch nichts *qu'une petite bourgeoise*, die jeden Topf selbst an das Feuer schieben möchte, um für die Zukunft zu sorgen; als ob ein Prinz und seine Kinder das nötig hätten *comme nous autres*.«

»Na«, meinte der Portier, »sie ist so übel nicht –«

»Weil Sie von ihrer Jalousie profitieren?« fragte François spöttisch. »*Comment vous paie-t-elle* jedes Billet an Seine Hoheit, das Sie ihrer Kontrolle überliefern?«

Der Portier verteidigte sich, er behauptete, François tue ihm Unrecht, er sei dem Prinzen treu ergeben und habe niemals seine Pflicht verletzt, nie ein Geheimnis seines Herrn verraten.

François aber kniff lächelnd das linke Auge zu, blickte mit dem andern den Portier schelmisch an, zog die Dose heraus und sagte, jenem eine Prise anbietend: »Jeder für sich, *Dieu pour nous tous! Heureusement* sind es nur *les petits billets*, welche hier in dem Gitter der Loge hängenblieben können, *les gros paquets comme les grands secrèts* gehen ungehindert durch. Kleine Schelme hängt man, große läßt man laufen *comme Vous dites en allemand*.«

Bei diesen Worten François' war der Prinz in das Vestibül getreten, und der Alte öffnete die Türen, seinem Herrn vorausgehend. Auf die Frage desselben, ob irgendeine

Botschaft für ihn gekommen sei, antwortete er: »*Le petit laquai* von Frau von Cäsar.«

»Was hat er gebracht?«

»Eine mündliche Bestellung, *qu'il ne voulait dire qu' à Votre Altesse elle même!* Er ist noch in meinem Zimmer.«

Der Prinz, eine versöhnende Botschaft Paulines ersehnend, stieg die Treppe hinauf in sein Gemach und befahl den Diener einzuführen. In der Fensterbrüstung lehnend, erwartete er die Ankunft desselben und blickte durch das Halbdunkel des noch unerleuchteten Zimmers nach der Tür, welche François öffnete, um den Diener einzulassen.

»Was bringen Sie?« fragte der Prinz.

»Mich selbst!« rief eine Stimme, die das Herz des Prinzen hochaufklopfen machte, und Pauline lag zu seinen Füßen, seine Knie umklammernd und ihr Haupt an ihn pressend.

Er wollte sie emporheben, sie in seine Arme ziehen, sie litt es nicht. Sich fest an ihn schmiegend, rief sie: »Nein! Nein, nicht an deinem liebenden, von mir gemarterten Herzen ist mein Platz. Hier laß mich knien und weinen. Ich bin nicht wert, den Staub zu küssen, den dein Fuß berührt hat, ich bin's nicht wert – und doch mußte ich zu dir.«

Der Prinz schloß sie voll Zärtlichkeit an seine Brust, er bedeckte sie mit seinen Küssen; er schwor ihr, alles vergessen, alles vergeben zu haben und nichts zu empfinden als das Glück, ihre Stimme wieder zu hören, sie in seinen Armen zu halten.

»Aber ich muß dich sehen, Pauline! Es ist mir, als fehlte mir die Sonne, als ginge ich im kühlen Wolkenschatten, wenn dein Auge mir nicht in seiner hellen Schönheit entgegenstrahlt.«

Er schellte, und François brachte Licht. Des Alten Gesicht glänzte vor Vergnügen. Das war ein Abenteuer nach seinem Geschmack, ein Rendezvous dicht neben den Zimmern Henriettes, ein Genuß am Abgrund der Gefahr.

Pauline hatte sich geweigert, das Licht bringen zu lassen, der Prinz schalt sie, daß sie ihm neidisch den Anblick ihrer Schönheit entziehen wolle. Bald lag er vor ihr auf den Knien, ihre Füße zu küssen, welche in der männlichen Bekleidung noch zierlicher erschienen, bald hob er sie empor, sie trotz ihres Sträubens auf seinen Armen durch das Zimmer tragend, bis er sich wieder niedersetzte, sie auf den Knien haltend und mit seinen Küssen bedeckend.

Aber im Gegensatz zu dieser maßlosen Freude blieb Pauline stiller als sie pflegte. Da der Prinz sie fragte, ob sie es bereue, gekommen zu sein, ob es ihr nicht Freude mache, ihn so glücklich zu sehen und seine Liebe zu empfinden?, antwortete sie: »Es demütigt mich zu sehr, daß du so glücklich bist, es ängstigt mich, daß du mich so sehr liebst.«

Dabei weinte sie still, der Prinz küßte die Tränen von ihren Wimpern, sprach ihr tröstend von seinem Glauben an sie, und sie hörte ihm sanft und beruhigt zu. Dann legte sie ihren Arm um seinen Nacken und sagte: »Sprich nur immer! So lange ich den Ton deiner Stimme höre und an deinem Herzen ruhe, komme ich mir selbst rein und heilig vor.«

Plötzlich aber, sich aufrichtend, und sich aus seinen Armen losmachend, schien ihre kindische Laune wiederzukehren. Sie trat vor den Spiegel, trocknete die Augen und rief: »Wie mag nur ein Lakai in Liebestränen aussehen?«

Dergleichen Übergänge hatten sonst an jedem anderen Menschen etwas sehr Verletzendes für den Prinzen; er ward davon beleidigt wie von einer grellen Dissonanz. An Pauline ertrug er sie geduldig, denn sie waren durch Wiesels Spottsucht an sie gekommen und gewannen in ihr einen neckischen Reiz, der sie weniger schroff erscheinen machte.

Schweigend stand er neben ihr, während sie vor dem Spiegel ihr Haar ordnete, abwechselnd sie selbst und ihr Spiegelbild betrachtend, als die Tapetentür sich öffnete,

277

die aus den Zimmern des Prinzen in die Zimmer Henriettes führte, und diese selbst hereintrat.

So schnell Pauline sich abwandte, hatte Henriette sie doch erkannt. Ein Ausweichen war unmöglich. Mit einem Aufschrei des Zorns, der tödlichsten Kränkung, sank die letztere in krampfhaften Zuckungen auf das Sofa, während Pauline sich eilig entfernte.

Stunden und Tage des traurigsten Kampfes begannen mit diesem Augenblick. Zwischen der neuen, ihn ganz beherrschenden Leidenschaft für Pauline und der nie erloschenen Neigung für Henriette schwankend, von den Eigentümlichkeiten beider Frauen gequält, eifersüchtig auf beide, litt der Prinz die entsetzlichsten Seelenfoltern, während seine äußere Tätigkeit auf die widersprechendste Weise durch jenes Maskenfest in Anspruch genommen wurde, mit dem man am zehnten März den Geburtstag der Königin feiern wollte.

Man hatte viertausend Personen dazu geladen, der Prinz war der Unternehmer desselben, sich seinen Obliegenheiten dabei zu entziehen war unmöglich für ihn. Und so gering eine solche Äußerlichkeit erscheinen mag neben tiefem inneren Leiden, trugen die kleinen Verdrießlichkeiten, welche von derlei Beschäftigungen unzertrennlich sind, reichlich dazu bei, die Mißstimmung des Prinzen bis zum Unerträglichen zu steigern.

12

Irgendeine Verwicklung zwischen Pauline und Henriette befürchtend, hatte der Prinz es von der ersteren erlangt, daß sie den Maskenball nicht besuchen solle. Während ihre Mutter sich bereits zu demselben schmückte, saß er noch in Paulines Zimmer, das Haupt der Geliebten an seine Brust gelehnt, sie ruhig mit dem vollen Glück der Liebe betrachtend.

»Wie du schön bist in der Ruhe, Pauline«, sagte er. »So schön, daß ich dich nicht zu küssen wage. Niemand hat dich so gesehen in der Welt; denn nie, das weiß ich, kannst du die Zuversicht, den Frieden empfunden haben, die du jetzt in meinen Armen fühlen mußt. Die anderen sehen dich glänzend, reizend, bezaubernd durch dein strahlendes Siegbewußtsein; ich sehe dich so ruhig, so unschuldig schön wie die Venus dem Meere entstieg. Vor dieser Ruhe schweigen alle meine heißen Wünsche, und mein Herz wird still vor dieser sanften Hingebung.«

Sie hatte die Augen geschlossen, deren Lider und lange Wimpern er leise küßte; dann richtete sie sich empor, schlang den Arm um seinen Nacken und sprach: »Louis, wenn dieser einen friedensvollen Stunde ein langes Leben voll Schmerz folgte, mir bereitet durch dich, glaube nicht, daß ich nicht dennoch glücklich wäre in dem Gedanken deiner Liebe. Was in meiner Seele vorgegangen ist, ich weiß es nicht; aber in diesem Augenblick fühle ich mich frei von jeder schmerzlichen Erinnerung, frei von den Fesseln meiner Ehe, frei von Eifersucht gegen Henriette, frei von allem Trennenden. Dir eigen, dir ganz allein gegenüber in der menschenwimmelnden Welt. So glückselig allein mit dir, als wären wir weit, weit fort von hier, auf einer jener ewig frühlingsschönen Inseln der Südsee, von denen die Dichter erzählen.«

Sie legte ihr Haupt wieder an seine Brust, er hielt sie sanft umschlungen. Louis Ferdinand, der leidenschaftlichste Mann und Pauline, eine Frau, deren Seelenunschuld untergegangen war in der Unschönheit wechselnder Liebe, ruhten Brust an Brust in stiller Einsamkeit, süß begnügt durch das Bewußtsein eines Gefühls, dessen Stärke sie über sich selbst erhob. Beide fühlten sich neugeboren und geläutert, und sowenig ein Gläubiger das gnadenspendende Madonnenbild herniederziehen würde aus der Höhe, auf die er selbst es gestellt, um es anzubeten auf seinen Knien, so wenig hätte der Prinz es gewagt, den Frieden dieser Stunde zu entweihen durch einen leidenschaftlichen Wunsch.

»Wie gute, reine Kinder wir wieder geworden sind, meine Pauline!« sagte er sanft.

»Erzähl mir denn ein Märchen, wie einem Kinde«, bat sie ihn.

»Und wovon?«

»Von den seligen Inseln im fernen Meere, Geliebter!«

»Kennst du die nicht, Pauline? Ganz fern, ganz unten in dem stillen Meer, da liegt die selige Insel, auf der es nie Winter wird. Immer scheint die Sonne warm und hell auf die Büsche großblättriger Blumen, die sich unter Palmenbäumen über dem schwellenden Rasen biegen zu Lauben. Kein Sturm, kein greller Laut stört diesen Frieden. Sanfte Gazellen nähren sich von den duftigen Blüten der Rose, stille Wasservögel ziehen durch die blauen Bäche, und Schmetterlinge wiegen sich in der Luft, groß und bunt wie die Blüten der Orchideen, die sich hinaufranken bis in die höchsten Gipfel der Balsam ausströmenden Harzbäume, daß das Auge nicht weiß, ob der Schmetterling eine Blüte der Luft ist oder die Blume des Baumes ein farbenstrahlender Vogel. Und all diese Blumen und Bäume rauschen, und die Schmetterlinge und Käfer schwirren, und die Vögel singen leise, leise, vom Murmeln des sanft anplätschernden Meeres begleitet, das eine große Wort, das Wort, welches den beiden einsamen Kindern in dem Herzen klingt, die dort still versunken und selig ruhen aneinander, ewig eins in sich, unzertrennlich ewig. Weißt du das Wort, Pauline?«

»Liebe!« hauchte sie leise.

»Ja, Liebe, ewige, unwandelbare Liebe! Bis in den Tod!« rief der Prinz, mit tiefster Empfindung sie an sein Herz pressend, als man an die Tür klopfte.

Es war François, der die Ankunft des Wagens meldete und den Prinzen an die Toilette zum Maskenball mahnte.

Er mußte fort. Ruhig und mild sagte er Pauline Lebewohl, sie küßte ihm die Hand, als er schied. Es war eine heilige Stunde gewesen, wie das Leben sie nur seinen Auserwählten bereitet.

Aber schon rollten die Wagen zum Schauspielhaus, in welchem die bunteste, glänzendste Menschenmenge auf und nieder wogte, als um neun Uhr der Hof den Ballsaal betrat.

Das Parkett war mit der Bühne gleichmäßig erhöht und das ganze innere Schauspielhaus als Tempel der Freude und der Begeisterung dekoriert. Die Treppen, die Korridors, alle angrenzenden Säle und Räume hatte man in Bosquets verwandelt. Zwischen dem strahlenden Flimmern Tausender von Kerzen wanderten die Masken umher, während sich die Festspiele vorbereiteten.

Das erste derselben, Alexanders Rückkehr von seinem indischen Siegeszug, war für die Königin angeordnet, die selbst daran teilnahm. Es sollte sie als die Königin des Festes verherrlichen.

Mitten auf der Bühne erhob sich der Tempel der Sonne. Bei dem Klang einer sanften Musik opferte hier ein Chor von Magiern dieser höchsten Gottheit und segnete die Abgesandten der Skythen, Meder und Ägypter, welche dem Alexander entgegenziehen wollten, um seine Gnade zu erflehen.

Umgeben und beschützt von diesen Abgesandten, befanden sich die Frauen des Darius. Statira, des Darius Tochter, führte sie an. Es war die Königin von Preußen. Die schönsten Frauen des Hofes, die Prinzessin Wilhelm, die Fürstinnen Radziwill und Hatzfeld, die Gräfinnen Tauentzien, Hardenberg, Molke bildeten die hervorragendsten Erscheinungen ihres Gefolges.

In malerischen Gruppen geordnet, traten die Priester und die Abgesandten der Völker zur rechten und linken

Seite des Altars, während die verschleierten Frauen sich demselben näherten, um ihrerseits das Opfer zu vollziehen.

Mit edler Würde stieg die Königin die Stufen des Altars empor, sich dreimal neigend und den Schleier zurückschlagend, welcher sie bis dahin verhüllt hatte.

Ein allgemeiner Ausruf des Entzückens ertönte durch das Haus. Nur die Achtung hielt das donnernde Vivat zurück, von dem die Erscheinung der Königin immer begrüßt ward, wo sie sich zeigte. Mit ausgebreiteten Armen, das schöne Antlitz zur Sonne erhoben, flehte sie Segen herab auf diese Stunde, während die andern Frauen kniend am Fuße des Altars lagen. Dann empfing sie aus der Hand der Prinzessin Wilhelm die goldene Opferschale; die Fürstin Radziwill füllte sie, und dreimal frisch gefüllt goß die Königin sie in das heilige Feuer des Altars.

Als sie hinabstieg von dem Opfer, erscholl kriegerische Musik, das Nahen des Helden verkündend. Prinz Louis Ferdinand erschien, als Hephaestion, die Ankunft seines Waffenbruders Alexander zu melden, welcher von dem Bruder des Königs, dem Prinzen Heinrich dargestellt wurde. Eine Schar junger Feldherrn und Krieger folgten ihm und hielten einen Umzug um die Bühne, während die Abgeordneten der überwundenen Völker und die Frauen des Darius in demütiger Haltung den Willen des Siegers erwarteten, der fest und stolz auf sie herniederschaute.

Plötzlich fällt sein Bild auf Statira. Er bleibt geblendet stehen. Sie kniet vor ihm nieder, er hebt sie empor und erwählt sie, indem er sein Schwert vor sie niederlegt und sie in seine Arme schließt, zu seiner Gemahlin, die Schönheit mit der Heldengröße vereinend.

Gleichsam als wollten diesen glücklichen Moment die Götter segnen, erschien Nearch – Prinz Wilhelm –, der Feldherr Alexanders, heimkehrend von der Eroberung der Inseln und Küsten, neue Trophäen und neue Gefangene dem Herrscher zuführend. Dankbar umarmt von seinem

Herrn, empfängt er aus Statiras Hand die schönste Perserin zur Gemahlin. Statira fleht die Gnade ihres Gatten für die Besiegten an, und auf seine Erlaubnis löst sie die Fesseln aller Gefangenen, da niemand unglücklich sein darf, wo Schönheit und Heldengröße sich auf dem Thron verbinden.

Freudenfanfaren und Dankeshymnen begleiteten diese Handlung, Kinder und Landleute brachten Kränze und Laubgewinde herbei, das Herrscherpaar zu krönen. Die Gruppen lösten sich in Züge und Tänze auf, und das schöne Bild war für immer entschwunden, um im Andenken all derer fortzuleben, denen es zu schauen vergönnt worden war.

Andere Pantomimen und Aufzüge, an denen jedoch die Personen des königlichen Hauses nicht mehr tätigen Anteil nahmen, folgten dieser ersten, nach deren Beendigung Prinz Louis als der Vorsteher des Festes die Königin durch die Räume des Schauspielhauses führte, um sie die verschiedenen Anordnungen betrachten zu lassen.

Als sie nun an seinem Arme hinschritt, und er sie anblickte, fand er sie bleicher als es sonst bei ihrer blühenden Jugendfrische der Fall zu sein pflegte, und statt der Freude, welche er in ihren Zügen zu lesen gehofft, hatte eine trübe Wolke des Schmerzes ihr schönes Antlitz beschattet.

Vergebens erwartete der Prinz ein Wort des Dankes, einen Lobspruch über die Anordnung des Festes. Freundlich, aber doch sichtbar zerstreut hörte die Königin seinen Worten zu, so daß er sie endlich fragte, was ihre Seele beschäftige und von der Lust dieses Festes abziehe?

»Glauben Sie wohl, daß es Ahnungen gibt? Daß das Schicksal uns in Bildern unsere Zukunft zeigt, uns, mitten in dem Rausch der Freude an die Vergänglichkeit alle irdischen Größe mahnend?« fragte sie ihn.

»Welch' düstrer Gedanke!« rief der Prinz. »Und wie konnte er Ihnen grade in der Heiterkeit dieses Festes kommen? Sie, schön, angebetet von den Ihren und von dem Volke, Sie wenigstens sollten sich sorglos dem Genuß des Lebens hingeben!«

»Ja, mein Cousin, wenn ich nicht Königin von Preußen wäre!« sagte sie mit einem schmerzlichen Lächeln, das sogleich in dem Prinzen eine Reihe ernster und trüber Gedanken hervorrief.

»Oh, Sie glauben es nicht«, fuhr sie fort, »wie diese Pantomime mich erschüttert hat. Mehrmals haben wir sie versucht, und sie ist mir ein gleichgültiges, ein heitres Spiel gewesen. Aber als ich nun dastand vor der Menge, eine Königin an der Spitze überwundener Völker, besiegt, gedemütigt, Gnade flehend, die Ankunft eines stolzen Siegers erwartend; und als ich an ihn dachte, an den Unersättlichen, an den unüberwindlichen Alexander, der von Westen uns bedroht, als ich mir vorstellte, wenn ich so knien müßte, Schonung, Gnade erbittend von Bonaparte! Mein ganzes Herz war eine blutende Wunde während dieses Spiels; meine Seele ein Aufschrei zu Gott, er möge dies Elend abwenden von uns. Ich schämte mich vor meinem Volke unseres heiteren Fests, während solche Wetterwolken drohend über unsern Häuptern schweben.«

Ihre großen blauen Augen schwammen in Tränen, ihre Hand zitterte auf dem Arm des Prinzen, der, tief erschüttert durch ihre Worte, sie nicht zu beruhigen wagte, denn der Augenblick war zu ernst, um ihn durch Unwahrheit zu entweihen, und er selbst hatte keinen Glauben mehr an die gegenwärtige Macht und Stärke seines Vaterlandes.

Die Königin las es in seiner Miene. Sorglich um sich blickend, daß nicht der König es höre, der, seine Mutter führend, dicht vor ihnen herschritt, oder eine der nachfolgenden Personen es vernehme, sagte sie: »Wenn es geschähe, wenn der Kampf unvermeidlich würde für uns, und der Himmel das Schwerste über uns verhängte, versprechen Sie mir, Cousin, daß Sie dem König dann nicht fehlen werden, daß Sie, ein treuer Hephaestion, als Waffenbruder neben ihm stehen wollen, daß Sie Blut und Leben daran setzen, die Krone und die Ehre unseres Hauses zu schirmen!«

»So wahr ich Louis Ferdinand und ein Hohenzoller bin.«

Die Königin reichte ihm ihre Hand, um seinen Schwur zu empfangen, er drückte sie fest in der seinen und neigte dann ehrfurchtsvoll seine Lippen darauf. Das Gefolge wähnte, die Königin habe ihm ihren Dank für das wohlgelungene Fest ausgesprochen, und das Publikum staunte das schöne, in frischer Jugend strahlende Fürstenpaar an, das Glück der Hochgebornen preisend und vielleicht beneidend.

Ferner ab, in den Korridoren und Nebensälen, begannen indessen, nachdem die Festspiele vorüber waren, die gewöhnlichen Freuden des Maskenballs sich zu regen, neckende Scherze, kecke Späße und kleine Intrigen.

Heiter bewegten sich hier fast alle Personen, welche dem Kreise des Prinzen angehörten, und Henriette Fromm in der Maske einer Polin, die kleine rote Konföderatka auf die blonden Locken gedrückt, wanderte abwechselnd an Dusseks und Vetters Arm umher, Pauline suchend, weil sie nicht glauben wollte, daß diese wirklich der Lust des Balles entsagt habe. Sie behauptete, Pauline werde sicher in irgendeiner unscheinbaren Maske anwesend sein, um den Prinzen ungestört zu sehen.

»Nein, nein, Henriette«, sagte Vetter, »verlassen Sie sich darauf, Pauline ist nicht hier.«

»Aber weshalb nicht? Was kann sie bewogen haben, zu Hause zu bleiben?«

»Es geht in Pauline eine Umwandlung vor. Sie bildet sich ein, aus Liebe zum Prinzen, ein neues, idealisches Leben zu beginnen, und Rahel bestärkt sie darin, ohne zu bedenken, daß Idealismus zwischen den beiden eine Unmöglichkeit geworden ist. Die Hauptsache aber ist, Pauline entzieht sich Wiesels Tyrannei ganz und gar, nimmt nicht einmal mehr ihr Nadelgeld von ihm an, weil der Prinz dies nicht wünscht, und fügt sich in alle Anordnungen desselben, um ihn zu der morganatischen Ehe zu bewegen, an die er denkt.«

»Wer sagt Ihnen das?« fragte Henriette erbleichend.

»Wiesel selbst, der es durch den Minister Haugwitz erfahren hat. Der Prinz hat mit seiner Mutter davon gesprochen, ihre Zustimmung und Vermittlung verlangt und sich erboten, seinerseits dafür dem Prinzen August einen Teil seiner Erbschaft abzutreten, sobald seine Schulden getilgt und er Herr seines Vermögens sein würde.«

»Diese Anfrage wegen der Ehe galt mir und den Kindern!« behauptete Henriette.

»Täuschen Sie sich nicht, sie galt Pauline. Er hat diese ausdrücklich genannt.«

»Aber Wiesel? Was sagt Wiesel dazu?« fragte Henriette. »Wird er sich von Pauline trennen?«

»Nein! Und Sie sollen uns beistehen, denn Wiesels Wünsche und die Ihren gehen Hand in Hand.«

»Und auch Ihr Interesse, Vetter«, fiel ihm Henriette ins Wort, »denn auch Sie billigen diese Ehe nicht, können sie nicht billigen, weil Sie immer noch Pauline lieben.«

»Und wenn es so wäre, wenn ich Pauline nicht dem Schmerze ausgesetzt zu sehen wünschte, den des Prinzen sichere Unbeständigkeit ihr bereiten wird, würden Sie das unnatürlich finden? Würden Sie weniger bereit sein, sich selbst zu schützen, weil das auch meinem Empfinden angemessen wäre?«

»Nein, gewiß nicht, Vetter! Fordern sie was Sie wollen, alles, ich bin zu allem bereit!« rief sie, als eine Maske im Dominikanergewande nahte, ihr einen Brief reichend, mit den Worten: »Lesen Sie und besorgen Sie die Einlagen. Es kommt von Freundeshand.«

Ehe sie eine weitere Frage tun konnte, war der Dominikaner verschwunden. Der Brief trug ihren Namen. Vetter, welcher die Lokalität des Theaters sehr wohl kannte, führte sie in ein entfernteres Gemach, das zum Kostüm-wechsel bei den Festspielen benutzt worden und nun einsam war. Hier öffnete Henriette den Brief.

Er enthielt nur die Worte: *Geben Sie den einen der hier eingeschlossenen Briefe dem Prinzen, den andern an Madame Wiesel. Es ist der Tod Ihrer Nebenbuhlerin.*

Henriette wollte die Briefe erbrechen, Vetter sie daran hindern. Um dies zu tun, hielt er ihre Hand in der seinen und setzte der leidenschaftlich Erregten, die sich auf einen Stuhl geworfen hatte, die Notwendigkeit auseinander, diese Briefe zu vernichten, die ihm für Pauline unheilbringend schienen.

In diesem Augenblick trat der Prinz ins Zimmer, um etwas an seiner Rüstung zu ordnen. Henriettes Aufregung entging ihm nicht. »So allein«, fragte er, »und so fern von der Gesellschaft? Und in so erregender Unterhaltung?«

»Die Unterhaltung betraf nur dich, wie dieser Brief, den man mir für dich gegeben hat.« Sie reichte ihn dem Prinzen, den andern, für Pauline bestimmten, in ihrem Kleid verbergend.

Der Prinz öffnete das Kuvert. Es lagen zwei Karten darin; die eine trug den Namen August von Heldrich. Die andere, schwarz gerändert, enthielt die Worte: *Am 5. März verschied zu Sonnenfeld, nach langen schweren Leiden, meine Gattin Mathilde Scheinert, geb. von Wernink, an einer Herzkrankheit. Diese Nachricht meldet unter Verbittung der Kondolenz der tiefbetrübte Gatte.*

Eine Todesblässe überzog das Antlitz des Prinzen, seine Knie wankten, er hatte Mühe, sich aufrecht zu halten. Er wollte fragen, sprechen, aber er fand keine Worte, die Zunge versagte ihm den Dienst.

Mit Schreck sah Vetter, mit Entsetzen Henriette die gewaltige Erschütterung des Prinzen. Wie muß er Pauline lieben, wenn er so um sie leidet, sagte sie sich, von dem Glauben beherrscht, hier sei von irgendeiner Untreue Paulines die Rede, welche man dem Prinzen verraten habe. So blieb sie kalt und mitleidslos bei dem Empfinden desselben, und der Prinz haßte sie dafür, denn er wähnte, sie wisse, welche Botschaft sie ihm verkündet habe, sie weide sich an seinem Schmerz.

Diesen Triumph wollte er ihr nicht gönnen. Er raffte sich gewaltsam zusammen. »Es ist genug«, rief er, »daß du teilhast an meinem Glück, mein Schmerz soll mein sein, mein allein! Verlaß mich, ich will allein sein!«

Henriette tat es. Sie nahm Vetters Arm und entfernte sich schweigend.

Alle drei hatten den Tod im Herzen.

13

Am andern Morgen erwartete Pauline vergebens den Besuch des Prinzen, der ihr versprochen hatte, zeitig zu ihr zu kommen und ihr den Verlauf des Festes zu berichten. Statt dessen sandte ihr Henriette den Brief mit dem Bemerken, er sei ihr gestern von einem Mönch auf dem Maskenball für Pauline übergeben worden.

In einem Überkuvert mit Paulines Adresse lag ein zweites, ungesiegeltes Blatt unter der Aufschrift: *an den Prinzen Louis Ferdinand*. Er war von einer Frauenhand geschrieben und lautete:

Sie haben mich von Dir getrennt, lange, lange schon; es war damals, als die Sonne unterging, und es Nacht ward für immer. Weit, weit sind sie mit mir umhergefahren und haben mich herumgeschleppt in Gegenden, die ich nicht sehen mochte, denn Du lebtest nicht in ihnen, und haben mich in Gesellschaften geführt, in denen Du nicht warst. Ich sollte lächeln und heiter sein, und Dich vergessen. Und man hat mir den Prediger gesendet und mich mahnen lassen an meine Pflicht, und den Arzt, die

Schmerzen meiner Seele zu stillen mit dem widrigen Gebräu seiner Medikamente. Ich habe alles geschehen lassen, alles getan, was man verlangte, bis meine Kraft erlag. Von da ab fand ich Frieden und Ruhe.

Sie ließen mich schwören bei Deinem Leben, daß ich Dir nie schreiben würde. Seit ich krank und einsam auf meinem Bette lag, hatte ich wenigstens den Trost, unablässig, ungestört Dein zu denken, und der unaussprechlichen Seligkeit, welche Deine Liebe mir gewährte.

Meine Kraft ist zu Ende, selbst die Hand will nicht mehr den Dienst verrichten, mein Bote zu werden an Dich. Das Herz, in dem nichts lebte als Dein Bild, erstickt mich mit seinen wilden Schlägen, es wird bald gebrochen sein. Dann denke meiner! O wäre ich imstande, als Dein Schutzgeist über Dir zu schweben, und Dich zu schirmen! Es ist der letzte Gruß von mir, möge er meine ganze Seele zu Dir tragen, und wenigstens dies letzte Liebeszeichen Deiner Mathilde in Deine Hände gelangen. Ich will das Blatt auf meinem Herzen bewahren, bis dies Herz stillesteht; vielleicht sichert das dem Blatt den Weg zu Dir. Und so leb wohl und habe Dank für Deine Liebe, die der Lichtpunkt meines Lebens gewesen ist.

Mathilde

Der Brief war vom achtundzwanzigsten Februar unterzeichnet.

Pauline erstarrte. Das also war die unwandelbare Liebe des Prinzen? Das die Treue, welche er ihr gelobt hatte?

So warm, so hingebend sie noch am Abend zuvor den Prinzen geliebt, so tödlich haßte sie ihn in dieser Stunde. Die Saat des Vertrauens, welche er mit sorglicher Liebe in ihrer Seele gepflegt, war niedergeschmettert, und mächtig schoß das Unkraut des zerstörenden Zweifels empor, den Wiesel in ihr genährt. Sie verlangte nach Wiesel, nach dem einzigen Menschen, der ihr nicht gelogen hatte, der ihr Wahrheit gegeben, wenn auch nur die traurige Wahrheit, daß es keine Liebe gebe, daß der Egoismus die Welt beherrsche, und seine Befriedigung durch Genuß der Zweck des Daseins sei.

Weinend, aufgelöst in Schmerz und Erbitterung, warf sie sich Wiesel an die Brust. Sie erzählte ihm, wie sie in der ersten Aufwallung ihres Zornes den Brief Mathildes an Henriette zurückgesandt habe, um nicht allein die Qualen dieses Schmerzes zu tragen.

»Sie soll leiden wie ich, und der Prinz soll leiden, maßlos leiden, denn ich leide unendlich«, rief sie, die Hände ringend und in wilder Verzweiflung, mit aller Heftigkeit, welche ihr eigen war, ihr schönes Haar zerraufend.

In solchen Augenblicken beherrschte Wiesels kalte Ruhe sie immer vollkommen.

»Siehst du nun wohl«, sagte er, sie mit dem scharfen Blick seiner hellblauen Augen anschauend und gleichsam festbannend an die Gedankenreihe, die er in ihr erwecken wollte, »siehst du nun wohl, daß du in der sogenannten leidenschaftlichen Liebe kein Glück finden kannst? Und daß du nach hundert neuen Enttäuschungen doch in meine Arme zurückkehren mußt und wirst?«

»Und ich habe ihm geglaubt!« schluchzte sie. »Geglaubt, wie in den Tagen meiner ersten Jugend!«

»Du hast auch geglaubt, er werde die Energie haben, sich von Henriette freizumachen, mich zur Scheidung zu bewegen, dem Könige die Erlaubnis zu einer morganatischen Ehe abzuzwingen. Ich weiß das alles, Pauline, obschon du es mir nie gestanden hast! Aber kennst du die Welt so wenig? Glaubst du, ein Mann wie Prinz Louis werde solche Opfer bringen für dich, deren Liebe schon andere gewonnen und besessen ohne solche Opfer?«

Jedes dieser Worte traf wie ein sicher geführter Dolchstoß Paulines Herz, jedes tötete eine Hoffnung auf Glück, ein Saatkorn des Guten in ihr. Sie war wie vernichtet.

Wiesel sah es mit kalter Ruhe. »Wie ein Kind hast du dich in eine Märchenwelt geträumt, du arme Pauline! Hast dich als Fürstin gesehen und gnädig herabgeblickt auf den armen Wiesel, der einmal gemeint, er verdiene es, dich zu besitzen, weil er dich nie mit süßen Worten getäuscht, weil er dir das Leben nicht so poetisch dargestellt als andere, sondern es dir wahr geschildert hat. Aber du willst nicht klug werden!«

»Ja! Ja, ich will klug werden, schlecht werden wie alle! Ich will nicht mehr an das Gute glauben, ich will nicht glauben, daß ich, daß irgend jemand sich erheben könne aus der allgemeinen Niedrigkeit. Sag du mir, rate du mir, was soll ich tun?« klagte Pauline.

»Du sollst dem Prinzen schreiben, daß du ihn nicht wiedersehen magst.«

Willenlos, wie der Schmerz den Menschen macht, gehorchte Pauline und schrieb, was Wiesel ihr diktierte. Er selbst siegelte den Brief und sandte ihn ab.

Währenddessen litt der Prinz noch schwerer als Pauline. Tief erschüttert durch das Andenken an Mathilde, welche sein Leichtsinn getötet hatte, von Henriettes Vorwürfen und Tränen bestürmt, die erst jetzt Kunde erhielt von seinem Verhältnis zu der Gestorbenen, sah er sich in ein Labyrinth der traurigsten Verwirrungen gestürzt.

Was ihn am schwersten niederwarf war das Gefühl, wie er sein Leben aufreibe in diesen elenden Zerwürfnissen, statt es einem bedeutenden Zweck zu weihen. Sein Tun und Treiben, alle seine Verhältnisse widerten ihn an. War es sein Beruf, der Beruf eines Mannes, eines Fürsten, in dieser kampfdurchwühlten Zeit sein Dasein in Liebeshändeln zu zersplittern? Überall rüstete man sich zum Krieg, in Rußland, Österreich, England war Gelegenheit zur Tat, Gelegenheit zu einem frischen, mutigen Tod in offener Kampfeslust. Er hätte hinziehen mögen, seine Dienste einer der kriegführenden Mächte anzubieten, denn Dienstbarkeit schien ihm leichter zu tragen als die Ruhe, zu der er sich verdammt sah; aber die Prinzen des preußischen Hauses dürfen keinem fremden Herrn dienen.

Der Gedanke, ein Dasein freiwillig zu enden, das in so

enge Ketten geschlagen war, tauchte in diesen Stunden in ihm auf; indes, er warf ihn von sich, denn erst gestern hatte er mit heiligem Schwur dies Leben seiner Königin gelobt. Sein Leben war nicht mehr sein Eigentum.

Müde dieses Kampfes brach er zusammen in der dumpfen Resignation des Bewußtseins, ein verfehltes Dasein tragen zu müssen, dessen letztes Glück der Besitz Paulines war.

Da brachte François ihm ihren Brief. Er lautete: *Ich habe Sie heute vergebens erwartet und weiß jetzt, daß wahrscheinlich die Trauer um Mathildes Tod Sie abgehalten hat, mich zu besuchen. Diese Erinnerung wünsche ich in Ihrem Herzen nicht zu beeinträchtigen. Ich werde Sie nicht wiedersehen, denn ich weiß jetzt, daß alle jene Schwüre erheuchelt waren, mit denen Sie mein Vertrauen, meine Liebe gewannen. Mein Mann hat recht, es gibt keine Liebe. Ich habe ihm alles gestanden und seinen Trost, seinen Beistand erbeten, um die neue Täuschung zu ertragen, welche Sie mir bereitet haben.*

Dieser letzte Schlag lähmte die Widerstandskraft des Prinzen.

»Fort, nur fort von dieser Stelle!« rief er. »Hier zu weilen, hier in Henriettes Nähe, in Berlin und von Pauline verlassen, das ist Unmöglichkeit!«

Der Hof ging nach Charlottenburg, der Prinz war eingeladen, dorthin zu folgen. Allein, ohne Vorkehrungen irgendeiner Art getroffen zu haben, warf er sich auf ein Pferd und stürmte hinaus.

Es war ihm, als müsse er sein Leben unter die Augen der Königin stellen, um nicht zu vergessen, daß er es ihr gelobt habe für die Zukunft des Vaterlands.

Erst von Charlottenburg aus ward ein Bote gesendet, François mit den Effekten des Prinzen nach Charlottenburg zu beordern, weil er nicht nach Berlin zurückzukommen gedächte.

Dritter Band

1

Wenige Tage, nachdem der Prinz Berlin verlassen, hatte man im Wegmannschen Hause die Taufe des ersten Enkels feierlich begangen.

Die Gäste hatten sich entfernt, die letzten Spuren des Festmahles waren fortgeräumt, und eine sanfte Stille herrschte in dem Putzzimmer, an dessen Fenster die beiden alten Leute saßen. Tannengewinde schmückten die Türen, durch welche man den Täufling getragen; weißer, feiner Sand und Tannenknospen waren auf Fluren und Treppen gestreut und bewegten sich knisternd und duftend unter den Fußtritten der Dienstboten, welche noch geschäftig umhergingen, während die Hausfrau sich nach der freudigen Mühe des Tages auszuruhen vergönnte.

Der Mond schien durch leichtes Gewölk freundlich vom Frühlingshimmel in das Gemach, er berührte die Primeln und Schneeglöckchen mit hellem Streiflicht, welche in altertümlichen Blumenvasen auf den damastüberdeckten Tischen standen. Im grünen Schlafrock, die Füße mit den warmen Morgenschuhen bekleidet, saß der Alte in seinem Lehnstuhl und wirbelte blaue Wolken aus der Meerschaumpfeife in die Luft, ein Bild behaglichster Ruhe, zu der ebenso friedlichen Hausfrau hinüberblickend.

Die junge Mutter hatte sich zu ihrem Kinde begeben, und liebevoll gedachten die Alten der schönen Schwiegertochter und des blühenden Enkels, als ihr Sohn zu ihnen in das Zimmer trat.

»Nun, mein Junge«, rief der Vater dem Eintretenden entgegen, »schläft Wegmann *junior* schon nach seinen ersten Heldentaten? Ich wäre auch mit einem Mädchen zufrieden gewesen, aber der Knabe ist mir doch lieber. Das ist ein Nachfolger im Geschäft, und den hab' ich mir und dir gewünscht. Jetzt fehlt uns nichts mehr zum Glück, als –«

»Mein Bruder!« fiel ihm der Sohn ins Wort, welcher

neben den Eltern Platz genommen hatte. »Ich kam herunter, lieber Vater, um für Fritz bei Ihnen zu bitten. Ich, Sie, wir alle sind so glücklich gewesen; Fritz allein hat uns gefehlt!«

Der Alte nahm die Pfeife aus dem Mund. »Wer trägt die Schuld?« fragte er trocken. »Du hast jetzt selbst ein Kind; glaubst du, daß ein Vaterherz, daß eine Mutter sich leicht von ihrem Kinde trennen? Meinst du, daß er mir heute nicht gefehlt hat, im Kreise der Unsern? Daß ich die Tränen der armen Mutter nicht verstanden habe?«

Er erhob sich und ging im Zimmer umher, der Sohn stand gleichfalls auf, nur die Mutter blieb am Fenster sitzen, still die überfließenden Augen trocknend.

»So rufen Sie ihn zurück! Er ist in unserer Nähe, lieber Vater!«

»In Berlin? Hier in Berlin? Und was treibt er in Berlin?«

»Er ist Soldat!«

»Auch das noch! Auch diese letzte Schmach!« rief der Alte in heftigem Zorn. »Nicht genug, daß er sich in Leipzig mit dem Frauenzimmer eingelassen hat, daß Leipziger Kaufleute mich davor warnen mußten, daß ich auf der Messe nicht rechts noch links zu sehen wagte, aus Furcht, wegen der schändlichen Geschichte einmal zur Rede gestellt zu werden – nun noch Soldat. Mitten unter all dem Gesindel! Der Sohn von Wegmann und Compagnie Soldat! Es wird mir Ehre machen, wenn ich mit meinen Geschäftsfreunden von der Börse komme, und man mir sagen wird: da, dort in Reihe und Glied, Herr Wegmann, da steht Ihr Sohn!«

»Des Königs Rock –«

»Den soll mein Sohn nicht tragen!« rief der Alte, so heftig mit der Hand auf den Tisch schlagend, daß die Blumenvasen erzitterten und das Wasser zur Erde floß.

»Und doch Vater, trug ihn der Prinz, als er uns hier besuchte! –«

»Der Prinz ist nicht des alten Wegmann Sohn! Der Prinz

mag Soldat sein, Frauenzimmern nachlaufen, soviel er will, mein Sohn soll's nicht! Er soll es nicht.«

Es entstand eine Pause. Endlich sagte Karl: »So kaufen Sie ihn los. Ich hätte es getan, aber es bedarf Ihres Zeugnisses, weil Fritz noch minderjährig ist.«

Der Alte antwortete nicht. »Er soll mir schwören, dem Mädchen zu entsagen«, rief er nach langem Schweigen plötzlich, »und ich will alles vergeben und vergessen!«

»Sie wissen, bester Vater, daß er grade dies eine verweigert«, sagte Karl mit dem begütigenden Ton kindlicher Unterordnung. »Seien Sie gerecht, Vater! lassen Sie uns eingestehen, daß Ihre Strenge ihn zu dem verzweifelten Schritt bewog, der ihn ins Militär getrieben hat. Sträubt sich Ihr Gefühl dagegen, ihn hier mit seiner Frau leben zu lassen, so machen Sie ihn frei. Machen Sie, daß er fortgehen und sich in Frankreich oder Amerika eine Heimat suchen kann.«

»Weder in Frankreich noch in Amerika soll mein Sohn eine Dirne heiraten, und auf keinem Punkt der Erde soll ein Judenmädchen meinen ehrlichen Namen tragen. Ich habe den Namen Wegmann unbescholten ererbt von meinen Eltern, unbescholten will ich ihn dir und deinen Kindern hinterlassen. Entweder er schwört, das Mädchen aufzugeben, oder, so wahr Gott lebt, ich will nie mehr seinen Namen vor mir nennen hören!«

Ohne eine Antwort abzuwarten, ging der Alte hastig aus dem Zimmer.

Laut schluchzend fiel die Mutter dem Sohn um den Hals. »Habe ich ihn dazu mit so unsäglichen Schmerzen geboren, daß er Schimpf und Schande, Gram und Streit bringe über mein Alter?« weinte sie.

Der Sohn streichelte freundlich ihr greises Haar, küßte ihre Hände, und bot alles auf, sie zu besänftigen, sie zur nochmaligen Fürbitte bei dem Vater zu überreden. Er schilderte ihr sein Empfinden, wie er neulich, als sie im bequemen Wagen vorübergefahren, den Bruder plötzlich

Holz spaltend vor der Kaserne erblickt habe. Er malte ihr das Wiedersehen am darauffolgenden Tag aus. Er schwor ihr, daß jenes Mädchen nur unglücklich und nicht unwürdig sei; daß sie Friedrich eine treue Gattin sein würde. Er bat sie, den Sohn kommen, ihn selbst zum Mutterherzen sprechen zu lassen – es blieb umsonst.

»Und wenn mein Herz bricht, ich kann's nicht zugeben; ich darf ihn nicht sehen, ich kann nicht für ihn bitten. Wie soll ich vor Gottes Tisch, wie soll ich vor den Pastor treten, wenn mein eigen Fleisch und Blut sich mit Juden verheiratet? Ich könnt's nicht vor Gott verantworten auf dem Totenbett!«

Wie an dem harten bürgerlichen Vorurteil des Vaters, scheiterten an der Mutter religiöser Starrheit alle Versöhnungsversuche Karls; und selbst sein junges Weib, auf deren Vermittlung er gerechnet, hatte ihm diese verweigert, weil sie vom Standpunkt der Sittlichkeit aus sich nicht überwinden konnte, ihren Schwager und seine unglückliche Geliebte zu entschuldigen.

In traurigen Gedanken ruhte Karl, das Haupt in die Hand gestützt, an derselben Stelle, an der sein Vater gesessen hatte, überlegend, wie er dem Bruder helfen möge, sich ein glücklicheres Los zu bereiten, ohne den Konsens des Vaters zur Loskaufung und zur Ehe für ihn erhalten zu haben. Nur Seitenwege, nur Bestechung, welche damals in Preußen fast alles möglich machte, konnten zum Ziel führen; widerwillig entschloß er sich dazu.

Aber während er aufstand, um in seine Wohnung zurückzukehren, sagte er zu sich selbst: »Und er sollte sein Leben opfern für ein Land, in dem jedes blinde Vorurteil durch Gesetze, durch Institutionen geheiligt und unvergänglich gemacht wird? Wäre er in Frankreich, so wäre der Kriegsrock, der ihn hier in den Augen des eigenen Vaters entehrt, sein stolzester Schmuck, und kein Vorurteil trennte ihn von dem Weibe, das er liebt. Er soll fort von hier und bald!«

2

Es gibt Stunden, in denen die Notwendigkeit einer Änderung unseres Schicksals so dringend vor unsere Seele tritt,
daß wir glauben, die Möglichkeit dieser Änderung müsse
nahe liegen, müsse uns leicht werden, sobald wir nur wollen. Aber die Fesseln unserer Vergangenheit halten uns
niederziehend an das Bestehende gebannt, und nur selten
wird es einem Glücklichen zuteil, eine unheilvolle Vergangenheit von sich schleudern und ein neues Leben beginnen zu können.

»Ich habe mich betrogen«, sagte der Prinz zu sich selbst,
als er, vom Pferde gestiegen, in Charlottenburg die Gemächer betrat, welche er dort zu bewohnen pflegte. »Ich weiß
jetzt, daß ein Weib immer nur ein Weib ist. Dies war meine
letzte schmerzliche Enttäuschung. Wahres Glück zu
suchen in der Liebe war ein kindischer Traum. Mein Liebesleben ist zu Ende. Jetzt, heute, in diesem Augenblick
beginne ich ein neues Dasein.«

Anknüpfend an jene Unterredung auf dem Maskenball
wollte er der Königin sich und sein Leben darbringen,
jeder Selbstbestimmung entsagend. Sie sollte entscheiden,
was er beginnen, was er tun solle. Er zweifelte nicht, daß
sie ihn verstehen, daß sie Teil an ihm nehmen müsse, und
bei der Lebhaftigkeit seiner Einbildungskraft hatte er sich
auf dem einsamen Ritte die ganze Audienz, die ganze
Begegnung mit der Königin bis in die kleinsten Züge deutlich ausgemalt.

Er ließ sich melden, ward angenommen, aber die Köni-
gin war nicht allein. Ihre Oberhofmeisterin und noch eine
Dame befanden sich in dem Gemach. Der Prinz kannte
sie, es war Frau von Staël, die Tochter des französischen
Ministers Necker, eine der ausgezeichnetsten Frauen ihrer
Zeit.

Noch nicht vierzig Jahre alt, groß und stark gebaut,

konnte sie, trotz der Unregelmäßigkeit ihrer Züge, welche besonders in den zu vollen Lippen hervortrat, auch äußerlich für eine anziehende Erscheinung gelten. Prächtiges schwarzes Haar, in griechischen Flechten lose um das Haupt gewunden, große, flammende Augen, schöne Schultern und Arme gaben ihr einen Reiz, der durch ihre seltene Beredsamkeit noch erhöht ward.

Mehr eine Feindin Bonapartes und seiner Alleinherrschaft als eine Anhängerin der vertriebenen Königsfamilie, war sie aus Frankreich verbannt, und schon darum am Hofe zu Berlin von allen denen mit Wohlwollen empfangen worden, welche gleiche Abneigung gegen Bonaparte hegten als sie. Auch der Prinz nahm Teil an ihrem Schicksal, liebte ihre Gesellschaft, sah sie fast täglich, und würde in jeder andern Stunde ebenso erfreut von dieser Begegnung gewesen sein, als sie ihm jetzt unwillkommen erschien. Eine gleichgültige Unterhaltung mit Fremden führen zu müssen, in einem Augenblick, in dem man an einem Wendepunkt seines Lebens zu stehen glaubt, ist schwer. Es schien ihm eine üble Vorbedeutung darin zu liegen, daß schon bei dem ersten Schritt auf dem neuen Wege ihm ein Hindernis entgegentrat. Mißtrauisch geworden gegen sich selbst, gegen seine Willenskraft, wollte er das entscheidende Wort gesprochen haben, durch Fesseln gebunden sein, um einen Beistand gegen die eigene Schwäche zu finden, die er selbst in diesem Augenblick eine unmännliche nannte.

Jeden Augenblick hoffend, daß die Königin Frau von Staël entlassen, daß er eine Privataudienz erhalten werde, konnte er sich nicht zum Fortgehen entschließen, obschon die Unterhaltung ihm ebensosehr zur Qual gereichte, als die Königin sie mit Teilnahme verfolgte.

Man sprach von den Zuständen Frankreichs, von den französischen Prinzen, von den Aussichten, welche sich für den Sturz Bonapartes, für die einstige Rückkehr der Bourbons auf den Thron von Frankreich bieten konnten.

»Es scheint mir unmöglich, es ist fast gegen die menschliche Natur, daß ein Zustand wie der in Frankreich lange dauern könne«, sagte die Königin. »Die Stürme der Revolution grollen fort und fort in dem unglücklichen Lande, alle Leidenschaften sind aufgeregt, jeder glaubt sich zum Herrschen berechtigt, da die rechtmäßigen Herrscher fehlen. Wie ist es anzunehmen, daß man Bonaparte lange eine Macht in Händen lassen werde, auf die Tausende gleiche Ansprüche geltend machen. Wie sie untereinander auch verfeindet sind, wird der Neid die verschiedenen Parteien verbinden, den einen zu stürzen, der sie jetzt alle noch in Fesseln schlägt.«

»Er wird mit seiner Tyrannei alle Parteien besiegen, Majestät! Er wird unantastbar bleiben, so lange er sich selbst besiegt, und nicht Hand anlegt an die Republik, welche seine Mutter, das feste Fundament seiner Größe ist«, behauptete Frau von Staël.

»Und das sagen Sie, die ihn einen Robespierre zu Pferde nannten«, fragte der Prinz, »Sie, seine entschiedene Gegnerin, die er aus Frankreich verwies?«

»Ich habe das Recht gewonnen, ihn zu hassen und geringzuschätzen, weil ich ihn einst so warm und wahr bewunderte. Was man einst geliebt, haßt man am stärksten, wenn es uns betrog.«

Ein Stich zuckte durch das Herz des Prinzen, das Paulines Namen nannte. Im Tone der Selbstanklage sagte er leise: »Auf tausend Wegen immer zu dem einen Ziel!« Dann atmete er tief auf, fuhr mit der Hand über die Stirn, als wolle er einen bösen Gedanken verscheuchen, und wandte sich gegen die Königin, welche nähere Erklärung über die erste Behauptung der Frau von Staël gefordert hatte.

»Es gab eine Zeit, Majestät!« antwortete diese, »in der ich noch an Wunder glaubte, welche die Willenskraft des einzelnen vollbringt. Solch ein Wunder erwartete ich von Bonaparte, als ich ihn den Drachen der Anarchie unter seine Ferse treten sah, stolz und sicher über ihn fortschreitend, allmächtig durch das Vertrauen in sich, in die Götterkraft seines Willens. Weil er so fest an sich selbst glaubte, habe ich ihm geglaubt. Sein fanatisches Selbstgefühl schien mir eine göttliche Mission zu künden, und wenn der Tod ihn verschonte, während er rings um ihn her alles darniederwarf, traute ich mit Bonaparte auf seinen Stern. Es ist so erhebend, Großes zu erleben, an Großes zu glauben! Jetzt aber, seit ich auch ihn nur als einen der Tausende erfunden habe, die selbstsüchtige Zwecke mit heuchlerischer List verfolgen, seitdem hasse ich ihn und werde ihn verachten, wenn er es wagt, die Krone eines gemordeten Königs auf sein Haupt zu setzen, der seines Volkes Wohl treuer und wärmer im Herzen trug als Bonaparte, und es glücklich gemacht hätte, würde er die Einsicht dieses Usurpators besessen haben.«

Frau von Staëls Augen sprühten Flammen eines heiligen Zornes; die Königin, der Prinz sahen sie staunend an. Sie schien ihre Umgebung vergessen zu haben, ihr Blick haftete an keiner der anwesenden Personen. Wie eine Sibylle hatte sie, gezwungen durch ihr Gefühl, ihr ganzes Denken enthüllt, nun schien sie Vergangenheit und Gegenwart im Geiste zu durchforschen, um die ferne Zukunft danach zu ergründen.

»Ich habe nie gewußt, daß die Republik eine so leidenschaftliche Bekennerin an Ihnen hat, meine gnädige Frau!« sagte endlich der Prinz.

Frau von Staël blickte ihn einen Augenblick in halber Zerstreuung an. »Die Republik?« wiederholte sie. »Wer kann an die Möglichkeit einer Republik glauben, wenn selbst ein Bonaparte nicht die Kraft hat, ein wahrer Republikaner zu sein? Ich habe die Republik geliebt, weil ich den Menschen achtete, die Tugend liebte, an Selbstverleugnung glaubte. Das Leben hat mich eines anderen belehrt. Ich bin klüger geworden, doch nicht besser.«

»Sie schmeicheln uns nicht«, bemerkte die Königin,

»wenn Sie die Herrscher auf diese Weise als notwendige Übel betrachten!«

»Ich erachte die Macht der Krone und ihre Träger, nach den Erfahrungen, welche ich gewonnen, für die segensvolle Schranke, für die notwendigen Wächter, welche die Leidenschaft des einzelnen von dem Streben nach der höchsten Macht zurückhalten, die, solange die Selbstsucht noch die Besten verblendet, unerreichbar sein muß, um nicht von jedem begehrt, um nicht Veranlassung zu unausgesetztem Kampfe zu werden. Aber das hindert nicht, daß alles, außer der höchsten Macht, teilbar und gleich geteilt sei unter denen, die dazu auf irgendeine Weise berechtigt sind. Ich denke an England und seine Verfassung, indem ich dieses sage, Majestät!«

Stets bereit, die Wahrheit zu hören und sich zu unterrichten, hatte die Königin die vollste Duldung für jede Meinung, und eine hohe Achtung vor selbständiger Gesinnung, auch wo diese von ihren Ansichten verschieden war. So konnte Frau von Staël es wagen, sich offen gegen sie auszusprechen, gewiß, Verständnis und Würdigung ihrer Freimütigkeit zu finden, wie sie sie auch von dem Prinzen gewöhnt war.

Der Eintritt des Königs beendete diese Unterhaltung. Frau von Staël wurde entlassen, die Kammerherren und Hofdamen erschienen, und man begab sich zur Tafel.

Als darauf am Nachmittag der Prinz in seine Gemächer trat, schien es ihm, als habe er seit diesem Morgen viele Monate verlebt. Die Entschlüsse, mit denen er nach Charlottenburg gekommen war, lagen ihm traumartig fern; nur ein Gedanke stand lebhaft vor seiner Seele, die Sehnsucht nach Pauline, der Schmerz um sie. Nicht daß er litt, beklagte er, sondern daß sie ihm ein Leid getan.

So lange schien ihm die Zeit, seit er sie nicht gesehen, daß er noch in dieser Stunde zu ihr eilen wollte. Aber was sollte, was konnte er Pauline sagen, die sich glaubenslos gegen ihn, vertrauend an Wiesel angeschlossen hatte.

»Sie fürchtete, ihr Weiberherz werde zittern bei dem Dolchstoß, und sie bat Wiesel, ihre Hand zu führen, um sicher und tödlich zu treffen!« rief er aus, während Tränen ihm in die Augen traten, als er sich den Entschluß abgetrotzt hatte, sie nicht wiederzusehen.

Tage voll tiefer Schwermut waren diesem ersten gefolgt. Endlich ertrug es der Prinz nicht länger.

Sage mir, daß Dein Herz nach mir verlangt, und ich liege anbetend, liebend und vertrauend zu Deinen Füßen, schrieb er ihr.

Aber von Wiesel bestimmt, hatte Pauline sich taub gemacht gegen ihr eigenes Gefühl und sich in der ersten Heftigkeit ihres Zornes so fest gebannt in die Beteuerungen, den Prinzen nie wiedersehen zu wollen, daß sie sich vor Wiesel ihrer Liebe und ihrer Sehnsucht wie einer Schwäche schämte.

Wirklich starke Charaktere haben den Mut und die Freimütigkeit, ein Unrecht als Unrecht zu bekennen, weil sie immer den Willen und fast immer die Macht haben, es zu sühnen. Schwache Naturen gestehen das Unrecht ein, um hinter diesem Eingeständnis Schutz vor sich selbst und vor dem Tadel anderer zu suchen. Sie verlangen, von fremder Kraft gestützt und auf den rechten Weg geführt zu werden, um nicht durch freiwilliges Aufgeben des bisher verfolgten Pfades einzuräumen, daß sie selbst ihn als einen falschen anerkennen mußten.

So war es mit Pauline. Täglich ging sie zu Rahel, machte Bekenntnisse, verlangte Aufschlüsse, Trost und Rat; sie beschwor heut ihre Liebe und ihr Vertrauen, morgen ihre Zweifel und ihren Haß, ohne ein Ende zu finden, einen Entschluß fassen zu können, weil sie sich den Anschein zu geben wünschte, als habe nicht die eigene Sehnsucht, sondern die dringende Überredung anderer sie zur Versöhnung bestimmt.

Unablässig bemüht, Pauline von ihrem Unrecht zu überzeugen, litt Rahel fortwährend durch sie. Einer Frau die Leidenschaft des Mannes zu schildern, den man selbst ohne Hoffnung liebt, dazu gehört die ganze Kraft einer starken, weiblichen Seele.

Wir leben in Zuständen, schrieb Rahel einmal an Gentz, *die ganz dazu gemacht sind, uns den Rest des Verstandes zu nehmen, den die Zeitverhältnisse und ihre Trostlosigkeit uns übriggelassen haben. Pauline martert mich bis zur Nervenabspannung mit Fragen, welche sie sich alle selbst beantworten könnte. Ich aber verabscheue solche Fragen, die mir auch der Prinz und Henriette vorlegen. Einer ist unglücklicher als der andere, und ich habe das Ehrendiplom, es am meisten zu sein.*

Henriette macht sich verdiente Vorwürfe über ihr Verhältnis zu Dussek und macht sie deshalb dem Prinzen und Dussek doppelt und dreifach. Der Prinz möchte Dussek fortschicken, behält ihn aber, um in seiner Abneigung gegen ihn den Vorwand zum Vermeiden Henriettes zu haben, und tadelt sich doch, weil er diesen Nebenbuhler duldet.

Pauline läßt sich von Wiesel einbilden, eine erhabene Stärke zu beweisen, indem sie ein liebendes, vertrauendes Herz durch Eigensinn quält, und ich muß es sehen, mit weinender, knirschender, ohnmächtiger Wut, daß der Prinz mitten in dieser Schlechtheit, Halbheit, Kleinheit, die uns alle schon elend gemacht hat, sie noch immer liebt, und glaubt, und hofft.

Wiesel allein ist glücklich und froh. Er lacht über Henriette und Dussek, über den Prinzen und Pauline, aber am meisten über mich; und wie ich das Diplom habe, die Unglücklichste zu sein, habe ich auch das Privilegium, ihm am lächerlichsten zu erscheinen.

Nicht wahr, Gentz, nicht wahr, auch Sie lachen, daß ich, die kluge Rahel Levin, so dumm und blind sein konnte, von Pauline, von Wiesels Schülerin, Wunder idealischer Liebe zu erwarten, Liebeswunder von einer Berlinerin im neunzehnten Jahrhundert! Aber, Gentz, nicht dumm war ich, sondern schwach! Schwach wie ein Mutterherz, das dem kranken Kinde, wenn es phantasierend Engel zu Spielgefährten verlangt, ein Engelsbild ins Krankenzimmer bringt, und, mit der Inbrunst der Mutter-

liebe, auf den Knien zu Gott schreit: Gott im Himmel, tue ein Wunder! Belebe das Bild, denn der Abgott meines Herzens kann nur genesen, wenn du ihm einen Engel sendest. – Und er soll, er muß genesen, meine Liebe will es!

Lachen Sie jetzt auch noch, Gentz? Ich weiß, Sie werden schaudern und sich wundern, daß nicht die Nacht des Wahnsinns sich um die Sinne der unglückseligen Mutter legt, wenn sie inne wird, daß Gott keine Wunder mehr tut in unserer Zeit, und sie dem hinsterbenden, engelverlangenden Liebling nichts zu bieten hat – als ein totes, kaltes Bild, welches die Wüstheit seiner kranken Phantasien steigert.

Sie sagen, Deutschland wird untergehen – was kümmert mich das, in diesem Augenblick! In mir ist auch eine Welt untergegangen, und es wird eine untergehen in dem Prinzen, die mehr wert war als alle Königreiche der Erde.

3

Von seiner Unruhe fast alltäglich nach Berlin getrieben, befand der Prinz sich eines Mittags in Rahels Wohnung, als plötzlich Graf Tilly in das Zimmer trat. Rahel und der Prinz erschraken bei seinem Anblick. Sein Haar war vom eiligen Gehen in Unordnung geraten, des Puders zum Teil entblößt, seine Kleidung weniger sorgfältig als sonst, seine Züge drückten Schmerz und tiefes Entsetzen aus.

»Was bringen Sie, Tilly? Was ist geschehen?« fragten Rahel und der Prinz zugleich.

»Ein Treubruch, ein Verbrechen ohne Beispiel, der furchtbarste Verrat an Völkerrecht und Menschenrecht. Bonaparte hat den Herzog von Enghien, den Sohn Bourbon Condés, erschießen lassen.«

»Das ist nicht möglich«, rief der Prinz, »das hat er nicht gewagt!«

»Was wäre in dem unglückseligen Lande, was wäre dem frechen Korsen unmöglich, seit das heilige Haupt des Königs unter dem Beil der Guillotine gefallen ist?«

»Aber wie, unter welchem Vorwand ist das geschehen? Der Prinz befand sich ja außer den Grenzen Frankreichs, auf deutschem Boden, unter dem Schutz eines deutschen Fürsten«, wandte der Prinz ein.

»Kümmert das Bonaparte?« fragte Tilly. »Der Herzog, bei dem Ausbruch der Revolution entflohen, befand sich in Ettlingen, wo er ruhig lebte. Plötzlich wird er von einem Detachement französischer Truppen überfallen. Man sagt ihm, daß er ein Gefangener sei. Unter dem Vorgeben, er habe Teil gehabt an Georg Cadoudals Verschwörung gegen Bonaparte, führt man den Prinzen nach Frankreich in die Gefängnisse von Vincennes. Ein Kriegsgericht erklärt ihn des Verrats am Vaterland schuldig, und noch in derselben Nacht vollstreckt man das fluchwürdige Todesurteil, indem man dem Prinzen eine Laterne vor die Brust bindet, um den republikanischen Schützen ihr Ziel zu zeigen.«

Das Gesicht mit den Händen verhüllend, überließ Graf Tilly sich seinem tiefen Schmerz, während der Prinz bitter hohnlachend ausrief: »Wie werden sie jammern und klagen, daß die Schlange sticht, die sie zu zertreten nicht Mut besaßen, als sie die Kraft dazu noch hatten!«

Nach kurzer Unterredung verließen der Prinz und Tilly Rahel, um nach Charlottenburg zu eilen, mit dem Versprechen, ihr so bald als möglich Nachricht zu senden, wie man die Untat dort aufgenommen habe.

In Charlottenburg angelangt, fanden sie alles in der größten Bestürzung. Die Minister, die auswärtigen Gesandten waren versammelt. Botschaften gingen zwischen Charlottenburg und Berlin hin und her, Kuriere mit Depeschen und Noten wurden nach allen Weltgegenden abgefertigt. Fast alle Mitglieder des königlichen Hauses fanden sich im Laufe des Tages ein, man kam und ging in den Zimmern der Königin, während Graf Haugwitz und die Minister den ganzen Morgen im Kabinett des Königs arbeiteten.

Das königliche Paar bewohnte in Charlottenburg die Gemächer, welche, zu ebener Erde gelegen, sich mit Flügeltüren auf die Orangerieterrasse öffnen. Möbel von schlichtem Holz, mit Überzügen von Kattunen, die man aus der Wegmannschen Fabrik neuerdings angekauft hatte, um den Gebrauch inländischer Erzeugnisse einzuführen, englische Kupferstiche und Bilder in schwarzer Kunst, größtenteils Szenen des Familienlebens darstellend, bildeten den ganzen Schmuck derselben. Nirgends sah man Pracht, nirgend Überfluß, aber auch nirgend eine Spur jener künstlerischen Bildung, welche den Genuß edler Kunstwerke als eine Grundbedingung des Daseins empfindet.

In dem kleinen, von dunklen Kastanienbäumen beschatteten Teil des Gartens, zunächst dem Schlosse, den der Hof sich zu seinem ausschließlichen Gebrauch vorbehalten hatte, gingen die Prinzessin Marianne, die Gemahlin des Prinzen Wilhelm, und die Prinzessin Radziwill Arm in Arm umher, die Zeit zu verkürzen, bis sie die Königin sehen konnten. Prinz Louis, der sich zu ihnen gesellte, hatte dieselbe eben verlassen.

»Wie haben Sie die Königin gefunden?« rief ihm die Prinzessin Marianne entgegen.

»Äußerlich gefaßt, aber bleich und still. Ihre Augen füllten sich mit Tränen, als sie, jenes Mordes gedenkend, die Kinder ansah, die man auf ihren Befehl zu ihr gebracht hatte.«

»Und der König? Was sagt er zu dem Ereignis?«

»Er schweigt aus Resignation, und resigniert sich aus Pflichtgefühl«, antwortete der Prinz in einem Ton, welcher seine Unzufriedenheit mit dieser Handlungsweise durchblicken ließ.

»Ja, die Last ist groß, welche der Zorn des Herrn in dieser Zeit auf die Schultern der Könige wälzt«, seufzte die fromme, junge Fürstin.

»Um so schneller müßte der Entschluß der Könige sein, diese Last abzuschütteln und sich und ihre Völker von der Tyrannei Bonapartes zu befreien«, entgegnete der Prinz.

Die Prinzessin blickte ihn mit ihren großen Augen wehmütig an. »Spotten Sie meiner Verzagtheit, Vetter«, sagte sie, »aber spotten Sie nicht über die Wege und Mittel, welche Gott wählt, unsere Herzen zu lenken. Wir büßen vielleicht alle die Schuld unserer Voreltern, ihre Verschwendung, ihre Zügellosigkeit. Wer weiß es, ob wir besser wären als sie, hätte nicht die Revolution an unser Gewissen geklopft, und stände nicht der Entsetzliche ewig mit dem gezogenen Flammenschwerte vor unsern Augen. Der König handelt und duldet, wie ein christlicher Fürst es soll, er wird auch siegen und nicht untergehen, das hoffe ich zur Gerechtigkeit Gottes, der ihn erleuchten wird.«

»Ich hoffe und glaube alles, was Sie wollen, solange Ihre Augen überzeugend auf mich wirken«, antwortete der Prinz. »Fern von Ihren Augen baue ich jedoch weit weniger auf die Erleuchtung des Herrn, als ich die Verblendung fürchte, deren Schöpfer Haugwitz ist.«

»Aber was wird man tun, Louis?« fragte die lebhaftere Fürstin Radziwill ihren Bruder. »Was denkt, was meint Haugwitz?«

»Haugwitz denkt, da die Reben nicht erfroren sind, und wir um jeden Preis, selbst um den unserer Ehre, Frieden behalten müssen, werde er im Oktober wieder ein Winzerfest in seinem Garten feiern und bei dem Weinkeltern das Blut des französischen Prinzen vergessen können.«

»Scherze nicht! Ich beschwöre dich, Bruder, sage, was wird man tun?« wiederholte sie dringender.

»Tun? Hier in Preußen? – Nichts, Louise! Bonaparte allein tut etwas, und zwar alles, was er will, wir anderen sehen zu und staunen«, antwortete der Prinz, als ein Kammerherr die Prinzessin Marianne auffordern kam, sich zur

Königin zu begeben. Die beiden Geschwister blieben zurück. Die Prinzessin nahm den Arm ihres Bruders und ging mit schnelleren Schritten den entlegeneren Teilen des Parkes zu.

Eine Strecke vom Schlosse blieb sie stehen, sah sich um, als fürchte sie das Ohr eines Lauschers. Endlich, als sie sich überzeugt hatte, daß sie allein seien, sagte sie: »Ich habe dich gefragt, was wird man tun, und du hast mir mit gerechtem Spotte die Tatenlosigkeit unseres Hauses vor die Seele gerufen. Jetzt frage ich dich, Louis, Prinz von Preußen, Enkel der Hohenzollern, was wirst du tun?«

»Louise!«

»Nein«, rief sie, »unterbrich mich nicht! Ich weiß, was du sagen kannst, weiß alles, was mir die Mutter von Jugend auf gepredigt hat von der schweigenden Unterwerfung unter den Willen unseres Oberhauptes, des Königs, der uns ein Gesetz ist. Ich weiß das alles – aber ich glaube es nicht mehr, denn Bonaparte und wir kämpfen mit ungleichen Waffen. Er hatte nichts zu verlieren, als er seinen Weg begann, das war sein Glück, denn dadurch war er frei und konnte die Höhe erreichen, von der herunter er uns bedroht.«

»Mußt du meine tiefen Wunden aufreißen, Schwester?« fragte der Prinz, krampfhaft ihre Hand in der seinen pressend.

»Und blutet mein Herz denn nicht?« rief sie. »Glaubst du, daß ich vor meinem Manne nicht erröte, vor dem Polenfürsten, der knirschend das Joch der Knechtschaft auf dem Nacken seines Volkes sieht, unablässig auf Rettung, auf Erlösung seines Vaterlandes denkend? Glaubst du, ich bebe nicht, wenn das mächtige Königshaus, dem ich, sein Weib entsprossen bin, die Hände dem Usurpator, kriechend vor ihm, entgegenstreckt, damit er, der Niedriggeborene, die Königskinder in Ketten schlage?«

Tränen des Zornes glänzten in ihren Augen, der Prinz war bleich geworden vor innerer Bewegung.

»Wecke die Dämonen nicht«, sagte er mit gepreßter Stimme, »die mich seit Jahren verfolgen, die ich niederhalten muß mit aller Kraft meiner Seele, mich festklammernd an Satzung und Ehre, welche mich, den Untertan, den Soldaten, den Prinzen, mit dreifachen Ketten an den König binden.«

»Ketten!« entgegnete die Prinzessin. »Toren, die Ihr seid! Ihr bindet Euch an Gesetze, an Verträge, an Völkerrecht, einem Feind gegenüber, der so riesig wird, weil er weder Gesetze noch Verträge, noch Völkerrecht achtet. Er hat sich außerhalb der staatlichen Gesellschaft hingestellt. Darum ist er allmächtig geworden. Darum hat er die Möglichkeit gehabt, sich über uns zu erheben als unser böser Dämon, oder als eine Geißel des Zornes, wie die Cousine es nannte.«

»Soll ich ehrlos handeln wie er?«

»Willst du stehenbleiben vor der angewiesenen, gesetzlichen Schranke, im Zweikampf auf Leben und Tod, wenn du siehst, daß dein Gegner die Schranke niedertritt, um dir die Pistole auf die Brust zu setzen?«

Es entstand eine Pause, sie gingen wortlos nebeneinander her, stumm vor innerer Erregung. Plötzlich fuhr der Prinz empor, und seine Schwester fragte: »Was war das?« Es knisterte in den Zweigen der Gebüsche, und ein Mann bog seitwärts ab in die Nebenallee, welcher ganz in der Nähe der fürstlichen Geschwister gewesen sein mußte.

Der Prinz schlug vor, einen Umweg zu machen, um ihm zu begegnen, aber sie konnten die Gestalt nicht wiederfinden.

Statt des früher gesehenen Mannes trat ihnen der Kapellmeister Reichard, ein ausgezeichneter Musiker, in den Weg, der von Halle nach Berlin gekommen war, und einen Spaziergang durch den Charlottenburger Schloßgarten gemacht hatte.

Reichard war dem Prinzen und seiner Schwester bekannt, und diese wandte sich nach den ersten Worten der Begrüßung mit der Frage an ihn, was man in Berlin an den öffentlichen Orten zu der neuesten Gewalttat Bonapartes sage?

»Es ist nur ein Schrei der Empörung überall, Hoheit!« sagte der Kapellmeister. »Man blickt mit Spannung nach Charlottenburg, einen entscheidenden Schritt des Königs erwartend, und ich möchte, wenn es nicht zu dreist wäre, fragen, ob Hoheit glauben, daß man einen solchen beabsichtige?«

»Denken Sie, daß wir die Pläne des Grafen Haugwitz kennen?« rief der Prinz. »Was man tun wird, weiß nur er allein. Aber das ist gewiß, wenn dieser Bonaparte einmal Lust bekommt, ein Gericht Prinzenohren zu essen, so sind diese hier« – er faßte mit der Hand nach seinem Haupte – »nicht sicherer als das Leben Enghiens!«

4

Acht Stunden nach dieser Unterredung der beiden Geschwister kehrte Graf Haugwitz, von der langen Konferenz des Tages ermüdet, in sein Hotel nach Berlin zurück. In einen seidenen Schlafrock von persischen Stoffen gewickelt, das Halstuch losgeknüpft, das Jabot geöffnet, und die Füße in wärmende Schuhe gehüllt, lag er, ein Porträt betrachtend, das er in Händen hielt, auf einer Bergère, die man an den Arbeitstisch gerollt hatte, während ein Rat seines Ministeriums, der vielgewandte Lombard, Briefe öffnete und Vorträge hielt.

Der Graf schien ihnen geringe Aufmerksamkeit zu schenken, und Lombard sah öfters von seinen Papieren beobachtend nach seinem Chef hinüber, der das Bild in seinen Händen mit dem lächelnden Ausdrucke höchster Zufriedenheit anblickte und es bald nach der einen, bald

nach der anderen Seite wendete, um die richtige Lichtwir-
kung herauszufinden. Noch hatte er auf keinen der Vorträge anders als mit einem Kopfnicken oder einer Handbe-
wegung geantwortet, welche der Rat jedoch durch lange
Gewohnheit zu deuten wissen mußte.

»Ein Brief vom Hofrat von Gentz«, fuhr er fort, »nicht
offizielle Depesche, sondern Privatkorrespondenz. Er meldet, daß die Wahl Bonapartes zum Kaiser unzweifelhaft
sei, daß man sie an jedem Tage erwarten könne, obschon
Bonaparte noch den Widerstrebenden spiele.«

»Shakespeares edler Cäsar« – unterbrach ihn Haugwitz,
»und dreimal überreicht, wies er die Krone dreimal fort –
wir kennen diese Komödien! – aber weiter! Was meldet
Gentz?«

»Daß man in Wien Bonapartes Erhebung zum Throne
als eine Kriegserklärung gegen alle legitimen Fürstenhäu-
ser betrachte, daß man sie nicht anerkennen wolle und
sie –«

»Sehr ungern sehe! Nicht wahr, Lombard? Und doch ist
sie das einzige Mittel, uns Ruhe und Frieden zu verschaffen. Sie haben alle keine Menschenkenntnis, keinen psychologischen Blick. Bonaparte hat ein Ziel im Auge, das er
erreichen will und wird, dies Ziel ist die Kaiserkrone. Hat
er sie erreicht, so wird das Streben aufhören, die Befriedigung, die Lust zu genießen, treten an ihre Stelle, und der
Sieger gesteht zu, was man von dem Besiegten nie erlangt
haben würde. Daß man in Wien es ungern sieht, das glaube
ich, auch hier wird man sich dagegen sträuben. Aber das
Auge des Staatsmannes, des Menschenkenners erblickt
eine heilsame Notwendigkeit und folgt ihr, wo Kurzsich-
tige ein Unglück, ein Verbrechen zu sehen glauben.«

Er zog aus der Tasche seines Schlafrocks eine kostbare
Tabaksdose, schnupfte stark, schüttete dabei einen Teil des
Tabaks über das Miniaturbild, das er in Händen hielt, und
sagte, es abstäubend und es freundlich anblickend *oh pardon! Chère!*, als ob er ein lebendes Wesen vor sich hätte.

Dann stand er auf, band den Schlafrock fest um seine Taille, setzte das Bild auf den Tisch, die Wachskerzen davor und fragte, sich zu Lombard wendend: »Vortrefflich! nicht wahr?«

»Meisterhaft, Exzellenz, obschon nach einem der Kunst so unerreichbaren Originale!« antwortete dieser.

Währenddessen hatte der Graf angefangen, im Zimmer auf und nieder zu gehen. Plötzlich blieb er stehen: »Was haben denn seine Hoheit Prinz Louis und die Fürstin Radziwill heute den ganzen Morgen in Charlottenburg getrieben, Lombard?« fragte er. »Sooft ich das Zimmer der Königin betrat, fand ich einen von ihnen in dem Gemach.«

»Prinz Louis, Exzellenz, scheint sehr ergriffen zu sein von dem Vorgange in Vincennes; es hat lebhafte Erörterungen zwischen ihm und der Frau Fürstin Hoheit gegeben.«

»Welcher Art?«

»Man hörte, daß die Frau Prinzessin ihn zu Taten aufforderte, des Namens Hohenzollern würdig, daß sie ihn beschwor, den Mord des Prinzen Enghien, die Ehre der legitimen Fürsten zu rächen, welche von Bonaparte in den Staub getreten werde. Sie versicherte, daß man bei einer Schilderhebung auf den Beistand ihres Mannes, auf den Beistand aller Polen rechnen könne.«

»Und der Prinz? –«

»Exzellenz kennen ihn, und haben ihn immer richtig beurteilt«, entgegnete Lombard, »der Prinz ersehnt den Krieg!«

»Woher diese Notizen? Lombard!«

»Exzellenz! Mein Sekretär, der mich nach Charlottenburg begleitete und den Exzellenz schon sonst als verläßlich erfunden, ist zufällig Zeuge jener Unterredung geworden.«

Der Graf schwieg eine Weile. »Fertigen Sie den Bescheid nach Wien aus, sagen Sie, wir würden die gefürchteten Entschlüsse abwarten, unsere Nachrichten lauteten anders«, befahl er darauf statt aller Antwort. Und während

Lombard sich zur Vollziehung dieses Auftrages anschickte, setzte Graf Haugwitz, mit sich selbst sprechend, wie es seine Gewohnheit war, das Umherwandern fort. Lombard folgte ihm mit Auge und Ohr, trotz seiner Beschäftigung, vermochte aber nur einzelne Worte dieses Selbstgesprächs zu erhaschen, das ihm bedeutend zu sein schien.

»Er muß fort, dieser Abgott der Weiber!« murmelte der Minister. »Krieg! Um ihn mit Lorbeeren zu krönen! Um sie alle vollends zu bezaubern! Krieg! Um die Nichtkrieger zu verspotten, um Sieger zu sein im Kabinett, wie im Boudoir! Auch die Prinzessin, die Königin fordern Krieg! Das ist Zunder, Stahl und Stein! Man muß sie trennen, daß es nicht zum Brande aufschlägt! –«

Lombard schrieb, und der Graf wanderte umher. Endlich blieb er stehen und fragte, die kleinen, schwarzen Augen fest und stechend auf Lombard gerichtet: »Wie stehen denn die Herzensangelegenheiten seiner Hoheit? Ist er mit Madame Wiesel wieder ausgesöhnt? Ist man wieder beisammen?«

»Nicht, daß ich wüßte, Exzellenz! Der Prinz soll diesen Bruch sehr schwer empfinden.«

Die Unterhaltung war hiermit zu Ende. Der Graf öffnete ein Portefeuille, das man ihm brachte, las den Inhalt der Depeschen, unterschrieb die Aktenstücke und Verordnungen, welche Lombard ihm vorlegte, und stand bereits in der Tür, um das Arbeitskabinett zu verlassen, nachdem er den Rat verabschiedet hatte, als er denselben nochmals zurückrief.

»Sie haben mir von einem Darlehn gesprochen, Lombard, das Herr Wiesel für die Fabrikanten Wegmann forderte. Ist es ihm bewilligt?«

»Nein, Exzellenz, man wartet auf Ihre Resolution.«

»Wie hoch belief sich die Summe? Ich erinnere mich nicht mehr.«

»Vierzigtausend Taler auf fünf Jahre.«

»Legen Sie mir die Sache vor, und Herr Wiesel solle sich morgen in der Frühe bei mir einfinden.«

Mit diesen Worten verließ er das Gemach; auch Lombard entfernte sich, jedoch erst, nachdem er vorsichtig die angelangten Briefpakete und einige Billette an den Grafen durchmustert und gelesen hatte.

5

Die Ermordung des Prinzen von Enghien, welche in Europa so heftige Aufregungen zuwege brachte, hatte in Frankreich nur dazu gedient, einen neuen Beweis für die Gewalt Bonapartes zu liefern, und die royalistische Partei zum Schweigen zu bringen, deren Tätigkeit und Kräfte in jenem Zeitpunkt ohnehin fast erschöpft waren. Anders verhielt es sich mit der großen Anzahl wirklicher Republikaner, welche grollend und drohend die Alleinherrschaft des Kaisers betrachteten. Ihre Aufmerksamkeit von seinen Handlungen abzulenken, bedurfte Bonaparte des Krieges, als des friedlichsten Mittels zur Ausweisung der Tatendurstigen, zur Dezimierung der unruhigen Jugend.

Überall erwartete man einen neuen Feldzug, niemand wagte die Heimat zu verlassen, und auch Rahel begnügte sich um so bereitwilliger, für den Sommer ihren Aufenthalt in Charlottenburg zu nehmen.

In der Mitte des April bezog sie eine Wohnung am oberen Ende der Schloßstraße. Hier besuchte der Prinz sie häufig, um Trost und Erhebung bei Rahel zu suchen, die es um seinetwillen ganz zu vergessen schien, wie hoffnungslos ihr eigenes Leben sei.

Pauline und Wiesel hatten Berlin verlassen, ohne den Prinzen davon vorher zu benachrichtigen, und diese ganz unerwartete Vereinigung der Gatten, mußte ihn um so tiefer verletzen, da er seit Monaten auf Paulines Scheidung von Wiesel gedrungen, welche sie selbst als eine Notwendigkeit anerkannt hatte.

Weder Wiesel noch Pauline schrieben ihren Freunden in Berlin, niemand kannte ihren Aufenthalt, niemand den Zweck ihrer Reise. Diejenigen, welche besser von Wiesel dachten und ihm einen Rest von Liebe für Pauline zutrauten, nahmen an, daß er sie entfernt habe, um sie nicht dem Prinzen zu überlassen. Andere, die ihn und seine Ansichten kannten, lachten über jene Voraussetzung. Vergebens hatte der Prinz in Vetter gedrungen, ihm Auskunft über Pauline zu geben; auch Vetter wußte nichts, als daß Wiesel, wenige Tage, nachdem die Ermordung des Prinzen von Enghien bekannt geworden war, den beiden Wegmanns mitgeteilt hätte, er würde mit seiner Frau den Sommer außerhalb Berlins zubringen und könne dies um so leichter, da das Staatsdarlehn für die Fabrik bereits bewilligt, die königliche Kasse zur Auszahlung an die Wegmannsche Order angewiesen sei. Wegmann behauptete, daß man von einem Aufenthalte in Schlesien gesprochen habe, ohne doch Näheres zu wissen.

Vetter, dessen Teilnahme an Pauline nie erloschen war, hatte darauf bei allen Bekannten Wiesels in Schlesien Anfragen gemacht, um zu ermitteln, bei wem sie sich befänden, aber es stellte sich bald heraus, daß Wiesel gar nicht nach Schlesien gegangen und auf der Polizei in Berlin überhaupt kein Paß für ihn ausgefertigt worden sei.

In der quälendsten Sorge um Pauline, in der Ungewißheit über die nächste Wendung der politischen Verhältnisse, vergingen dem Prinzen die Tage des April, und die verschiedenen Hofstaaten, welche bis dahin noch in Berlin geblieben waren, schickten sich an, die Hauptstadt mit den Lustschlössern zu vertauschen, als die Prinzessin Radziwill noch einmal einen kleinen Abendzirkel in ihrem Palast versammelte.

Außer dem Prinzen Wilhelm mit seiner Gemahlin, den

Prinzen Louis und August, und den Brüdern des Fürsten Radziwill, nebst den vertrautesten Personen dieser fürstlichen Herrschaften, zum Teil dem Regimente Garde du Corps angehörend, waren nur Graf Tilly und Frau von Staël geladen. Man hatte Musik gemacht, eine neue Komposition des Fürsten Anton Radziwill ausgeführt, und dann Frau von Staël vermocht, einzelne Stellen aus Voltaire und Racine vorzutragen, denen ihr prächtiges Organ und der Schwung ihrer dichterischen Seele neues, bezauberndes Leben verlieh. Sie hatte eben geendet, als Prinz Louis den Saal betrat. Er beklagte, daß er den Genuß, sie zu hören, versäumt habe.

»Sie werden bald Ersatz finden, Hoheit«, entgegnete sie, »denn man bereitet sich zur Aufführung von Sprichworten, von Fabeln, und Graf Tilly hat versprochen, die Fabeln zu deklamieren, welche man erraten haben wird.«

Es währte auch nicht lange, bis die erste Darstellung begann. Szenen mit und ohne Rede wurden rasch vorgeführt und leicht erraten. Graf Tilly trug ein Paar Lafontainesche Fabeln vor, und man war in der heitersten Laune, als die geschlossenen Türen des Nebenzimmers, in dem man gespielt hatte, sich abermals öffneten. Auf einem hohen Throne erblickte man einen der größten Männer der Gesellschaft. Er trug eine Teufelsmaske, eine Krone auf dem Haupt, und einen Purpurmantel auf den Schultern, der bis zur Erde herniederfloß. Plötzlich trat eine kleine Zwerggestalt, ein Napoleon Bonaparte neben ihm hervor, von Pappe und Seidenstoffen ausstaffiert, dem nichts fehlte, was ihn kenntlich machen konnte, weder der dreieckige Hut, noch die Reiterstiefel oder die grüne Uniform. Langsam und pathetisch schritt er bis an die Stufen des Thrones, schüttelte das Haupt, trampelte vor Zorn, bewegte verzweiflungsvoll die Arme und versuchte dabei den Kopf in die Höhe zu heben, um zu dem Könige emporzureichen; aber umsonst, der Kleine war gar zu klein. Indes, er ließ sich nicht abschrecken, schien Mut gefaßt zu

haben, reckte sich und fing zu wachsen an. Immer empor-
blickend, und wenn er ein Stück größer geworden war, an
den König hinauflangend, der dann jedesmal spöttisch das
Haupt schüttelte, wuchs und wuchs er mit sichtlicher
Anstrengung weit und weiter fort. Der Kopf, der Leib, die
Beine entfalteten sich; immer angstvoller und eifriger
blickte er nach oben, immer höhnischer schüttelte der
König das Haupt. Endlich, als der werdende Riese fast die
Größe seines Gegenübers erreicht hatte, machte er eine
letzte Anstrengung, schoß noch ein paar Zoll in die Höhe,
und streckte mit heftiger Gier die Arme nach des Königs
Krone aus; aber in dem Augenblick erscholl ein Knall, die
Gestalt Bonapartes platzte in der Mitte auseinander, und
eine ganze Schar kleiner, buntgemalter Teufel, die Habsucht, den Ehrgeiz, den Mord und alle Laster darstellend,
wurden aus der großen Umhüllung an Stricken in die Luft
gezogen, während der Offizier, der in der Bonaparte-
Maske gespielt hatte, unter dem hellen Lachen und Beifall-
klatschen aller Zuschauer aus dem Gerüste trat und der
Teufel, der ihn versucht hatte, vom Throne herabstieg.

La grenoille qui veut se faire grand comme le bœuf! erscholl
es von allen Seiten und zugleich die Bitte, Graf Tilly, der ein
Meister in dieser Art der Deklamation war, möge auch
noch die Lafontainesche Fabel vortragen, welche jene
Überschrift führte. Er tat es mit all' der anmutigen Laune,
mit der geistreichen Mimik, welche er dabei zu entwickeln
wußte, und die Heiterkeit der Gesellschaft stieg von
Minute zu Minute. Unzählige Anekdoten auf Kosten
Bonapartes wurden mitgeteilt, man überbot sich in Spott
und Witzen gegen den hochmütigen, tolldreisten Empor-
kömmling. Nur Frau von Staël saß etwas abgesondert von
den übrigen in einer Unterhaltung mit der Prinzessin
Marianne, welche, ihrer ernsteren Natur nach, an dieser
spottenden Fröhlichkeit nicht Anteil zu nehmen vermochte.

Plötzlich sagte diese: »Und das ist Wahrheit, Frau von

Staël? Keine Dichtung? Es wäre ein so wunderbares Zusammentreffen!«

Man hatte den Ausruf gehört, fragte, wovon die Rede sei, und bat Frau von Staël um eine Wiederholung ihrer Erzählung.

»Es ist keine Erzählung«, antwortete sie, »nur eine ganz einfache Tatsache. Als Bonaparte, zum Tode erschöpft, eines Tages in der Wüste unter dem Schatten einer Pyramide rastete und in Schlummer versank, weckte ihn, den kaum Entschlafenen, ein Schlag, der seine Hand berührte. Er schreckt empor, eine antike Münze, welche nur von der Höhe der Pyramide herabgefallen sein konnte, liegt in seiner Rechten, und hell und deutlich strahlen ihm die Worte Cäsar Augustus entgegen.«

Die Prinzessin Marianne erbleichte, ein leichter Schauder flog durch ihre Glieder, man sah es, daß sie tief ergriffen war, während Graf Tilly es ein Taschenspielerstückchen, eine Erfindung Bonapartes nannte und Fürst Radziwill behauptete, wenn Bonaparte es erfunden habe, verrate er dichterischen Takt und Kenntnis dessen, was auf die Massen wirke.

Getrennt von den Sprechenden stand währenddessen in einer Fensternische Graf von Brankow, ein Offizier des Regiments Garde du Corps, in eifrigem Gespräch mit dem Prinzen Louis.

»Vergeben Sie mir, gnädigster Herr«, sagte er, »wenn ich behaupte, es gäbe keinen andern Weg der Rettung.«

»Als Rebellion? Nimmermehr, Graf Brankow!«

»Hier ist von keinem Eidbruche, von keiner Untreue die Rede, königliche Hoheit! Weil wir den König lieben, weil die Ehre des Vaterlandes uns heilig, sein Waffenruhm unser höchster Stolz ist, beschwören wir Sie, sich uns nicht zu entziehen. Ohne Sie ist jener Schritt unmöglich, mit Ihnen wird er leicht. Sind wir Verräter, weil wir einen Elenden aus der Nähe des Königs entfernen wollen, der die Ehre des Vaterlandes verkauft und verschachert? Sind wir

Meuterer, wenn wir uns in den Rat des Königs drängen, um uns, dem König, dem Land seine Ehre zu erhalten?«

»Und was gedenken Sie zu tun, was fordern Sie von mir?«

Der Graf hielt inne. Nach einer Weile sagte er: »Das Regiment möchte, wenn Sie, gnädigster Herr, sich an die Spitze zu stellen geruhten, zum König gehen, im Namen aller treuen Söhne Preußens die Entlassung des Grafen Haugwitz und eine Kriegserklärung gegen Bonaparte zu erbitten.«

»Sie sagen ›erbitten‹, Graf Brankow! Und wenn man diese Deputation nicht vorzulassen, wenn man der Bitte kein Gehör zu geben dächte? Was dann, Graf Brankow?«

Da der Graf schwieg, fuhr der Prinz fort: »Mit Gewalt fordern, Graf Brankow, ist fluchenswerte Tat. Bitten, wo wir des abschlägigen Bescheides sicher, uns eine neue Demütigung, Haugwitz einen neuen Triumph bereiten würden, wäre törichtes Beginnen. Ich, ein Prinz von Preußen, bescheide mich, das Glück des Friedens zu dulden, das dieser Haugwitz auf uns lädt, denn der König will den Frieden; und das Brandmal der Rebellion ist keine Ehrenrettung für das Heer des großen Friedrich. Sagen Sie das den Kameraden, welche Sie an mich gesandt haben. Meine Überzeugung, daß Sie abstehen müssen von jenem Unterfangen, wenn Sie Preußen, wenn Sie Kavaliere sind, bürgt Ihnen für mein Schweigen.«

Die Nacht verging dem Prinzen schlaflos in heftigster Erregung, in wachen, wilden Träumen. Die Unterredungen mit der Fürstin, mit dem Grafen wirkten in ihm nach. Er sah sich an der Spitze eines Heeres, die besten Männer des Vaterlandes strömten ihm zu, er zog Bonaparte entgegen, der Geist des großen Friedrich schwebte über seinen Fahnen. Sieg reihte sich an Sieg; lorbeergekrönt kehrte er in die Heimat zurück, als Untertan, als Herrscher. Seine Gedanken schlangen sich wild und wilder durcheinander. Warum sollte ihm, dem Fürstensohne unerreichbar sein, was der Sohn des Advokaten errungen hatte, das Szepter höchster, irdischer Gewalt? Er wollte das Glück, die Ehre seines Vaterlandes! Seine Hand schien sicherer, sein Herz kühner als das seines Königs, war es nicht Pflicht, Ehre und Volk und Land zu retten? Die Königin selbst –

Die brausende Flut seiner Gedanken stand plötzlich still.

Er hatte sein Leben der Königin gelobt, er hatte ihr bei seiner Fürstenehre geschworen, dem König nie zu fehlen in der Stunde der Gefahr. Und seine Phantasien beschäftigten sich mit Hochverrat.

Er kämpfte einen ernsten Kampf. Als der Morgen kam, war derselbe beendet, der Prinz war Herr geworden über sich selbst. Mit völliger Ruhe ging er in sein Bureau, und mit sicherer Hand schrieb er die folgenden Worte: *Eure Majestät! Der lebhafte Wunsch, die Zustände der deutschen Völkerschaften und ihre Heeresverfassungen kennenzulernen, welche Kenntnisse vielleicht in kurzer Zeit Ihren Generälen nötig sein dürften, veranlaßt mich zu der Bitte, mir einen Urlaub von vier Monaten für eine Belehrungsreise zu bewilligen. Ich werde diesen Urlaub als erloschen betrachten, sollte das Vaterland früher meiner bedürfen, und meinen höchsten Ruhm darin suchen, diesem Vaterland und Eurer Majestät zu dienen, mit allen Kräften, welche ich besitze.*

6

Gegen die Gewohnheit seiner mitteilsamen Natur hatte der Prinz von diesen Vorgängen mit niemandem gesprochen, und Rahel war höchlich überrascht, als er an einem der folgenden Abende ihr seinen Reiseplan enthüllte, zu dem der König in einem freundlichen Handschreiben augenblicklich die Bewilligung gegeben hatte.

Der Prinz war sehr ernst. Er setzte Rahel auseinander, wie es ihm notwendig scheine, sich einmal für längere Zeit zu entfernen, um sich zu einem ruhigen Überschauen der Verhältnisse zu sammeln und einen gewaltsamen Bruch zwischen seiner Vergangenheit und seiner Zukunft zu tun. Es sei ihm unmöglich, den Handlungen der Regierung ohne Tadel zuzusehen, ebenso unmöglich, eine Änderung zu bewirken, und er halte es für eine Pflicht, sich nicht in dieser ohnmächtigen Erbitterung aufzureiben. Der Augenblick der Tat könne nicht mehr fern sein, weil Bonaparte selbst der Friedfertigkeit des Königs ein längeres Ertragen unmöglich machen werde; und sobald dieser Zeitpunkt komme, hoffe er dem König zu beweisen, wie er es immer verdient habe, als treue Stütze des königlichen Hauses betrachtet zu werden. Überdem, fügte er hinzu, glaube er auch für sein Verhältnis zu Henriette diese Entfernung nützlich, ja unerläßlich notwendig.

»Henriette und ich können die Liebe nicht wieder beleben«, sagte er, »die uns beiden längst erlosch, aber wir sind es unsern Kindern schuldig, in ruhigem Verständnis aneinanderzuhalten. Dies zwischen uns allmählich festzustellen, wird die Trennung uns erleichtern. Dussek hat sich bereit erklärt, eine neue Kunstreise zu beginnen. Wir alle haben Ruhe nötig, sollen wir nicht untergehen, und einer besseren Zukunft fähig bleiben, auf die ich zuversichtlich hoffe.«

Rahel, so schwer die Furcht vor der nahen Trennung sie beängstigte, stimmte dem Prinzen aus voller Überzeugung bei. Man sprach von dem Weg, welchen der Prinz einschlagen, von den Orten, welche er besuchen solle, von den Verbindungen, die er anzuknüpfen habe, um persönlichen Genuß und Belehrungen mit Vorteilen für die Partei in Preußen zu verbinden, die eine Erhebung gegen Bonaparte im Schilde führte.

»Nur eines«, sagte der Prinz, »macht mir dies Scheiden schwer die Ungewißheit über Paulines Schicksal. Sie hat mir weher getan als je ein Weib. Ich fühle, daß ich mich in ihr betrogen habe, und doch, Rahel, liebe ich sie, nicht nur trotz ihrer Mängel, nein, selbst um dieser Mängel willen. Können Sie das begreifen, liebe Rahel?«

»Glauben Sie, daß ich nicht Gerechtigkeit von Liebe zu unterscheiden wisse? Die Eigenschaften eines Feindes schätzen, seine Mängel mild beurteilen, das ist Gerechtigkeit. Aber Liebe, was hat die mit Prüfung, mit Gerechtigkeit gemein? Liebe umschließt das Wesen eines Menschen, wie es vor uns hintritt, mit Mängeln und Eigenschaften, mit Tugenden und Lastern, mit Schönheiten und Gebrechen, denn sie ist eben die Liebe, das heißt ein göttliches Erfassen, ein göttliches Ergänzen, und darum sicher höher als jeder Maßstab des prüfenden Verstandes. Oh, ich begreife gewiß, wie man die Fehler eines Menschen liebend in sein Herz schließt!« antwortete sie schmerzlich lächelnd.

»Nun, so versprechen Sie mir, daß Sie, wenn Pauline zurückkehrt, ihr sagen wollen – Gott des Himmels«, rief er, plötzlich aufstehend, »verwirren sich meine Sinne, das ist Paulines Stimme! –«

Er und Rahel eilten der Türe zu, aber noch ehe sie dieselbe erreicht hatten, ward sie geöffnet, und bleich, atemlos vor heftiger Erregung, sank Pauline mit dem Ausdruck »Endlich! Endlich!« fast ohnmächtig in seine Arme.

Des Prinzen Erschütterung, seine Freude kannten keine Grenze. Er bedeckte ihr bleiches Gesicht, ihre Hände und Füße mit seinen Küssen, er schalt sie, daß sie ihm Schmerz bereitet, und beteuerte ihr, daß sie das höchste, das einzige Glück seines Lebens sei. Bald verlangte er Erklärung über ihr rätselhaftes Verschwinden, über ihre plötzliche Rückkehr, bald bat er sie, vor ihr kniend, nicht zu sprechen, sondern zu ruhen, er wolle nichts wissen, er bedürfe keiner Erklärung, denn sie sei ja bei ihm.

»Ich sehe dich wieder«, rief er immer und immer, »das ist genug! Oh, du weißt nicht, du kannst es nicht wissen, was es heißt, wiedersehen, die himmlischen Züge des Wesens endlich wieder zusehen, das man liebt. Denn man muß grade dich lieben, um es zu begreifen.«

Schweigend den Kopf des vor ihr knienden Prinzen in ihren Händen haltend und mit tiefer Zärtlichkeit ihn betrachtend, saß Pauline da. Es schien, als müsse sie sich erst der Gegenwart bewußt werden, als vermöge sie noch nicht ihr Glück zu fassen. Rahel hatte sich mit tränenschwerem Blick entfernt.

Endlich, als der erste leidenschaftliche Rausch des Entzückens sich besänftigt hatte, vermochte Pauline über ihre plötzliche Entfernung, über ihre unverhoffte Rückkehr die Aufschlüsse zu geben, die der Prinz ersehnte.

»Ach«, sagte sie, »ich weiß erst jetzt, wie man mich von dir entfernt hat, ich weiß kaum, wie ich zu dir gekommen bin. Sie hatten mir die Sinne verwirrt mit jenem Brief der Toten, Eifersucht zerriß mir das Herz. Man ist so mißtrauisch, wenn man sich selbst nicht mehr vertraut. Ich glaubte an Verrat, hatte ich ihn doch an mancher Liebe selbst begangen, und ich wollte lieber leiden, als verraten von dir sein. Da kam Wiesel, der mein Elend sah, und sprach: ›Laß uns fortgehen von hier. Der Prinz soll durch mich erfahren, wohin wir reisen, und liebt er dich, so wird er dir folgen. Dir Gewißheit über seine Liebe zu schaffen, ist alles, was ich für dich tun kann!‹«

»Aber ich habe keine Nachricht erhalten«, unterbrach sie der Prinz, »ich –«

»Das, das war ja eben der höllische Betrug. Weder die Nachricht noch einen der Briefe hat er dir gesandt, die ich dir in der Verzweiflung meines Herzens geschrieben. Wir lebten in Franken bei einer Verwandten Wiesels auf dem Lande. Da kommt vor vier Tagen in Wiesels Abwesenheit ein Bote, er bringt einen Brief, ich sehe das Postzeichen Berlin, erbreche das Kuvert, und lese die Worte, von fremder Hand geschrieben: *Werter Herr! Der Augenblick ist gekommen, in dem man es für wünschenswert erachtet, dem*

Prinzen Mitteilungen über Ihren Aufenthalt zukommen zu las-
sen, haben Sie die Güte ihn jetzt augenblicklich von demselben
zu benachrichtigen, und zwar in einer Weise, die ihn auffordert,
Ihnen zu folgen, wenn Sie den verabredeten Reiseplan bereits
fortgesetzt haben werden. Der Brief hatte keine Unterschrift,
das Petschaft keine Chiffre. Ich verstand den Zusammenhang nicht gleich, aber ich sah, daß wir betrogen waren.
Ich hatte keine Wahl. Der alte Gutspächter, der oft von mir
zur nächsten Stadt geschickt worden war, um nach Briefen
von dir zu fragen, gab mir Geld, weil er meine Verzweiflung sah. Er selbst begleitete mich zur Stadt, schaffte mir
einen Wagen, und ich bin bei dir!« rief sie, ihn mit ihren
Armen umschlingend.

Alle Fragen des Prinzen, der den leitenden Faden dieses
Lügengewebes zu finden wünschte, blieben unbeantwor-
tet, denn Paulines leichtlebige Natur machte sie blind für
alles, was um sie hier geschah, wenn sie nicht ein vorherr-
schendes Interesse zum Beobachten trieb. Endlich besann
sie sich, das Geld, welches sie geborgt, in jenen Brief
gewickelt zu haben, welcher ihre Reise veranlaßt hatte.
Der Prinz nahm das Blatt, es trug die Handschrift des Grafen Haugwitz selbst, und somit blieb ihm kein Zweifel,
daß man Pauline fortgelockt habe, um die Sehnsucht des
Prinzen zu steigern und ihn dann um so sicherer von Berlin zu entfernen. Jenes Darlehen für die Fabrik, in der Wiesel beteiligt war, hatte den Kaufpreis des Dienstes gemacht, dessen Haugwitz bedurfte.

Des Prinzen Empörung, sein gerechter Zorn flammten
auf, um unterzugehen in der Freude, Pauline wiederzusehen und sie schuldlos zu wissen. Stunden flogen den
Liebenden wie Minuten dahin, Vergangenheit und
Zukunft entschwanden ihrem Auge in dem Glück der
Gegenwart, als Rahels Frage, welchen Tag der Prinz zu seiner Abreise bestimmt habe, sie aus ihrer Freude auf-
schreckte.

Wie ein drohendes Gespenst tauchte jetzt plötzlich die

Vorstellung dieser Reise vor dem Prinzen, vor Pauline empor. Sie zu verlassen, sie aufs neue den Schlingen ihres Mannes, den Einflüsterungen seines Übelwollens auszusetzen, schien ihm ebenso unmöglich, als es unstatthaft war, sie mit sich zu nehmen. Er wollte bleiben aus Liebe für Pauline; er mußte bleiben, sagte er sich, um Haugwitz nicht durch seine Entfernung gewonnenes Spiel zu geben. Jene Reise, die er aus der Notwendigkeit erwählt, sich den von allen Seiten auf ihn eindringenden Versuchungen zu entziehen und den unzufriedenen Regimentern den Mittelpunkt zu rauben, welchen sie sich zur Vereinigung ersehen hatten, jene Reise schien ihm jetzt eine schimpfliche Flucht, seit er wußte, daß Graf Haugwitz sie wünsche. Aber durfte er bleiben? Durfte er gewiß sein, daß nie ein Aufruf zur Empörung gegen die Absichten des Königs einen zustimmenden Widerhall in seinem Herzen finden würde? Und was sollte er dem König sagen, wie diese plötzliche Sinnesänderung erklären?

Bald zu dem einen, bald zu dem andern Schritt entschlossen, von Rahel, welche die eigentlichen Gründe der Reise nicht kannte, um seines Schwankens willen ernst getadelt, litt der Prinz noch zehnfach durch Paulines Klagen und Tränen. Sich wolle er retten vor Versuchung, weil er seiner Willensstärke nicht vertraue, und Pauline, das leicht bewegliche, auf des Geliebten Beistand angewiesene Weib, solle allein zurückbleiben in den schwierigsten Verhältnissen, dem schlausten, eigennützigsten Manne gegenüber!

»Oh«, rief er, »es ist mein altes Schicksal! Alles verschwört sich gegen mich, jeder Schritt zur Befreiung wird mir unmöglich, und das ersehnteste Glück wird mir zu neuer schwerer Qual! Rahel, geben Sie mir noch einmal die stützende Freundeshand, und helfen Sie mir aus diesem Labyrinth; denn Sie allein vermögen es!«

»Was soll ich tun? Was verlangen Sie?«

»Ich werde reisen, weil ich reisen muß. Aber soll ich

nicht Folterqualen der Sorge erdulden in der Ferne, so versprechen Sie mir, über Pauline zu wachen«, bat er dringend. »Ich vertraue sie Ihnen, denn – Sie verstehen es, daß man die Fehler der Geliebten liebt.«

7

Sich gleich nach diesem Wiedersehen der Geliebten von Pauline zu trennen schien dem Prinzen unmöglich, und er hatte bald Scheingründe aufgefunden, seine Abreise für einige Zeit hinauszuschieben. Da sowohl der Prinz als Pauline entschieden gegen ihre Rückkehr in das Haus der Mutter eingenommen und in Charlottenburg keine Wohnungen frei waren, hatte man für Pauline ein Häuschen in dem nahe gelegenen Moabit gemietet, dessen Garten die Spree bespülte, und das traulich und freundlich aus dem Grün alter Kastanienbäume hervorsah.

Unbekümmert um irgendeinen Lebensbedarf, hatte Pauline weder bei ihrer Flucht von Wiesel noch bei ihrer Übersiedelung nach Moabit die geringste Sorge für die notwendigsten Dinge getragen. Daß man Kleider, daß man Möbel haben müsse, schien sie vergessen zu haben. Solange sie bei Rahel wohnte, nahm sie von deren Sachen, was ihr brauchbar deuchte, und nahm sie ohne Frage, ohne Dank, weil aller Besitz ihr selbst ganz wertlos war. Als sie Charlottenburg verließ, mußte Rahel den Prinzen darauf aufmerksam machen, daß Pauline einer vollständigen Ausstattung bedürfe, da sie es nicht wagte, die Herausgabe ihrer Sachen, welche sich teils in Wiesels, teils in Frau von Cäsars Händen befanden, zu fordern, aus Furcht vor Mißhelligkeiten, welche sie in ihrem Glück stören könnten.

Den Prinzen entzückte diese Sorglosigkeit. Es machte ihn glücklich, Pauline ganz von sich abhängig zu wissen, und mit der verschwenderischen Großmut der Liebe ward ein Hausstand für Pauline hergerichtet, der, ihrer Schönheit und ihrer Lust am Schönen gleich entsprechend, unter dem bescheidenen Dach eines Bauernhäuschens ein kleines Feenschloß hervorzauberte.

In dem Genusse dieses Landlebens wurden den Liebenden glückliche Tage zuteil. Jeden Augenblick, welchen der Prinz seinen Verhältnissen zum Hofe abmüßigen konnte, verlebte er mit Pauline, und hielten ihn Pflichten der Etikette in Charlottenburg zurück, so wußte sie ihm bald als Landmädchen, bald als Knabe verkleidet, in den Gängen und Boquets des Schloßgartens zu begegnen und ihm die Freude des unerwarteten Wiedersehens zu bereiten.

Aber dieses Idyll sollte nur von kurzer Dauer sein. Wiesel war zurückgekehrt, und sowohl Henriette als Graf Haugwitz waren von Paulines Anwesenheit benachrichtigt.

Ruhig, als könne es nicht anders sein, trat eines Tages Henriette mit den Kindern in die Wohnung Paulines, als der Prinz in ihrer Gesellschaft das Mittagsmahl verzehrte. Der Knabe sprang jubelnd an ihm empor, das kleine Mädchen breitete ihm seine Händchen entgegen, und Henriette sagte: »Die Kinder verlangten so lebhaft nach dir, da zog ich es vor, dich lieber hier als gar nicht zu sehen, und ich soll es ja auch lernen, deine Freundin zu werden.«

Hätte sie die härtesten Vorwürfe, die bittersten Klagen gegen ihn ausgesprochen, sie würden den Prinzen nicht so hart getroffen haben, als diese Entsagung, deren schwere Kämpfe sich in Henriettes verfallenen Zügen verrieten.

Der Prinz umarmte sie, umarmte seine Kinder, aber sowohl er als Pauline waren fassungslos. Es wollte sich kein Weg der Vermittlung, keine Anknüpfung des gleichgültigsten Gesprächs finden. Selbst die Kinder schienen, von der drückenden Schwüle erfaßt, ihr harmloses Plaudern vergessen zu haben. Endlich fragte Pauline, ob Dussek schon abgereist sei.

»Er sollte den Prinzen in Dresden erwarten«, antwortete Henriette sehr einfach, »aber da er mir nicht schreibt, weiß ich nicht, ob er Gegenbefehl erhalten hat.«

Der Prinz blickte Pauline zornig an, und doch war diese Frage nur Folge ihres Leichtsinns, ihrer peinlichen Verwirrung, nicht böser Wille gewesen. Aber er liebte Henriette in diesem Augenblick mehr als seit Jahren, da sie ihm zum ersten Mal wieder in der Schönheit wahrer Weiblichkeit erschien. Mißgestimmt gegen Pauline, wandte er sich mit achtender Zärtlichkeit Henriette, mit Liebe den Kindern zu, und litt dennoch nicht allein für sich, sondern auch für Pauline. Ein solches Beisammensein konnte nicht dauern.

In Begleitung Henriettes und der Kinder verließ der Prinz das Landhaus, Pauline blieb in Tränen zurück. Aber trotz seines achtenden Gefühls für Henriette kam, sobald er sich ihr allein gegenüber befand, eine Erbitterung gegen sie, ein Mitleid gegen Pauline in dem Herzen des Prinzen auf. Niemals hatte er mehr das Unaushaltbare dieser geteilten Existenz empfunden als in diesem Augenblick, niemals weniger die Möglichkeit begriffen, Henriette, die er nicht mehr liebte, zu verstoßen oder Pauline aufzugeben.

Vollkommen zerstört in seinem Innern kehrte er in seine Gemächer zurück. Ein Brief lag auf seinem Schreibtisch. Von der Handschrift des Königs und mit dem Privatsiegel desselben geschlossen, lautete er:

Ew. Hoheit haben von Mir den Urlaub zu einer Reise verlangt, den Ich augenblicklich bewilligte, ohne daß Sie bis jetzt von jener Erlaubnis scheinen Gebrauch machen zu wollen. Es sind Mir in der Frühe Nachrichten zugegangen, die, von den schlechten Gesinnungen einzelner Regimenter sprechend, den Namen Ew. Hoheit in jene Gerüchte zu mischen wagen. Ich verachte Denunziationen und lege auch auf diese Mir gemachte Mitteilung kein Gewicht. Dennoch rate Ich, daß Ew. Hoheit den Reiseurlaub benutzen, um die Ehre eines Hohenzollern auch vor dem Verdacht eines strafbaren Unternehmens zu bewahren:

wünsche aber, daß Sie noch einige Tage am Hofe verweilen, damit jene Personen, von welchen die Warnung ausging, nicht der Meinung werden, ihre Angeberei habe bei Mir Glauben gefunden und Ew. Hoheit Entfernung veranlaßt.

»Das kommt von Haugwitz!« rief der Prinz in heftigstem Zorne, während er sich niedersetzte, um dem König für seine edle Handlungsweise zu danken, die den Prinzen wie ein Dolchstoß in das Herz traf, und von ihm ein Vertrauen zu begehren, daß nicht mehr in dem Könige sein konnte, obschon der Prinz es zu verdienen wußte. Zugleich zeigte er dem König an, daß er den fünfundzwanzigsten Mai für seine Abreise bestimmt habe.

Die fünf Tage bis zu diesem festgesetzten Termin vergingen in den peinlichsten Berührungen. Die Stellung Louis Ferdinands am Hofe, an dem er nach des Königs Willen alltäglich zu erscheinen hatte, war sehr drückend, die Begegnungen mit Henriette voll schmerzlicher Wehmut, das frohe, beglückende Verhältnis zu Pauline getrübt. Und um die Last dieser Zustände noch drückender zu machen, war die Großherzogin von Schwerin in Charlottenburg angekommen, der zu Ehren man Bälle und Feste im Freien veranstaltete, bei denen der Prinz nicht fehlen durfte.

So war der vierundzwanzigste Mai herangekommen. Der Prinz hatte am Morgen Henriette Lebewohl gesagt, und sie waren voneinander mit gramzerrissenen Herzen und doch voll Liebe und Vergebung geschieden, wie Menschen, die nicht miteinander leben und nicht voneinander lassen können. Erschöpft und der innern Sammlung bedürftig, hatte er gehofft, am Abend Pauline noch in Ruhe zu sehen und die letzten Stunden vor dem Scheiden mit ihr verleben zu können, als man ein neues Fest im Garten in Vorschlag brachte, bei dem man Bauernquadrillen und kleine Aufzüge beabsichtigte und den Beistand des Prinzen in Anspruch nahm.

Aber mitten in den Zurüstungen für diese Spiele langte

eine Nachricht in Charlottenburg an, welche, obschon seit Wochen gefürchtet, einen tiefen und nachhaltigen Eindruck auf die königlichen Wirte und ihre fürstlichen Gäste machen mußte.

Bonaparte war am achtzehnten Mai zum Kaiser erwählt und am zwanzigsten unter dem Namen Napoleon der Erste als solcher ausgerufen worden. *Le petit caporal*, auf den man von den Thronen mit so legitimem Stolze herabgesehen, der freche Korse, den man in den Sälen der Prinzessin noch vor wenigen Tagen als einen Gegenstand des Spottes dargestellt hatte, saß in dieser Stunde als Kaiser auf einem Thron, den ihm das ruhmreichste Volk Europas selbst bereitet hatte, und verkündete den Sieg des eingebornen Genius über die angeerbte Macht.

Während man im Schloß diese Botschaft erhielt und dieselbe klopfenden Herzens in den Schäferanzügen besprach, hingen bereits Tausende von bunten Lampen in dem jungen Grün der Bäume, widerstrahlend aus den Teichen und Bassins des Gartens. Zwischen den eleganten Männern und Frauen des Hofes schlüpfte das Dienstpersonal noch eilig umher, hier eine verlöschende Lampe frisch anzuzünden, dort eine Girlande zu ordnen, welche in der Eile nicht fest genug an die Baumstämme geknüpft worden war.

In dem ganzen Teil des Gartens, der sich vom Schloß abwärts bis zu den großen Wiesenplätzen jenseits der Brücken erstreckt, herrschte reges Leben, und Tageshelle strahlte aus den untern Sälen des Palastes, deren Fenstertüren nach der Terrasse geöffnet standen, wogegen die nicht erleuchteten Partien des Gartens um so lauschiger erschienen. Im Schutze dieses Halblichtes landete um die neunte Stunde vorsichtig ein Kahn an einer jener Steintreppen, die von der rechten Seite des Gartens zur Spree hinabführen. Nur flimmernd machte sich hier das Licht der Lampen durch die Zweige sichtbar; verscheucht von dem Lärm des Festes sangen die Nachtigallen hier ihre süßen Lieder, und das Mondlicht strahlte sanft auf den Weg hernieder, den Pauline zu ihrem Stelldichein verfolgte.

An der äußersten Grenze des Gartens liegt auf einer in die Wiesengräben hineinragenden Spitze ein Pavillon. Rohrgeflecht überzieht von außen die Wände und Fenster, eine kleine brückenartige Galerie schließt ihn ein. Dort sollte Pauline den Prinzen erwarten.

Unbemerkt schlüpfte sie hinein und kaum war es geschehen, als der Prinz ihr bereits folgte.

»Louis«, rief sie ihm entgegen, »ich habe eine Bitte an dich, du mußt mich mit hinaufnehmen nach dem Schlosse, ich muß das Fest ansehen.«

Der Prinz, abgestumpft gegen alle solche Eindrücke, vermochte nicht, Paulines Ergötzen daran zu verstehen, und fühlte sich unangenehm davon berührt, daß sie in einer Trennungsstunde nach dem Genuß einer leeren Zerstreuung verlangte. Er war nicht fähig, ihr dieses zu verbergen.

Aber sich an ihn schmiegend, wie ein Kind, das schmeichelnd Verzeihung und Gewährung erfleht, sagte sie: »Kann ich denn dafür, Louis, daß ich von bürgerlichen Eltern geboren bin? Daß mich der Glanz des Hofes und all die Pracht entzücken, die dir gleichgültig sind, weil du sie besessen hast von Jugend an? Menschen wie ich werden das nie gewohnt, nie überdrüssig!«

»Josephine Beauharnois wird es wohl gewohnt und überdrüssig werden als Kaiserin von Frankreich«, meinte der Prinz.

Pauline horchte auf und fragte; sie erfuhr, was vorgegangen war.

»Oh«, rief sie, »die Glückselige! Wie göttlich muß es sein, aus der Hand des Geliebten eine Kaiserkrone zu empfangen.«

Da faßte der Prinz krampfhaft Paulines Rechte über dem Handgelenk, und sie so fest drückend, daß sie davon erbebte, sprach er: »Mußt du mir sagen, was seit einer Stunde in meinem Herzen wütet, als ein brennender, zerstörender Schmerz?«

Pauline blickte ihn erschrocken an. Sie fragte, was er meine, und kniete vor ihm nieder, den Blick seines Auges aufzufangen, da er sich auf eine der Bänke gesetzt und das abgewendete Antlitz schwermütig sinnend auf die Hand gestützt hatte.

Als sie nun vor ihm lag und die Mondesstrahlen ihr helles Haar umglänzten, nahm er sanft ihr Haupt in seine Hände. »Ja!« sagte er. »Dies Haar verlangt eine Krone, und ich habe sie diesem schönen, stolzen Haupte nicht zu bieten! Sieh, Pauline, seit Tagen habe ich mir gesagt, Bonaparte wird Kaiser werden und das Diadem drücken auf Josephines Stirne. Daß er dies vermag, daß er sein Weib hinstellen kann und sagen: ›Weil ich sie liebe, sollt Ihr sie alle lieben; die Fürsten der Erde sollen sich vor ihr neigen und Ihr sollt niederknien vor ihr, als vor Eurer Kaiserin.‹ Daß er alle Ehren und Schätze der Welt häufen kann auf ihr geliebtes Haupt, das, das ist es, um was ich ihn beneide.«

Pauline versuchte ihn zu beruhigen. Sie beteuerte ihm, wie glücklich sie sei, sie überhäufte ihn mit Zärtlichkeit; aber mitten in den Liebesworten und Versicherungen, welche sie aus vollem Herzen gegen ihn aussprach, zogen vor Paulines Seele alle Möglichkeiten des Glücks vorüber, die sich der neuen Kaiserin eröffneten, und plötzlich rief sie: »Wie stolz muß sie auf Bonaparte sein!«

Der Prinz fuhr vor diesen Worten zusammen und sagte dann: »Sei unbesorgt, Pauline, du sollst nicht erröten dürfen über deine Wahl. Eine Krone habe ich dir nicht zu geben, aber ein Lorbeerkranz soll dir einst zu Füßen gelegt werden, und wäre er auch blutgetränkt. Das verspreche ich dir. Vielleicht steht dann der Tote höher in deiner Liebe als der Lebende in dieser Trennungsstunde.«

8

Etwa anderthalb Jahre nach diesen zuletzt erwähnten Ereignissen durchwandelte eine Frau raschen Schrittes die Alleen des Tiergartens, wie jemand, der achtlos für die Außenwelt mit den eigenen Gedanken beschäftigt ist. Sie trug einen Überrock, einen sogenannten Schanzenläufer, von hellgelbem Casimir mit doppelten Pelerinen, da der feuchtkalte Oktobertag schon wärmere Bekleidung forderte, einen Hut von weißem Atlas, aus dem ihre dunklen Augen unter schwarzem Haargelock lebhaft hervorblitzten, und Vetter, der in Begleitung eines andern Mannes herankam, erkannte schon von fern Rahel Levin an Kleidung und Gang.

Sie schritt den Männern schnell entgegen und fragte, Vetter mit einem Gruße die Hand gebend und dann sich zu dem andern wendend: »Nun, Herr Geheimrat! Wie stehen die Sachen? Welche Nachrichten haben Sie?«

Der Angeredete war Johannes Müller, der Verfasser der Schweizergeschichte, ein kleiner Mann, von beweglichen Gesichtszügen und großer Lebhaftigkeit der Gebärden. Er zuckte bedenklich mit den Schultern. »Die Sachen stehen so, Mademoiselle«, antwortete er, »daß ich wollte, Sie verlangten keine Nachricht!«

»Aber was ist denn eigentlich geschehen?«

»Nun, Bernadotte, der noch immer mit seinen Truppen in Ansbach und Bayreuth verweilt, hat, als Hardenberg dagegen wie gegen einen Friedensbruch protestierte, ausdrückliche Befehle Napoleons vorgelegt. Die Franzosen hausen dort wie in Feindesland, und als man hier dem Gesandten Laforest Vorstellungen machte und Aufklärungen verlangte, leugnete er entschieden die Tatsachen, die Brutalitäten ab, welche dort verübt worden sind, und sprach abbrechend ganz ruhig von Pariser und Berliner Tagesneuigkeiten.«

»Das ist unerhört! Das ist beispiellos!« rief Rahel im Tone der Entrüstung.

»Unerhört? Beispiellos?« wiederholte Vetter. »Liebe Rahel, das sind die Worte, die man in Preußen aus dem Lexikon streichen sollte. Bei uns ist leider seit Jahren keine politische Schande mehr unerhört. Ist es denn nicht schmachvoll, daß Preußen, welches vor vierzig Jahren dem vereinten Österreich und Frankreich glorreich die Spitze zu bieten vermochte, welches seitdem Deutschland vorangeleuchtet als eine große, starke Macht, jetzt zu der Rolle einer Exekutivbehörde Bonapartes herabgesunken ist?«

»Ja«, fiel ihm Müller in die Rede, »ja, Herr Assessor! Exekutivgewalt Bonapartes, *voilà le mot! Nous ne sommes que cela!* Und wie Polizeispione, wie Häscherknechte werden wir im ganzen übrigen Deutschland verachtet und gehaßt.«

»Es ist, als ob ein Wahnwitz die Regierung erfaßt hätte«, meinte Rahel. »Können Sie denken, daß ich gestern verschiedene Personen aus den Ministerien gesprochen habe, die mir triumphierend die unglückselige Neuigkeit von der Vernichtung des österreichischen Heeres bei Ulm erzählten? Triumphierend bei einem Ereignis, das Napoleon in kürzester Zeit zum Beherrscher Deutschlands machen muß.«

»*Cela vous étonne!*« sagte Müller; der von seinem langen Aufenthalte in der französischen Schweiz die Gewohnheit angenommen hatte, das Deutsche mit französischen Redensarten zu untermischen. »*Cela vous étonne!* Was werden Sie aber sagen, Mademoiselle Levin, wenn ich Sie versichere, daß alle jene Schritte, die man zu einer Annäherung an Rußland und die österreichisch-englisch-russische Triplealliance getan hat, nur scheinbar sind!«

»Ich sollte es Ihnen glauben, Herr Geheimrat! Aber ich vermag es nicht. Denn wozu in diesem Falle das Ausrücken unserer Truppen nach Franken, Hessen, Westfalen?

Wozu die Spiegelfechterei der russischen Freundschaft und die bevorstehende Ankunft des Kaisers Alexander?«

»Zur Spiegelfechterei, meine Verehrte, zur Spiegelfechterei! Meinen Sie, eine Sumpfpflanze könne Rosen tragen? Ein Mensch könne in seinem politischen Leben seinen Privatcharakter verleugnen? Dem widerspricht die Erfahrung der Geschichte. Stellen Sie den graden, durchweg deutschen Hardenberg an das Ruder der Geschäfte, und Sie werden Handlungen erleben, die in vernünftiger, notwendiger Folge auseinander hervorgehend, das Vernünftige, das Ehrenwerte erstreben und erreichen. Ein Minister, der in seinem Privatleben ein uneigennütziger Ehrenmann ist, wird auch dem Staate eine würdige, eine auf Achtung gegründete Stellung zu verschaffen wissen. Wer aber wie Haugwitz sich von einer Misere in die andere stürzt, von jämmerlichen *affaires de cœur* in jämmerliche *intrigues d'antichambre*, und noch jämmerlichere *liaisons* mit Illuminaten und Mystikern; wer heute sündigt und morgen bereut, um übermorgen wieder zu sündigen, der wird und muß gleiche Unordnung, gleiche Jämmerlichkeit über das Land bringen, dessen Angelegenheiten er leitet. Haugwitz ist es, und sein serviler Intrigengeist, *qui flétrit à tout jamais la gloire de la Prusse*, und der das Preußen Friedrichs des Großen zu Grabe trägt.«

Eine Weile gingen sie schweigend nebeneinander. Dann sagte Vetter: »Haugwitz soll in diesen Tagen der Geldnot fast alle seine Gläubiger, und zwar mit französischem Geld, bezahlt haben. Indes würde die Tatsache an sich nichts beweisen, denn wir haben seit Jahren so viel französische Truppen in Deutschland, daß französische Münzen ebensohäufig bei uns sind als die deutschen.«

»Sie sagen Deutschland! *Mais c'est une chose qui n'existe plus*, mein werter Herr!« bemerkte der Geheimrat Müller. »Nennen Sie Deutschland jene verschiedenen Länder, deren Fürsten, Österreich ausgenommen, nur darin einig sind, daß jeder den eigenen Vorteil sucht, wozu denn freilich das unglückselige Preußen das erste und fortdauernde Beispiel gegeben hat? Das deutsche Österreich triumphierte, als es vor wenig Tagen die deutschen Bayern an der Iller geschlagen. Preußen besetzt Hannover, ein deutsches Land, für Frankreich und triumphiert über Österreichs Niederlage bei Ulm, wie Mademoiselle sehr richtig bemerkte. Wo sehen Sie da ein Deutschland? Bonaparte kannte die Unfehlbarkeit des Grundsatzes *divide et impera!* Ein starkes, einiges Deutschland war eine Macht, die ihm trotzen konnte. Fünfzig Fürsten, die einander aufreiben in kleinem Eigennutz, zerstören diese Macht und lassen dem Feinde nur die angenehme Mühe, die Brocken der einstigen deutschen Größe in seine Tasche zu stecken, in der sich das Getrennte dann wieder zu einem Ganzen zusammenfindet.«

Bei diesen Worten hatte man das Chausseehaus des Charlottenburger Weges erreicht, und Rahel fragte, als der Geheimrat weitergehen zu wollen schien, ob er es nicht vorziehe, umzuwenden, da die Sonne schon tief gesunken war und der Abend kühl wurde. Aber Müller lehnte es ab.

»Ich bin mit so freudigem Stolz in die Dienste Preußens getreten«, sagte er, »daß ich den Untergang dieses Reiches nicht ohne den bittersten Kummer anzusehen vermag. Denken Sie, daß ich, berufen hier die Geschichte des großen Friedrich, die Geschichte Preußens zu schreiben, jetzt als Historiograph des Königshauses die schmachvollen Ereignisse der Gegenwart aufzuzeichnen habe. Ich will nach Charlottenburg hinausgehen, den Herzog Karl von Strelitz aufzusuchen, um durch diesen Bruder, den die Königin liebt, immer und immer wieder den Notruf an ihr Ohr dringen zu lassen.«

»Das heißt, das Faß der Danaiden füllen, Herr Geheimrat«, meinte Vetter, »so lange Haugwitz allein das Ohr und das Vertrauen des Königs besitzt.«

»Wohl möglich! Aber wie die Danaiden folge ich einem eisernen Müssen, einer innern Notwendigkeit. Lassen Sie mir den Trost, *d'avoir fait mon devoir, d'avoir fait tout ce que je pouvais*, um nicht den Untergang der Monarchie des großen Königs schreiben zu müssen.«

Mit diesen Worten verließ Johannes Müller die beiden andern, welche den Rückweg antraten. Rahel ging nun an Vetters Arm zurück, und die Unterhaltung wendete sich bald auf den Prinzen Louis Ferdinand. Vetter fragte, ob Rahel nicht wisse, wie man das Gesuch des Prinzen aufgenommen habe, ihm eine der ausrückenden Heeresabteilungen anzuvertrauen?

»Man hat es mit dem Vorgeben abgelehnt, daß der Herzog von Braunschweig, der Fürst Hohenlohe und der Kurfürst von Hessen als ältere Generäle bereits dazu ernannt worden seien.«

»Und wie nahm es der Prinz?«

»Lieber Freund! Wie nimmt man Tantalusqualen? – Nichts, aber nichts kann er erlangen, nicht Wirksamkeit, nicht Ruhe, ja nicht einmal eine schöne hohe Liebe, die doch bei seiner Natur so leicht erreichbar scheinen müßte.«

»Aber Pauline?«

»Liebt er leidenschaftlich, und dennoch ohne eigentliches Glück. Es ist wunderbar: Während Wiesel, der ihr nichts als Leid bereitet, sie heute noch so vollkommen beherrscht, daß der Prinz ihre Scheidung von ihm nicht durchzusetzen vermag, welche er schon seit seiner Reise forderte, ist der Prinz noch nicht dahin gelangt, wirkliche Herrschaft über Pauline zu gewinnen.«

»Früher«, sagte sie dann nach einer Pause, »habe ich mich oft gefragt, worin es liegt, daß manchem Menschen, daß zum Beispiel dem Prinzen, daß mir aber auch gar nichts gelingt; habe nachhelfen, das Schicksal spielen, ordnen und zurechtlegen wollen. Jetzt ergebe ich mich in das Leidenmüssen, denn ich weiß, woher es kommt und daß es nicht anders sein kann.«

»Und worin besteht diese Einsicht, Rahel!«

»In der einfachen Erkenntnis, daß der Boden gesund sein muß, auf dem Glück aufgehen soll. Wer aber keinen ausfüllenden, ihm natürlichen Beruf im Leben findet, dem fehlt der gesunde Boden. Und weil ein solcher mir, weil er dem Prinzen fehlt, sind wir die Narren des Glücks geblieben, während Henriette, die ihn hat, sich in der Erfüllung ihrer Mutterpflichten zurechtgefunden und durch diese ihr naturgemäße Entwicklung auch die warme Neigung des Vaters ihrer Kinder wiedergewonnen hat. Ich bin neulich ganz erstaunt darüber, wie gefaßt und wie ruhig sie geworden ist. Und sie wird durch diese Ruhe besser und anmutiger als sie jemals war.«

»Wiesel behauptete dieser Tage«, meinte Vetter, »der Prinz werde sich der Kinder wegen mit Henriette trauen lassen.«

»Nicht mit Henriette, und auch mit Pauline nicht!« entgegnete Rahel. »Denn weil er beide liebt, weil er keine von beiden leiden sehen kann, leidet er für alle und wird von den Furien der widersprechendsten Gefühle so lange umhergetrieben werden, als noch ein Funken Lebenskraft in ihm sein wird. Er fühlt und weiß das selber, dieser Überzeugung muß er leben, ein Prinz sein, witzig sein und lächeln, und außerdem zusehen, daß Preußen untergeht.«

9

»Nehmen Sie Platz, und vielen Dank, mein werter Herr!« sagte einige Tage später der erste Kanzleirat des Haugwitzschen Ministeriums, als der junge Wegmann abends in die Geheimkanzlei getreten war, deren Türe der Sekretär sorgfältig hinter dem Ankommenden verschloß.

»Sie haben also meine Sendung erhalten, Herr Kanzleirat!«

»Zuverlässig, werter Herr Wegmann! Und auch die schöne Zugabe für meine Frau, die auf das angenehmste von Ihrer Galanterie überrascht worden ist.«

»Ich habe den Shawl aus Paris mitgebracht«, bemerkte Karl, »wo ich leider durch das Ausbleiben der Zahlung jener zweiten Hälfte der vierzigtausend Taler so ungemein lange aufgehalten wurde. Erst heute bin ich hier eingetroffen, und mein erster Gang ist zu Ihnen, um Sie an Ihr anderweitiges Versprechen zu erinnern. Haben Sie die Ursachen endlich ermitteln können, um derentwillen man so hartnäckig die Entlassung meines Bruders verweigert, die mir so sehr am Herzen liegt?«

»Diese Entlassung wird schwer zu erlangen sein, verehrter Freund«, bedeutete der Kanzleirat, »so lange Ihr geschätzter Herr Vater dieselbe nicht in Person begehrt. Denn da Ihr Bruder nur körperlich angegriffen, nicht organisch krank ist, liegt gar kein Grund für seine Freigebung vor.«

»Gesetzlich nicht, das weiß ich! Aber man ist sonst ja in gleichem Falle nicht eben streng gewesen, warum will man hier sich denn so eisern an den Buchstaben des Gesetztes binden?«

»Der nahe Ausbruch des Krieges«, meinte achselzuckend der Beamte, »und manche andere Rücksicht –«

»Herr Kanzleirat! Sprechen Sie es aus, was Sie mir verschweigen. Der Ausbruch des Krieges ist es nicht allein, wie Sie selbst mir andeuten. Welche Rücksichten hindern es, daß man für meinen Bruder einen Ersatzmann annimmt, den ich so groß und so kräftig stellen will, daß Friedrich Wilhelm der Erste ihn in seine Garde aufnehmen könnte. Sie wissen, Herr Wiesel und selbst seine Hoheit Prinz Louis haben sich bei dem Regimentskommandeur dafür verwendet, als meine Geschäfte mich zu schleuniger Abreise zwangen.«

»Sehen Sie, Wertester«, sagte der Kanzleirat, sich nahe zu Wegmann hinneigend und die Hand auf seinen Arm legend, während er leiser sprach, »sehen Sie, Wertester, das war eben das Unglück. Hätten Sie die Sache abgemacht, wie Sie selbst sie angefangen, so wäre das mit dem Unteroffizier, dem Feldscher und dem Regimentskommandeur ein leichtes gewesen. Nun aber reisten Sie ab, Herr Wiesel ging in Ihrem Auftrag zu dem Obersten, bezog sich auf den Beistand des Grafen Haugwitz, des Prinzen Louis Ferdinand. Der Obrist, um dem Grafen Haugwitz seine Bereitwilligkeit zu zeigen, fragte bei seiner Exzellenz persönlich an, und damit war denn eben die Sache verloren.«

»Aber erklären Sie mir nur, was kann Graf Haugwitz daran liegen, ob mein Bruder frei wird oder nicht, da er in der Tat von dem ihm ungewohnten Leben so leidend ist, daß er unmöglich einen Marsch, einen Feldzug in dieser Jahreszeit ertragen könnte. Ich würde im Augenblick des Krieges nicht alles daransetzen, ihn dem Dienste zu entziehen, wäre es nicht eine Notwendigkeit für seine Erhaltung.«

Der Kanzleirat rückte noch näher. »Wissen Sie, wie Herr Wiesel jene Bewilligung der vierzigtausend Taler erlangte? Graf Haugwitz steht sich schlecht mit dem Prinzen Louis und wünschte ihn von Berlin zu entfernen. Herr Wiesel versprach die Entfernung zu bewirken und hielt nicht Wort. Darum zögerte man, Ihnen den Rest des Geldes auszuzahlen; darum, weil man dem Prinzen und Herrn Wiesel nicht gefällig sein wollte, hat man die Freilassung Ihres Herrn Bruders hintertrieben. Ich habe zufällig erfahren, daß man diese Einmischung des Prinzen in die Angelegenheiten fremder Regimenter übel gedeutet und höchsten Orts an Vorgänge erinnert hat, bei denen er einmal durch ähnliche Einmischungen in schlimme Verwicklungen mit einem Offizier geraten ist. Ich weiß auch, daß man ihn höchsten Orts zur Vorsicht ermahnt und ihm nochmals streng alle Übergriffe in Angelegenheiten verboten hat, die nicht in sein Ressort gehören.«

»Und zu welchen Schritten würden Sie mir bei dieser Lage der Sache jetzt noch raten können, um an mein Ziel zu gelangen?«

»Es käme auf einen Versuch an«, meinte nach einigem Besinnen der Beamte, »ob sich nicht durch die kleine Nina vom Ballett etwas erreichen ließe. Es ist ein hübsches, artiges Kind, wohlgelitten bei hochstehenden Personen, hat schon hie und da eine *carte blanche* zu erschmeicheln gewußt, die man nachher nicht zurückzunehmen vermochte. Sie sah das Ameublement, zu dem Sie uns den Stoff gesendet, und fand es sehr hübsch. Vielleicht könnte sie etwas tun. Dabei, mein werter Freund, fällt mir ein zu fragen, ob man dieses Zeug wohl auch in anderen Farben hat? Sie wünschen bei mir zu Hause ein zweites Zimmer einzurichten, und baten mich, gelegentlich nachzufragen, ob der Stoff vielleicht aus Ihrer Fabrik genommen sei, und ob man auch im Handel davon erhalten könnte?«

»Ich werde für das Nötige sorgen«, antwortete Wegmann kurz und stand auf, sich zu empfehlen. Als er schon an der Tür war, rief ihn der Kanzleirat zurück. »Sprechen Sie vor allen Dingen doch noch einmal mit dem Kriegsrat Momsen. Er pflegt abends im Theater zu sein, und wird heute gewiß nicht fehlen, da man den Tell von Schiller aufführt, dem die höchsten Herrschaften beiwohnen sollten. Schlüge aber alles fehl, so bleibt noch der Versuch übrig«, sagte er, »daß Ihr Bruder bei dem Ausrücken des Regiments, das in den nächsten Tagen erfolgen muß, sich aus dem Staube zu machen sucht. Sie müßten dann die Etappen wissen und dort vorsorgen. Was ich Ihnen dabei helfen kann, soll gern geschehen.«

Die Hand im Unmut zusammenballend, stieg Wegmann die Treppe des Ministeriums hinab, um sich nach dem Schauspielhause zu verfügen.

Die Straßen waren strahlend erleuchtet, die Ankunft des Kaisers von Rußland zu feiern, aber in den Gemütern der Einsichtigen sah es nicht so heiter und strahlend aus.

Die französische Besetzung von Ansbach und Bayreuth hatte auch den Gleichgültigeren die Augen geöffnet. Man begriff die drohende Gefahr, und das Erscheinen des Kaisers, dessen liebenswürdige, ritterliche Persönlichkeit Männer und Frauen begeisterte, ward deshalb als ein Rettungsmittel begrüßt, das die Hoffnung politischer Änderungen in Aussicht stellte. Wo sich der Kaiser in Begleitung des Königs zeigte, scholl ihrer Vereinigung von allen Vaterlandsfreunden ein Vivat entgegen, von allen Gebildeten erklang der Ruf zu den Waffen, zum Kampf, nur am Hof sprach man noch von Ausgleichungen und wollte den Frieden.

In den Theatern ward jede Anspielung auf die Erhebung eines Volkes, auf die Freiheit der Nationen mit Beifallssturm empfangen, und die Aufführung des ›Wilhelm Tell‹ von Schiller, der zum erstenmal in Berlin gegeben werden sollte, wurde förmlich als ein politisches Zugeständnis an den Willen der Kriegspartei betrachtet.

Der ganze Hof sollte der Darstellung beiwohnen. Der Prinz hatte Wegmann aufgefordert, ihm die Auskunft über den Erfolg seiner Unterhandlung mit dem Kanzleirat in das Theater zu bringen. Wegmann sollte am Ende des dritten Aktes den Adjutanten des Prinzen im Büffetzimmer treffen. Da es aber durch die große Galaerleuchtung sehr warm in den Logen geworden, war der Prinz selbst mit seinem Adjutanten hinabgegangen, noch ehe der Akt zu Ende war. Hinter einem Wandschirm, den man in dem Büffetzimmer zum Schutz gegen die Zugluft aufgestellt hatte, nahm der Prinz, in seinen Mantel gehüllt, einen Platz, von dem aus er die Anwesenden sehen konnte, ohne gesehen zu werden.

Das Zimmer war noch fast leer, als Wegmann eintrat, nur in einer Ecke, zunächst dem Platz des Prinzen, saßen jenseits des schützenden Schirms drei Männer in eifrigem Gespräch bei ihren Punschgläsern. Ein Vierter ging, eine Melodie vor sich hin summend, auf und ab. Die Trinkenden hatten sich hier fest niedergelassen und schienen die Aufführung des ›Tell‹ nicht weiter ansehen zu wollen.

Der eine war ein königlicher Stallmeister, der andere eben jener Kriegsrat, an den Wegmann gewiesen worden war. Diese beiden machten die Erzähler, und besonders der Kriegsrat, ein noch junger Mann, legte in jede seiner Äußerungen das ganze Gewicht der hohen Bedeutung, die er sich selbst zuschreiben mochte. Der dritte, ein wohlhabender Materialhändler, hörte ruhig zu, seinen Punsch trinkend und nur hier und da eine Frage dazwischenwerfend.

Nachdem Wegmann dem Prinzen die Erfolglosigkeit seiner bisherigen Bemühungen mitgeteilt hatte, riet dieser ihm, sich gleich hier an den Kriegsrat zu machen, dem Wegmann schon bekannt war. »Ich höre ihn ohnehin schon eine ganze Weile und mehr als nötig über Krieg und Frieden unterhandeln«, sagte der Prinz. »Vielleicht erfahren Sie irgend etwas, das Ihnen nützlich ist, ohne daß Sie darum zu fragen brauchen.«

Wegmann trat hinzu, der Kriegsrat lud ihn ein, Platz zu nehmen, und der Kaufmann sagte, in der Unterhaltung fortfahrend: »Ich kann's mir nur nicht denken, daß wir nun so mir nichts, dir nichts in den Krieg ziehen werden. Wir sind nicht vorbereitet, und Rußland und Österreich, die fix und fertig dastehen, die werden nicht erst auf uns warten.«

»Nicht fertig?« meinte der Kriegsrat. »Wer sagt Ihnen das? Es ist alles in Ordnung, alles fertig, bis in die kleinsten Details der Pläne, nach denen die Truppen zusammengezogen werden sollen.«

»Ja, es ist ohne Frage«, bekräftigte der Stallmeister, »denn sehen Sie, ich darf es unter Freunden sagen, wir haben geheime Order, die Kriegspferde zuzureiten, und auch die Equipagen werden schon besorgt.«

»Wie oft sind schon Pläne entworfen und Ordres gegeben, meine Herrn«, wandte Wegmann ein, »die widerrufen worden sind! Ich werde erst dann an den Krieg glauben, wenn die erste Schlacht geschlagen sein wird.«

»Nun«, rief der Kriegsrat, der sich durch den Zweifel in seinen Aussagen beeinträchtigt zu fühlen schien, »wenn Ihnen denn mein Wort nicht genügt, so glauben Sie vielleicht meinen Papieren. Überzeugt Sie das?« – damit zog er seine Brieftasche hervor, und legte zwei Papiere auf den Tisch: den Plan der Truppenaufstellung und die Liste der Lieferungen, welche man ausgeschrieben hatte.

Während Wegmann und der Stallmeister sich die Zusammenziehung der Truppen auseinandersetzen ließen, nahm der Kaufmann die Lieferungsliste zur Hand, und sagte: »Sagen Sie mir, mein verehrter Herr Kriegsrat! Könnte man nicht auch etwas von diesen Lieferungen erhalten? Die Zeiten sind schwer, und« – fügte er hinzu, sich flüsternd zu dem Kriegsrat hinüberneigend – »und man würde nicht undankbar sein.«

»Mein lieber Mann«, entgegnete der Kriegsrat, sich mit einer Protektormiene in den Sessel zurücklehnend, »das sagt ein jeder; aber die Begriffe über Dankbarkeit sind verschieden. Zudem haben der Herr Minister und der Herr Geheimrat selbst diejenigen bestimmt, welche die Lieferungen übernehmen sollen. Sehen Sie, diese Herren haben Verpflichtungen gegen Personen, die ihnen dienstlich behilflich waren, gegen die man sich abfinden will. Da wird denn die Gelegenheit benutzt, und uns bleibt nur die Verfügung über kleine Posten, zugunsten eines Freundes.«

So ablehnend diese Antwort schien, ließ sich's der Kaufmann nicht anfechten. Wenn es mit den Lieferungen eben nichts wäre, meinte er, so könnte man doch vielleicht an den Ruheplätzen noch einen kleinen Gewinn erzielen, wenn man diejenigen Bedürfnisse, Tabak und desgleichen, hinschickte, welche an kleinen Orten nicht in nötiger Menge vorrätig zu sein pflegen. »Für die bloße Mitteilung der Marschroute, der Rasttage würde ich dem verehrten Herrn Kriegsrat schon äußerst dankbar sein.«

»Nun, das ließe sich machen, Bester!« lächelte der Kriegsrat. »So etwas ließe sich machen. Besuchen Sie mich gelegentlich, und hier können Sie ja vorläufig sich den Plan einmal ansehen.«

Darauf fing er an, dem Kaufmann, der sich auf der Karte nicht zurechtzufinden wußte, die beabsichtigten Operationen mit allen Details auseinanderzusetzen, wobei der umhergehende Fremde, der den Kriegsrat immerfort im Auge behalten hatte, näher zum Tisch herantrat und aufmerksam seinen Worten folgte.

Ungeduldig sprang der Prinz empor. »Es ist, um rasend zu werden«, sagte er zu seinem Adjutanten. »Das sind nun die königlichen Diener, das ist ihre Pflichttreue, ihre Amtsverschwiegenheit! Der elendeste Lakai in der Livree des erbärmlichsten Herrn dient treuer als diese vornehmtuenden, aufgeblasenen Verräter. Wer nur der herumschleichende Fremde sein mag? Fragen Sie doch nach?«

Der Adjutant wandte sich an den Besitzer des Büffets und kam mit der Nachricht zurück, es sei ein Franzose, der Deutsch spreche und das Theater oft besuche. »Befehlen Hoheit, den Kriegsrat vielleicht zu warnen?«

»Kann denn auch nur einer dieser Pläne ausgeführt werden, die nur auf dem Papier möglich sind? Und ist der Kriegsrat der einzige, der sie verrät?« entgegnete bitter der Prinz. »Sie hören ja von Wegmann, und wir wissen aus eigener Erfahrung, wie elend die Mehrzahl dieser Klasse ist, wie ihre schlechte Besoldung und ihre Habsucht sie alle käuflich gemacht haben. Wie sie jetzt kleine Dienste für kleinen Gewinn verkaufen, werden sie das Land verkaufen, sobald der rechte Preis geboten wird. Oben im Saal klatscht dieses vornehme Gesindel dem Patriotismus eines Tell, eines Stauffacher Beifall, weint Tränen der Rührung und verschachert in der nächsten Minute sein Vaterland! Es widert mich an, ich mag nicht mehr hineingehen. Lassen Sie den Wagen kommen!«

10

Die Lage des Prinzen, welche dem Hofe gegenüber schon seit Jahren eine peinliche gewesen war, hatte sich, seit Parteiungen in der öffentlichen Meinung eingetreten waren, noch verschlimmert und steigerte sich während der Anwesenheit des Kaisers Alexander fast bis zum Unaushaltbaren. Dem Kaiser stand die ganze Natur des Prinzen, in ihrer lebhaften Jugendkraft und Tatenlust, viel näher als das zögernde, verschlossene Wesen des Königs. Dazu kam, daß der Prinz sich von jeher für den Krieg und für eine Verbindung mit Rußland erklärt hatte, von der man noch immer nicht mit Gewißheit voraussehen konnte, ob der König sie jetzt schon, und inwieweit er sie eingehen werde.

Vom König mit Mißtrauen betrachtet, von des Grafen Haugwitz' Spionen unablässig bewacht, hatte der Prinz dennoch nicht die Freiheit, sich von Berlin zu entfernen, und war gezwungen, allen jenen Festen beizuwohnen, welche die Anwesenheit des Kaisers und seiner militärischen Begleitung sowohl am Hof als in den Zirkeln der Aristokratie veranlaßte.

Die Feste dieser letzten Kreise übertrafen an Ausdehnung alles, was man jetzt der Art als üblich annimmt. Graf Stadion, der österreichische Gesandte, hatte die Sitte eingeführt, daß man sich abends acht Uhr zum Spiel versammelte, dem gegen Mitternacht das Souper folgte. Nach diesem begann der Tanz, der bis zum Morgen währte, worauf die ganze Gesellschaft, solange die Jahreszeit es irgend zuließ, sich in bereitgehaltenen Wagen zu einem Frühstück auf das Land verfügte und oft erst am Nachmittag in die Stadt zurückkehrte.

Ein solches Fest war von dem Grafen Haugwitz in der letzten Woche des Oktober den russischen Offizieren zu Ehren veranstaltet worden, und die Prinzessin Ferdinand hatte ihren Sohn selbst aufgefordert, sich nicht davon auszuschließen. Es war gegen elf Uhr mittags, als die Gesellschaft von dem Landgut des Grafen heimkehrte, und der Prinz, seinen Wagen am Tor verlassend, den Weg nach seiner Wohnung zu Fuß zu machen beschloß.

An den beiden vorhergehenden Tagen war die Wachtparade nicht abgehalten worden, weil man einigen ausrückenden Bataillonen das Geleit gegeben hatte. Jetzt war die Stunde derselben bereits vorüber, dennoch sah der Prinz schon von fern, daß sie noch nicht aufgelöst sei. Einige der Gardeoffiziere, welche am Haugwitzschen Fest teilgenommen hatten, und des Dienstes wegen früher heimgekehrt waren, standen mit bleichen, übernächtigten Gesichtern noch beisammen auf dem Platz. Sie besprachen mit der müden Gleichgültigkeit der Übersättigung die Anordnung des Festes und die Schönheit der Frauen, als der Prinz mit der Frage an sie herantrat, weshalb man noch nicht auseinandergegangen sei?

»Ein Füselier läuft Spießruten, Hoheit!« berichtete der Gefragte mit vollkommener Teilnahmslosigkeit.

Es war ein schlanker, schöner Jüngling, an dem die Exekution vollzogen wurde. Hundert Mann von der Wachtparade hatte man in zwei Reihen aufmarschieren lassen und jeden derselben mit einer starken Weidenrute bewaffnet. Zwischen diesen ging mit entblößtem Oberkörper der Sträfling; vor ihm ein Unteroffizier mit umgekehrtem Kreuzgewehr, die Spitze gegen ihn gewendet, ein anderer Unteroffizier ihm nach; und hinter den beiden Reihen zum Schlagen kommandierter Soldaten befanden sich zwei Regimentsadjutanten, um jeden sogleich zu strafen, der nicht tüchtig auf den Delinquenten loshieb.

Kein Laut regte sich, nur die Weidenruten pfiffen durch die Luft. Um bei solchen Exekutionen das Schreien der Gepeitschten unhörbar zu machen, steckte man ihnen eine große Bleikugel in den Mund, welche zugleich verhinderte, daß sie sich, im Schmerz die Zähne zusammenbeißend, die Zunge beschädigten und für den weiteren Dienst unbrauchbar wurden.

Das Blut rieselte bereits über den Rücken des Jünglings hernieder, dessen Gesicht die furchtbarsten Schmerzen verriet. Als der Prinz hinblickte, war der empörende Akt vorüber, man nahm dem Gestraften die Bleikugel aus dem Munde, mit einem Schmerzenslaut brach er ohnmächtig zusammen, und ein paar Kameraden sprangen hinzu, ihm mitleidend Hilfe angedeihen zu lassen, als Buße für die Grausamkeit, zu der man sie gezwungen hatte.

Unter dem schmerzlichen Eindruck dieser letzten Szene langte der Prinz ermüdet in seiner Wohnung an. Auf dem Vorflur fand er den alten Wegmann, der sich totenbleich und entstellt zu seinen Füßen warf. »Retten Sie, retten Sie! Allergnädigster Prinz!« Das waren die einzigen Worte, welche er hervorzubringen imstande war.

Eine schwere Ahnung zuckte durch des Prinzen Herz. Er hob den Alten auf, führte ihn in das nächste Zimmer und fragte, was geschehen sei.

»Mein Sohn! Mein Fritz! – Er wird mir fluchen, er wird der Mutter fluchen! – Wir, unser Hochmut, unsere Verblendung tragen die Schuld! Retten Sie, um Gottes Willen.«

»Aber was ist geschehen?« fragte der Prinz nochmals dringender. »Ich muß wissen, was geschehen ist, um helfen zu können!«

»Das Mädchen kam nach Berlin«, hub der Alte an, voraussetzend, ein jeder müsse diese Verhältnisse kennen. »Das Mädchen kam nach Berlin, weil sie einen alten Mann nicht nehmen wollte. Sie sahen sich, sooft er Urlaub hatte, der Karl wußte darum, er war der einzige Gerechte unter uns. Jetzt soll sie Mutter werden, Fritz wollte fort mit ihr, er war selbst krank und konnte es nicht ertragen, sie in dem Zustand allein zu wissen. Karl hatte des Bruders Freiheit noch nicht erlangt, aber er hoffte, sie zu erlangen, und gab dem armen Weibe Geld zu leben bis dahin. Das Geld haben die Unglückseligen zur Flucht benutzt. Er ist eingeholt und soll –« Tränen stürzten aus des Greises Augen, seine Zunge versagte den Dienst, das Furchtbare auszusprechen, bis er endlich, sich händeringend dem Prinzen nochmals zu Füßen werfend, mit erstickter Stimme die Worte hervorstieß: »Mein Sohn, mein leiblicher Sohn! Er muß Spießruten laufen, wenn Sie nicht Hilfe schaffen.«

Der Ruf *Es ist zu spät!* schwebte auf den Lippen des Prinzen, aber er wollte dem Vater die schmerzliche Botschaft vorenthalten, bis er wenigstens die Kunde hinzufügen konnte, daß der Sohn noch lebe.

»Wo ist Ihr älterer Sohn?« fragte er.

»Er ist zu Mademoiselle Levin gefahren, um vielleicht Hoheit dort zu treffen. Auch das Mädchen war bei ihr, ihre Bekannten hatten sie dorthin gewiesen, um Fürbitte und Protektion zu erflehen.«

»Und ist Ihre Frau zu Hause?« forschte der Prinz weiter, um den Greis in die Nähe befreundeter Personen zu bringen.

»Sie wollte mit der Schwiegertochter in ihrer Todesangst zum Obristen, um dort für ihn zu bitten.«

»So erwarten Sie mich hier, ich werde selbst nachsehen und Ihnen Kunde bringen.«

Der Prinz befahl anzuspannen und wollte, da es geschehen war, den Wagen besteigen, als Karl Wegmann mit jener Ruhe in das Zimmer trat, welche die Gewißheit eines unabänderlichen Unglücks über starke Charaktere bringt.

»Nun? Nun?« rief der Alte. »Kommt er frei? Erläßt man ihm die Strafe?«

»Sie ist vollzogen, Vater!« antwortete Karl tonlos.

»Gott des Himmels! Du strafst mich hart! – Und wo ist er? Lebt er? Hat er's überstanden?« fragte der Vater nach einer Pause.

Da fiel der Sohn dem Vater um den Hals, und mit einem Strome heißer Tränen, in denen seine Mannesstärke unterging, sagte er: »Fritz hat's überstanden, er hat ausgelitten.«

Der Prinz schlug schmerzhaft beide Hände vor das Gesicht und verließ das Gemach.

Der Tag entschwand ihm in dem furchtbaren Nachklang dieser Erlebnisse. Gegen den Abend hin ging er zu Rahel. Sie wußte bereits um alles.

»Wie starb er denn?« fragte der Prinz.

»Er muß sich, sobald er verbunden worden war, von seinem Lager erhoben haben, einen Dolch hervorzuziehen, den er seit Wochen in seinem Strohsack verbarg, mit diesem hat er sich das Herz durchbohrt.«

Der Prinz schauderte, und Rahel fuhr fort: »Ich bin jetzt ganz ruhig, weil ich all meine Schmerzeskraft erschöpft habe in dem Leiden mit dem unglückseligen Mädchen, das den ganzen Morgen bei mir zugebracht hat. Sehen Sie, Prinz! Da bluten tausend Wunden auf einmal hervor. Wissen sie, warum die Arme das Vaterhaus floh? Weil man sie nach Rußland einem alten, fremden Manne verkuppeln wollte. Und wissen Sie, was die Juden zwingt, ihre so heißgeliebten Kinder weit von sich in der Fremde an Fremde zu verheiraten? Die wahnsinnigen Gesetze Ihres Landes, welche, uns auszutilgen von der Erde wie giftiges Gewürm, es nur zwei Kindern jeder jüdischen Familie gestatten, sich in der Vaterstadt zu verheiraten und anzusiedeln. Ich selber, Prinz! Ihre Freundin, Rahel Levin, ich bin auch heimatlos in der Heimat. Ich habe mein Heiratsprivilegium dem Bruder abgetreten – und es ist gut, daß es so ist, daß ich einsam, kinderlos sterben werde. Ich hätte nicht den Mut, den Fluch, den Ihr auf uns geworfen habt, fortzupflanzen auf ein Kind, das ich unter meinem Herzen getragen, an meiner Brust genährt hätte. Oh, die Unmenschlichkeit unserer Zustände ist himmelschreiend, und ich glaube nicht mehr an Gott, wenn er sie noch lange duldet.«

11

Den Tagen der Hoffnung, welche die Ankunft des Kaisers
erzeugt, schien auch eine Erfüllung folgen zu sollen. Preußen schloß sich so weit an Rußland und Österreich an, daß
es Napoleon Vorschläge zur Ordnung der europäischen
Verhältnisse vorlegte, welche Graf Haugwitz mit der Erklärung nach Paris zu überbringen gesandt ward, daß Preußen in der Mitte des Dezember den Krieg beginnen werde,
wenn Napoleon jene Vorschläge nicht annehmen sollte.

Die Vorbereitungen zum Krieg wurden dabei in Berlin
immer ernstlicher betrieben, und die Truppen, besonders
die Garderegimenter, fanden ihrer Freude kein Ziel, daß
sie endlich in die Lage gesetzt werden würden, die Lorbeeren zu pflücken, welche das lange Zögern der Regierung
ihnen bisher vorenthalten hatte. Indes, ihre Zurüstungen
für den Kampf waren nicht so kriegerisch als ihre Worte.
Man ließ bequeme Zelteinrichtungen, Feldbetten, Feld-
equipagen machen, und jene Franzosen von Roßbach, welche mit ihren Schmink- und Pomadebüchsen noch immer
der Gegenstand des preußischen Spottes waren, konnten
schwerlich üppiger und verweichlichter gewesen sein, als
man die preußischen Offiziere nach ihren Bequemlich-
keitsvorrichtungen glauben durfte.

Endlich, zu Anfang des Dezembermonats rückten
einige Regimenter von Berlin aus nach Sachsen und Thü-
ringen vor, unter denen sich auch das Regiment des Prinzen befand. Aber schon wenig Tage darauf verbreitete sich
die Nachricht von der am Krönungstag Napoleons bei
Austerlitz erfolgten furchtbaren Niederlage der Österreicher und Russen in Berlin, und gleich darauf kehrte Graf
Haugwitz mit neuen Friedensvorschlägen aus Paris
zurück, welche man, da Österreich und Rußland sich von
dem Kampfplatz zurückzuziehen gezwungen waren, notwendig annehmen mußte.

Von seiner Siegeshoffnung, von der Kampfeslust sank das preußische Militär zur tiefsten Mutlosigkeit herab, denn jeder gestand sich, daß der Augenblick des Einschreitens vorüber sei, und daß man jetzt alles zu dulden genötigt sein werde, weil man die Zeit zum Handeln versäumt habe. Die Aristokratie, welche ihre dem Soldatenstand angehörigen Söhne überall, wo sich die tatenlos heimkehrenden zeigten, verspottet sah, war nun plötzlich gegen den Frieden und gegen den König empört. Die Bürger, mit Recht die Summen in Betracht ziehend, welche das Militärwesen seit den Zeiten des großen Königs verschlungen hatte, warfen dem König und dem Heer vor, wie unnütz das letztere sei, wenn es nicht einmal die Abtretung der treu preußisch gesinnten Lande Ansbach und Bayreuth zu hindern vermocht habe. Kurz, die Unentschlossenheit, das Zaudern und die Halbheit, mit welcher der König den Interessen jeder Partei seines Landes und den eigenen Neigungen zu genügen gemeint hatte, um allgeliebt zu werden, hatten es dahin gebracht, ihm den Tadel aller Parteien und seiner Regierung das Mißtrauen des ganzen Landes zuzuziehen.

Aber der Volksunwille, so mächtig er war, stand trotzdem noch immer unter dem Bann der fesselnden Gewohnheit. So lebhaft war die Begeisterung für den großen Friedrich gewesen, so tief gewurzelt die Anhänglichkeit für seine Dynastie, daß man den König weniger hart anklagte als seinen Minister, den Grafen Haugwitz, in welchem das Volk den Anstifter der schmachvollen Abtretung preußischer Erblande an Frankreich, den Urheber seiner demütigenden Stellung überhaupt verdammte.

Unter diesen Umständen kehrte auch Prinz Louis mit seinen Truppen nach wenigen Wochen ohne Schwertschlag heim. Es war in den letzten Tagen des Jahres, als er frühmorgens in seiner Wohnung anlangte. Erst spät am Abend entschloß er sich, auszufahren, um sich in das Palais seiner Eltern zu verfügen. Eine unruhige Volksbewegung machte sich in den Straßen bemerkbar. Einzelne Gruppen von Männern standen beisammen, lebhaft sprechend und gestikulierend. Je näher man dem Palast des Grafen Haugwitz kam, um so unruhiger wurde es auf dem Weg, bis endlich vor demselben der Wagen des Prinzen in ein so dichtes Gedränge geriet, daß man kaum noch im Schritt zu fahren vermochte.

Wohlgekleidete Männer der höheren Stände, Offiziere aller Regimenter, darunter eine große Anzahl Garde du Corps hatten sich, in Mäntel gehüllt, hier versammelt, umringt von jener Volksmasse, welche sich in großen Städten bei jedem auffallenden Ereignis lawinenartig zusammenballt. Jeder, auch der Kenntnisloseste begriff, um was es hier sich handelte: um den Verrat an der Volksehre, um den Verrat einer Nation durch die Regierung.

»Wie lange wird das Geld reichen«, rief ein großer, starker Mann, »das der Herr Graf für den Verkauf von Ansbach und Bayreuth erhalten hat? Was kostet solch liederliche Wirtschaft! Ist's zu Ende, so wird wieder geschachert werden, und der Graf verkauft uns so sicher, als er die treuen Ansbacher verkauft hat.«

»Verkaufen? Uns? Das soll er probieren! Dawider haben wir Fäuste!« schrie ein anderer. »Schlagt den Hund tot, ehe er wieder Preußen verschachern kann.«

»Was kriegt er für die Seele?« scholl es von einer dritten Seite, und zugleich flogen mit dem Ruf. »Man muß anklopfen, damit man Antwort bekommt«, zahllose Steine in die Fensterscheiben.

»Pereat dem Seelenverkäufer! – Nieder mit dem Schacherer! Dem Verräter!« donnerte es von allen Ecken, und Kot- und Steinwürfe regneten gegen das Haus.

Vergebens versuchten Polizeibeamte und Gensd'armes Ordnung zu schaffen. Zum erstenmal seit vielen Monaten wurde das Militär von den Zivilpersonen gut angesehen; Offiziere und Bürger machten zum erstenmal wieder gemeinschaftliche Sache, aber nicht für, sondern gegen die

Regierung. Dahin hatte man es in dem monarchisch gesinnten Lande durch Mißkennen der Zeit und der Umstände gebracht.

Plötzlich wendete sich die Aufmerksamkeit eines Mannes der zum Stillstehen gezwungenen Equipage zu. Man erkannte die königliche Livree, ein Offizier der Garde du Corps erkannte den Prinzen. Im gleichen Augenblick war er an der Tür des Wagens. Der Ruf »Prinz Louis! Vivat Prinz Louis!« erscholl. Man drängte sich heran: »Lassen Sie es nicht geschehen! Fordern Sie Rettung unserer Ehre! Gnädigster Herr, verlassen Sie das Land nicht! Halten Sie zu uns, Prinz!« riefen verschiedene Stimmen durcheinander.

Mit Mühe gelang es dem Prinzen, dem Andrang zu wehren. Er erinnerte, den Wagen verlassend, die nächststehenden Offiziere an ihren Eid, ermahnte sie, sich nicht vom Augenblick hinreißen zu lassen, und suchte so schnell als möglich dieser Szene zu entfliehen. Zu Fuß langte er in dem Palast seiner Eltern an, entschlossen, seiner Mutter, welche leidend war, die Vorgänge auf der Straße womöglich zu verschweigen.

Prinz Ferdinand hatte sich, wie immer, früh zur Ruhe begeben; die Prinzessin wartete ihres Sohnes. Auf einem Armstuhl ruhend, der neben dem Kamin stand, hatte sie das Haupt in die Kissen zurückgelehnt, und betrachtete in träumerischem Sinnen die aufspringenden und wieder erlöschenden Funkengarben des Feuers. Sie war sichtlich gealtert in den letzten Monaten; ihre stolze Haltung schien gebrochen, körperliches oder geistiges Leid war über ihre Züge Herr geworden. »Sie sehen angegriffen aus, meine Mutter!« sagte der Prinz. »Ich erfuhr am Morgen, daß Sie leidend wären. Wie fühlen Sie sich jetzt?«

»Du wußtest mich krank und warst tagsüber in Berlin, ohne mich zu besuchen!« entgegnete sie vorwurfsvoll. »Willst du mich im voraus daran gewöhnen, die Achtung zu entbehren, welche man mir schuldet?«

»Mutter, wenn Sie von solchen Ahnungen erfüllt sind, wie ich – wenn Sie denken, empfinden wie ich«, rief der Prinz, all seine Vorsätze, die Mutter zu schonen, vergessend, »dann werden Sie es begreifen, daß ich an dem Tage nicht durch die Straßen gehen mochte, an dem ich ruhmlos, ohne Schwertschlag, als ein Besiegter heimkehrte. Sie müssen fühlen, was es heißt, als Mann vor Männern, als Fürst vor seinem Volke zu erröten.«

Die Prinzessin neigte schmerzlich beistimmend das Haupt. »Und der Augenblick war so glückversprechend, die Stimmung des Volkes noch so günstig vor wenigen Wochen!« klagte sie.

»Nein, Mutter, nein! Das war sie nicht! Die Tage, in denen ich auf Glück, auf die Treue des Volkes zu zählen, und durch sie den Sieg zu erkämpfen hoffte, sind bei mir vorüber.«

Die Prinzessin schwieg eine Weile, dann sagte sie: »Sonderbar, wir stehen uns in Lebensfülle gegenüber, und doch klingt es wie der Abschiedton von Sterbenden zwischen uns. In schwüler Luft erlischt der Klang der Glocken. Es ist der Druck der Tyrannei, der unsern Atem einengt, unser Auge trübt. Ich fühle ihn wie du.«

Der Prinz neigte sich, die Hand seiner Mutter zu küssen. Es zerriß ihm das Herz, die stolze Frau so tief gebeugt zu sehen. Noch war der Palast von den Scharen dienstbeflissener Höflinge erfüllt, noch prangte alles in der hergebrachten Ordnung, und doch lagen schon unheilverkündende düstere Schatten für das Auge der Besitzer über dies alles hingebreitet. Das Gefühl der festbegründeten, der durch den Volksglauben gesicherten Existenz hatte sie verlassen.

»Du wirst Berlin verändert finden«, hub die Prinzessin wieder an; »ich kenne es selbst kaum wieder. Wo ist die Freude hin, die uns sonst willkommen hieß, wenn wir erschienen? Wo der sympathische Jubelruf, der den König und die Königin im Theater begrüßte? Überall Schweigen und Kälte, überall eine Entfremdung zwischen dem Volke und uns, und –« sie hielt inne, als wolle sie dem Gedanken nicht Worte geben.

Der Prinz tat es statt ihrer. »Und die Schuld ist unser!« ergänzte er. »Ja, Mutter, das Bewußtsein ist es, das auf uns lastet. Was mir ein Bürger Berlins einst sagte, was ich damals stolz zurückwies, ich habe es einsehen lernen zu meiner Verzweiflung: Wir haben nicht auf das Volk zu rechnen, denn wir haben kein freies Volk, das sich frei mit seinem Herrscher verbündet zu gegenseitigem Schutz und Trutz; wir haben Untertanen, treue Untertanen, ich will es zugeben. Aber wir haben die Gebildeten des Volkes verlassen, die ihre Nationalehre zu verfechten begehrten, wir haben den Geist der Zeit verhöhnt, uns festbannend an veraltete Gesetze; dafür wird die Zeit uns stürzen in ihrem stürmischen Fluge, uns begraben unter dem Schutt unserer verjährten Institutionen, unserer barbarischen, unmenschlichen Vorurteile.«

»Und nur ein Weib sein! Zusehen, schweigen, überleben müssen!« sagte die Fürstin leise in achtlosem Selbstgespräch.

Der Prinz aber hatte es dennoch gehört, und ihrer Gedankenreihe folgend, entgegnete er: »Als wir, dem Kaiser Alexander das Geleit gebend, in Potsdam bei der Abendtafel saßen und man siegesfreudig in die Zukunft blickte, verlangte er plötzlich die Vergangenheit heraufzubeschwören und die Gruft des größten Herrschers zu besuchen. Seine Wagen standen gepackt, Mitternacht war nahe, als wir ihn vom Schloß zu der Kirche geleiteten. Die Nacht war sternenlos, die Kirche frostig kalt. Als wir eintraten, schlug es zwölf Uhr. Das Glockenspiel klingelte seine schwermütige Melodie durch die Stille.

Zu dreien stiegen sie hinab, der Kaiser, der König und die Königin, einen Bundeseid zu schwören über des großen Friedrichs heiliger Asche. Mir schauerte banges Todesahnen durch Mark und Bein, als ich die Lichtgestalt der Königin, vom Fackelschein der Vorleuchtenden hell bestrahlt, in jener Totengruft verschwinden sah. Es war mir, als versänke mit ihr der Genius Preußens in Nacht, als müsse ich nachstürzen, sie zurückzuhalten, mich selbst darbringen als ein Sühnopfer. Aber klarer als jemals fühlte ich in dem Augenblick, was ich Ihnen einst gesagt, als das Unglück, das uns jetzt bedroht, sich fern an unserem Horizont zeigte: den Untergang Preußens würde ich nicht überleben.«

Die Prinzessin erschrak, sie bereute das Wort, welches sie gesprochen. »Kleinmut? Verzagen in dem Enkel jenes Helden?« fragte sie, einlenkend. »Wo wäre Preußens Größe, hätte Er sich gebeugt unter der Last des Mißgeschicks? Hätte Er aufgehört zu kämpfen und zu hoffen?«

»Dem Mißgeschick trotzen, ausharren im Vertrauen auf eigene Kraft, das ist Tugend! Ich weiß es, teure Mutter. Schmach dulden, welche fremder Wille auf uns wälzt, ein entehrtes Dasein tragen wäre Feigheit«, entgegnete er, als laute Volksbewegung auf der Straße Mutter und Sohn emporschreckten und an das Fenster riefen.

Dieselben Männer, welche vorhin den Palast des Grafen Haugwitz bedroht hatten, zogen zu der Wohnung des Grafen Hardenberg, ihm ein Vivat zu bringen, da er, der Verwaltung der Markgrafentümer durch die Besitznahme der Franzosen enthoben, nach Berlin zurückgekehrt war.

»Und kein Lebehoch dem König! Sind wir denn nicht mehr in Preußen, in Berlin!« sagte die Fürstin, indem sie bleich und kummervoll das Fenster am Arm ihres Sohnes wieder verließ.

12

Die Demonstrationen für den Grafen Hardenberg und gegen Haugwitz, deren zufälliger Zeuge der Prinz geworden, waren von den ihm feindlich Gesinnten benutzt worden, neue Verdächtigungen gegen ihn heraufzubeschwören, indem man ihn als Teilnehmer, ja als Anstifter derselben nannte. Unter solchen Verhältnissen mußte in dem Prinzen der Wunsch, Berlin aufs neue verlassen zu können, natürlich entstehen. Er wünschte, sich wieder einmal nach Schricke zurückzuziehen, um dort bis zu einer möglichen Änderung der Dinge zu verweilen, aber man verweigerte ihm die Erlaubnis dazu, ohne die Gründe dieser Weigerung anzugeben.

So begann das Jahr 1806 noch trüber als das vorige geendet hatte. Jeder Lebensmut, jede Hoffnung einer besseren Zukunft schien die Umgangsfreunde des Prinzen verlassen zu haben, weil die Wetterwolken der nächsten Gegenwart den Blick in die Ferne verdüsterten. Daß Preußen trotz seiner Nachgiebigkeit zum Kampf gezwungen werden würde, nahm man im Volke ebenso zuverlässig an, als man hier und da besorgte, daß dieser Kampf unglücklich enden müsse, weil Preußen jetzt fast allein sich der Macht Napoleons entgegenzustellen hatte, der die großen vereinten Kräfte von Österreich und Rußland nicht zu trotzen vermocht.

Henriette, ganz gebrochen durch die Furcht vor diesem Krieg, durch den Gedanken an die Gefahren, denen der Prinz entgegenging, hatte nur stille Tränen und Klagen, sooft sie ihn sah. Rahels feste, männliche Ergebung in das Unvermeidliche, so erhebend sie war, wirkte dennoch niederbeugend auf den Prinzen, weil sie den Glauben an ein glückliches Ende entschieden auszuschließen schien. Pauline allein war schöner und heiterer als je, voll Lebensmut und Hoffnung.

Unbekümmert durch die schweren Schicksale des Vaterlandes, achtlos gegen die Gestaltung der Zustände um sie her, schien sie einer Welt anzugehören, die mit dem Erdentreiben nichts gemeinsam hatte. Ihr Frohsinn, ihre Liebesfreudigkeit legten sich wie ein goldener Vorhang zwischen den Schmerz und ihr Auge. Von der Zukunft, von dem bevorstehenden Krieg sah sie nichts als den heimkehrenden, sieggekrönten Geliebten, der von dem Dank seines Volkes hochgepriesen ihr seine Lorbeeren zu Füßen legte, um in ihrer Freude, ihrer Liebe seinen höchsten Lohn zu finden.

Wenn Rahel diese Sinnesart unfaßbar für sich fand, Henriette sie Herzenskälte nannte, und der Prinz sich selbst gestehen mußte, daß Pauline jeder ernsten Lebensauffassung vollkommen unfähig sei, so war und blieb sie ihm trotzdem ein Ausnahmswesen, der Gegenstand seiner nie verminderten Liebe, und grade jetzt seine Zuflucht und sein Trost.

Daß Pauline sich schmücken, ihm und anderen gefallen wollte, daß sie Vergnügungen suchte und zu genießen fähig war in einem Augenblick allgemeiner Entmutigung, erfreute den Prinzen. Mochten die Wetterwolken sich immer drohender über dem Land zusammenziehen, in Paulines lachendem Antlitz fand er den Sonnenschein des Glücks, mochte die tiefste Niedergeschlagenheit sich der Gemüter bemächtigen, Pauline blieb heiter wie zuvor; und nur der Wunsch, das trübselige Berlin und die trübseligen Unglückspropheten zu verlassen, regte sich in ihr.

»Laß uns nach Schricke gehen«, bat sie den Prinzen oft, »wo niemand uns von den Dingen erzählt, die dich verstimmen. Dort bin ich deine Welt, dort hast du keinen Herrscher als mich, und kein Laut soll an dein Ohr dringen als die Worte meiner Liebe und die Erzählung meines Glücks. Wozu sich plagen, wo man nichts zu ändern vermag? Wozu leiden, wenn man die höchste Seligkeit genießen kann? Es ist Undank, schnöder Undank gegen die wunderschöne Welt, die sich für uns, für unser Glück bald aufs neue in die Pracht des Frühlings kleiden wird.«

Endlich, beim Beginn des Sommers, ward es dem Prinzen möglich, Berlin zu verlassen und mit Pauline nach Schricke zu gehen. Es waren Jahre vergangen, seit er dies Gut zuletzt besuchte. Er malte sich aus, wie die Arbeiten, welche er dort einst für die Verschönerung und Verbesserung seines Besitzes hatte beginnen lassen, nun ausgeführt und vollendet sein würden. Er gedachte mit Lust manch friedlicher, in sich begnügter Tage, die er in jenem Schaffen für die Zukunft dort verlebt; er erwartete Freude und Beruhigung dort zu finden, weil er sich ihrer mehr als je bedürftig fühlte.

Aber kaum in Schricke angelangt, fand er statt der ersehnten Freude nur Sorge und Not. Von all den Anordnungen, welche er einst im Glauben an eine ruhige Zukunft gemacht, war wenig vollzogen worden, von den Saaten, die er gestreut, kein Segen erwachsen. Die Durchmärsche der Heeresabteilungen hatten die Fortsetzung des Begonnenen, die Ausführung des Beabsichtigten gehindert. Die Felder waren nachlässig bestellt, die Herden nicht mehr vollzählig. Man scheute sich, Ersatz für dasjenige zu schaffen, was den Truppen geopfert worden, aus Furcht, es bald aufs neue hergeben zu müssen. Die Gebäude waren beschädigt, die Glashütte und die Ziegelei in Verfall, die dabei angestellt gewesenen Arbeiter ohne Erwerb. Die bloßen Vorboten des Krieges hatten hingereicht, die heitere Schönheit dieses Besitzes zu zerstören.

Der Amtsrat und seine Frau empfingen den Prinzen, der statt ihrer Nichte Pauline mit sich brachte, ohne Freude, mit kalter Unterwürfigkeit. Schon in den ersten Tagen wurden ihm große Rechnungen für Reparaturen und Neubauten vorgelegt, welche durch die Verwüstungen der Soldaten unerläßlich geworden waren. Von Schricke aus hatte Louis Ferdinand gehofft, seine Vermögensverhältnisse zu ordnen, seinen Kindern eine Zukunft in diesem Besitz zu gründen, und jetzt fand er ihn in einem Zustand, der nur neue Verlegenheit, aber keine Hilfe herbeiführen konnte.

Daß solche Dinge den Prinzen zu verstimmen, ihm Sorge zu machen imstande waren, schien Pauline unbegreiflich.

»Was ist denn an solch totem Hab und Gut gelegen«, rief sie, »wenn man mit dem liebsten Wesen zusammensein kann! Hast du kein Geld, so muß der König dir welches geben, denn du bist ein Prinz, und mußt leben können wie ein Prinz, und mich behältst du immer. Wozu also die Sorgen.«

Sie freute sich des Sommers, der Gärten, der Möglichkeit, in einem Schlosse zu befehlen, der Selbständigkeit, mit welcher sie dem Prinzen trotz Wiesels Einwendungen gefolgt war, und vor allem des Alleinseins mit dem Geliebten. Stark und ausdauernd begleitete sie ihn von früh bis spät, bald gehend, bald reitend, auf seinen Wanderungen durch Flur und Wald, überall Schönheit und Anlaß zur Freude entdeckend.

So hatten sie einst einen weiten Weg durch die Felder gemacht, als es gegen den Abend hin dem Prinzen einfiel, den alten Klaus zu besuchen. Der Tag war regnerisch gewesen, noch hingen graue, schwere Wolken am Himmel, und die Wiesen dampften in der dämmrigen Schwüle ihre feuchten Nebel empor.

Das Häuschen des Alten hatte viel von seinem schmucken Ansehen verloren, die Tünche der Wände war abgefallen, die Fensterscheiben trübe und sonnenverbrannt, das Strohdach neuer Belegung bedürftig. Vor der Tür saß auf hölzernem Lehnstuhl der Alte, nur noch ein Schatten des einst so rüstigen Greises. Er war hinfällig und blind geworden.

»Wer kommt da?« fragte er beim Nahen der Schritte.

»Ich bin es, Klaus, Prinz Louis! Ich komme sehen, wie es hier steht, und wo man helfen muß.«

»Ach Sie, gnädiger Herr, und Mamsell Jettchen auch?«

»Nein, Klaus! Henriette ist mit den Kindern in Berlin, dies hier ist eine Dame aus der Nachbarschaft«, antwortete der Prinz, mit einer Art von scheuer Befangenheit sich des Augenblicks erinnernd, in welchem dieser alte Schäfer den Bund seiner Liebe mit Henriette als einen heiligen gesegnet hatte.

Dem Alten schien eine Reihe von Gedanken plötzlich durch den Kopf zu gehen, und wie sich besinnend, fragte er: »Gnäd'ger Herr! Wo ist denn die Amtmannin von Bernau geblieben, die damals fortgebracht worden ist?«

»Sie ist tot«, sagte der Prinz tonlos.

»Tot?« wiederholte der Alte, »solch' junge, starke Frau? –«

Ihn abzubringen von Erörterungen, welche schon wegen Paulines Gegenwart dem Prinzen drückend waren, erkundigte sich dieser, ob es dem Schäfer an nichts gebreche?

»Gnädiger Herr«, entgegnete der, »am Augenlicht gebricht's mir und am Jungsein; da kann denn alles andere doch nicht helfen. Meinen Waffer, der alt und schwach geworden war, wie ich, hat ein Husarenpferd totgetreten; den Dompfaff hat ein Weibsbild, eine Marketenderin mitgenommen, und alles, was sie sonst brauchen konnte, auch. Nur mich haben sie sitzengelassen, denn mich konnten sie nicht brauchen.«

»So hat er Not gelitten seitdem, Klaus.«

»Das just nicht. Sie lassen es mir an nichts fehlen, schicken mir vom Schloß Essen und Trinken um die rechte Zeit. Aber es ist doch alles nicht mein eigen, und ich kann mir nicht mehr selbst helfen wie ein Mensch, sondern muß mich versorgen lassen wie das liebe Vieh.«

»Er soll alles wiederhaben, Klaus«, rief der Prinz.« Ich will Ihm ersetzen, was man Ihm genommen hat.«

»Auch den Waffer? Auch den Dompfaff? Und Augen und Kräfte?« entgegnete der Alte kopfschüttelnd. »Gnädiger Herr, lassen Sie es nur bewenden! Es muß eben sein!

Wenn das Korn zum Schneiden reif ist, kann kein Mensch es mehr zum Grünen bringen. Es ist nur schlimm, wenn's zu lange stehenbleibt, so daß es verkommt. Ich klage nicht mehr um meine Jungen, die jung gestorben sind. Es ist ein schlimm' Ding ums Verkommen, und ist kein Rat dagegen, bis der da oben ruft.«

Die Ruhe des Alten erschütterte die beiden Hörer, und der Prinz fragte nochmals, ob er denn gar nichts tun könne, was ihm erfreulich oder nützlich wäre.

»Nein, gar nichts, gnäd'ger Herr. Ich wünsche mir nichts, habe keinem ein Leid getan mit Wissen und bin keinem Menschen etwas schuldig auf der Welt. Nun wart' ich ab, was Gott schickt. Aber können Sie machen, daß der Bonaparte nicht ins Land kommt, daß der Feind uns nicht Haus und Hof verwüstet und unsere Saaten nicht zertritt, so tun Sie's, denn der Feind im Lande ist eine große Plage.«

Jedes dieser Worte traf den Prinzen schwer. Als er fortgehen wollte, reichte er dem Greise die Hand, der sie herzhaft schüttelte.

»Das ist Abschied!« sagte der Alte. »Ich bin alt, und Sie werden in den Krieg gehen. Der Krieg ist aber ein heißer Sommer! Da reifen die Ähren, die am höchsten aufgeschossen sind, am ehesten und fallen ab im Sonnenbrand. S'ist aber doch besser, als so langsam verwelken.«

»Nun, Klaus, verzage Er nicht! Wir kommen noch zusammen«, tröstete der Prinz.

»Hier oder dort, gnädiger Herr!« ergänzte Klaus, und fügte dann, als der Prinz sich schon zum Fortgehen abgewendet hatte, die Bitte hinzu, ihm den Johann, den Reitknecht, zu schicken, damit er ihm von Mamsell Jettchen und den Kindern erzählen könne.

Ernst und schweigend legte der Prinz den Heimweg zurück, selbst Pauline fand ihre gewohnte Leichtigkeit nicht wieder. Im Gartensaal des Schlosses angelangt, lehnte sie sich schweigend an seine Brust, das Haupt an ihn geschmiegt, in ernsten Gedanken. Der Prinz hielt sie still umfangen. Nach einer Weile hob sie das schöne Haupt empor, blickte ihn zärtlich an und fragte: »Nicht wahr, Louis! Du wirst glücklich sein?«

»Aber wenn wir siegen, wenn du den Sieg erkämpfst?«

»Niemals, Pauline!«

»So möchte ich einen Augenblick die volle Siegesfreude genießen und dann sterben.«

»Und das sagst du mir?« rief Pauline im Tone des tiefsten, schmerzlichsten Vorwurfs, »Mir? Und jetzt? Wie klagen diese Worte mich an! Wäre ich das Weib gewesen, das dein Herz ersehnte, ich hätte dir das Leben wert gemacht, du hättest es wieder lieben lernen durch mich. Aber du bedurftest eines Engels, und fandest in mir ein gesunkenes Weib.«

Der Prinz betrachtete sie mit schmerzvoller Zärtlichkeit. »Und wärst du ein Engel gewesen, wärst du das Ideal gewesen, das ich in dir geliebt«, sagte er, »es war zu spät!«

Er versank einen Augenblick in tiefes Hinbrüten. Dann, sich langsam emporrichtend, fuhr er fort: »Pauline! Höre mich an, aber antworte mir nicht. So wie ich hier vor dir stehe, in Kraft und Fülle der Jugend, bin ich doch nur einer glänzenden Frucht zu vergleichen, in deren Inneren der Wurm der Zerstörung nistet. Kannst du mir eine verschwendete Jugend wiedergeben? Verschwendet in wilder Wüstheit, halb aus Lust, halb aus Verzweiflung? Kannst du Henriettes Leiden aus meinem Leben tilgen und Mathildens unglücklichen Schatten verscheuchen? Kannst du mir den Glauben wiedergeben, den ich verloren an allem, was mir groß und heilig erschien? Den Glauben an mich selbst? Den Glauben an irgend etwas auf Erden? – Denn auch dich«, fuhr er mit leidenschaftlicher, bewegter Stimme fort, »auch dich liebe ich, aber ich glaube nicht an dich!«

»Louis!« wehklagte Pauline.

»Und was sagte der alte blinde Schäfer heute, der Greis am Rande des Grabes: Ich habe das Meine getan auf der

Welt, und bin niemandem etwas schuldig. – Und ich – ich? – Ich habe nichts getan von allem, was ich hätte tun, nichts von dem vollbracht, was ich vielleicht unter günstigeren Sternen hätte vollbringen können! Nichts! Auch nicht die kleinste Tat. Und falle ich in dem bevorstehenden Kampf, so wird mein Name von meinen Gläubigern verwünscht werden, deren Forderungen zu befriedigen eine Million nicht hinreicht.«

Eine lange Pause entstand, aber es schien, als habe dies Aussprechen seiner Gedanken dem Prinzen die Seele befreit. Die nächsten Tage war er heiterer. Er freute sich des ungestörten Beisammenseins mit der Geliebten, traf mancherlei Anordnungen zum Besten seiner Gutsinsassen und musizierte viel.

Jeder Fremde, der ihn in diesen Zuständen zum erstenmal gesehen hätte, würde ihn für zufrieden und in sich beruhigt angesprochen haben; Pauline aber und alle Personen seiner Umgebung fühlten sich geängstigt durch Züge nachgiebiger Weichheit und Stille, welche außer seinem Wesen lagen.

»Ich wage nicht mehr, dich zu umarmen wie sonst«, sagte eines Tages Pauline. »Du bist so ruhig geworden, so sanft, daß ich den Frieden in dir durch meine Liebe zu stören fürchte.«

»Weißt du nicht, daß nach den Regeln der Kunst, die grellsten Dissonanzen leise verklingen müssen vor dem Schlußakkord?« antwortete er, indem er sie herzlich in seine Arme zog. »Deine Schönheit, meine Pauline, soll die Göttin sein, welche mich die auflösenden Harmonien mild und richtig wählen lehrt.«

13

Einige Wochen stillen Rastens waren dem Prinzen in Schricke gegönnt. Sie hatten ihn wesentlich erfrischt, als er nach Berlin zurückkehrte. Man fand ihn gesammelter, ernster als früher, und erwartete das Beste von seinem Mut, der sich jetzt mit ruhiger Besonnenheit zu paaren schien.

Die preußischen Heere standen schlagfertig, die Bildung eine Landwehr ward besprochen, aber es fehlte Geld zur Ausrüstung derselben, und man sah sich trotz der vorhergehenden Friedensjahre genötigt, zehn Millionen Schatzscheine auszugeben, was große Besorgnis erregen mußte, wenn man an die Möglichkeit eines längeren Krieges dachte.

Indes, noch immer pflog man Unterhandlungen, obschon Napoleon gar keine Rücksicht mehr darauf nahm, und Länder, welche er Preußen zuerkannt hatte, an England abzutreten gedachte. Es war im August, als man diese Treulosigkeit erfuhr und einen neuen Gesandten nach Paris schickte, während fast zu derselben Zeit das ganze preußische Heer an sechs verschiedenen Stellen über die Elbe ging, als wolle man den Krieg beginnen, ohne ihn erklärt zu haben.

Dies Verfahren fand selbst in Deutschland allgemeinen Tadel, und bei dem Mißtrauen, welches die andern Staaten gegen Preußen hegten, benutzten es Hessen und Sachsen, sich von dem bisherigen Bund mit Preußen loszusagen.

So rückten denn die letzteren ganz allein in das Feld. Was noch von Truppen in Berlin war, sollte in der Mitte des September dem Heere folgen. Die Stadt war totenstill, von Soldaten entblößt, durch eilig gebildete Bürgermilizen bewacht. Die unwahrscheinlichsten Gerüchte von dem Herannahen, von einem Überfall der Franzosen liefen umher und wurden geglaubt. Obschon das ganze preußische Heer noch in voller Stattlichkeit dastand, trugen Berlin und die Physiognomie des Volkes das Gepräge einer erlittenen Niederlage; ein schlimmes Zeichen! Denn ohne verständiges Selbstvertrauen wird die größte Kraft ein toter Besitz, mit dem nichts auszurichten möglich ist.

An einem frischen, sonnigen Septembermorgen folgte Prinz Louis seiner Heerabteilung. Er war bestimmt, die Vorhut des linken Flügels zu führen. Mit schwerem Herzen hatte er sich von Eltern und Geschwistern, von Henriette und von seinen Kindern getrennt. Noch spät in der Nacht war er zu Rahel gefahren. Er fand sie allein, seiner wartend, da er ihr sein Kommen gemeldet hatte.

»Sie haben mich erschöpft mit ihren Tränen«, sagte er, »da wollte ich zu Ihnen kommen, Rahel, um mein Herz wieder fest zu machen. Das Leben tut recht weh!«

»Sehr weh!« antwortete sie still.

»Meine Kinder sind so schön und noch so jung! Es schmerzt mich zu denken, daß sie kein eignes Bild von mir behalten werden. Euch allen war ich etwas; viel oder wenig, doch stets so viel, als ich vermochte. Diesen Kindern, die ich so sehr geliebt habe, werde ich ein bleicher Schatten sein, und man wird ihnen mein Bild entstellen!«

Er blickte sinnend vor sich nieder, dann nahm er Rahels Hand. »Höre, Rahel!« sagte er. »Du sollst mir etwas schwören. Sie werden, wenn ich fallen sollte, viel von meinen Fehlern sprechen, meinen Lebenslauf tadeln, mein Andenken durch manchen Flecken zu entstellen wissen, denn ich habe Feinde, und sie brauchen nicht zu lügen, um mich anzuklagen. Versprich du mir, Rahel, daß du leben willst, mich zu vertreten, zu sagen: ›Ich habe Louis geliebt, denn obschon er fehlte und irrte, war sein Herz rein, sein Wille gut, und er strebte nach dem Besten.‹ Willst du mir das tun, Rahel? Willst du meinen Kindern das Andenken ihres Vaters rein erhalten?«

»So wahr als ich Sie liebe!«sagte Rahel, und hob die dunklen Augen mit ernstem Aufschlage zum Himmel empor.

»Das ist ein großer Schwur, denn du hast mich sehr geliebt, und ich danke dir dafür. Deine Liebe war oft mein guter Genius im Leben; sie wird auch mein Vertreter nach dem Tode sein.«

»Sie lohnen mir wie ein Königssohn; ich will's verdienen!« sagte Rahel fest.

Der Prinz erhob sich, umarmte sie, und sie schieden.

Nur die Trennung von Pauline stand ihm noch bevor, und mit Angst gedachte er an diese.

Am lichten Morgen, funkelnd im Waffenschmuck, ritt er vor ihr Haus. Er hatte sich auf jene Ausbrüche eines leidenschaftlichen Schmerzes gefaßt gemacht, welche Pauline eigen waren, und all seine Kraft in sich beschworen, diesen zu begegnen. Statt dessen fand er sie heiter, strahlend im vollen Glanze ihrer Schönheit, zur Reise gekleidet und einen Reisewagen vor der Tür.

»Kommst du mich holen?« fragte sie, »denn du hast doch nicht geglaubt, daß ich dich jetzt verlassen würde?«

Beglückt durch ihren Anblick wie durch ihren unerwarteten Entschluß, mußte der Prinz ihr dennoch verweigern, sie mit sich zu nehmen, um dem Heer nicht ein solches Beispiel zu geben.

Aber Pauline wollte davon nichts wissen. Sie erbot sich, in Männerkleidern zu folgen, beteuerte, allen Anstrengungen gewachsen zu sein, und sagte: »Du nennst mich dein Glück, deinen guten Stern! Du sagst, ich sei dir das Bild des Lebens! Willst du Glück und Leben von dir stoßen, die sich dir darbieten in vollster Freudigkeit? Soll dein guter Stern nicht bei dir sein, wenn das Gestirn des Sieges nun endlich an deinem Himmel aufgehen wird? Muß ich es denn nicht sein, die dich zuerst erblickt, wenn du heimkehrst als Sieger aus der gewonnenen Schlacht?«

Einen Augenblick schwankte der Prinz, aber das Gefühl seiner Pflicht trug den Sieg davon. Mit stürmischem Schmerz trennte er sich von Pauline, die er fast sinnlos zurückließ, und nur durch das Versprechen zu besänftigen vermochte, daß sie ihm folgen solle, daß er sie selbst rufen werde, und, seinem Herzen zu genügen, rufen müsse, sobald sich Aussicht zu längerem Verweilen an irgendeinem Ruhepunkt bieten sollte.

So waren für den Augenblick alle Bande gelöst, und der Prinz fühlte sich freier als seit Jahren, da er jetzt bestimmte Pflichten und ein festes Ziel vor Augen hatte.

Wenig Tage, nachdem er Berlin verlassen hatte, gingen auch die verschiedenen Hofstaaten fort, und das Königspaar begab sich nach Naumburg, wohin man das Hauptquartier verlegte. Diese Abreise ward das Zeichen zu einem allgemeinen Aufbruch. Man glaubte sich nicht mehr sicher in der Mark, und viele wohlhabende Familien flüchteten nach Dresden, Prag oder Wien.

Rahel hatte anfangs beschlossen, in Berlin zu verweilen, aber die Stimmung der Hauptstadt war so niederdrückend, daß sie, selbst der Erhebung bedürftig, es wie eine Notwendigkeit empfand, sich diesen Eindrücken zu entziehen. Seit Jahren hatte Gentz oftmals den Wunsch ausgesprochen, Rahel wiederzusehen, immer hatten dazwischentretende Ereignisse es verhindert. In diesem Augenblick war er von Wien aus mit geheimen Aufträgen nach Dresden gesandt, und da er ihre Absicht erfuhr, Berlin zu verlassen, erlangte er es leicht, daß sie Dresden zu ihrem Aufenthalt wählte. Dort fanden sie sich nach einer fünfjährigen Trennung endlich wieder.

Rahel und Gentz hatten sich beide, wie es bei so stark ausgeprägten Naturen zu erwarten gewesen war, nicht wesentlich verändert. Nur schärfer, nur entschiedener noch als früher machten sich ihre Eigentümlichkeiten geltend. Nach jenen ersten, stummen, erschütternden Augenblicken des Wiedersehens, deren die Seele immer bedarf, um in sich gewiß zu werden, daß die Trennung vorüber und der Entfernte aus dem Schattenreich der Erinnerung in die Wirklichkeit getreten sei, schien es beiden, als hätten sie immer nebeneinander gelebt, und doch war eine so reich bewegte Zeit an ihnen vorübergegangen, daß es des Mitteilens und Erzählens kein Ende werden konnte.

Gentz fragte nach Frau von Grotthuß, nach der Unzelmann, die beide noch in den früheren Verhältnissen und in gewohnter Weise lebten. Er war vor wenigen Wochen dem Grafen Tilly auf einer Reise begegnet, denn Tilly hatte Berlin vor einem Jahr infolge eines Liebesabenteuers verlassen, welches mit dem Selbstmord der von ihm verführten Frau geendet hatte. Er erzählte, daß Schlegel und Dorothea am Rhein lebten, und forderte von Rahel Auskunft über Wiesel, über Vetter.

»Wiesel ist schlecht geworden«, sagte sie, »um auch an sich selbst seine Theorie durch die Praxis zu beweisen; aber es ging langsam damit, denn er hat wie viele Menschen mehr Konsequenz im Denken als im Handeln. Sein früherer Freund Vetter ist des Lasters überdrüssig, das er haßt, ohne deshalb die Tugend zu lieben. So langweilt er sich wie Herkules auf seinem Scheideweg und wird ewig auf dem Scheideweg stehenbleiben.«

»Und Pauline? Wie ist Pauline?«

»Pauline ist das Ideal des Weibes, das ihr Männer erstrebt und verdient. Nichts durch sich selbst als schön und heiter, alles andere von dem Manne empfangend, der sie liebt, und darum von jedem Mann, der sie liebt, angebetet wie sein Spiegelbild, sein anderes Ich. Ihr letzter Liebhaber wird über sie entscheiden. Was dieser sein wird, wird sie bleiben!«

»Engel! Himmlischer Dämon!« rief Gentz, Rahels Hände ergreifend und mit ausgelassener Zärtlichkeit küssend. »Wer urteilt denn so göttlich boshaft und so kindlich wahr über die Menschen als Sie! Haben Sie einen Zauberspiegel? – Dann sagen Sie mir, wie und was bin ich geworden?«

»Was Sie versprachen und wollten!« sagte sie mit Nachdruck.

»Ja, Rahel, so ist's!« rief Gentz. »Ich habe mir Wort

gehalten und revoltiert auf meine Weise. Ich bin geadelt, bin Hofrat, habe Geld, lebe ungeheuer gut, besitze ein Landhaus, die schönsten Möbel, halte zwei Kammerdiener, einen Koch, und habe Einfluß – Einfluß nach allen vier Himmelsgegenden der Welt.«

Rahel lachte, weil Gentz mit wahrhaft kindischer Lust sich dieser äußeren Erwerbnisse seines so bedeutenden Lebens zu erfreuen vermochte. Er berichtete ihr von seinen Verbindungen, stellte ihr seine Ansicht über die jetzigen Zustände dar und wußte, während er sie durch die Klarheit seines Geistes entzückte, sie doch in jedem Augenblick fühlen zu lassen, wie ihm dies alles nur Mittel zum Zweck wären.

»Ich halte darauf, daß die große politische Maschine, in der die Welt verarbeitet wird, möglichst gut im Stand bleibe«, sagte er; »denn fängt sie zu rosten an, oder gerät sie ins Stocken, so kann der Einzelne vor dem infamen Spektakel nicht mehr ein Auge ruhig zumachen. Ich arbeite für alle, um meines Komforts willen.«

Plötzlich unterbrach er sich. »Wir sprechen von der Welt, von mir, von unseren Freuden, und Sie sagen mir nichts von sich, Rahel! Wir geht es Ihnen? Haben Sie sich innerlich beruhigt? Lernen Sie allmählich die Welt genießen, nur das Mögliche verlangen? Haben Sie Lust bekommen, auch einmal glücklich zu werden?«

»Sehe ich denn aus wie jemand, der dazu Talent hat?« entgegnete Rahel. »Nein, Gentz, ich werde nie glücklich sein, aber ich werde ein Schicksal haben, und das ist eine Auszeichnung; denn die meisten Menschen haben nur Erlebnisse. Ich werde für andere leben, wie die andern für sich selbst.«

Es entstand eine Pause, dann bemerkte Gentz, gleichsam als Schluß einer Gedankenreihe: »Prinz Louis ist nun beim Heer. Diese Ereignisse könnten ihn retten, wenn –«

Ein Diener in der Livree von Gentz, mit einem Schreiben eintretend, unterbrach seine Worte. Er meldete, die Depesche sei von einem Kurier überbracht, der die Antwort zurücknehmen solle. Gentz öffnete das Blatt und war sichtlich auf angenehme Weise davon überrascht.

»Sieh da!« rief er, gegen Rahel gewendet. »Der Stein, den die Bauleute verworfen haben, ist zum Eckstein geworden! Es gab eine Zeit, in welcher Seine Exzellenz der Graf von Haugwitz sehr vornehm vorübergingen durch die Antichambre, wenn der Kriegsrat Gentz die ihm zustehende Beförderung demütig forderte!«

»Und jetzt? Was geht jetzt vor sich, Gentz?«

»Lesen Sie!« antwortete er, indem er ihr mit zufriedenem Lächeln das Schreiben hinhielt.

Es war aus dem Hauptquartier, von der eigenen Hand des Grafen Haugwitz geschrieben. In den verbindlichsten Ausdrücken forderte er Gentz auf, sich dorthin zu verfügen, um seinem Vaterland einen wesentlichen Dienst zu leisten. Man wolle die Kriegserklärung durch ein Manifest begründen und wünsche sowohl für dieses, als über die österreichischen Zustände und die Möglichkeit einer Vereinigung mit dieser Macht die Ansicht des Hofrats von Gentz zu vernehmen.

Rahel blickte ihn lange an. Da sie schwieg, fragte er sie, weshalb sie ihn betrachte.

»Ich will mir das Bild eines Menschen einprägen, dem es gelingt, sein Ziel zu erreichen«, sagte sie. »Solche Menschen sind selten auf dieser Erde. Ihr Märchen von den Thronen, die Sie stützen, ist schnell zur Wahrheit geworden!«

Gentz gab ihr die Hand; er war ernst geworden. »Denken Sie der Stunde und des Märchens noch? Ich habe jenen Tag nicht vergessen, Rahel! Das Märchen zur Wahrheit zu machen, war meine Aufgabe – ich habe sie vollführt. Aber die Wünsche, welche ich damals hegte, die Bitte, welche ich Ihnen damals aussprach, zu erfüllen, das lag in Ihrer Hand. Wollen Sie mir am Ziele gewähren, was Sie mir beim Beginn meines Weges verweigerten?«

»Ich kann es nicht, Gentz, obschon ich wollte, daß ich's könnte.«

»So muß das wahr gewordene Märchen mich denn trösten!« sagte Gentz und stand von seinem Platz auf, sich gewaltsam fassend. »Ich gehe noch diese Nacht nach Naumburg; denn ich habe die wunderliche Phantasie, dies Preußen, das mich schlecht behandelte, zu lieben, weil es mich doch werden sah. Ich reise gleich! Was soll ich dem Prinzen sagen, wenn ich ihm begegne?«

»Lehren Sie ihn leben, denn Sie allein verstehen es von uns allen, dieser Welt froh zu werden.«

14

Während Rahel und Gentz in Dresden dieses flüchtigen Beisammenseins genossen und der letztere seine Reise nach Naumburg antrat, befand sich Prinz Louis Ferdinand in Jena, dem Standquartier des Fürsten Hohenlohe, welcher zu einem Kriegsrat in das Hauptquartier berufen worden war.

Der Prinz, als ältester General dieser Abteilung, hatte den Fürsten zu vertreten.

Der Marsch und das bewegte Leben waren ihm zusagend gewesen. »Ich fühle mich frei und leicht«, hatte er zu seinem Adjutanten gesagt, »da ich endlich einmal nur unter Männern lebe. Die Weiber haben mich zu lange beherrscht und gequält.«

Mit großer Leichtigkeit ertrug er die Beschwerde des Dienstes, ohne eine Bequemlichkeit für sich zu beanspruchen, welche den andern versagt war. Außer seinem Kammerdiener und Reitknecht begleitete ihn nur Dussek. An jedem Ort, an welchem man längere Zeit verweilte, ward ein Instrument herbeigeschafft, und der Prinz sprach es

oftmals aus, wie die Musik das einzige, das ihm beständig-
ste Gut des Lebens gewesen sei.

So war man nach Leipzig gelangt, und Prinz Louis Ferdinand war dort mit dem General Blücher zusammenge-
troffen, der bedeutend älter als jener und schon mit kriege-
rischen Ehren geschmückt war, dennoch grade in seinem
eigenen leidenschaftlichen und rücksichtslosen Charakter
den Maßstab zur Würdigung des Prinzen besaß.

Kühnem Wagen geneigt in der Stunde der Gefahr, der
eigenen Kraft vertrauend und dem eigenen Scharfblick,
mußte ihm wie dem Prinzen das lange Zögern und Bera-
ten, das Überlegen und Verwerfen besonders widerwärtig
werden, welches im Hauptquartier herrschte.

Der Angriffsplan der nächsten Tage bot den Gegenstand
des Gesprächs, als die beiden Männer zusammensaßen:
der eine in aller Schöne der Jugend, der andere in der reifen Kraft nerviger Männlichkeit. Weinflaschen standen
zwischen ihnen auf dem Tisch, auf welchem der Prinz die
Terrainkarten entfaltete und den Angriffsplan des Fürsten
Hohenlohe zu erklären versuchte.

General Blücher hörte aufmerksam zu. Er hatte den
Kopf auf den linken Arm gestützt, die blitzendgrauen
Augen unter buschigen Brauen sahen klug über der starken Habichtsnase hervor. Während er den langen Schnurrbart langsam durch die Finger der rechten Hand zog und
bald den Kopf verneinend schüttelte, bald zustimmend
neigte, lächelte er plötzlich, als der Prinz, einen andern
Plan Hohenlohes entwickelnd, mit den Worten begann:
»Wenn Napoleon den Weg einschlägt, welchen der Fürst
erwartet –«

»So ist er ein Esel!« rief Blücher dazwischen. »Halten's
zu Gnaden, Hoheit! Es ist lauter dummes Zeug mit den
Wenns! Diese Feldherren von Wenn und von Aber, wie der
Hohenlohe und der Braunschweig, die meinen, sie hätten
ihresgleichen vor sich an dem Bonaparte. Aber der Bonaparte denkt den Teufel an Vauban und die andern alten

Scharteken, aus denen jene ihre Weisheit holten, denn er fabriziert sich seine Schlachten selbst. Und da denke ich, der beste Plan wäre –«

»Welcher, lieber Blücher! Welcher?« fragte der Prinz.

»Ich denke, kommt der Bonaparte bei Weimar zum Vorschein, so müssen wir ihn bei Weimar schlagen, und kommt er nach Naumburg, so schlagen wir ihn bei Naumburg. Denn daß wir ihn schlagen, das ist die Hauptsache; das Wie und Wo, das wird er uns schon bestellen.«

»Und werden wir es können, General?«

»Können? Wir müssen's können, Prinz! Sie haben uns verdammt tief hineingeritten mit ihren Kongressen und Schreibereien; aber wir wollen uns schon heraushauen mit unsern Säbeln, denn Preußen soll und muß wieder glorreich dastehen, oder ich will nicht leben.«

»Die Hand darauf!« rief der Prinz. »Wir fallen mit dem Vaterlande!«

»Hand und Wort darauf!« wiederholte Blücher mit feierlichem Ernste.

Beide schwiegen dann, bis nach einer Weile Blücher bemerkte: »Wollen doch aber erst recht ernstlich zusehen, ob nicht zu helfen ist, denn zum Untergehen kommt man immer zu früh, solang es noch Weiber, Wein und Karten gibt.«

Er lachte bei diesen Worten mit schallender Stimme, trank schnell sein Glas aus und fing gleich wieder an, die Vorgänge zu besprechen, welche allen in diesem Augenblick am meisten am Herzen lagen.

Die Frische, die Derbheit Blüchers hatten den Prinzen belebt, und heiterer als seit langer Zeit, ja selbst mit dem Glauben an die Möglichkeit einer glücklicheren Zukunft, war Louis Ferdinand nach Jena gegangen, die Wiederkehr des Fürsten Hohenlohe abzuwarten, um nach derselben sich zu seiner Heerabteilung zu begeben, welche das Saaltal besetzt hielt.

15

In Naumburg aber, wohin Gentz beschieden worden, herrschte die bunteste Verwirrung. Der König und die Königin, sämtliche Heerführer und Minister, mehrere Prinzen und Diplomaten befanden sich dort und waren in dem kleinen Orte, so gut es tunlich gewesen, untergebracht worden. Kaum war Graf Haugwitz benachrichtigt, daß Gentz angelangt sei, so ließ er ihn gleich ersuchen, zu ihm zu kommen.

Die Gewalt der Zeitumstände hatte das Äußere des Ministers gealtert, aber seine Neigung, sich würdig und in einem bestimmten Charakter darzustellen, nicht gemindert. Wie er einst als Freund ländlicher Freuden, im Kreise der Seinen mit Bewußtsein die Rolle des Cincinnatus durchgeführt, um seiner inneren Vorstellung ein äußeres Genüge zu tun, so war er heute ganz und gar ein Regulus, ein edler verkannter Staatsmann, ein antiker Bürger.

Mit Würde und Herzlichkeit trat er dem Ankommenden entgegen. »Seit wir uns in Wien zuletzt gesehen haben, hat sich manches ereignet«, sagte er. »Ich weiß, daß man, daß Sie nicht ganz zufrieden mit mir gewesen sind; das wird sich ändern, sobald Sie die Sachlage kennen. Keinesfalls sollen Sie Ursache haben zu bedauern, in dieser interessanten Krisis hergekommen zu sein. Der Federkrieg hat bereits begonnen – es wird nicht lange währen, so donnern die Kanonen, denn eben ist die Nachricht eingetroffen, daß Napoleon in Würzburg angekommen sei.«

Aber ehe es noch zu den weiteren Aufklärungen kommen konnte, welche der Minister zu geben versprochen hatte, ward er in das Konseil zum König berufen. Dadurch gewann Gentz Zeit, seine übrigen Bekannten aufzusuchen, und sich zu überzeugen, wie wenig Zuversicht die Verständigen und Wohlunterrichteten zu dem glücklichen Ausgang dieses Unternehmens hegten.

Die Unfähigkeit der Feldmarschälle, des Herzogs von Braunschweig und des Fürsten von Hohenlohe war für alle Generäle ein Gegenstand ängstlicher Besorgnis, welche durch die Tüchtigkeit der Unterbefehlshaber wie Blücher, Kalkreuth, Rüchel nicht aufgehoben werden konnte; denn die letzteren waren abhängig von den Anordnungen ihrer Chefs und hatten höchstens die Freiheit, begangene Fehler möglichst zu verbessern.

In den Ministerien sah es nicht günstiger aus. Die Minister schützten überall ausdrückliche höchste Befehle, die Untergebenen Anordnungen der Minister vor, welche man zu tadeln nicht versäumte.

Gentz hatte von seinen frühern Verhältnissen in Berlin her zahlreiche Bekannte unter den Offizieren; er wurde mit Freuden begrüßt, wo er sich blicken ließ. Seine ruhige Klarheit, seine Bestimmtheit in Geschäftsangelegenheiten mußte allen willkommen sein, die, auf dem Punkte ihr Leben für eine heilige Sache zu wagen, immerfort durch Gerüchte und Halbheiten über den Stand derselben getäuscht wurden.

Selbst die Königin schien von dem beängstigenden Gefühl, welches diese Ungewißheit verbreitete, berührt zu sein, und verlangte Gentz zu sprechen, der ihr vorgestellt werden sollte, als das Andringen Napoleons eine Verlegung des Hauptquartiers nach Erfurt nötig machte, wohin man Gentz zu folgen einlud.

Der Weg nach Erfurt wurde über Auerstädt eingeschlagen; der Zug dahin bot eines der feierlichsten Schauspiele dar. Umgeben von seinen Truppen, von Kanonen und Geschützwagen umringt, fuhr das königliche Paar in einem geschlossenen Wagen über die Höhen von Kösen einer Schlacht entgegen, von deren Entscheidung seine Zukunft und die Zukunft eines Volkes abhing.

Es war in den Frühstunden des vierten Oktobers, als Gentz auf der Brücke bei Kösen stand und die Regimenter defilieren, das Königspaar vorüberfahren sah. Seine ganze

Vergangenheit, sein inneres Leben entfalteten sich vor seinem Auge, und mit dem freudigen Bewußtsein, welches durch festes Wollen immer erzeugt wird, durfte er sich sagen, daß er erreicht habe, was er erstrebte, den Gebrauch seiner geistigen Kräfte auf eine ihm zusagende Weise. Seine Stellung war so einzig wie seine Begabung; sein Einfluß so bedeutend, daß seine, des Privatmannes Meinung, den Ausschlag gebend, in die Schale gelegt wurde, welche über das Schicksal ganzer Nationen entschied. Aber in dies Gefühl des Triumphes, das jeder am errungenen Ziel empfindet, mischten sich ein Gefühl der Verantwortlichkeit und eine Besorgnis für die nächste Zukunft, welche um so schwerer wurden, je klarer er alle Zustände zu übersehen vermochte.

In Erfurt begannen die Arbeiten und Konferenzen gleich wieder, welche man in Naumburg unterbrochen hatte. Hier sprach Gentz die Königin, hierher brachte ein Adjutant des Herzogs von Weimar die ersten zuverlässigen Nachrichten über die Bewegungen der Franzosen, welche ihre frühere Stellung in der Umgegend von Würzburg verlassen hatten, um ihre gesamten Kräfte bei Bamberg zusammenzuziehen.

Gleich nach Empfang dieser Nachricht erhielten alle bei Gotha und Eisenach stehenden preußischen Truppen den Befehl, sich nach der Saale zu begeben, da man in dieser Gegend den Angriff erwarten mußte.

Fern vom Hauptquartier verzehrte Prinz Louis Ferdinand sich indessen vor brennender Ungeduld, während er dem Augenblick der Entscheidung entgegenharrte.

Jenas Mauern erschienen ihm wie ein Kerker, dessen Enge ihn erdrückte. Vergebens nahm er zu seinen Feldzugsplänen und Terrainkarten, zu Büchern und zum Flügel seine Zuflucht. Es vermochte nichts, ihn dauernd zu fesseln. Tagsüber sah man ihn auf den Straßen, die Truppen mustern, die einzelnen Feldstücke untersuchen und mit den Offizieren verkehren. Es war ihm, als müsse er den andern seinen Mut, seine Lebensverachtung und seine Todesfreudigkeit in die Seele hauchen, um sie würdig vorzubereiten für den großen Tag des Kampfes.

In lebhafter Unruhe ging er abends mit seinem Adjutanten und einigen Offizieren auf dem Markt umher, die Ankunft eines Kuriers erwartend. Je länger dieser ausblieb, mit um so schnelleren Schritten fing der Prinz an, den Marktraum zu durchmessen, bis endlich sein Adjutant, Graf Nostitz, ein Liebling des Prinzen, leise gegen einen Kameraden bemerkte, solche Unruhe bringe den Kurier nicht um eine Minute früher nach Jena und der Prinz reibe seine Kräfte durch die Ungeduld nur nutzlos auf.

Aber so wenig diese Worte für das Ohr Louis Ferdinands berechnet waren, hatten sie es doch erreicht. »Sie haben geliebt«, fragte er plötzlich, »und haben gespielt, nicht wahr, Nostitz?«

»Wer hätte das nicht getan, Hoheit?«

»Sie haben geliebt und gespielt«, wiederholte der Prinz, »und wundern sich über die fieberheiße Glut der Erwartung, über die bebende Spannung vor dem Augenblick der Entscheidung? Ich habe diesen Kampf ersehnt wie die Umarmung des geliebtesten Weibes; das Schicksal wirft seine Würfel über unsere Zukunft, und Sie wundern sich, daß die Sekunden sich mir in Jahre verkehren?«

Ein Posthorn erschallte, alles fuhr empor, aber es war nicht der ersehnte Kurier, sondern der französische Gesandte Laforest, welcher nach Erfurt ging. Zwei Wagen voll Franzosen begleiteten ihn und blieben zurück, während er nur die Pferde wechselte, um sein Ziel zu erreichen.

»Diese Spannung verwirrt meine Gedanken!« rief der Prinz. »Ich begreife, wie man wahnsinnig wird, wenn die Seelenkräfte sich zu gewaltsam auf einen Punkt richten. Sprechen Sie von etwas anderm, geben Sie mir einen andern Gedanken, als den an diese alten Zöpfe, die im

Hauptquartier sitzen und, weil ihre Zeit vorüber ist, die Zeit verpassen. Lassen Sie uns etwas vornehmen, irgend etwas!«

Aber es braucht nur einer so gewaltsamen Aufforderung zu einer Zerstreuung, um jede Möglichkeit derselben zu vernichten, um alle Anwesenden zu lähmen. Niemand wußte etwas anderes als die gleichgültigsten Dinge vorzuschlagen, keine Unterhaltung wollte Wurzel fassen und gedeihen.

Da fiel des Prinzen Auge auf das Schild eines Weinhauses. Die starke Bewegung hatte ihn durstig gemacht, und plötzlich rief er: »Lassen Sie uns hineingehen, lassen sie uns trinken. Vielleicht verkürzt das die Stunden; und holen Sie Dussek herüber.«

Es mochten gegen zwanzig Offiziere in dem Lokal anwesend sein. Sie hatten sich den großen Saal öffnen lassen und saßen hier beim vollsten Zechen, als der Prinz mit seinen Begleitern eintrat.

Man wollte aufstehen, ihm den Saal überlassen, er litt es nicht.

»Wir sind nicht auf der Parade, meine Herren! Wer zuerst kommt, hat das Terrain. Bleiben Sie; aber rücken Sie zusammen, daß wir unterkommen können«, sagte er.

Es geschah, man ließ sich nieder, die Champagnerflaschen wurden gebracht, die Korken knallten, und von den Lippen der jungen Krieger ertönten abwechselnd zärtliche und kriegerische Toaste.

Ein altes Klavier, das sich im Saale befand, wurde bald geöffnet, Dussek machte es möglich, selbst den halbverstimmten Saiten noch Wohllaut zu entlocken.

»Wunderbar«, sagte der Prinz, »daß ich trotz dieses Lachens und Lärmens die Sekundenschläge der Uhr höre, daß ich nichts empfinde als die Dauer der Zeit. – Dussek! Spiele uns keine sanften Lieder, spiele uns Schlachtendonner, präludiere uns die Musik der nächsten Tage.«

Dussek tat es. Er spielte die beliebtesten Kriegslieder, er

variierte sie, und alle Anwesenden stimmten bald ein. Inzwischen schlug die Uhr die achte Abendstunde.

»Um drei Uhr konnte der Kurier hier sein!« rief der Prinz, von Wein und Ungeduld mehr und mehr erhitzt. »Aber sie werden zu keinem Entschluß gelangen, sie werden am Spiegel stehen, sich die Perücken kleistern und die Gamaschen knöpfen lassen, bis Bonaparte sie an den Zöpfen haben und zausen wird, daß ihnen das Paradereglement vergeht. Ich verfluche die alte Zeit, das ganze alte verzopfte Wesen, das uns zugrunde richtet. Pereant die Zöpfe! Alle Zöpfe!«

Die Offiziere stimmten jubelnd mit ein.

»Herunter mit ihnen, wer es ehrlich meint!« rief der Prinz.

Vor diesem Vorschlag, der dem Prinzen ernst zu sein schien, erschraken die Offiziere wie vor einem Verbrechen. Man tat, als ob es ein Scherz gewesen sei; das entflammte den Prinzen noch mehr.

»Komm du her, Dussek«, rief er, »der du der einzige Freie bist unter uns, und sieh nun selbst, wie sie uns an dem chinesischen Schwanze halten, der uns verdiente Nackenschläge gibt. Komme du her, und wie du brav auf deine Tasten loszuhauen pflegtest, so haue mir mit einem ehrlichen Hieb den Zopf herunter. Du hast doch kein Bedenken?«

»Nicht das geringste!« lachte Dussek. »Auf Erden wächst er wieder, wenn's sein muß; zu einem Liebespfande bleibt genug Haar auf dem Kopfe, und jenseits läßt Sankt Peter die Frommen wohl auch ohne Zopf herein.«

»Nun denn frisch!« sagte der Prinz, zog den Degen, kniete vor einem Seitentische nieder, legte den wohlgebundenen Zopf darauf und Dussek, sich von seinem Sitze erhebend und die Manschetten von den fetten weißen Händen zurückschlagend, hieb mit einem Schlage den Zopf des Prinzen herunter.

Ein allgemeines Lachen erscholl. Aber als der Prinz ausrief: »Pereat! Den alten Zöpfen und der ganzen miserablen Vergangenheit, Vivat eine glorreiche Zukunft!«, da stürzte alt und jung in der Versammlung herbei, und in wenigen Minuten lagen alle Zöpfe wie Leichen starr und steif nebeneinander.

Ein unermeßlicher Jubel, eine ausgelassene Lustigkeit begannen. Plötzlich jedoch verstummte der Prinz. Seine Blicke hefteten sich starr auf eine Glastür, welche in ein Nebenzimmer führte, seine Wangen erbleichten, und in bebendem Zorn schienen sich seine Lippen zusammenzupressen.

»Was haben Sie, Hoheit!« fragte Dussek erschrocken.

Der Prinz fuhr mit der Hand über die Augen, blickte nochmals hin, es war niemand zu sehen. »Wunderbar«, sprach er, »ich hätte gewettet, daß er es wäre!«

»Wer denn?«

»Oh, laßt es nur, es war ein Bild meiner überreizten Phantasie!«

Aber die Stimmung des Prinzen hatte ihren Schwung verloren; er brach bald auf, und noch im Fortgehen beauftragte er seinen Adjutanten zu fragen, wer in dem Nebenzimmer gewesen sei.

Man erfuhr, daß es die Franzosen waren, welche Laforest hier zurückgelassen hatte.

16

In seiner Wohnung angelangt, überreichte François dem Prinzen einen Brief Paulines. Ihr ganzes Wesen war darin ausgesprochen. Der Prinz las ihn wieder und wieder und setzte sich sogleich hin, ihr zu antworten.

Als er dann spät sein Lager suchte, kam François wie immer, ihn zu entkleiden. »Es sind Franzosen angekommen, Hoheit«, sagte er, »die hier ausruhen; gegen Morgen wollen sie ihre Route kontinuieren.«

»Ich weiß es.«

»*C'est étrange*«, fuhr der Alte fort, »wie in diesem *siècle* die Schicksale der Leute wechseln. *Ce Monsieur de Heldrich*, der vor Jahren im Palais mit Oehrdorf *connaissance* gemacht hatte und dort umherspionierte, ist mit dabei. Er trägt die Offiziersuniform der *Cheveaux ligers*, aber er hat sich einen anderen Namen gegeben. Sie nennen ihn *Monsieur ... Monsieur ...*« der Alte suchte vergebens den Namen, der seinem Gedächtnis entschwunden war.

»Was tut der Name! Sagen sie mir, wo ich den Lieutenant finde«, rief der Prinz mit Lebhaftigkeit, den Alten unterbrechend. »Ich muß ihn sprechen, und sogleich!«

François warf dem Prinzen die Kleider wieder über und schickte sich an, den Verlangten aufzusuchen, als plötzlich sich ein Posthorn hören ließ. Ein Wagen hielt vor dem Hause. Der Prinz wähnte, es sei der Kurier, aber statt des erwarteten Kuriers trat der Fürst von Hohenlohe selbst ein, dem Prinzen die Mitteilungen zu machen, deren er bedurfte.

Ihre Unterredung währte zwei volle Stunden. Als der Fürst den Prinzen verließ, gab dieser Befehl zum Aufbruch, indes die Hoffnung, welche seit dem Zusammentreffen mit Blücher über ihn gekommen war, hatte einer tiefen Niedergeschlagenheit Platz gemacht.

Während man packte und die Pferde sattelte, verlangte Louis Ferdinand nochmals, man solle Heldrich suchen, und sendete François zu diesem Zwecke ab, der bald darauf mit dem Bescheid zurückkehrte, der General, in dessen Begleitung sich Herr von Heldrich befunden, habe während der Unterredung des Prinzen mit dem Fürsten Jena verlassen, und der Lieutenant ihm folgen müssen. Ein Billet des letzteren ward dem Prinzen gebracht:

Mein neues Vaterland hat mir mit seinem Degen die Ehre wiedergegeben, welche Ew. Hoheit einst zu zerstören so eifrig waren; dafür gehört ihm mein Leben. Ich darf mir nicht erlauben, es im persönlichen Streit am Vorabend einer Schlacht für eine persönliche Sache einzusetzen. Vielleicht treffen wir einander auf dem Schlachtfelde – wo nicht, stehe ich Ew. Hoheit nach dem Kampf zu Befehl.

Es war die Nacht vor dem achten Oktober, als der Prinz mit seinem Stab Jena verließ, um nach Rudolstadt zu gehen. Seine Vorschrift lautete, sich womöglich in kein Gefecht einzulassen, wenn der Feind anrücke, sondern sich auf die Division des Generals von Grawert zurückzuziehen, welche vor Orlamünde stand.

Bei seinen Truppen eingetroffen, mußte der Prinz jedoch abermals sechsunddreißig Stunden in tatenlosem Harren verweilen, obschon sich bereits feindliche Pikets an verschiedenen Punkten gezeigt hatten. Endlich, am Abend des neunten Oktober, langte die Botschaft an, daß die Franzosen mit ganzer Macht heranzurücken schienen.

Seit Jahren hatte der Prinz die Stunde dieses Kampfes wie eine Befreiung, seit Monaten wie eine Erlösung betrachtet. Sich jetzt noch vor dem Feinde zurückzuziehen, kam ihm so unmöglich als unwürdig vor. Die Pläne, welche Fürst Hohenlohe ihm vorgelegt hatte, versprachen geringen Erfolg und waren weder klar noch bestimmt. Bei dem fortdauernden Unterhandeln und Parlamentieren, bei der geringen Zuversicht, welche man im Hauptquartier für den glücklichen Ausgang des Krieges hegte, fürchtete er, dieser werde auch jetzt nicht begonnen werden, man werde sich zu neuen Zugeständnissen an Frankreich hergeben, neue Demütigungen auf Preußen laden, wenn er selbst nicht einen unwiederbringlich entscheidenden Schritt tue.

Er wußte, daß auch die Königin den Krieg für unerläßlich halte, er gedachte des Versprechens, das er ihr einst gegeben hatte, und glaubte sich, als ein Prinz von Preußen, um so mehr berechtigt und berufen, endlich selbst handelnd die Sache des Vaterlandes zu vertreten, je weniger die eigentlichen Feldherrn dazu befähigt schienen.

In diesem Sinne schrieb er dem Prinzen von Hohenlohe, wie er es für dringend notwendig halte, zu einer kraftvollen Offensive überzugehen. Nur diese allein sei dem Geist der Zeit, der Armee und dem Drang der Umstände angemessen, während längeres Zaudern die eigenen Mittel lähme, die Streitkräfte des Feindes vermehre und der preußischen Sache ebenso die öffentliche Meinung als bereitwillige Verbündete entziehe. Man dürfe, wenn man das Vaterland nicht mehr zu retten vermöchte, es doch nicht ohne Kampf untergehen lassen und müsse wenigstens beweisen, daß man sein Leben dafür zu opfern entschlossen sei.

In dieser Gesinnung bereitete der Prinz, nach Absendung des Briefes, alles für die bevorstehende Schlacht und rüstete sich zum Vorschreiten über die Saale, wo die Preußen angreifen sollten, sobald die Heere einander gegenüberstehen würden.

Der Prinz durchwachte fast die ganze Nacht. Aus seiner hochgelegenen Wohnung konnte er die hellen Wachtfeuer der Franzosen erblicken, welche sich in weitem Kreis, längs dem ganzen Horizont hinzogen. Die häufig fallenden Schüsse ließen über die ernstlichen Absichten des Feindes für den kommenden Tag keinen Zweifel mehr übrig. Mit hoher, freier Seelenruhe blickte Louis Ferdinand diesem Tage entgegen. Nach Mitternacht setzte er sich zum Flügel und spielte mehrere Stunden. Der treue François wachte im Nebenzimmer; er war ebenso bewegt als sein Herr ruhig.

Gegen Tagesanbruch, als der Prinz sich eben auf sein Feldbett geworfen hatte, ward gemeldet, daß die französischen Vortruppen unter dem Marschall Lefèbre über Gräfenthal heranrückten, und die preußischen Truppen, welche jenseits Saalfeld ständen, sich infolgedessen auf Saalfeld zurückzögen.

Sogleich entsandte der Prinz einige Ordonnanzoffiziere mit kurzen, schriftlichen Befehlen an die Kommandanten der verschiedenen Truppenabteilungen, dann schellte er nach François, um sich ankleiden zu lassen.

»Nun«, sagte der Prinz, da er bemerkte, daß des Alten bebende Hände ihm den Dienst versagten, »will's heute nicht recht fort? Und du hast es doch all die Jahre gut verstanden?«

»*Veuille Dieu!* Daß ich es noch viele Jahre zu tun behielte!«

»So mache es schneller als jetzt!« entgegnete der Prinz. »Und reiche mir die Orden und den Paradehut.«

»Gnädigster Herr, nur nicht die Orden! Nur den Federhut nicht! Der weiße Federbusch ist ein Signal!«

»Das soll er werden, François, für alle braven Preußen! Gib ihn her! Soll ich denn ungeschmückt zu einem Festtage gehen, auf den ich mich seit Jahren freute?«

»Hoheit!« sagte der Alte, während er den Hut hinlegte und die Orden auf der Brust des Prinzen befestigte. »Hoheit! *Je comprends ce noble sentiment*, denn ich bin ein Franzose; aber « – rief er, in Tränen ausbrechend – »schonen Sie Ihr Leben, gnädiger Herr! Wir haben nur einen Prinzen Louis!«

Der Prinz antwortete nicht. Er war beschäftigt, die Briefe Paulines und ein Medaillon mit dem Haar seiner Kinder in eine Brieftasche zu schließen, die er in der Uniform auf seiner Brust verbarg.

Als er den Hut aufsetzte und der Tür zuschritt, hielt François ihn zurück. »Hoheit!« fing er wieder an. »*Ma vie Vous appartient*, aber freilich, die Jugend kann das Alter entbehren; wir Alten können nur die Jugend nicht entbehren. Denken Sie, gnädigster Herr, an die Frau Prinzessin Mutter! *Et ne Vous exposez pas trop!*« rief er, in Tränen des Prinzen Hände küssend. Dann, als halte er diese ernste Ermahnung für unangemessen, fügte er scherzend hinzu: »*Mon Dieu!* wie werden die Frauen Hoheit vergöttern, wenn Sie aus dem Felde zurückkehren! – *Mais pour retourner il faut vivre avant tout!*«

»Ich danke dir, François! Von Herzen danke ich dir!«
war alles, was der Prinz der Rede des Alten entgegnete,
während er ihm die Hand schüttelte und das Gemach verließ.

Im Vorsaal empfingen ihn seine Adjutanten. Als er sein
Pferd bestiegen hatte, gab er nochmals dem alten Johann,
der nicht mehr in die Schlacht zu folgen fähig war, und
François die Hände.

Beide blickten ihm nach, so lange sie ihn sehen konnten.

»Der ist von des alten Fritzen Schlag!« meinte Johann,
und François sagte, sich die Augen trocknend, während er
in das Haus zurückkehrte: »*Dieu le protège! C'est un vaillant
enfant! Er hätte verdient, ein Franzose zu sein!*«

17

Es war um die Mittagsstunde des zehnten Oktober. Der
Kampf hatte bereits zwei Stunden gedauert, als Prinz
Louis Ferdinand einzusehen begann, daß er sich einem
dreifach überlegenen Feind gegenüber in einer Stellung
befinde, welche von Stunde zu Stunde unhaltbarer und
gefährlicher wurde.

Ein Hauptangriff gegen die auf der Höhe nach Blan-
kenburg vorrückenden feindlichen Kolonnen, welche dem
Prinzen den Rückzug von Saalfeld und Rudolstadt abzu-
schneiden drohten, schien unerläßlich. Dieser Angriff miß-
lang, und nur die persönliche Unerschrockenheit des Prinzen, der sich überall der größten Gefahr aussetzte,
vermochte die zurückgeworfenen Truppen vor wilder
Auflösung zu schützen. Von jetzt an war der Rückzug
unvermeidlich, und mit schwerem Herzen entschloß sich
der Prinz, den Befehl zu demselben zu erteilen. Als dies
geschehen war, sprengte er selbst, nur von einem Adjutan-

ten begleitet, nach der Stadt zurück, um hier die nötigen Maßregeln zur Deckung des Rückzugs zu treffen.

Aber schon am Tor begegneten ihm fliehende Haufen seines Fußvolkes, welche von dem mit Macht herangedrungenen Feinde zurückgetrieben worden waren. Nur einige Trupps Jäger und Füseliere hielten sich vor der Stadt, deren Tore man bereits in der Geschwindigkeit barrikadierte. Der Prinz sprengte den Fliehenden entgegen. Vor seinem Anblick verstummte das wilde Geschrei der Flüchtigen.

»Seid ihr Preußen?« rief er ihnen mit starker Stimme zu. »Wann haben jemals preußische Soldaten ihren General, einen preußischen Prinzen verlassen?«

Ein lauter Vivatruf war die Antwort. Der Prinz stellte sogleich die Ordnung wieder her und wies ihnen den Punkt am Ausgang der Vorstadt an, bei dem sie Posto fassen sollten. Sein ruhiges, würdevolles Benehmen wirkte auf die Truppen wie ein Zauber. Obgleich er in diesem Augenblick die dringende Gefahr seine Lage völlig übersah, nahm man doch auf seinem Gesicht ebensowenig als in seinen Äußerungen und Bewegungen irgend etwas wahr, was die auf ihn blickenden schwächeren Gemüter hätte beunruhigen können. Absichtlich ritt er mit langsamem Schritt vom Tor der Stadt bis zum Ausgang der Vorstadt zurück, wo er mit bewunderungswürdiger Gelassenheit den Knäuel auseinanderwickelte, den ein hier am unrechten Orte haltender Kavallerietrupp veranlaßt hatte.

Aber diese Anordnungen verschlangen kostbare Zeit. Der Rückzug auf Wöhlsdorf, den die Kavallerie bereits angetreten hatte, ward immer gefahrvoller durch das Vordringen des Feindes, der, mit aller Macht anrückend und die gegen ihn aufgestellten Regimenter langsam zurückwerfend, jetzt die ganze Masse seiner bisher versteckt gehaltenen überlegenen Kavallerie zu entfalten suchte, um durch einen großen Reiterangriff die Niederlage der zurückweichenden preußischen Corps zu vervollständigen.

Der Prinz begriff die Wichtigkeit des Augenblickes. Es galt, die Aufstellung der feindlichen Kavalleriewaffen zu hindern. Dies konnte nur durch Geschütz geschehen. In seiner Nähe, auf einer kleinen Anhöhe, hielten als Reserveartillerie zwei berittene Kanonen. Der Prinz befahl, sie herbeizuholen, um die sich in Kartätschenschußweite entwickelnden französischen Husarenregimenter mit Kartätschen zu beschießen. Als er eine Zögerung in der Ausführung seines Befehles bemerkte, sprengte er selbst dorthin.

Der Adjutant, blaß und bebend vor Zorn, hielt vor dem Unteroffizier, der die Geschütze befehligte.

»Hoheit!« rief er dem Prinzen zu. »Der Hund von Unteroffizier weigert sich, dem Befehle zu folgen, und die Stückknechte, die nur seinen Winken gehorchen, versagen gleichfalls den Gehorsam.«

»Vorwärts! Vorwärts! Wenn dir dein Leben lieb ist!« herrschte der Prinz. In demselben Augenblick, wo er dem Mann ins Gesicht schaute, erschien er ihm bekannt. Es waren die wilden, frechen Züge des Rekruten, den er vor Jahren bei dem Transporte vor dem Oranienburger Tor in Berlin gesehen hatte, wo der Werbeoffizier seinen Hund auf ihn hetzte, um den Zurückbleibenden herbeizutreiben.

Der Unteroffizier blieb unbeweglich. »Hierher bin ich postiert vom General Bevilaqua. Der hat mir gesagt, ich solle auf keine Ordre den Platz verlassen, und so tue ich, mag kommen, wer da will.«

»Der Mensch ist wahnsinnig!« rief der Prinz. »Er stürzt uns ins Verderben.«

»Was geht das mich an!« trotzte mit frecher Stimme der Unteroffizier. »Ich bin ja nicht freiwillig hier. Der Prinz hier hat selbst gesehen, daß ich mit Hunden in den preußischen Soldatenrock gehetzt bin.«

Der Prinz verlor die Fassung. In der Verzweiflung über diesen Trotz führte er einen Hieb mit der flachen Klinge auf den Menschen, indem er ausrief: »Ich steche dich nieder, Elender! Wenn du nicht augenblicklich folgst.«

»Hoho! Davor ist Rat!« schrie der andere, und seinem Gaul die Sporen gebend, jagte er, gefolgt von einem Teil seiner Stückknechte, der Stadt zu.

»Hat sich denn alles wider uns verschworen!« rief der Prinz aus, als in diesem Augenblick der Erdboden erdröhnte von dem Hufschlag der feindlichen Reiterei, welche sich unterdessen ungehindert entfaltet hatte, und mehrere tausend Mann stark auf den Rest der Infanterie des Prinzen losstürmte. Doch dieser ließ sie fast auf Pistolenschußweite herankommen und empfing sie dann mit einem so mörderischen Feuer, daß sie in Unordnung sich zur Flucht zurückwandte.

»Dieser Augenblick muß unser Schicksal entscheiden!« sagte der Prinz und sprengte, von seinen Adjutanten Lieutenant Nostitz und Hauptmann Valentini begleitet, auf das nahe Wöhlsdorf zu, wo fünf Eskadrons sächsischer Husaren aufgestellt waren.

Mit den Worten: »Mir nach, Kameraden!« setzte er sich an ihre Spitze und stürzte sich im wildesten Jagen auf die feindlichen Kavalleriemassen.

Allein dieser Angriff, ohne Einheit, ohne Ordnung unternommen, scheiterte an der überwiegenden Stärke des Feindes, der durch eine geschickte Bewegung sich den anspringenden Schwadronen in beide Flanken warf.

Die Unordnung der fliehenden Haufen, von der ganzen Masse des Feindes verfolgt, teilte sich den noch Standhaltenden mit, und preußische, sächsische und französische Husaren stürzten in tollem Jagen in das von Hohlwegen durchschnittene Terrain, dessen Beschaffenheit die Verwirrung noch vermehrte.

Alle Bemühungen des Prinzen, der mitten im Handgemenge oft wie ein gemeiner Reiter focht, waren unvermögend, den Strom der Flüchtigen aufzuhalten.

»Um Gottes Willen, retten Sie sich, Hoheit!« rief ihm

einer der Offiziere zu, welche sich in dem Handgemenge zu ihm gesellt hatten, um das kostbare Leben ihres fürstlichen Generals zu verteidigen.

»Die Schlacht ist verloren! Was liegt an meinem Leben!« rief er verzweiflungsvoll aus.

»Alles, Hoheit! Ein gefangener Prinz von Preußen ist verhängnisvoller als eine verlorene Schlacht. Bedenken Sie, daß Sie Ihr Leben dem Vaterland schulden.«

In diesem Augenblick zeigte sich am Eingang des Hohlweges, in dem sie kämpften, ein Trupp französischer Husaren, von einem Offizier der *Cheveaux légers* geführt, welche mit wildem Geschrei auf den Prinzen und seine Begleiter einsprengten.

Noch immer schien der erstere unentschlossen; da ergriff Lieutenant Nostitz das Pferd des Prinzen am Zügel und wandte es zur Flucht. In diesem Moment mochte dem Prinzen zum erstenmal die Möglichkeit lebhaft vor die Augen treten, statt eines heldenmütigen Todes das schreckliche Geschick der Gefangenschaft zu erleiden; denn er bedeckte mit dem Hut den Stern auf seiner linken Brust, und der Schnelligkeit seines vortrefflichen Pferdes vertrauend, versuchte er, über Gräben und Hecken aus dem Bereich der Verfolgenden zu entkommen.

Plötzlich aber sperrte ihm die Umzäunung einer Wiese den Weg der Flucht. Der Prinz war der geschickteste Reiter des preußischen Heeres. Er spornte seinen Schweißfuchs, mit welchem er oft viel gewagtere Reiterkünste geübt, zum Sprung über den scharfkantigen Zaun. Das treue Tier streckte sich mit der letzten Kraft zu dem gefährlichen Satz, aber die Anstrengung des Tages, dessen Verwirrung den Prinzen in den letzten Stunden verhindern, ein frisches Pferd zu nehmen, hatte die Kräfte des edlen Rosses erschöpft. Der Sprung gelang nur halb, das Pferd blieb mit einem Hinterfuß in der Umzäunung hängen und stürzte nieder.

Während der Prinz noch beschäftigt war, sich von dem

Sturz aufzuraffen, hatten ihn aber die verfolgenden Husaren bereits erreicht, und ehe er noch die Klinge zur Abwehr entgegenstrecken konnte, empfing er einen Hieb auf den entblößten Kopf, der ihn taumeln machte. Zu gleicher Zeit drang der Offizier in *Cheveaux-legers*-Uniform mit dem Rufe auf ihn ein: »Sie sind mein Gefangener! Ihren Degen, Prinz!«

»Da hast du ihn!« entgegnete Louis Ferdinand, mit der letzten Kraft einen Stoß auf seinen Gegner führend, der demselben den linken Arm durchbohrte.

»Nun, so fahre hin!« schrie der andere wütend und begrub seinen langen Stoßdegen in die Brust des Prinzen.

»Ist's möglich!« rief der Prinz, besinnungslos zusammenbrechend.

Mit stummem Entsetzen erblickten der Hauptmann Valentini und der Lieutenant Nostitz, welche in diesem Augenblick mit einigen Reitern herbeisprengten, den gefallenen Fürsten. Ihre Bemühungen, den Sterbenden dem Feinde zu entreißen, waren vergebens. Die Übermacht neu herandringender Franzosen zwang sie, den teuren Leichnam zu verlassen, an welchem die Wut der feindlichen Husaren noch mit Hieb- und Stichwunden ihren Grimm ausließ.

Zerfetzt und nackt ausgeplündert ward Prinz Louis Ferdinand am Abend, nur in ein Laken gehüllt, unter dem Schall der Musik durch die Straßen von Saalfeld getragen und dort in der Fürstengruft beigesetzt.

So endete Prinz Louis Ferdinand. Er hatte das vierunddreißigste Jahr noch nicht zurückgelegt.

Das Schicksal, welches ihm versagte, die Erhebung des Jahres 1813 zu erleben, hatte ihm wenigstens den Todesschmerz erspart über den, wie es damals schien, hoffnungslosen Fall des Vaterlandes.

Der heldenhafte Ausgang seines Lebens versöhnte selbst die strengsten Richter desselben mit den Irrtümern und Ausschweifungen, in welchen sich eine Jugend verloren hatte, deren Unglück es war, ein Prinz zu sein. In dem Gedächtnis aller, welche ihn gekannt, lebte er fort als eine schöne seltene Erscheinung. Das Volk aber trug Leid um seinen Liebling noch Jahre lang, und aus den Tagen unserer Kindheit klingt das vielgesungene Lied:

Klaget, Preußen! Ach er ist gefallen!

mit den rührenden Tönen seiner Melodie in unserer Erinnerung nach.

»Der Prinz ist tot.«
Fanny Lewalds Wirklichkeitsdichtung
von Nikolaus Gatter

Mögen die Meinungen darüber, ob Fanny Lewald bei ihren Zeitgenossen im Verdacht der ›Trivialität‹ stand oder als ernstzunehmende Erzählerin galt, auseinandergehen – in einem Punkt ist sich die Forschung einig: Der Roman *Prinz Louis Ferdinand* ist kein Hauptwerk und steht nicht im Zentrum ihres Schaffens. Selbst wohlwollende Literaturgeschichten widmen ihm kaum mehr als zwei bis drei Zeilen. Es ist ihr einziger historischer Roman geblieben, den Fanny Lewald selbst nicht ohne Bedenken veröffentlichte. Zehn Jahre später unterwarf sie den Text, den sie nicht mehr ›Roman‹ nennen wollte, einer gründlichen Bearbeitung, versah ihn zur Rechtfertigung mit einem distanzierenden Vorwort und mit dem Untertitel *Ein Zeitbild*.

Diesem fehlte freilich »die künstlerische Abrundung, sowie die Kraft der vollen plastischen Ausgestaltung der einzelnen Charaktere«, wie Henriette Goldschmidt im Lewald-Artikel der repräsentativen *Allgemeinen Deutschen Biographie* unverblümt feststellt. Und kein Biograph des Prinzen vergißt zu erwähnen, daß sich Fanny Lewalds Erzählung nicht an historischen Tatsachen orientiert. Dennoch gehört das Buch zu den erfolgreichsten der heute fast vergessenen Bestseller-Autorin, mit deren Popularität sich seinerzeit allenfalls die Marlitt oder Hedwig Courths-Mahler messen konnten.

Prinz Louis Ferdinand ist der einzige Roman ihres Frühwerks geblieben, der auf Anhieb ein heftiges Echo in der Presse des In- und Auslands hervorrief und noch zehn Jahre später einen Neudruck erlebte. Begeisterte Leser fand er bis in unser Jahrhundert hinein – die letzte Ausgabe wurde 1929 von Bertha Badt-Strauß für die Deutsche Buch-Gemeinschaft veranstaltet. Fanny Lewald soll einmal, aller Skepsis gegen historische Stoffe zum Trotz, von »ihrem liebsten Buche« gesprochen haben, und manches deutet darauf hin, daß es nach Struktur und einzelnen Motiven als programmatisch für ihre schriftstellerische Entwicklung gelten kann.

Nahezu alle Akzente ihres Werks klingen bereits an: die Kritik am überlebten Absolutismus, an der intellektualisierenden Romantik, an den Exzessen der Adelskaste und am angepaßten, entpolitisierten Bürgertum, das wachgerüttelt und seiner historischen Aufgabe bewußt werden soll, der Protest gegen Vorurteile, mangelnde religiöse Toleranz, soziale Mißstände und die Unterdrückung der Frau. Was die Freiheitskämpfer des Vormärz vom preußischen Staat erhofften – ein einiges, konstitutionell regiertes Deutschland unter Preußens Führung –, projiziert die Erzählung in die Vergangenheit zurück. Prophetisch deutet der Tod des Prinzen voraus, daß auch diese Utopie am Widerstand eines Hohenzollernkönigs scheitern mußte – im selben Jahr 1849, als das Buch erschien, was nicht wenig zu seiner kontroversen Wirkung beitrug. Und selbst Fanny Lewalds nationalliberale Wendung, ihre Zustimmung zu Bismarck, zur Reichsgründung ›von oben‹ und durch einen Waffengang der Deutschen gegen Frankreich scheinen hier vorweggenommen.

Vor allem aber ist der *Prinz Louis Ferdinand*, wie Hanna B. Lewis überzeugend dargelegt hat, ein Roman der Außenseiter geworden, der Juden, Frauen, Soldaten, der Gestrauchelten und Verfolgten, die nicht ins Zeremoniell und ins fehlgeleitete Rechtssystem einer erstarrten Konvention passen – und zu diesen Außenseitern gehört nicht zuletzt der Held des Romans, der Hohenzollernprinz selbst.

Fanny Lewald selbst hatte nie daran gedacht, eine romanhaft ausgestaltete, dialogisierte Biographie zu schreiben. Daß es ihr um Dichtung, nicht um die Wahrheit ging, läßt die Erwähnung des Tristan-Mythos im ersten Satz des Einleitungskapitels erkennen. Auch die zahlreichen Erwähnungen der mit gleicher Freizügigkeit gestalteten Geschichtsdramen Goethes oder Schillers, vor allem des Goetheschen *Egmont*, sollen das Überschreiten eines von den historischen Quellen streng abgesteckten Rahmens durch dichterische Fiktion legitimieren. Auf die tragische, psychologisch und politisch motivierte Verstrickung des Helden deuten mehrere Anspielungen auf das bürgerliche Trauerspiel par excellence hin – die *Emilia Galotti* von Gotthold Ephraim Lessing.

Der glücklose Hohenzollernprinz war freilich schon lange zuvor, spätestens mit seinem Schlachtentod am 10. Oktober 1806, zur Legende geworden. Die Autorin hat nur konsequent in die Romanform gebannt, was der Phantasie des Lesepublikums bereits in idealisierender Verklärung vorschwebte. Die Gestalt des Prinzen ist in zahlreiche Balladen, Lieder und volkstümliche Anekdoten eingegangen; Goethe, Achim von Arnim, Friedrich de la Motte-Fouqué, Fontane und viele andere haben sie dichterisch fortleben lassen. Dichtungen prägten seinen Nachruhm mindestens ebenso wie die überlieferten Eigentümlichkeiten seines Charakters: menschenfreundlicher Freisinn, beherztes Draufgängertum, amouröse Leidenschaften, künstlerisches Genie, leutseliger Umgang mit Untergebenen und ausschweifender Lebenswandel.

Die Tragik des am 18. November 1772 auf Schloß Friedrichsfelde geborenen Ludwig Ferdinand, genannt Louis – sein Vater Ferdinand war der jüngste Bruder Friedrichs des Großen –, wird auch im Roman aufgegriffen. Im absolutistisch-monarchischen System war für den Hochbegabten kein politisches Amt, keine geregelte Wirksamkeit außerhalb der Armee vorgesehen. Selbst seine Ausbildung nahm in den meisten Fächern, wie in der Mathematik, Rücksicht auf die Erfordernisse des künftigen Militärberufs. Daß sich der junge Louis neben der Kriegswissenschaft auch noch für Literatur, Philosophie und ganz besonders für die Musik interessierte, war für die Epoche und die Verhältnisse, in denen er aufwuchs, geradezu unerhört.

Der Feldzug in die Champagne, die Belagerung von Mainz, an denen er als Zwanzigjähriger teilnahm, boten ihm wenig Gelegenheit zur Beförderung seiner Laufbahn, doch hier stellte er erstmals seine eindrucksvolle Tapferkeit unter Beweis. 1796 wurde er für zwei Jahre nach Westfalen abkommandiert, wo er sich langweilte und gelegentlich zu Saufgelagen und zweifelhaften Abenteuern nach Hamburg ausbrach. Zur Strafe versetzte man ihn nach Magdeburg; hier wurden Berlin und der Salon der Rahel Levin seine Anlaufstelle. Daß ihn sein Onkel Heinrich in Rheinsberg, der ihm schon öfter aus der Klemme geholfen hatte, zum Alleinerben machte, erboste seine Mutter, die vor Gericht die Ansprüche seines Bruders August durchsetzen wollte. Schließlich wurde der Prinz seiner Schuldenlast wegen unter Kuratel gestellt.

Was der Roman im Konflikt mit dem schurkischen Staatskanzler Haugwitz personifiziert, ist die Auseinandersetzung der Kriegspartei, die eine offensive Haltung gegen Frankreich und die Koalition mit England und Rußland forderte, und der undurchsichtigen, auf Machtgewinn durch Ausgleich zielenden Friedensdiplomatie. Mit dem Auftreten Napoleons polarisierte sich dieser Gegensatz noch. Während ein Gelehrter wie Christian von Massenbach, einer der Lehrer Louis Ferdinands, mit der Orientierung nach Westen die Vision eines geeinten Europa verknüpfte, ahnten Revolutionskritiker wie Friedrich von Gentz bereits den Zusammenbruch der Diktatur und die Restitution der alten europäischen Machtverhältnisse voraus. Die Unzufriedenheit mit der taktierenden, hinhaltenden Politik Preußens kulminierte schließlich in der eindrucksvollen Demonstration, dem Fenstereinwurf bei Haugwitz durch empörte Offiziere, bei der Louis Ferdinand – anders als in Kapitel III, 11 geschildert – nicht selbst zugegen war. Die Opposition, die im Roman viel besser wegkommt als die Friedenspartei, hat er in dieser Form nicht angeführt. Doch bekannte er sich zusammen mit namhaften Generälen wie Scharnhorst und Phull zu der von Johannes von Müller formulierten Eingabe an den König, die im August 1806 die Entfernung des Staatskanzlers forderte, um nicht »an Bonaparte verraten zu werden«. Diese Denkschrift wurde ihm zum Verhängnis; der König befahl ihn umgehend zur Armee, und noch vor der Niederlage Preußens bei Jena fiel der Prinz im Vorhutgefecht zwischen Saalfeld und Rudolstadt.

Man kann Fanny Lewald nicht vorwerfen, daß sie ihren Stoff nicht gründlich studiert hätte. Zu den verbürgten Histörchen, die der Roman aufgreift – umdatiert, verklausuliert oder auf andere Weise dem Handlungsstrang eingepaßt –, gehört die Rettung eines österreichischen Verwundeten, den Louis Ferdinand auf dem Rücken aus dem feindlichen Feuer trug. Fanny Lewald legt sie in Kapitel I, 8 dem Reitknecht des Prinzen in den Mund. Ist diese Heldentat im Heeresbericht und durch eine Ehrenmedaille belegt, so beruht die Episode vom raschen Sprung ins Fenster beim Herannahen des Königspaars, um sich in aller Eile umzuziehen (I, 17), auf einer mündlichen Tradition. Derartige *Anekdoten und Charakterzüge aus dem Leben des Prinzen Louis Ferdinand von Preußen* wurden schon kurz nach seinem Tod gesammelt und gedruckt.

Die peinliche und politisch bedenkliche Aufführung von ›Alexanders Rückkehr von seinem indischen Siegeszug‹ in Kapitel II, 12 erregte schon damals die Öffentlichkeit, wie die Memoiren Massenbachs und Alexanders von der Marwitz bezeugen. Massenbach hat tatsächlich auf königliche Ordre den verschuldeten Prinzen nach Berlin holen sollen – nicht aus Schricke wegen Verführung einer Bürgersfrau (I, 19), sondern aus Hamburg, wo er die Freudenhäuser frequentierte. Daß der Gesandte Alopäus im Gartenidyll (II, 1) den Grafen Haugwitz als verhinderten Dichter bezeichnet, ist fast wörtlich aus Friedrich Buchholz' *Gallerie preussischer Charaktere* zitiert.

Selbst so beiläufige Bonmots wie das von Napoleons Appetit auf ein paar Prinzenohren (III, 3) entnahm Fanny Lewald der Literatur, in diesem Fall einem biographischen

Essay des im unfreiwilligen Ruhestand lebenden Diplomaten und Rahel-Witwers Karl August Varnhagen von Ense. Dieser wiederum scheint von der Szene mit dem Zöpfe abschlagen durch den Komponisten Dussek nichts gewußt zu haben, bis sie 1843 von Ferdinand Freiligrath besungen wurde. Sie tauchte erst im postumen Neudruck des Varnhagenschen Essays von 1874 auf, mit ausdrücklichem Bezug auf das Gedicht und einer Datierung auf das Jahr 1805, die wohl den Wahrheitsgehalt unterstreichen soll.

Ganz vom dichterischen Vorgänger abhängig erscheint Fanny Lewalds Erzählung, die kurz vor der Schlacht spielt (III, 15). Das Lied aus Freiligraths lyrischem *Glaubensbekenntnis*, zu singen nach der Melodie ›Prinz Eugen, der edle Ritter‹, ist ein weiteres frühes Beispiel einer demokratischen Deutung der Prinzenbiographie:

… Meister Dussek nahm den Degen,
Tät den Zopf aufs Tischtuch legen,
Auf den Knien lag der Prinz:
Dussek hieb mit scharfem Streiche,
Auf der Tafel lag die Leiche –
Achtunddreißig Jahre sind's!

Tusch! Das fuhr durch alle Köpfe!
Laut scholl's: »Pereat die Zöpfe!«
Das war eine Wirtschaft heut!
Oberst, Kapitän und Junker
Hieb sich ab den garst'gen Klunker -
Jeder Zopf ließ Haare heut!

Dieses in dem Preußenheere
War'n die ersten Zöpf' auf Ehre!
Die da abgeschnitten sein!
Zopflos in den lieben Himmel
Rückt' aus Saalfelds Schlachtgetümmel
Ludwig Ferdinandus ein …

Der Armeezopf liegt erstochen,
Jenas Zopf ist auch gebrochen,
Doch manch andrer macht sich breit!
Wann zerfetzt uns *die* ein Retter?
Ludwig, schick ein Donnerwetter
In die Zöpfe dieser Zeit!

Überzeugender – und der Wirklichkeit weit näher kommend – sind die Szenen, in denen Fanny Lewald uns in unverkennbar sozialkritischer Absicht die Schattenseiten des preußischen Militärwesens vor Augen führt. Der wichtigste Biograph Louis Ferdinands, Eckart Kleßmann, lobt sie mit Recht dafür und bietet selbst eine Fülle bedrückender einschlägiger Zitate aus den Quellen.

Was hinzugedichtet wurde – vor allem Haugwitz' Intrigen, amouröse Abenteuer und das Idyll in Schricke –, sollte den Bedürfnissen des Lesepublikums Genüge tun. Das Buch bietet in dieser Beziehung weniger und mehr als eine faktengesättigte Biographie: einen psychologischen Entwicklungsroman, bei dem sich die Entwicklung des Protagonisten als tragischer Niedergang, zunehmende Entfremdung und Abkehr von der Welt darstellt. Vom Heldischen ist bei näherer Betrachtung nicht viel zu spüren. Das Draufgängertum wird erst am Schluß zur Tapferkeit verklärt; detaillierter schildert die Romanhandlung Exzesse wie die Schießübungen auf Münzen in der Hand des Dieners. Der Prinz erscheint haltlos, sittlich gefährdet, überdies völlig abhängig von einem Apparat, dem er so hilflos ausgeliefert ist wie seine Untertanen, deren Position der philosophische Schäfer Klaus artikuliert. Naiv, inkonsequent und charakterschwach verhält er sich gerade in Szenen, wo er Unrecht verhüten will oder wiedergutzumachen verspricht.

Auch die Künstlerpersönlichkeit kommt kaum zur Geltung; am Klavier kann der Schüler Beethovens und erste Romantiker bei Fanny Lewald nicht brillieren. Nicht als virtuoser Komponist wird er vorgeführt, sondern allenfalls mit genial-rauschhaften Improvisationen. Unwillkürlich lassen seine widersprüchlichen Eigenschaften, die Redlichkeit des Bemühens und das slapstickhafte Scheitern an Friedrich Wilhelm IV. denken – der zum Zeitpunkt der Entstehung des Romans regierte, als Künstler dilettierte und mit oppositionellen Vormärzlern verkehrte. Ähnlich wie der historische Louis Ferdinand repräsentierte dieser König zeitweilig die Hoffnungen des liberalen Bürgertums, das er freilich 1849 verprellte, als er die von der Frankfurter Nationalversammlung angebotene Kaiserkrone mit den Worten zurückwies: »Friedrich [der Große] wäre sicher Ihr Mann gewesen – ich bin kein großer Regent.«

Die am reichlichsten dokumentierten, doch ebenso freizügig ausgeschmückten Partien des Romans betreffen den Verkehr Louis Ferdinands mit bürgerlichen Intellektuellen. Gentz, Schlegel, Johannes von Müller – sie alle hat der Prinz tatsächlich gekannt, und ihre Äußerungen decken sich zum Teil mit dem, was schriftlich von ihnen überliefert ist. Später entstanden Romane aus dieser Sphäre (wie *Rahel oder 33 Jahre eines edeln Frauenlebens*, um nur einen zu nennen), deren Protagonisten seitenweise Brieftexte sprechen. Auch bei Fanny Lewald nimmt die Schilderung der Salongeselligkeit im Umkreis der Rahel Levin breiten Raum ein. Ihre Dialoge sind jedoch geschickt orchestriert und die ›Nebengestalten‹ weit glaubwürdiger dargestellt als die Hauptpersonen – bis hin zur schönen, eigensinnigen Pauline Wiesel, die des Prinzen Geliebte wird, ohne sein Wesen zu begreifen.

Daß der Begriff Salon nirgends fällt, gehört zu den umsichtigen Konzessionen der Autorin an den Quellenbefund, denn auch Rahel hat ihn für ihren Freundeskreis nie verwendet. Daß die geistvolle Jüdin einmal über die Bekanntschaft mit dem Prinzen äußerte, er werde »ordentliche Dachstuben-Wahrheit« von ihr hören, darf nicht zu der Illusion verleiten, sie habe einen ›jour fixe‹ in der Mansarde veranstaltet. In einer Zeit, als es noch keine Demokratie, keine Parteien und Massenmedien gab, war auch der Salon ein utopisches Modell, ein Ort der Diskussion und des Austauschs jenseits der Standesschranken, zu dem im Prinzip jeder Teilnehmer, der sich an die Spielregeln hielt, Zugang hatte. Was von den Zusammenkünften in der Jägerstraße berichtet wird, ist nur durch wenige Briefe und Memoiren belegt und historisch schwer zu fassen.

Doch auch ein heimliches, unterdrücktes Schmachten Rahels nach Louis Ferdinand hat es in dieser Form nie gegeben. Völlig fremd wäre ihr der sentimentale Stoizismus gewesen, mit dem die Romanfigur ihre ›Rivalinnen‹ Henriette Fromm und Pauline Wiesel zur Entsagung anhält; der »Gesunde«, heißt es beispielsweise, könne »freudig … den Kampf und Schmerzen über sich nehmen, wo es gilt, sich einem großen Zweck still zum Opfer darzubringen«.

Mit solchen Sentenzen entfernte sich Fanny Lewald himmelweit von der individuellen Biographie Rahels. Statt dessen schuf sie eine starke, pathetische Frauenfigur, wie sie erstmals die Stürmer und Dränger auf die Bühne brachten – eine weibliche, jüdische Idealgestalt, die in manchen Passagen noch das hohenzollernsche Heldenpathos in den Schatten stellt. Die Rahel des Romans ist als allwissende Beraterin eines weisen, gütigen Monarchen konzipiert, der zu werden dem Prinzen freilich versagt blieb. Daß ein solches Denkmodell nicht vollkommen aus der Luft gegriffen war, läßt sich an Bettina von Arnim studieren, die noch zu Fanny Lewalds Lebzeiten vorübergehend eine ähnliche Rolle bei Friedrich Wilhelm IV. einnehmen wollte.

Rahel hat das Leiden an existentiellen Widersprüchen immer wieder zum Thema gemacht – nicht schicksalsergeben resignierend, wie im Roman, sondern ausdrücklich als

Glücksverlangen, als Beharren auf dem unveräußerlichen Menschenrecht des Daseins artikuliert. Allerdings hinterließ die Schriftstellerin kein geschlossenes philosophisches Werk. Ihre beispiellose Selbsterziehung ist nur ihrer Korrespondenz zu entnehmen, deren Publikation sie schon zu Lebzeiten begann und testamentarisch verfügte. »Ich habe die Auszüge aus Briefen und Denkblättern gar wohl zu Sinn und Seele genommen«, urteilte Goethe über Rahels Texte, »gelesen eigentlich nicht; das wollte erst nicht gehen. Da sie aber lange genug neben mir lagen und ich oft genug hineinsah, ward ich denn doch zuletzt gelockt, von vorn bis zu Ende den eignen Gang zu sehen, den eine solche Natur einschlagen mußte.«

Rahels vielgescholtener Witwer Varnhagen hat den Nachlaß treu gesammelt, geordnet und in zwei Jahrzehnten zu einer gewaltigen Autographensammlung ausgebaut, mit Briefen von und an über neuntausend Personen. Allein von seiner Gattin sind rund sechstausend Manuskripte erhalten. Unmittelbar nach ihrem Tod erschien 1833 eine erste Auswahl unter dem Titel *Rahel. Ein Buch des Andenkens für ihre Freunde.* Karl von Nostitz, der letzte Adjutant des Prinzen Louis Ferdinand, bedankte sich für die Übersendung eines Exemplars mit den Worten: »Das sind herrliche Briefe, aus denen ein jeder das Seine herausliest ... Ich stoße darinnen oft auf ganz eigentümliche Worte, die nur ihr angehörten. Ich erinnere mich der Zeit, wo ich die Worte von ihr selbst gehört, und die Vergangenheit von mehr als zwanzig Jahren steht wie gestern vor mir.« Eine Fortsetzung, die an Rahel gerichteten Briefe enthaltend – darunter auch zwei des Prinzen – , erschien 1836 unter dem Titel *Gallerie von Bildnissen aus Rahels Umgang und Briefwechsel.*

Das Handschriftenarchiv, in dem diese Vergangenheit lebendig blieb, vererbte Varnhagen seiner Nichte Ludmilla Assing. Die skandalösen Publikationen, mit denen sie während der Ära Bismarck für Aufregung sorgte – darunter

Briefe des Naturforschers Alexander von Humboldt und politisch brisante Tagebücher des Onkels –, zogen Beschlagnahmen, Gerichtsprozesse, steckbriefliche Verfolgung und zwanzigjähriges Exil in Florenz nach sich. Doch gelang es Assing, die Bestände zusammenzuhalten und sogar noch um den Nachlaß des Fürsten Hermann von Pückler-Muskau zu erweitern. 1880 vermachte sie ihre Schätze testamentarisch der Königlichen Bibliothek zu Berlin.

Fanny Lewald hatte 1832, bei ihrem ersten Aufenthalt in Berlin, die Gelegenheit versäumt, der gealterten und in ihrer Ehe mit Varnhagen zuletzt wohl doch glücklich gewordenen Rahel persönlich zu begegnen. Doch spätestens bei der Lektüre des Andenkenbuchs fühlte sie sich seelenverwandt mit der emanzipierten Salondame. Wie viele zeitgenössische Leserinnen konnte sie sich mit diesen Selbstzeugnissen rückhaltlos identifizieren: »Was mir auch begegnet war, was ich Unbequemes, Peinliches, Schmerzliches zu ertragen und zu erleiden gehabt hatte, Rahel Levin hatte das alles gekannt, hatte das alles gekannt, hatte das alles durchgemacht.«

Diese Einschätzung trifft allerdings nur bedingt zu. Fanny Lewald war, wie ein Blick auf ihre Lebensgeschichte zeigt, bereits ein Kind jener Emanzipations- und Reformbestrebungen, die sich seit der Franzosenzeit und den Befreiungskriegen auch für die preußischen Juden vorteilhaft auswirkten. Daher konnte sie für sich und ihre Schwestern jene Bildung als Anspruch einfordern, die Rahel nur im mühseligen Selbststudium erwerben konnte. Mit ihren dreibändigen Memoiren legte Lewald übrigens einen detaillierten Abriß ihrer Jugendgeschichte vor; zur Ergänzung dieser wichtigsten Quelle zur Frauen- und Kulturgeschichte des 19. Jahrhunderts sei die vor kurzem erschienene, lesenswerte Biographie von Gabriele Schneider empfohlen.

Am 24. März 1811 war Fanny als älteste Tochter des Kaufmanns David Marcus zur Welt gekommen, dem späteren ersten jüdischen Stadtrat von Königsberg, der sich seit 1831 Lewald nannte. Ihren Vater, der sie früh die klassischen Dramen von Goethe und Schiller lesen ließ, hat sie bis in ihr vierunddreißigstes Lebensjahr, als er starb, abgöttisch geliebt. Doch als 1824 mit der Schließung der Schule ihr Ausbildungsweg abrupt endete, begannen die ›Leidensjahre‹ des Mädchens – »jetzt ist deine glückliche Kindheit vorbei«, dachte sie.

Man ließ ihr Klavierstunden geben und hielt sie zu Handarbeiten, auch zur Lektüre ihrer alten Französischlehrbücher an. Doch konnte dies die geistige Anregung durch Gymnasialunterricht und Studium, die Frauen zum Teil noch bis in unser Jahrhundert verwehrt blieben, nicht ersetzen. 1830 verliebte sich Fanny – zum Mißvergnügen des Vaters – in einen protestantischen Pfarramtskandidaten, dem zuliebe sie sich taufen ließ, der jedoch verstarb, bevor es zur Hochzeit kam. Zu dieser seelischen Belastungsprobe für die junge Fanny kam der Bankrott des väterlichen Geschäfts während einer Handelskrise. Als überdies ihre Mutter erkrankte, mußte Fanny Lewald den Haushalt und die Erziehung ihrer jüngeren Geschwister übernehmen.

Märchen zum Vorlesen für die Kinder und kleinere Gelegenheitsgedichte entstanden »zwischen Gedanken an Küche und Speisekammer«. Dies waren erste Schreibversuche, denen bald kleinere Feuilletons für die Zeitschrift *Europa* folgten. Von deren Herausgeber August Lewald – einem Vetter ihres Vaters – ermuntert, wandte sich Fanny seit 1840 systematisch der Schriftstellerei zu. Mit dreißig verdiente sie erste kleinere Honorare und arbeitete an zwei Büchern, die 1843 vorerst anonym erschienen: *Clementine* und *Jenny*.

Beide Bücher sind unterdrückten Außenseitern der Gesellschaft gewidmet, plädieren für die Gleichstellung der Juden und die Befreiung der Frau aus den Zwängen der Konvenienzehe, die nach Clementines Worten

»schlimmer als Prostitution« sei. Ihr engagiertes Schreiben begreift Fanny Lewald als volkspädagogische Arbeit; sie will aufklären, zur Überwindung der Standes- und Bildungsschranken, zu größerer Toleranz und einer umfassenden Lebensreform beitragen. »Von meinem ersten kleinen Roman an«, schrieb sie später, »habe ich es als meine höchste Aufgabe betrachtet, in meinen Arbeiten dichtend den Zwecken und Tendenzen zu dienen, welche mir Ideal und Religion sind.«

Soziale Probleme behandelte ihr nächster Roman *Der dritte Stand*, zu dem sie sich auch namentlich bekannte und der den Vergleich mit den Schriften ihrer französischen Kollegin George Sand nicht zu scheuen braucht. In dichter Folge entstand fortan ein Lebenswerk, das am Ende sechsundzwanzig Romane sowie zahlreiche Novellen, Reisebücher, Lebensrückblicke und Feuilletons umfassen sollte. Mit ihm wurde Fanny Lewald zu einer der bestverdienenden und meistgelesensten Erzählerinnen des vorigen Jahrhunderts.

1845 nahm sie in Berlin ihre erste eigene Wohnung und befreundete sich auf einer längeren Romreise mit Adolf Stahr, einem verheirateten Gymnasialprofessor und Vater von fünf Kindern. Er war der erste Mann, der die anspruchsvolle, selbstbewußte Frau »wie einen vernünftigen Menschen« zu behandeln schien: »Er, der mich nicht lieben wollte, nicht lieben durfte, gerade er liebte mich! Und ich liebte ihn mit aller Kraft.« Doch es dauerte zehn Jahre, bis das Paar zusammenfand; erst 1855 ließ sich Stahr scheiden und ging mit Fanny die von beiden ersehnte schriftstellerische ›Arbeitsehe‹ ein. Während der Märzrevolution von 1848 hielt sich die Autorin in Paris auf, unter anderem bei ihrem Lieblingsdichter Heinrich Heine, der sie 1850, als sie die Reise mit Stahr wiederholte, noch einmal empfing.

Auch mit anderen führenden Demokraten wie Johann Jacoby, Heinrich Simon, Benedikt Waldeck und Ferdinand

Lassalle freundete sie sich an, unterhielt aber zugleich Kontakte zu deren politischen Antipoden, darunter Alexander von Ungern-Sternberg, Bernhard von Lepel, Franz Liszt und Karl Alexander, dem Großherzog von Sachsen-Weimar. Im Berlin der fünfziger und sechziger Jahre des vorigen Jahrhunderts setzten die Montagabende – der ›jour fixe‹ im Haus des Ehepaars Lewald-Stahr – die Salongeselligkeit aus Rahels Zeiten fort, deren Atmosphäre im Roman *Prinz Louis Ferdinand* eingefangen ist. Mit den 1850 erschienenen *Erinnerungen aus dem Jahr 1848* entdeckte die Lewald schließlich ihr autobiographisches Talent, das sich 1861 in den drei Bänden von *Meine Lebensgeschichte* bewährte. Aufsehen erregten in den späten sechziger Jahren auch ihre pazifistischen und emanzipatorischen Pamphlete: *Osterbriefe für die Frauen, Zehn Artikel wider den Krieg, Für und wider die Frauen.*

Doch das anfangs radikaldemokratische Bekenntnis wich in der ›Neuen Ära‹ gemäßigteren nationalliberalen Stellungnahmen. Mit dem deutsch-französischen Krieg 1870/71 und der Reichsgründung wandelte sich Fanny Lewald zur entschiedenen Anhängerin Bismarcks. Sie begann, *ihre Gesammelten Werke in zwölf Bänden* herauszugeben; wenige Jahre später – im Oktober 1876 – starb Adolf Stahr an einer Lungenentzündung. Die Witwe überlebte ihn um dreizehn Jahre ungebrochenen literarischen Schaffens. In der Berliner Gesellschaft, der Literatur des Wilhelminismus und der allmählich erstarkenden Frauenbewegung war sie längst zu einer Institution geworden, als sie selbst am 5. August 1889 für immer die Augen schloß.

Die Aufzeichnungen, die sich in ihrem Nachlaß fanden und auszugsweise gedruckt wurden, enthalten viele mißfällige Bemerkungen über Karl August Varnhagen von Ense und Ludmilla Assing, die Fanny Lewalds Cousine war. Das erscheint auf den ersten Blick merkwürdig und ist wohl nur mit dem Skandal, den die Assing mit den

Nachlaßveröffentlichungen ihres Onkels auslöste, zu erklären. Die Autorin hatte Varnhagen, der mit ihrem späteren Gatten Adolf Stahr gut befreundet war, bereits im Frühjahr 1844 kennengelernt: »Aus allen seinen Äußerungen ging der ernste Wille wirklichen Beratens hervor«, schrieb sie später, »und doch, so lebhaft und dankbar ich dies empfand, vermochte ich mich weder an jenem Tage, noch jemals später, so unbefangen und freimütig gegen Varnhagen auszusprechen, als ich es wünschte ... Ich glaube, das rührte von der sarkastischen Seite seiner Natur her.«

Erheblichen Anteil nahm Varnhagen an der Entstehung des Romans *Prinz Louis Ferdinand*, obgleich seine Hilfestellung wohl weniger im Bereitstellen von Originaldokumenten als in Hinweisen auf einschlägige Literatur bestanden haben dürfte. Doch bei der Niederschrift, die im äußerst produktiven Winter 1846/47 begann – gleichzeitig arbeitete sie an einem weiteren Roman, Zeitschriftenbeiträgen und der Satire *Diogena* –, standen Fanny Lewald, »in Abschriften von Varnhagens Hand«, die Briefschaften des Prinzen, Rahels und Pauline Wiesels zur Verfügung: »Sie hatten ... den Vorzug, daß die musketierhafte Grammatiklosigkeit und Orthographielosigkeit verbessert waren, und nebenher waren sie noch milder im Ausdruck der sinnlichen Leidenschaft und auch noch rührender in ihrem Schmerz.«

Allerdings sind die im Roman zitierten Briefe des Prinzen nicht authentisch. In seinen Aufzeichnungen notierte Varnhagen am 4. Januar 1855, daß die Autorin die Unterlagen »ungebraucht wiedergab«; auch ihr Brief an Johann Jacoby aus späterer Zeit deutet an, daß die Materialien für den Roman nicht bei ihr verblieben sind. Dabei glaubte Fanny Lewald durchaus, mit ihrem Buch einen authentischen Beitrag zur Rahel-Überlieferung geleistet zu haben. Die Beglaubigung sollte Varnhagen selbst vornehmen, den sie inständig um eine Rezension bat. Überdies war die Erstausgabe auch noch ungefragt mit einer gedruckten Zueignung versehen.

Doch als ihm im Juni 1849 ein Exemplar übersandt worden war, zeigte sich Varnhagen entsetzt über die Schilderung seiner verstorbenen Gattin. »Rahels edles Bild«, das einleitend beschworen wurde, hielt er für »unedel entstellt«, wie er auf das Vorsatzblatt notierte: »Das Buch ist in dieser Beziehung mir gänzlich fremd.« Unbehagen bereiteten dem Geheimrat der idealisierende Zugriff auf Personen, deren Verhältnisse in Briefen und Tagebüchern dokumentiert waren, und die Sorglosigkeit, mit der ihnen fremde Überzeugungen in den Mund gelegt wurden: »Ich fange gleich an zu lesen, mir wird wunderlich zumute, Rahel hier als Romangestalt zu finden ... alles im bestgemeinten Sinn, aber alles doch, wie es eigentlich nicht gewesen, Worte von ihr zu hören, die sie nicht gesagt hat ... Sonderbar ist mir diese Wirklichkeits-Dichtung!«

Fanny Lewald gegenüber verschwieg er seine Vorbehalte nicht, denn in einem Brief vom 6. August 1849 verteidigte sie sich beherzt mit den Worten: »Das einzige, worüber ich mich zu rechtfertigen haben könnte, wäre die Übertragung von Rahels Leidenschaft auf den Prinzen ... Rahel selbst spricht in ihren Briefen vielfach von einer unglücklichen, von einer verratenen Liebe – deren Gegenstand aber nicht genannt wird, und ich habe geglaubt, frei schalten zu dürfen ... Trotzdem kann ich Sie unangenehm berührt haben, und wenn dies geschehen, so kennen Sie meine Ergebenheit für Sie genug, um zu wissen, daß dieses mich schmerzen würde – aber das Buch geschrieben, Rahel personifiziert zu haben, bereue ich nicht, denn das Publikum, die deutschen Frauen, lieben diese Rahel und werden sie lieben, wie ich sie in meiner Verehrung jenen großen Frauen und für sie geliebt zu sehen wünsche ... Kein Maler genügte jemals dem Bilde der Nächststehenden vollkommen, und so muß auch ich zufrieden sein, wenn Sie nur den redlichen Willen anerkennen, das Bild einer verehrten Frau in jener Idealität wiederzugeben, die meiner Natur erreichbar war.«

Doch gerade das Beschönigen, die Entfremdung einer Person von ihrem wirklichen Dasein hielt Varnhagen für deplaziert. Daß er »in der von Ihnen geschilderten Rahel die von mir gekannte« nicht wiederfand, bekräftigte er anderntags in seiner Antwort und verwahrte sich gegen das romantisierende Ideal, selbst wenn es »bei vielen Lesern einen vorteilhafteren Eindruck« hinterlassen könnte, »als Rahel in eigener Person ihn bewirkt hätte«.

Die meisten Kritiker erklärten jedoch gerade die Nähe zum Varnhagenschen Kreis zum Hauptfehler. Karl Gutzkow mokierte sich, daß ausgerechnet die »ziemlich demokratisch gesinnte Fanny Lewald« mit ihrem Buch »mitten im Zeitalter der Barrikaden Triumphpforten für preußische Prinzen« gebaut habe: »Die arme Lewald, in dem Drang, das Judentum zu heben und eine Jüdin Rahel Levin mit dem Prinzen von Preußen in Verbindung gebracht darzustellen, ist hier von ihrem Herzen und dessen kühnsten Flügen geblendet gewesen, und hat eine Sphäre für dichtungswürdig gehalten, die es nicht war.« Mit dieser Sphäre ist zweifellos die Berliner Salonkultur gemeint, gegen die Gutzkow zeitlebens antisemitisch gefärbte Ressentiments hegte. Auch die Katastrophe am Ende sei, so Gutzkow, ein erzählerischer Mißgriff: »Dieser Schluß ist eine Kritik des ganzen Werkes. Er sagt, daß mit dem Tode des Prinzen der ganze *Apparat* des Romans in nichts zusammensinkt, und es im Grunde nur ein Spuk war, der ihn umgab ... Ein ernstes Drama soll wie ein Grab enden, ein ernster Roman aber wie ein Kirchhof. Das Auge soll mit Schmerz nach *vielen* Gräbern sich umsehen, und nicht wissen, welches von ihnen allen den Immortellenkranz verdient.«

Alexander von Ungern-Sternberg, der die Autorin einst in den altpreußisch-konservativen Salon der Henriette Paalzow eingeführt hatte, polemisierte nicht weniger heftig gegen ihren Versuch, »einen hochstehenden aristokra-

415

tischen Namen, einen preußischen Prinzen für ihre Lehre dienstbar zu machen. Daß doch die Demokratie immer wieder mit der Größe, dem Glanze der Höfe, den sie doch so gründlich zu verachten vorgibt, kokettiert! ... So ist Rahel in den Prinzen verliebt: Zeitgenossen wollen wissen, daß dies nie der Fall gewesen, allein es mußte eben eine ›geistreiche Jüdin‹ sein, die als Heroine dem Heros zur Seite stand, wenn es nicht gewesen wäre, wozu dann der ganze Roman? Der Prinz ist das Echo der jüdisch-modern-freiheitlichen Ideen Rahels ...«

Auch der Fanny Lewald ansonsten wohlgesonnene Rezensent der *Blätter für literarische Unterhaltung* vom 22. 12. 1849 konnte sich mit der Hauptfigur nicht befreunden: »Prinz Louis Ferdinand kann nicht der Held genannt werden, weil man ihn nur beklagt, nicht bewundert ... Ein prinzlicher Don Juan mit aller Inferiorität moderner Übersättigung.« Über die Darstellung der ihm zur Seite gestellten Seelenfreundin urteilte er: »Ihr Verhältnis zum Prinzen scheint uns aber nicht ganz richtig und nicht von Rahels Standpunkt aus gezeichnet. Wenn die Verfasserin es als Zuneigung fast männlicher Frauencharaktere zu dem schwachen, verweichlichten, zärtlichen und äußerlich anmutigen Knaben darstellt, so ist dies eine Liebe, die uns Rahels nicht würdig zu sein scheint ... Eine solche Art der Liebe setzt die Bedingung großer Sinnlichkeit, und diese konnte dem ausgeprägten Geistes- und Seelenleben einer Rahel nie nahetreten.«

Andererseits gab es viele lobende Stimmen, darunter so gewichtige wie die Hermann Hettners, der auch Gottfried Keller gefördert hatte und als gründlicher Kenner der Literaturgeschichte feststellte: »Kein Zweifel, *Prinz Louis Ferdinand* ist einer der wenigen guten historischen Romane, die wir in Deutschland haben, und unter diesen wenigen ist er der trefflichste.« Mit sicherem Gespür erkannte Hettner »in der Unnatur des modernen Staatslebens« den Kern der Lewaldschen Sozialkritik: »*Prinz Louis Ferdinand geht zugrunde, weil er ein Prinz ist.* Eine feurig tatkräftige, geniale Natur, ist er in einem absoluten Staate als Prinz zur unbedingten Untätigkeit verdammt; er vergeudet seine glänzende Geistesgabe in Liebschaften, weil dies die einzigen Abenteuer sind, auf die ein Prinz in fauler Friedenszeit die angeborene Glut und Tatenlust verwenden darf, er wird ein Wüstling, weil er kein Held sein darf.«

Allerdings tadelt Hettner mit den gleichen Argumenten wie Gutzkow – die Fanny Lewald zuletzt selbst als Absage an den historischen Roman formulierte – das abrupte, katastrophale und erschütternde Ende: »Und doch war, wie es mir scheint, der einzig sachgemäße und darum wirklich poetische Schluß so leicht zu finden. Prinz Louis Ferdinand ist ein Opfer des Absolutismus. Die Dichtung eröffne uns in einigen Kapiteln einen Einblick in die kurz nach der Niederlage von Jena erfolgende demokratische Wiedergeburt Preußens: der Tod des Prinzen hat dann die natürliche Sühne, und mit dieser Sühne rundet sich die Dichtung von selbst zum harmonischen, wahrhaft versöhnenden Ganzen.« Ein derart erbauliches Happy-End hätte dem Roman freilich viel von seiner Brisanz genommen; schon die Forderung läßt an die Kontroverse um Goethes *Werther* denken, dessen empörte Kritiker ebenfalls ›das Positive‹, zumindest aber eine zweifelsfreie moralische Botschaft vermißten.

Öffentlich fühlte sich Varnhagen, nachdem es mit einer gedruckten Widmung versehen worden war, nicht mehr berufen, das Buch zu kommentieren. Ein Dementi hätte die verfehlte Darstellung Rahels erst recht in die Schlagzeilen gebracht, ein Lob ihre Authentizität verbürgt. Doch gerade sein Stillschweigen, angesichts der prekären Sachlage ein Zeichen guten Willens für die junge Autorin, wirkte wohl nicht nur auf den anonymen Beiträger der englischen Zeitschrift *Athenaeum* befremdlich: »Beruht die Erzählung in Wahrheit, so dünkt es uns einigermaßen seltsam, wie ein Frauenzimmer dergleichen drucken lassen konnte, solange der Gatte der Rahel noch atmete ... der Umstand, daß der Witwer in keiner Weise dagegen protestiert hat: alles dies ist mehr denn ein Mensch glauben kann, und macht sogar das Erstaunen stumm.«

Auf den »Beifall der Leute für eine erdichtete Rahel« käme es ihm freilich am allerwenigsten an, schrieb der Geheimrat seiner Nichte nach Hamburg, als Ludmilla Assing das Buch in Schutz nehmen wollte. Vielmehr seien »die Wahrheit ... immer das beste Licht für jedes echt Wirkliche« und »das unwahre Bild zugleich ein verzerrtes.« Varnhagens Kritik setzt ganz woanders an als die der Rezensenten: Die Rahel im Roman zugeschriebene »Aufopferung seiner selbst, um andre glücklich zu machen, und jene Verheimlichung einer großen Liebe, woraus hier so große Tugend gemacht wird«, stellten »beim Lichte besehen doch nur heuchlerische Zierei und blödsinnige Schwäche« dar – »dergleichen gehört zu dem falschen Flitter, mit dem seichte Romane und kränkliche Moral ihre Scheinhelden ausstatten, damit sie dem Lesetroß gefallen.«

Daß Varnhagen von Ense im folgenden Frühjahr *Fanny Lewalds Erinnerungen aus dem Jahr 1848* mit einer freundlichen Rezension bedachte, hielt sie für eine Versöhnungsgeste des, wie sie vermutete, noch immer peinlich berührten Witwers: »Heute, als ich den Artikel las«, schrieb sie ihm am 31. 3. 1850, »kam mir urplötzlich das Gefühl: wenn du ihm auch weh getan hast, Herr von Varnhagen hat dir doch vergeben, und an dich geglaubt; dir geglaubt, daß du nicht mit Absicht einen Menschen kränken, daß du nicht undankbar sein kannst!« In Wahrheit handelte es sich bei Varnhagens Beitrag für die Berliner *National-Zeitung* um eine Klärung und Positionsbestimmung. »Aber die Wahrheit übt ihr heiliges Recht«, heißt es angesichts der Versuche, das Revolutionsgeschehen stillschweigend zu verdrängen, »und das Dagewesene lebt nicht nur in unwidersprechlichen Tatsachen, sondern auch in redlichen Überlieferungen edler Zeugen fort, gegen deren Aussagen alle Künste der Lüge und Vertuschung nicht aufkommen.« Damit legte er der Autorin das »beste Licht für jedes echt Wirkliche« ausdrücklich ans Herz und hob ihr autobiographisches Talent hervor, das sie später mit ihrer *Lebensgeschichte* glanzvoll unter Beweis stellen sollte.

Doch die Kontroverse ließ Fanny Lewald lebenslang keine Ruhe mehr. Erst nach Varnhagens Tod im Jahr 1858 stimmte sie einer Neuausgabe des Romans zu und bemühte sich, in ihrer Überarbeitung die »Leidenschaft« Rahels möglichst abzumildern und zu verklären. Hierfür nur ein kleines, willkürlich herausgegriffenes Beispiel: »Mit dieser Liebe hing Rahel an dem Prinzen«, lautete ein Satz in der Fassung der Erstausgabe von 1849 in Kapitel II, 3; zehn Jahre später hieß es: »Mit dieser selbstlosen, reinen Liebe«. Und bei ihrem großen Liebesschwur in der Abschiedsszene in Kapitel III, 13 – von »So wahr als ich Sie liebe …« bis »Sie lohnen mir wie ein Königssohn« – hatte Rahel den Prinzen ursprünglich geduzt, in der Überarbeitung – der auch diese Ausgabe folgt – bleibt es beim distanzierten Sie.

Auch in anderen Punkten, die ihren Kritikern mißfällig gewesen sein mögen, nahm die Autorin Eingriffe vor. Hatte sich Goethe in Kapitel I, 1 in der Urfassung noch »vornehm« vom politischen Leben abgegrenzt, geschah dies nunmehr »sorglich«, und statt von »Teilnahmslosigkeit« des Dichterfürsten gegenüber den Verhältnissen ist in der Neufassung nur noch von »Abgeschlossenheit« die Rede. Die Anführungszeichen der Erstausgabe wurden vielleicht weggelassen, weil es auf diese Weise weniger taktlos erschien, historischen Persönlichkeiten erfundene Dialoge zuzuschreiben.

Einige den unterschwelligen Antisemitismus ihrer Kritiker provozierende Formulierungen wurden ebenfalls abgemildert. Die »Judenmädchen«, denen der Prinz nachlaufe, worüber sich der alte Wegmann in Kapitel III, 1 empört, änderte die Autorin in »Frauenzimmer«. Und bei der ersten Erwähnung der – von Ungern-Sternberg namentlich attackierten – Dorothea Schlegel in I, 3 wies sie mit einer Erwähnung auf deren Vater, den großen Philosophen und Lessing-Vertrauten Moses Mendelssohn hin.

Noch 1888 nahm sie den Neudruck einer Schilderung des Heine-Besuchs von 1850, die erstmals Adolf Stahr publiziert hatte, zum Anlaß, einen rechfertigenden Dialog über die Entstehung des *Prinz Louis Ferdinand* einzurücken. Danach will Fanny Lewald dem Dichter in Paris berichtet haben: »Ich ging zu Herrn von Varnhagen, sprach ihm von meinem Vorhaben, sagte ihm auch, daß ich an eine Liebe Rahels für den Prinzen glaube, und diese in den Bereich der Dichtung zu ziehen dächte.« Varnhagen selbst soll diese Möglichkeit für glaubhaft und wahrscheinlich erklärt haben, mehr noch: »»Im übrigen gehört sie der Historie, und damit der Dichtung an!‹«

Sein Angebot weiterer Mitteilungen aus Rahels Liebesleben habe sie mit der Bemerkung abgewehrt, daß sie »nach diesen Bereichen hin meinen Roman nicht auszuführen gedächte«. Später, als sie »von Dritten hörte, daß sie an der Benutzung von Rahels Persönlichkeit Anstoß genommen, daß sie dies gegen Varnhagen ausgesprochen und daß Varnhagen sich ihnen zustimmend erwiesen«, habe sie ihn an ihr »früheres Übereinkommen« erinnert. Auch dem Leitstern ihrer weiblichen Emanzipation hatte sich die Autorin inzwischen entfremdet und betonte nun, wie »sie in späteren Jahren von der unbedingten Bewunderung für Rahel zurückgekommen sei; daß das Springende in ihren Einfällen und in ihrer Ausdrucksweise etwas Unheimliches, Unschönes und Unruhiges für mich bekommen«.

Ob das Gespräch schon 1850 so stattgefunden hat, ist – bei mehrfacher Überarbeitung einer jahrzehntealten Niederschrift, deren Originale verbrannt wurden – durchaus zweifelhaft. Heinrich Heine jedenfalls soll in allen fraglichen Punkten zugestimmt und das Buch ausdrücklich gelobt haben. Sicher ist nur, daß Lewald ihr Konzept des historischen Romans als Einkleidung für die Diskussion aktueller politischer Fragen längst aufgegeben hatte. Als Ludmilla Assing 1871 den literarischen Nachlaß des Fürsten Pückler erbte mit der Auflage, die zahlreichen Briefe und Tagebücher zu veröffentlichen, legte sie gar Protest beim Großherzog von Sachsen-Weimar ein: Sie fühlte sich an »die bisher unerhörte Weise« erinnert, »in welcher ... die regierenden Fürsten, die ersten Staatsmänner, Fürst Bismarck, Herr von Keudell, die Fürstin Bismarck, in Romanen als Marionetten behandelt werden.«

An ihrem eigenen Roman vermißte Fanny Lewald, wie sie im Vorwort zur Neuausgabe schrieb, vor allem eine Moral, die ihre Freiheiten und Freizügigkeiten womöglich legitimiert hätte: »Als ich das letzte Kapitel meines Romans beendet hatte, schrieb ich an Stahr: ›Mit meiner Arbeit bin ich fertig. Der Prinz ist tot.‹ Damit ist das Buch zu Ende; aber, wie ich die Sache auch zu wenden gesucht, es ist kein ethischer Schluß, und zu solchem kann es nie kommen bei diesen zwischen dem tatsächlich Gegebenen und der eigenen Erfindung, zwischen Dichtung und Wirklichkeit schwankenden Personen und Ereignissen, wenn die dichterische Lösung nicht zufälligerweise in den Verhältnissen vorhanden ist!« Von einem Roman verlangte sie, wie es im zweiten Widmungsschreiben heißt, »Gestalten, welche sich von Anfang an für einen bestimmten Zweck organisch heranbilden«.

Was die Autorin selbstkritisch tadelte, gehört aus heutiger Sicht wohl zu den eigentlichen Stärken ihrer Erzählung: daß der *Prinz Louis Ferdinand* gerade nicht als Tendenzroman funktioniert, daß er kein »künstlerisch geschlossenes, in sich vollendetes Ganzes« bildet. Mit individuellen Lebenszeugnissen Rahels, dem »Springenden in ihren Einfällen und ihrer Ausdrucksweise«, war ein solches Literaturkonzept ohnehin nicht vereinbar. Heutige Leser können sich die echten Briefe Rahels, des Prinzen oder der Pauline Wiesel ergänzend vornehmen. Und für sie ist die Lewaldsche Gratwanderung zwischen Fiktion und Wirklichkeit, geschichtlichen Fakten und psychologischer Einfühlung das eigentlich Interessante – ihre Wirklichkeitsdichtung.

Ob die Autorin dabei der Mahnung Varnhagens gefolgt ist, »was ich auch immer schreiben möge, nie die Sorgfalt für den Stil aus den Augen zu lassen«, sei dahingestellt: Wortreicher Schwulst und übertriebenes Pathos finden sich allenthalben im *Prinz Louis Ferdinand*. Doch wer das Buch als »Zeitbild« einer lange verloschenen Epoche versteht – und bereit ist, sich der reichen Überlieferung ihrer Lebenszeugnisse zu widmen –, dem wird sie in all ihren Brüchen und Widersprüchen lebendig. In diesem Sinne läßt sich Fanny Lewalds Werk noch heute mit Gewinn lesen.

Zum Text dieser Ausgabe:

Die Soziologie der Editionen macht es notwendig, beim Neudruck von Texten des 19. Jahrhunderts Rücksicht auf Verständlichkeit und Lesbarkeit zu nehmen. Das vorliegende Taschenbuch erhebt – worauf schon die Änderung des Titels in *Die Abenteuer des Prinzen Louis Ferdinand* deutet – nicht den Anspruch einer wissenschaftlichen Studienausgabe. Sie will vielmehr einen zu Unrecht vergessenen Roman einem breiten Publikum wieder zugänglich machen. Daher war eine generelle Modernisierung einschließlich vorsichtiger Eingriffe in den Text unerläßlich. Zugrunde gelegt wurde – im Vergleich mit der Erstausgabe – der schon von Fanny Lewald selbst redigierte Text der zweiten Auflage. Dabei wurden die Anführungszeichen der wörtlichen Rede wieder eingesetzt, Brieftexte kursiv gesetzt, Schreibungen von Namen korrigiert (›Nostitz‹) bzw. vereinheitlicht (›Schuwaloff‹), Zeichensetzung, Orthographie sowie Groß- und Kleinschreibung heutigen Gepflogenheiten angepaßt, Redundanz bei Bezugswörtern (›jener‹, ›derselbe‹, ›es‹) zurückgenommen sowie das Dativ-e weitgehend gestrichen. Zur näheren Orientierung über die Autorin und die Gestalten ihres Romans mögen die Literaturhinweise dienen.

Ausgaben:

Fanny Lewald: *Prinz Louis Ferdinand.* Roman. 3 Bde., Breslau 1849.

Dass. Ein Zeitbild. 3 Bde., Berlin 1859.

Dass. Berlin 1926.

Dass. neu hg. u. mit einem Nachwort v. Bertha Badt-Strauß, Berlin 1929.

Das Manuskript des Romans liegt in der Deutschen Staatsbibliothek zu Berlin, Preußischer Kulturbesitz, Nachlaß Lewald-Stahr.

... zu Fanny Lewald und ihrem Roman:

Eine Studienausgabe der Schriften Fanny Lewalds gibt Ulrike Helmer in Frankfurt a. M. heraus; bisher erschienen: *Meine Lebensgeschichte.* 3 Bde., 1988; *Für und wider die Frauen.* Politische Schriften, 1989; *Italienisches Bilderbuch,* 1992.

Nikolaus Gatter: ›*Gift, geradezu Gift für das unwissende Publicum*‹. Der diaristische Nachlaß von Karl August Varnhagen von Ense und die Polemik gegen Ludmilla Assings Editionen (1860–1880), Bielefeld 1996, S. 387–391.

Henriette Goldschmidt: *Stahr-Lewald, Fanny*, in: Allgemeine Deutsche Biographie, Bd. 35 (1893), S. 406–411; Nachtrag Bd. 52 (1906), 769–771.

Karl Gutzkow: *Ein preußischer Roman*, in: Allgemeine Zeitung Nr. 221 v. 9.8.1849 (Beilage), S. 3415f.

Hermann Hettner: *Fanny Lewald*. Ein Literaturbild, in: Blätter für literarische Unterhaltung Nr. 308–311 v. 25.–28. 12. 1850, S. 1229 f., 1233 ff., 1237 f., 1241–1244.

– *Aus Hermann Hettners Nachlaß II*. Mitgeteilt v. Robert Glaser-Gerhard, in: Euphorion 29 (1928), S. 430 ff.

Joachim Krueger: *Fanny Lewalds Bekenntnis zur ›Weltanschauung der Realität‹*. Zu einem Brief Fanny Lewalds an Bernhard von Lepel, in: Fontane-Blätter 1979, Bd. 4, H. 5, S. 392–399.

Ders.: *Zu den Beziehungen zwischen Theodor Fontane und Fanny Lewald*. Mit unbekannten Dokumenten, in: Fontane-Blätter 1980, Bd. 4, H. 7, S. 615–628.

Fanny Lewald: *Varnhagen von Ense*. Ein Brief an den Herausgeber, in: Freya. Illustrirte Blätter für die gebildete Welt Jg. 2/1862, S. 44–47.

Dies.: *Zwölf Bilder nach dem Leben*. Erinnerungen, Berlin 1888.

Dies.: *Gefühltes und Gedachtes* (1838–1888). Hg. v. Ludwig Geiger, Dresden/Leipzig 1900.

Dies.: *Großherzog Carl Alexander und Fanny Lewald-Stahr in ihren Briefen 1848–1889*. Hg. v. Rudolf Göhler. 2 Bde., Berlin 1932.

Dies.: *Freiheit des Herzens*. Lebensgeschichte – Briefe – Erinnerungen. Hg. v. Günter de Bruyn u. Gerhard Wolf, Frankfurt a. M. Berlin 1992.

Fanny Lewald, in: Blätter für literarische Unterhaltung Nr. 306 f. v. 22.–24. 12. 1849, S. 1221 ff., 1225 f.

Das Athenäum über Fanny Lewald, in: Blätter für literarische Unterhaltung Nr. 17 v. 19. 1. 1850, S. 67 f.

Über Fanny Lewalds Auffassung der Rahel im ›Prinz Louis Ferdinand‹, in: Blätter für literarische Unterhaltung Nr. 68 v. 20. 3. 1850, S. 272.

Fanny Lewald und die französische Kritik, in: Blätter für literarische Unterhaltung Nr. 270 v. 11. 11. 1850, S. 1080.

Hanna B. Lewis: *The Misfits*. Jews, Women, Soldiers and Princes in Fanny Lewald's *Prinz Louis Ferdinand*, in: Edward R. Haymes (Hg.): *Crossings – Kreuzungen*. A Festschrift for Helmut Kreuzer, Columbia 1990, S. 104–114.

Irene Stocksieker di Maio: *Jewish Emancipation and Integration*. Fanny Lewald's Narrative Strategies, in: Gerhard P. Knapp (Hg.): *Autoren damals und heute*. Literaturgeschichtliche Beispiele veränderter Wirkungshorizonte, Amsterdam/Atlanta 1991 (= Amsterdamer Beiträge zur neueren Germanistik 31 ff.), S. 273–301.

Renate Möhrmann: *Lewald, Fanny* in: Neue Deutsche Biographie 14 (1985), S. 498 f.

Brigitta van Rheinberg: *Fanny Lewald*. Geschichte einer Emanzipation, Frankfurt a. M/New York 1990.

Gabriele Schneider: *Vom Zeitroman zum ›stylisierten‹ Roman*. Die Erzählerin Fanny Lewald, Frankfurt a. M. etc. 1990.

Dies.: *Fanny Lewald und Heine*. Sein Einfluß und seine Bedeutung im Spiegel ihrer Schriften, in: Heine-Jahrbuch 33 (1994), S. 202–216.

Dies.: *Fanny Lewald*, Reinbek 1996 (= rororo monographien 535).

Alexander v. Ungern-Sternberg: *Prinz Louis Ferdinand*. Von Fanny Lewald, in: Neue Preußische (Kreuz-) Zeitung Nr. 161 f. v. 14.–15. 7. 1849.

Karl August Varnhagen von Ense: *Erinnerungen aus dem Jahr 1848 von Fanny Lewald*, in: National-Zeitung. Morgen-Ausgabe Jg. 3/Nr. 148 v. 31. 3. 1850.

Venske, Regula: *Ach, Fanny!* Vom jüdischen Mädchen zur preußischen Schriftstellerin, Berlin 1988.

Michael Werner (Hg.): *Begegnungen mit Heine*. Berichte der Zeitgenossen, Hamburg 1973, Bd. 2: 1847–1856 S. 201–204.

... zu Prinz Louis Ferdinand und Pauline Wiesel:

Anekdoten und Charakterzüge aus dem Leben des Prinzen Louis Ferdinand von Preußen, 2. Aufl., Berlin 1807.

Ludmilla Assing (Hg.): *Briefe von Chamisso, Gneisenau, Haugwitz, W. von Humboldt, Prinz Louis Ferdinand, Rahel, Rückert, L. Tieck u. a.* Nebst Briefen, Anmerkungen und Notizen von Varnhagen von Ense. 2 Bde., Leipzig 1867.

Carl Atzenbeck: *Pauline Wiesel.* Die Geliebte des Prinzen Louis Ferdinand von Preußen. Ein Charakterbild aus der Zeit der Romantiker in zeitgenössischen Zeugnissen und Briefen, Leipzig 1925.

Paul Bailleu: *Ludwig Ferdinand,* in Allgemeine: Deutsche Biographie 19 (1884), S. 582–587.

Ders.: *Prinz Louis Ferdinand.* Eine historisch-biographische Studie, in: Deutsche Rundschau Jg. 12, Bd. 45, Oktober–November 1885, S. 27–50, 206–229.

Alexander Büchner (Hg.): *Briefe des Prinzen Louis Ferdinand von Preußen an Pauline Wiesel*, Leipzig 1865.

Elise Felicitas v. Hohenhausen: *Berühmte Liebespaare*. Hg. v. E. Vely, Berlin o. J., S. 483–507.

Eckart Kleßmann: *Prinz Louis Ferdinand von Preußen*. Soldat – Musiker – Idol, München 1995.

Christian v. Massenbach/Friedrich Buchholz: *Historische Denkwürdigkeiten zur Geschichte des Verfalls des preußischen Staats seit dem Jahre 1794/Gallerie Preussischer Charaktere*. Mit einem Nachwort v. Hans-Werner Engels, Frankfurt a. M. 1979 (= Haidnische Alterthümer).

Burkhard Nadolny: *Prinz Louis Ferdinand*. Künstler – Held – Politiker, Düsseldorf / Köln 1967.

Kurt v. Priesdorff: *Prinz Louis Ferdinand von Preußen*, Berlin 1935 (= Große preußische Generale 4).

Wolfgang Stribrny: *Louis Ferdinand*, in: Neue Deutsche Biographie 15 (1987), S. 257 f.

Karl August Varnhagen von Ense: *Galerie von Bildnissen aus Rahels Umgang und Briefwechsel*. Bd. 1, Leipzig 1836, S. 239–300.

Ders.: *Biographien, Aufsätze, Skizzen, Fragmente*. Hg. v. Konrad Feilchenfeldt u. Ursula Wiedenmann, Franfurt am Main 1990 (= Werke Bd. 4/Bibliothek deutscher Klassiker 56), S. 78–122.

Hans Wahl: *Prinz Louis Ferdinand von Preußen*. Ein Bild seines Lebens in Briefen, Tagebuchblättern und zeitgenössischen Zeugnissen, Weimar 1917.

Das musikalische Gesamtwerk von Prinz Louis Ferdinand liegt in einer Einspielung als 5-CD-Box bei Thorofon-Schallplatten, Wedemark vor (Nr. BCTH 2251/5).

... zu Rahel Levin Varnhagen:

Hannah Arendt: *Rahel Varnhagen*. Lebensgeschichte einer deutschen Jüdin aus der Romantik, Frankfurt a. M./ Berlin/Wien 1974 (= Ullstein-Taschenbuch 3091).

Barbara Hahn: ›*Antworten Sie mir!*‹ Rahel Levin Varnhagens Briefwechsel, Basel/Frankfurt a. M. 1990.

Ursula Isselstein: *Der Text aus meinem beleidigten Herzen*. Studien zu Rahel Levin Varnhagen, Turin 1993.

Walter Jens: *Sinnlichkeit und Prägnanz*. Nachdenken über Rahel Varnhagen, in: ›*Sinnlichkeit in Bild und Klang*‹. Festschrift für Paul Hoffmann zum 70. Geburtstag, Stuttgart 1987, S. 267–278.

Peter Seibert: *Der literarische Salon*. Literatur und Geselligkeit zwischen Aufklärung und Vormärz, Stuttgart/Weimar 1993.

Carola Stern: *Der Text meines Herzens*. Das Leben der Rahel Varnhagen, Reinbek bei Hamburg 1994.

Heidi Thomann Tewarson: *Rahel Levin Varnhagen in Selbstzeugnissen und Bilddokumenten*, Reinbek 1988 (= rowohlts monographien 406).

Rahel Varnhagen: *Briefwechsel*. Hg. v. Friedhelm Kemp, 4 Bde., München ²1979.

Dies.: *Gesammelte Werke*. Hg. v. Konrad Feilchenfeldt, Uwe Schweikert und Rahel E. Steiner. 10 Bde., München 1983 (= Rahel-Bibliothek).

Dies./Pauline Wiesel: *Ein jeder machte seine Frau aus mir wie er sie liebte und verlangte*. Ein Briefwechsel. Hg. u. mit einem Nachwort versehen v. Marlis Gerhardt, Darmstadt/Neuwied 1987 (= Sammlung Luchterhand 708).

Dies.: *Briefwechsel mit Pauline Wiesel*. Hg. v. Barbara Hahn unter Mitarbeit v. Birgit Bosold, München 1997.

K. Th. Zianitzka [= Kathinka Zitz]: *Rahel oder 33 Jahre aus einem edeln Frauenleben*, 6 Bde., Leipzig 1864.

Die ›Sammlung Varnhagen‹ wird seit Ende des Zweiten Weltkriegs in der Jagiellonischen Bibliothek, Krakau aufbewahrt und der wissenschaftlichen Benutzung zur Verfügung gestellt. Hier finden sich zahlreiche Briefe des Prinzen an Rahel und Pauline Wiesel sowie die den Roman betreffende Korrespondenz Fanny Lewalds mit Varnhagen. Die handschriftlichen Bestände erschließt der Katalog von Ludwig Stern: *Die Varnhagen von Ensesche Sammlung* ..., Berlin 1911. Was von Varnhagens Bibliothek erhalten ist, auch sein Exemplar des *Prinz Louis Ferdinand*, steht in der Deutschen Staatsbibliothek zu Berlin, Stiftung Preußischer Kulturbesitz. Dem Andenken Rahels und ihres Salons, Varnhagens und seiner Sammlung widmet sich die Varnhagen Gesellschaft Hagen-Berlin e. V., c/o Rahel Varnhagen Kolleg, Springmannstraße 7, 58095 Hagen.

Übersetzung der Passagen in
französischer Sprache

il n'y a que le premier pas qui compte: allein der erste
   Schritt zählt

fi donc!: pfui!

voyez (Vous): sehen Sie!

mais point du tout!: aber keineswegs!

à faire pitié: zum Erbarmen!

ma foi!: auf Ehre!

rencontre: Treffen; auch Kampf, Duell

grâce à dieu: Gott sei Dank

(tout) au contraire: (ganz) im Gegenteil

égards: Rücksichten

c'est très bien: das ist ausgezeichnet

mon dieu!: mein Gott!

silence, Messieurs!: Ruhe, meine Herren!

que vous êtes: der Sie auch sind

pardonnez: verzeihen Sie

C'est comme cela: es ist so

savoir faire: Geschick

vive la révolution! et la France!: Es lebe die Revolution!
   und Frankreich!

les temps ont bien changés!: Die Zeiten haben sich sehr
   geändert!

tout le monde: alle

diable d'écriture: verhexte (schwer leserliche) Schrift

au profit de tout le monde: zum Wohl der Allgemeinheit

pair ou impair: gerade oder ungerade (ein Münzspiel).

la paix ou la guerre: Frieden oder Krieg

la Prusse ne gagnera jamais avec la paix: durch Frieden
   wird Preußen niemals siegen

hors d'état: ohne Geldmittel

ouvriers: Arbeiter

République française: französische Republik

de manière ou d'autre quand bon me semble: auf die eine oder andere Weise, wenn es mich gut dünkt

quoi qu'on en dise!: was immer man darüber sagen mag!

je ne manque pas de capacités: es fehlt mir nicht an Fähigkeiten

cueillions la rose sans la laisser fâner, elle est éclose, pour nous charmer!: laßt uns die Rosen pflücken, bevor sie welken, sie blühen uns zur Freude

la petite Pauline: die kleine Pauline

tellement espiègle: furchtbar schalkhaft, zu Streichen aufgelegt

loup garoux: Werwolf

je l'ai très bien connue, elle est devenue belle femme après tout!: ich habe sie sehr gut gekannt, unterdessen wurde eine schöne Frau aus ihr

d'un blond foncé: dunkelblond

la plus belle gorge, les bras superbes!: der schönste Busen, wundervolle Arme!

comme une vraie Parisienne!: wie eine echte Pariserin!

tant que j'en sais: soviel ich weiß

voilà le beau temps qui nous revient: sieh an, die schönen Zeiten kehren wieder!

Vous me quittez pour aller à la gloire ...: die Romanze lautet übersetzt etwa: ›Ihr verlaßt mich, um Ehre zu finden, mein trauernd Herz folgt euch überall hin, entschwebt denn zum Ruhmestempel, doch vergeßt mich nicht. / Erwerbt bei Euren Heldentaten gleichen Ruhm wie bei der treuen Liebe und meidet den Tod; zeichnet Euch in Schlachten aus, wo Ehre winkt, doch vergeßt mich nicht. / Was bleibt mir, ach! in meinen tiefen Schmerzen; ich fürchte den Frieden nicht weniger als den Kampf. Ihr werdet vielen neuen Schönheiten begegnen und sie verlocken, doch vergeßt mich nicht. / Ja! Ihr werdet sie verlocken und siegen ohne Unterlaß, Mars und die Liebe werden Eure Schritte lenken, behaltet den süßen Rausch eurer Triumphe, werdet glücklich, doch vergeßt mich nicht.‹

le beau Dunois: der schöne Dunoiser (Einwohner des ehem. Herzogtums Orléans)

aux armes!: zu den Waffen! (Refrain der Marseillaise)

une et indivisible: eins und unteilbar

tête à tête: intimes Zusammensein

les pièces qu'on a executées: die (Musik-) Stücke, die aufgeführt wurden

que Votre Altesse a ordonné d'inviter: die Ihre Hoheit einzuladen befohlen hat

souvent femme varie, bien fol est qui s'y fie!: Frauen sind oft wankelmütig; ein Narr ist, wer sich auf sie verläßt.

quel bruit pour une omelette!: welch Lärm wegen eines Eierkuchens! Angeblicher Ausspruch des französischen Dichters Desbarreaux (1602–1673), als er sich an einem Freitag ein Omelette (mit Speck) servieren ließ und es heftig donnern hörte.

arrangement bourgeois: bürgerliche Ordnung

la princesse: die Prinzessin

qu'une petite bourgeoise: nichts als eine Kleinbürgerin

comme nous autres: wie wir anderen auch

comment Vous paie-t-elle ...?: wieviel zahlt sie Ihnen ...?

Dieu pour nous tous!: Gott für uns alle!

heureusement: glücklicherweise

les petits billets: die kleinen Briefchen

les gros paquets comme les grands secrèts: die großen Pakete ebenso wie die großen Geheimnisse

comme Vous dites en allemand: wie Sie im Deutschen sagen

le petit laquai: der kleine Bediente

qu'il ne voulait dire qu à Votre Altesse elle même!: was er nur Ihrer Hoheit selbst sagen will!

oh pardon! chère!: Verzeihung, Liebling!

la grenouille qui veut se faire grand comme le bœuf! der Frosch, der sich zum Ochsen aufblähen will!

le petit caporal: der kleine Korporal (Beiname Napoleons)

voilà le mot! Nous ne sommes que cela!: das treffende Wort! etwas anderes sind wir nicht!

cela vous étonne!: erstaunt Sie das!

affaires de cœur: Herzensangelegenheiten

intrigues d'antichambre: Vorzimmer-Intrigen

liaisons: Liebeleien

qui flétrit à tout jamais la gloire de la Prusse: die den Ruhm Preußens in alle Ewigkeit beflecken.

mais c'est une chose qui n'existe plus!: das ist doch etwas, das nicht mehr existiert!

d'avoir fait mon devoir, d'avoir fait tout ce que je pouvais: meine Pflicht getan zu haben, alles unternommen zu haben, was in meiner Macht stand!

carte blanche: weiße Karte, sinnbildlich für unbeschränkte Vollmacht

c'est étrange: es ist sonderbar

siècle: Jahrhundert

ce Monsieur Heldrich: jener Herr Heldrich

connaissance: Bekanntschaft

veuille Dieu!: das walte Gott!

je comprends ce noble sentiment: dieses edle Ansinnen verstehe ich gut!

ma vie Vous appartient: mein Leben gehört Ihnen

et ne Vous exposez trop: und setzen Sie sich nicht zu sehr (dem feindlichen Angriff) aus

mais pour retourner il faut vivre avant tout!: doch um wiederzukommen, muß man vor allem am Leben bleiben!

Dieu le protège! C'est un vaillant enfant!: Gott schütze ihn! er ist ein tapferes Kind!

Wort- und Sacherklärungen

Adlerorden: gestiftet bei der Krönung Friedrichs I., des Großen Kurfürsten, zur Hebung des Ansehens seines neuen Königreichs, wurde dieser mit dem erblichen Adelstitel verbundene wichtigste preußische Orden erstmals 1701 verliehen.

Ansbach und Bayreuth: die fränkischen Fürstentümer wurden 1791 von Markgraf Christian Friedrich Karl Alexander an Preußen übertragen und bis 1805 durch den Reformer Hardenberg verwaltet.

Nach seinem siegreichen Feldzug übertrug sie Napoleon an Bayern.

Arion: legendärer Zitherspieler und Dichter aus Methymna auf Lesbos, Erfinder des Dithyrambos.

arkadische Schäfer: Arkadien, die griechische Landschaft in der Mitte des Peloponnes, ist die Lieblingsregion der Dichter ländlicher Idyllen.

arriviert: eingetroffen.

Artus und die Tafelrunde: Artus, der mythische König Britanniens, versammelte der Sage nach an seinem Hof zu Camelot einen Kreis von Rittern ›ohne Furcht und Tadel‹ um sich.

Auguren: Priester im antiken Rom, die aus bestimmten Himmelserscheinungen, dem Vogelflug etc. die Zukunft vorhersagten.

Austerlitz: Schauplatz der Dreikaiserschlacht am 2. 12. 1805, als Napoleon über das russisch-österreichische Heer unter Zar Alexander I. und Franz II. von Österreich siegte.

Aventüre: Abenteuer.

Berloques: frz. *berloques*, Ziergehänge am Uhrband.

blöde: im 18./19. Jhd. soviel wie ›schüchtern‹.

Cactus grandiflorus: lat. ›großblumige Kaktee‹, zur Familie der Cereus gehörendes, mittelamerikanisches

Nachtgewächs, dessen trichterförmige, nach Vanille duftende Blüten sich nur wenige Stunden öffnen.

Capriccio: freier, fugenartiger Tonsatz über ein lebhaftes Thema; auch Bild von seltsamer Konzeption und skizzierter Ausführung.

Carlos' Wort gegen Clavigo: »Da macht wieder jemand einen dummen Streich.« Goethes *Clavigo,* Ende des 2. Akts.

Casimir: auch Kaschmir; leichtes Tuch (Halbtuch).

Champagne-Feldzug: am 20. 4. 1792 wurde Ludwig XVI. zur Kriegserklärung an Böhmen, Ungarn und Österreich gezwungen, mit denen sich Preußen verbündete; nach der vergeblichen Kanonade von Valmy kam der Vormarsch der Alliierten zum Stehen und die Revolutionstruppen besetzten Mainz und die Niederlande. Goethe schilderte seine Erlebnisse auf diesem Feldzug 1822 in seiner *Campagne in Frankreich.*

chargiert: beladen, befrachtet.

Chevaux légers: frz. leichte Reiterei, urspr. Leibwache Heinrichs IV. von Navarra.

Cicisbeo, Cicisbeat: ital. Hausfreund, Nebenmann; im 17. Jh. bei vornehmen Ständen besonders in Florenz und Genua übliches Verhältnis verheirateter Frauen zu einem männlichen Begleiter.

Clavigo: Trauerspiel von Johann Wolfgang v. Goethe (1774), das den Konflikt des José Clavijo y Fayardo (ca. 1790–1806) mit Beaumarchais dramatisiert.

Danaiden: fünfzig Töchter des Danaos, die nach einem griech. Mythos zur Strafe für Gattenmord in der Unterwelt Wasser in ein durchlöchertes Faß schöpfen mußten.

Dessauer Marsch: italienischer Herkunft; Lieblingsmarsch des Fürsten Leopold von Dessau.

divide et impera!: lat. teile und herrsche!

Don Quichotte: der sogenannte ›Ritter von der traurigen Gestalt‹, Held des berühmten Romans von Cervantes.

Egmont: Trauerspiel von Johann Wolfgang v. Goethe (1775; zuletzt überarbeitet 1787), das mit der allegorischen

Erscheinung der Freiheit im Kerker des Helden endet; Egmonts Liebe zu Klärchen, einem Bürgermädchen, wird im Roman mit der Beziehung des Prinzen zu Henriette Fromm verglichen.

enfilieren: einfädeln, anbandeln.

Entredeux: eigtl. Zwischenstück; in der Damenmode: Spitzeneinsatz.

Enzyklopädisten: frz. Philosophen der Aufklärung (Diderot, d'Alembert, Roussau, Voltaire u. a.), die das Wissen ihrer Zeit in einem großen Sammelwerk darzustellen unternahmen.

Equipagen: Kutschen.

Escarpins: Tanz- oder Springschuhe.

Eskadros: taktische Einheit der Kavallerie, auch ›Schwadron‹.

et caetera: lat. und so weiter.

Falstaff, Sir John: tragikomischer, trink- und freßlustiger Held in Shakespeares Dramen *Heinrich IV.* und *Die lustigen Weiber von Windsor.*

Fata: lat. Schicksale.

Fiesko: Gestalt aus Friedrich Schillers Trauerspiel *Die Verschwörung des Fiesco zu Genua* (1782/83).

Fleurets: Florett.

Friedrichd'or: preußische Goldmünze zu fünf Reichstalern sechzehn Groschen oder zehn Gulden.

Füsilier: leichter Fußsoldat.

Garde du Corps: in Brandenburg unter Kurfürst Johann Georg geschaffene, seit 1692 so bezeichnete berittene Elitetruppe.

Gebetmäntel: viereckiges Tuch zum Umschlagen aus Wolle oder Seide, wird von Männern über dreizehn Jahren beim jüdischen Morgengebet angelegt.

Gensd'armen, Regiment: 1691 nach frz. Vorbild als Gardekürassier-Regiment in Berlin errichtet; bis zur Gründung der Garde du Corps vornehmster Truppenteil.

Götz: Schauspiel von Goethe, 1771 u. d. T. *Götz von Berlichingen mit der eisernen Hand* verfaßt.

Herkules auf dem Scheidewege: Verlockt von den Göttinnen der Wollust und der Tugend, folgte Herkules der Legende nach im Gebirge Kithäron der Tugend.

Hier bin ich Mensch: aus Goethes *Faust,* Osterspaziergang.

Hohenlinden: Nach einem Waffenstillstand vom 20. 9. mit Frankreich und der verlustreichen Niederlage der Österreicher und Bayern vom 3. 12. 1800 gegen die frz. Armee unter General Moreau mußte Kaiser Franz II. einen ungünstigen zweiten Waffenstillstand schließen.

Illuminaten: freimaurerähnlicher Geheimorden, dessen Mitglieder einer rationalistischen Religionsauffassung huldigten und gegen Ende des 18. Jh. im Verbund mit aufgeklärten Herrschern (Ernst II. v. Gotha, Karl August v. Weimar) auch politisch Einfluß nahmen.

Incroyables: Modetracht in der Zeit des Direktoriums in Frankreich: Stulpenstiefel oder Schuhe mit Strümpfen, Frack mit großen Flügelkappen und hohem Kragen, weißes Halstuch, großer Zweispitz mit aufgeschlagenen Krempen.

Intendant: fürstlicher Schloßverwalter.

Ixion: wurde nach griech. Mythos von Zeus, weil er sich Hera genähert hatte, zur Strafe in der Unterwelt an ein Feuerrad gefesselt.

Jabot: plissierte Hals- und Brustkrause an Männerhemden des 18. Jhs.

Jalousie: Eifersucht.

Julia des Shakespeare: der zitierte Treueschwur findet sich in *Romeo und Julia* II, 2.

Karriere, gestreckter: schnellste Gangart des Pferdes.

Kattun: leinwandartig gewebte Baumwolle.

Klärchen: Gestalt aus Goethes *Egmont*.

Klaget Preußen, ach er ist gefallen .... einen undatiertes Flugblatt dieses Volkslied mit dem Titel *Auf den Tod des Prinzen Ludwig Ferdinand von Preußen. Mel. Ausgelitten hast* *du, ausgerungen* bewahrt das Deutsche Volksliedarchiv in Freiburg auf.

Konseil: Ratsversammlung.

Konföderatka: hohe polnische Mütze mit viereckigem Deckel, Quaste und Pelzverzierung.

Leonore: Gestalt aus Schillers *Fiesko.*

Lucinde: Roman von Friedrich Schlegel (1799), der wegen vermeintlich frivoler Enthüllungen zu den umstrittensten Werken der Frühromantik gehörte.

Ludwigskreuz: frz. Militärorden, 1693 v. Ludwig XIV. gestiftet; wurde 1815 von Ludwig XVIII. wiederhergestellt und 1831 endgültig aufgehoben.

Lüneville, Frieden v.: in Lunéville wurde am 9. 2. 1801 nach dem Waffenstillstand von Hohenlinden zwischen Kaiser Franz II. und Napoleon geschlossen, wobei das linke Rheinufer an Frankreich abgetreten, die dt. Fürsten aus säkularisierten Kirchengütern entschädigt wurden.

Machiavell: Gestalt aus Goethes *Egmont.*

Maler ohne Hände: Anspielung auf Lessings Trauerspiel *Emilia Galotti* I, 4, wo die Frage diskutiert wird, ob ein ohne Hände geborener Raffael ebenfalls das größte malerische Genie gewesen wäre.

Marengo: hier fand am 14. 6. 1800 die Schlacht zwischen Österreichern und napoleonischen Truppen statt; nachdem Marengo bereits verloren war, trafen Hilfstruppen unter Desaix ein und entschieden die Schlacht zugunsten Frankreichs.

Margarete v. Parma: Gestalt aus Goethes *Egmont.*

Marseillaise: von Rouget de Lisle in Straßburg 1792 komponiertes Kriegslied der frz. Rheinarmee, das zur Revolutionshymne wurde.

morganatische Ehe: im Hochadel rechtlich und kirchlich gültige Ehe ›zur linken Hand‹, bei der jedoch nicht ebenbürtige Partner und die Nachkommenschaft von den Standesvorteilen ausgeschlossen bleiben.

Mummeln: Seerosen.

Nadelgeld: meist vertraglich festgesetzte Jahressumme, die eine Ehefrau für ihre persönlichen Bedürfnisse erhält.

Oberhofmeisterin: früher eins der wichtigsten Ämter im Hofstaat eines Fürsten; entsprach in späterer Zeit dem Berufsbild einer Hauslehrerin und Gesellschafterin.

Päan: griech. Lob- oder Danklied.

Paroxysmus: wiederkehrende Krankheitserscheinung, Anfall.

Pekeschen: polnischer Männerrock mit Schnüren, Pelzverbrämung und Quasten.

Pellerinen: eigtl. Pilgermantel, auch Überwurfkragen für Damen.

Pendule: Pendel-, Stutzuhr.

Pereat! Pereant die alten Zöpfe!: Nieder mit …! Das Gegenteil von Vivat, ›es lebe!‹

Pikets: Abteilungen von Infanterie oder Kavallerie, zur Unterstützung von Feldwachen entsandt.

Profoß: Stockmeister; vertritt im Militär die Stelle des Gefangenenwärters.

Protektor: Beschützer.

Regiments-Auditeur: Militärrichter.

Reichsabschluß: auch Reichsdeputationshauptschluß, der am 25. 2. 1803 unterzeichnet wurde und das Ende des Reichs besiegelte; dabei wurden die dt. Fürsten für die Gebietsverluste des linken Rheinufers an Frankreich mit säkularisierten Kirchengütern entschädigt.

retournieren: zurückkehren, -senden.

Rheinsberg: nachdem sich Friedrich II. als Kronprinz dort aufhielt, kam das Schloß an Prinz Heinrich, den Onkel Louis Ferdinands, und 1813 an dessen Bruder August.

Riwalin: legendärer Vater Tristans, den er tödlich verwundet mit Blanchefleur zeugte, die ihrerseits bei den Geburtswehen starb.

Roßbach: hier schlug Friedrich II. am 5. 11. 1757 in nur anderthalbstündiger Schlacht die Franzosen und die Reichsarmee.

Saalfeld: Ort des Gefechts zwischen Napoleons linkem Flügel unter Soult und Augereau und der preußischen Vorhut unter Prinz Louis Ferdinand, der nahe Wöhlsdorf fiel.

Schanzenläufer: ein Überrock.

Schatzscheine: Schuldverschreibungen auf bevorstehende, aber noch nicht fällige Staatseinnahmen.

Schricke: Landgut bei Magdeburg, das der Prinz am 27. 4. 1803 mit königlicher Unterstützung für siebenundvierzigtausend Taler erwarb.

Shakespeares edler Cäsar: Anspielung auf die in *Julius Cäsar* I, 2 ironisch geschilderte dreimalige Ablehnung des Königsdiadems.

Shawl: Schal.

Spaniol: Schnupftabak aus rotgefärbten Havannablättern.

Spießrutenlauf: Militärstrafe, in Preußen 1806 abgeschafft.

Stadt Paris: um 1800 berühmtes Berliner Hotel.

Stauffacher: Gestalt aus Schillers *Wilhelm Tell*.

Sukkurs: Beistand, (finanzielle) Unterstützung.

Tantalusqualen: der myth. Zeussohn wurde zur Strafe für den Mord an seinem Sohn Pelops in einen Teich des Tartaros versetzt, wo ihm die Früchte herabhängender Zweige und das Wasser entwichen, sooft er davon essen oder trinken wollte.

Tell: Gestalt aus Friedrich Schillers Schauspiel *Wilhelm Tell*; bei der Berliner Aufführung Ende April 1804 verhinderte der Dichter die Zensur von »drei bedenklich gefundenen Stellen«.

Thekla und Max: Gestalten aus Schillers *Wallenstein*.

Trianon: zwei benachbarte Lustschlösser im Park von Versailles.

Tristan: mythischer Held des Epos Tristan und Isolde von Gottfried v. Straßburg (um 1210).

Triplealliance: Verbindung von drei politischen Mächten.

Ulm: Stadt und Festung wurden 1805 durch den österreichischen General Mack an Napoleon ausgeliefert.

Vauban: gemeint sind die Werke des frz. Militärschriftstellers und Festungsarchitekten Sebastian le Prestre de Vauban (1633–1707).

Versöhnungsfest: Jom Kippur, jüdischer Fest-, Fasten- und Bußtag, heiligster Tag des Jahres.

Vincennes: Festung im frz. Département Seine.

Virginia: röm. Tochter des Lucius Virginius, die dem gewaltsamen Werben des Appius Claudius widerstand; Sinnbild der verfolgten Unschuld.

Vorwerk: in der Landwirtschaft ein vom Hauptgut abgetrennter Teil des Besitztums mit eigenem Wirtschaftsgebäude.

Wallensteins Tod: Trauerspiel von Friedrich Schiller (17. 5. 1800 in Berlin aufgeführt); dritter Teil des dramatischen Gedichts *Wallenstein.*

Wöllnersches Religionsedikt: ein 1788 von Friedrich Wilhelm II. auf Drängen seines Ministers Johann Christoph v. Wöllner (1732–1800) erlassenes strenges Kirchen- und Zensurgesetz, das 1793 wieder aufgehoben wurde.

Zigarren: wurden erstmals 1788 in Bremen und Hamburg hergestellt, jedoch schon früher nach Europa importiert.

Verzeichnis historischer Personen

Adolf, Prinz (1774–1850): eigentlich Adolphus Frederick, Herzog v. Cambridge, jüngster Sohn des englischen Königs Georg III., studierte in Göttingen und nahm am Feldzug in die Champagne von 1793 teil, wurde 1794 ins Oberhaus berufen u. ging 1803 nach Hannover, um dessen Verteidigung zu leiten.

Alexander der Große (356–323 v. Chr.): Sohn des makedonischen Herrschers Philipp II., zog nach Eroberung Griechenlands und dem Sieg über Perser, Meder und Skythen nach Ägypten, Syrien und schließlich bis zum indischen Ozean, von wo er einen Teil seines Heers über den persischen Golf entsandte und mit einem anderen auf dem Landweg nach Westen zurückkehrte. Anschließend vermählte er Griechen und Perser in der Massenhochzeit von Susa und nahm selbst Statira, die Tochter des Perserkönigs zur Frau, bevor in Babylon starb.

Alexander Paulowitsch, russischer Zar (1777–1825): bestieg nach der Ermordung seines Vaters 1801 den Thron und verbündete sich 1805 mit England gegen Frankreich; schloß nach der Niederlage Preußens erneut Verträge mit Napoleon, der Rußland 1812 den Krieg erklärte. Gründete später die ›Heilige Allianz‹ und schloß sich im Wiener Kongreß der restaurativen Politik Metternichs an.

Alopäus, Maximilian (1748–1822): Baron und Diplomat unter Katharina II., von 1790 bis 1820 als russischer Gesandter in Berlin tätig.

August, Prinz (1779–1843): jüngster Bruder des Prinzen Louis Ferdinand, erhielt 1803 als Major ein Grenadierbataillon, das er als Oberstlieutenant bei Auerstädt kommandierte. Da er nicht standesgemäß heiratete, fiel bei seinem Tod sein bedeutendes Vermögen größtenteils an die Krone.

Beauharnais, Josephine (1763–1814), als Kaiserin von Frankreich Marie Joseph Rose Tascher de la Pagerie, ging

1793 die Ehe mit Napoleon ein und behielt auch nach ihrer Scheidung (1800) den kaiserlichen Titel.

Bernadotte, Jean Baptiste Jules (1764–1844): König von Schweden; Sohn eines Advokaten in Südfrankreich und Schwager Napoleons; in der Revolutionszeit kurzfristig Kriegsminister. Als Marschall kämpfte er 1805 gegen die Österreicher und wurde 1810 vom schwedischen König als Kronprinz adoptiert. 1812 koalierte er heimlich mit Rußland und erklärte im folgenden Jahr Frankreich den Krieg.

Bernstorff, Graf Christian Günther v. (1769–1835): dänischer Minister für auswärtige Angelegenheiten; 1811 beim Wiener Kongreß, trat 1818 in preußische Dienste.

Bevilaqua, v. (1777–1845): sächsischer Generallieutenant, kämpfte unter Befehl des Herzogs von Braunschweig; kommandierte in der Schlacht von Saalfeld 1806 die sächsische Brigade.

Blücher, Gebhard Leberecht, Fürst von Wahlstadt (1742–1819): trat als Vierzehnjähriger in schwedischen Militärdienst, trat 1760 den preußischen Husaren bei, nahm 1772 seinen Abschied und wurde Landwirt. Nach seinem Wiedereintritt ins Heer 1787 wurde er Oberst und im Verlauf der Rheinfeldzüge 1793 Generalmajor. In der Schlacht von Auerstädt 1806 befehligte er die Avantgarde und war der einzige General, der seine Truppen in geschlossener Ordnung zurückführte.

Braunschweig, Herzog Karl Wilhelm Ferdinand v. (1735–1806): hatte sich schon im Siebenjährigen Krieg ausgezeichnet; befehligte 1806 die preußischen Armee, starb jedoch, nachdem ihm bei Auerstädt in beide Augen geschossen wurde.

Brutus, Marcus Junius (85–42 v. Chr.): Mörder Cäsars, der bei Philippi gegen Antonius unterlag und den Freitod wählte.

Buffon, Graf George Louis Leclerc v. (1707–1788): Universalgelehrter, der 1749–1789 eine sechsunddreißigbän-

dige Naturgeschichte der Erde, des Menschen, der Vier-
füßler, Vögel und Mineralien publizierte.

Cadoudal, Georges (1777–1804): im frz. Revolutions-
krieg Oberhaupt der bretonischen Chouans, der sich nach
dem Scheitern des Aufstands nach England begab; später
plante er ein Attentat auf Napoleon, wurde jedoch
gefangengenommen und gemeinsam mit elf Verschwörern
hingerichtet.

Cincinnatus, Lucius Quinctius (um 460–360 bezeugt):
Kleinbauer und Vorkämpfer der römischen Patrizier, der
zur Kriegführung gegen die Aequer 458 v. Chr. vom Pflug
weggeholt und zum Diktator ernannt wurde.

Collatinus: Lucius Tarquinius Collatinus, altrömischer
Herrscher von Collatia, nahm an der Verschwörung gegen
Tarquinius Superbus teil und wurde selbst Konsul.

Crayen, Henriette v. (1755–1832): geb. Leveaux; angeb-
lich war der spätere König Friedrich Wilhelm II. so verliebt
in sie, daß er ihr 1777 als Lakai verkleidet bei der Hochzeit
mit dem Leipziger Kammerrat Crayen aufwartete; Fontane
setzte ihr ein Denkmal in *Schach von Wuthenow*.

Darius III. Kodomannos (ca. 350–330 v. Chr.): unterlag
Alexander dem Großen am Granikos, bei Issos 333 und bei
Arbela, bevor er nach Baktrien floh und von seinem Satra-
pen Bessos ermordet wurde.

Dussek, Johann Ladislaus (1761–1812): böhmischer
Musiker, trat 1784 als Klaviervirtuose in Berlin und Petersburg auf, ging 1786 nach Paris und Italien, gründete 1789
eine Musikalienhandlung in London, das er hochverschul-
det heimlich verließ. Seit 1802 Konzertmeister bei Prinz
Louis Ferdinand, 1807 bei Fürst Talleyrand, der ihn mit nach
Paris nahm. Gab die Werke des Prinzen heraus und wid-
mete ihm die *Elégie sur la mort des S. A. R. le Prince L.F. de
Prusse, op. 61.*

Enghien, Herzog v., Louis Antoine Henri v. Bourbon
(1772–1804): emigrierte nach der Einnahme der Bastille
1789 und kämpfte in Mainz und Weißenburg im Condé-

schen Korps, nach dessen Auflösung er in Baden lebte. Dort ließ ihn Napoleon in der Nacht v. 14. zum 15. 3. 1804 verhaften und über Straßburg nach Vincennes bringen, wo er am 23.3. vor ein Kriegsgericht gestellt und hingerichtet wurde.

Ferdinand, Prinz August (1730–1813), jüngster Sohn des Königs Friedrich Wilhelm I., Vater des Prinzen Louis Ferdinand; seit 1755 verheiratet mit Prinzessin Anna Elisabeth Luise von Brandenburg-Schwedt.

Fichte, Johann Gottlieb (1762–1814): Philosoph, anfangs Befürworter der Revolution, wurde wegen angeblicher atheistischer Gesinnung als Professor in Jena entlassen und ging 1805 nach Berlin, rief seit 1808 in den ›Reden an die deutsche Nation‹ zum Widerstand gegen die napoleonische Fremdherrschaft auf.

Friedrich Wilhelm I., preußischer König (1688–1740): vollendete als Herrscher die absolutistische Monarchie; seine Garde der ›langen Kerls‹, für die er große Summen verschwendete, mußte sich durch besondere Körpergröße auszeichnen.

Friedrich II. der Große, preußischer König (1712–1786): Onkel des Prinzen Louis Ferdinand, Vertreter des aufgeklärten Absolutismus, eroberte in mehreren Kriegen Schlesien, Westpreußen und Teile Polens. Sein sprichwörtlicher Satz, jeder möge nach seiner Façon selig werden, plädiert für religiöse Toleranz durch den Staat.

Friedrich Wilhelm II., preußischer König (1744–1797): Neffe Friedrichs des Großen, der kinderlos blieb und ihn nach dem Tod seines Vaters August Wilhelm zum Thronerben erkannte; führte vergebens Feldzüge gegen Holland und das revolutionäre Frankreich, erschöpfte jedoch den Staatshaushalt und schloß mit Frankreich 1795 den Separatfrieden von Basel.

Friedrich Wilhelm III., preußischer König (1770–1840): Sohn Friedrich Wilhelms II. aus zweiter Ehe; machte 1792/93 den Feldzug in die Champagne und an den Rhein mit und behob die Finanzkrise Preußens durch rigorose

Sparpolitik; verhielt sich im zweiten Koalitionskrieg gegen Frankreich neutral und tauschte im Vertrag von Schönbrunn Ansbach, Kleve und Neuenburg gegen das englische Hannover; ging noch im Februar 1806 die Allianz mit Frankreich ein. Nach den Niederlagen bei Jena und Auerstädt schloß er den Frieden von Tilsit, durch den Preußen die Hälfte seines Staatsgebiets verlor.

Fromm, Henriette (1783–1828): Geliebte Prinz Louis Ferdinands und Mutter seiner beiden Kinder, die 1810 den preußischen Adel als ›von Wildenbruch‹ erhielten; ein Urenkel Fromms und des Prinzen war der Schriftsteller Ernst von Wildenbruch (1845–1909).

Gall, Franz Joseph (1785–1828): Mediziner in Wien und Paris, Begründer der Phrenologie, einer physiognomischen ›Schädellehre‹, die 1801 von Napoleon als religionsgefährdend verboten wurde.

Gentz, Friedrich v. (1764–1832): studierte als Kant-Schüler in Königsberg und wurde 1793 preußischer Kriegsrat, begrüßte anfangs die Revolution und wurde später ihr entschiedenster Gegner. Wegen einer Denkschrift für Friedrich Wilhelm III., die Pressefreiheit und konstitutionelle Grundsätze empfahl, mußte er 1802 den Staatsdienst quittieren und in österreichische Dienste treten; bekämpfte publizistisch Napoleon und ging, als sich die Franzosen 1805 Wien näherten, nach Dresden. Redigierte 1806 im preußischen Hauptquartier das Kriegsmanifest. Später wurde er enger Vertrauter und Sekretär Metternichs und propagierte dessen restauratives System.

Goethe, Johann Wolfgang v. (1749–1832): dt. Dichter; begegnete Prinz Louis Ferdinand beim Feldzug in der Champagne 1792 und empfing ihn im Dezember 1805 in Weimar.

Grawert, Johann Andreas Rudolph (1746–1821): Generalmajor; ehem. Kommandeur des Herzogs v. Braunschweig u. Capitain im Regiment Tauentzien in Breslau.

Grotthuß, Baronin Sophie v. (1763–1828), geb. Sarah

Meyer, eine Cousine Rahels und Tochter eines jüdischen Bankiers; heiratete Lipman Wulf und nach dessen Tod 1797 den livländischen Baron Ferdinand Dietrich v. Grotthuß, der als Posthalter in Oranienburg tätig war; gehörte zu Goethes Freundeskreis.

Gualtieri, Peter Albert Samuel v. (ca. 1764–1805): preußischer Major und Diplomat italienischer Herkunft,

Hardenberg, Karl August Fürst v. (1750–1822): preußischer Reformer und Staatskanzler, brachte 1786 das Testament Friedrichs des Großen nach Berlin; verheiratet mit Friederike Christiane Juliane Gräfin v. Reventlow (1759–1793), wurde 1790 Minister des Markgrafen v. Ansbach und Bayreuth, später Staatsminister. Seit 1797 Leiter der auswärtigen Angelegenheiten, betrieb er die Annäherung an England und wurde 1804 Nachfolger des zurückgetretenen Grafen Haugwitz, mußte jedoch nach den Verträgen mit Napoleon von 1805 und 1805 seine Stelle wieder an diesen abtreten.

Haugwitz, Heinrich Christian Kurt Graf v. u. Freiherr zu Krappitz (1752–1832): preußischer Minister, wurde 1792 zum Außenminister und 1794 zum Ministerpräsidenten berufen. Er führte die Verhandlungen mit Frankreich, die zum Frieden von Basel 1795 führten, zog sich nach der Besetzung Hannovers durch Napoleon im August 1804 von seinen Ämtern zurück, wurde jedoch wieder berufen, als Hardenberg mit seiner Neutralitätspolitik scheiterte, schloß den vergeblichen Allianzvertrag von 1806 und mußte wegen seiner profranzösischen Haltung nach der Niederlage Preußens demissionieren.

Heinrich, Prinz; eigentlich Prinz Friedrich Heinrich Ludwig (1726–1802): Bruder Friedrichs des Großen; Onkel und Förderer des Prinzen Louis Ferdinand, der ihn auch zum Alleinerben einsetzte, wogegen dessen Mutter zugunsten ihres jüngeren Sohnes August gerichtliche Klage erhob.

Hephaestion (gest. 324 v. Chr.): Jugendfreund und Vertrauter Alexanders des Großen und Begleiter auf dessen asiatischem Feldzug.

Hohenlohe-Ingelfingen, Friedrich Ludwig Fürst v. (1746–1818): zeichnete sich 1793 als Generallieutenant bei Oppenheim, Pirmasens und Kaiserslautern aus, wurde 1800 General der Infantrie, erhielt 1806 den Oberbefühl über den rechten Flügel des preußischen Heers in Sachsen, wurde bei Jena geschlagen und kapitulierte mit siebzehntausend Mann bei Prenzlau.

Humboldts: die Brüder Wilhelm (1767–1835) und Alexander v. Humboldt (1769–1859), von denen der eine als Staatsmann, Philosoph und Sprachforscher, der andere als Forschungsreisender und Naturwissenschaftler Weltruhm erlangte.

Kalckreuth, Friedrich Adolf Graf v. (1737–1818): preußischer General.

Karl, Herzog v. Mecklenburg-Strelitz (1785–1837): trat 1799 in preußische Dienste und nahm am Feldzug 1806/07 teil. Seine Schwester Luise war die Gemahlin Friedrich Wilhelms III.

Köckritz: Karl Leopold v. (1745 – 1821), Oberst in Berlin.

Lafontaine, Jean de (1621–1695): frz. Fabeldichter

Laforest: eigtlich La Forest, Antoine Graf v. (1756–1846), frz. Gesandter in München, Regensburg und Berlin.

Lätitia: Maria Letizia Ramolino (1750–1836), genannt Madame Mère, die Mutter Napoleons.

Levin, Rahel (1771–1833): wichtigste philosophische Schriftstellerin der Berliner Romantik, widersetzte sich nach dem Tod ihres Vaters, des Kaufmanns Markus Levin, der Verheiratung nach Breslau und führte seit 1793 ihren ersten ›Salon‹ in der Berliner Jägerstraße; zu ihrem Bekanntenkreis zählten neben Schauspielern, Lebedamen, Adligen und Militärs nahezu alle Geistesgrößen des ausgehenden 18. Jahrhunderts. 1800 zerbrach ihr im Roman erwähntes Verlöbnis mit Karl Graf Finck von Finckenstein. Zu ihren Verehrern gehörten außerdem der spanische Gesandte d'Urquijo und Alexander von der Marwitz; die im Roman unterstellte heimliche Liebe zu Prinz Louis Ferdinand ist reine Fiktion. 1808 begann ihr Verhältnis mit Karl August Varnhagen (1785–1858), den sie zum Wiener Kongreß begleitete und 1816 heiratete. Bis zu seiner Abberufung 1819 wirkte Varnhagen als preußischer Gesandter in Baden und Karlsruhe; nach ihrer Rückkehr entsteht ein zweiter Salon in Berlin. 1833 gab Varnhagen die schon zu Rahels Lebzeiten gesammelten und zur Publikation vorbereiteten Briefe unter dem Titel *Rahel. Ein Buch des Andenkens* heraus.

Lichtenau, Wilhelmine Gräfin v. (1752–1820), geb. Enke, verehelichte Rietz; Geliebte des Kronprinzen und nachmaligen Königs Friedrich Wilhelms II., wurde auf Betreiben Friedrichs des Große dem Kammerdiener Rietz angetraut, später in den Grafenstand erhoben und erhielt ein Kapital von fünfhunderttausend Talern. Nach dem Tod des Königs 1797 kam sie drei Jahre in Festungshaft.

Linné, Karl v. (1707–1778), schwedischer Naturforscher, bekannt durch seine Klassifikation der Pflanzen.

Lombard, Johann Wilhelm (1767–1812), preußischer Diplomat, unter Haugwitz faktisch Außenminister; strebte gutes Einvernehmen mit Napoleon an und wurde 1806 für die Katastrophe von Jena verantwortlich gemacht, weshalb ihn Königin Luise kurzzeitig inhaftieren ließ.

Luise, Auguste Wilhelmine Amalie (1776–1810), Königin von Preußen, begleitete den König 1806 nach Naumburg und nach der Niederlage bei Jena nach Naumburg und Memel.

Marianne, Prinzessin: Amalia Marie Anna (1785–1846), Tochter des Landgrafen Friedrich Ludwig v. Hessen-Homburg, verheiratet mit Prinz Wilhelm.

Marie Antoinette (geb. 1755), Königin von Frankreich, wurde 1770 an den Dauphin verheiratet, mit dem sie nach dem gescheiterten Fluchtversuch die Gefangenschaft teilte, bis sie bei Prozeßbeginn von ihm getrennt und am 20. 1. 1793 hingerichtet wurde.

Massenbach, Christian v. (1758–1827), preußischer Oberst und Militärschriftsteller, Mathematiklehrer Louis Ferdinands, Anhänger einer Koalition mit Frankreich gegen Rußland, machte 1806 als Generalquartiermeister des Hohenlohischen Korps die Schlacht bei Jena mit und veranlaßte die Kapitulation von Prenzlau. Nicht in Schricke, aber in Hamburg mußte er den verschuldeten Prinzen auf königliche Ordre 1799 nach Berlin abholen.

Mendelssohn, Moses (1729–1786): aufgeklärter Philosoph, Freund Lessings und Wegbereiter der jüdischen Emanzipation; seine Tochter Brendel (Dorothea) heiratete später den Schriftsteller Friedrich Schlegel.

Meyer, Marianne (gest. 1814): Schwester der Sarah v. Grotthuß, später verheiratete Eybenberg, korrespondierte mit Rahel und Goethe.

Molke, Gräfin: gemeint ist evtl. die 1760 geborene Reichsgräfin Karoline Eleonore.

Möllendorf, Wilhard Joachim Heinrich Graf v. (1724–1826), preußischer Feldmarschall; führte 1794 an Stelle des Herzogs von Braunschweig die Rheinarmee; geriet nach der Schlacht bei Jena in Gefangenschaft.

Möllendorf, Adjutant des Prinzen; evtl. der von Richard Joachim Heinrich v. M. adoptierte Richard Friedrich Wilhelm Heinrich Ernst v. Bonin, der 1813 bei Hagelsberg fiel.

Müller, Johannes v. (1752–1809): Schweizer Geschichtsschreiber und Altphilologe, wurde 1792 Wirklicher Hofrath zu Wien und trat 1804 als Geheimer Kriegsrat und Historiograph in preußische Dienste; nach der Niederlage Preußens gewann ihn Napoleon als Staatssekretär im Königreich Westfalen und Generaldirektor des öffentlichen Unterrichts.

Napoleon I. Bonaparte: (1768–1821), korsischer Herkunft, siegte als General über den Papst und die Österreicher, zog 1798 nach Ägypten, stürzte am 9. 11. 1799 das Direktorium und wurde erster Konsul von Frankreich, wurde 1804 zum Kaiser proklamiert, schloß 1806 den

Rheinbund und besetzte Preußen, scheiterte am Rußland-
feldzug und mußte 1814 abdanken; aus seinem Exil in Elba
brach er 1815 noch einmal nach Paris auf und wurde bei
Waterloo endgültig geschlagen

Neal, eigtlich Néale, Josephine Gräfin v. (geb. 1754), als
Fräulein von Keller Hofdame der Mutter Louis Ferdinands,
Prinzessin Ferdinand; verheiratet mit dem preußischen
Kammerherrn und königlichen Obermundschenk Ferdin-
and Graf v. Néale (1755–1828).

Nearch (gest. um 312 v. Chr.): Flottenführer Alexanders
des Großen, der 327 mit nach Indien zog und den Indischen
Ozean bereiste.

Necker, Jacques (1732–1804): Bankier und frz. Minister: wurde 1777 zum Generaldirektor der Finanzen
ernannt, konnte jedoch den Staatshaushalt nicht sanie-
ren und wurde 1781 entlassen; Vater der Madame de
Staël.

Nostitz, Karl Johann Graf v. (1781–1838): seit 1805 Adjutant des Prinzen Louis Ferdinand, später russischer Generallieutenant.

Oehrdorf: eigtlich Carl Ludwig Ohrdorff (gestorben
1837), Leibjäger des Prinzen.

Paul I. Petrowitsch, russischer Zar (1754–1801), Sohn
Peters III. und Katharinas II., ließ sich 1800 von Napoleon
gewinnen und wandte sich daraufhin mit Preußen, Schweden und Dänemark gegen England, wurde infolge einer
großangelegten Verschwörung von Adligen 1801 in seinem
Palast ermordet.

Philipp Egalité: Beiname des Herzogs Ludwig Joseph
Philipp von Orléans (1747–1793), der bei der Revolution
1789 zum dritten Stand übertrat.

Racine, Jean Baptiste de (1639–1699): frz. Tragödien-
dichter.

Radziwill, Fürst Anton v. (1775–1833): Komponist,
berühmt durch die Musik zu Szenen aus Goethes *Faust* für
Solo, Chor und Orchester; seit 1769 verheiratet mit Doro-

thea Louise Philippine (1770–1836), der Schwester Louis Ferdinands. Ihm vermachte der Prinz auch seinen gesamten musikalischen Nachlaß, der allerdings verschollen ist.

Regulus, Marcus Atilius, römischer Feldherr (um 267–250 bezeugt): besiegte die Karthager zweimal, bevor er in Gefangenschaft geriet; auch lat. so viel wie ›Kleiner König‹.

Reichardt, Johann Friedrich (1752–1814): Komponist und Schriftsteller; mußte als Sympathisant der Revolution eine Stelle als Hofkapellmeisterstelle in Berlin aufgeben, seit 1794 Salineninspektor in Halle; 1808–1809 Kapellmeister in Kassel.

Robespierre, François Maximilien de (1758– 1794): frz. Revolutionär, Anführer der Jakobiner und Präsident des Wohlfahrtausschusses, dekretierte den Kult des höchsten Wesens, starb auf der Guillotine.

Rüchel, Ernst Wilhelm Friedrich v. (1754–1823): preußischer General; hielt im Kampf gegen Napoleon an veralteten Taktikten fest und erreichte 1806 das Schlachtfeld von Jena mit seinem Korps zu spät.

Schiller, Friedrich v. (1759–1805): dt. Dichter; begegnete Prinz Louis Ferdinand Ende April 1804 bei seiner Reise nach Berlin.

Schlegel, Dorothea (1763–1839): geb. Brendel Mendelssohn, heiratete 1779 den Bankier Simon Veit, von dem sie sich 1798 trennte, reiste mit Friedrich Schlegel (1772–1829), dem Kritiker und Philosophen der Romantik, nach Jena und Paris, wo sie ihn nach ihrer protestantischen Taufe 1804 heiratete. Beide ließen sie sich in Köln nieder und traten zum Katholizismus über. Dorothea Schlegel schrieb den Roman *Florentin* (1804), gab Rittergeschichten heraus, übersetzte die *Corinna* der Frau von Staël und einen Großteil der von Schlegel/Tieck publizierten dt. Shakespeare-Ausgabe.

Schuwaloff: vielleicht Pjotr Andrejewitsch Sch. (1775–1828), der 1800 General, 1813 zum Gouverneur von Sachsen ernannt wurde und als einer von vier Begleitern mit Napoleon nach Elba ging. Die Familie Schuwaloff in Petersburg zahlte eine Jahresrente von zweitausend Francs an Pauline Wiesel.

Stadion, Johann Philipp Karl Joseph Graf v. (1763–1824): österr. Staatsmann.

Staël-Holstein, Anne Louise Germaine, Baronin v. (1766–1817): Tochter des Ministers Necker, löste 1796 ihre Ehe mit einem schwedischen Gesandten und reiste nach ihrer Verbannung durch Napoleon durch Deutschland, 1804 auch nach Berlin, wo sie August Wilhelm Schlegel, den Bruder Friedrich Schlegels kennenlernte; später schrieb sie das aufsehenerregende Buch *De l'Allemagne*, das die Franzosen mit Kultur und Literatur der Deutschen bekannt machte.

Statira: Tochter Darius III., eine der Gemahlinnen des Alexander.

Tauentzien-Wittenberg, Friedrich Graf v. (1756–1824), preußischer General; seine Tochter Johanna Katerina (geb. 1755) war seit 1777 mit Graf v. Haugwitz vermählt.

Tilly, Alexander Graf v. (geb. 1764), frz. Schriftsteller aus altem normannischen Adel, kam mit dreizehn Jahren als Page Marie Antoinettes nach Versailles und emigrierte im Verlauf der Revolution nach Berlin, wo er sich 1816 das Leben nahm.

Unzelmann, Friederike Auguste Konradine (1766–1815), geb. Flitner, eine der berühmtesten Schauspielerinnen ihrer Zeit; von Goethe und Friedrich Wilhelm III. bewundert (und von Friedrich Schlegel umworben), ließ sie sich 1803 scheiden und heiratete zwei Jahre später den Schauspieler Heinrich Eduard Bethmann (1774–1857).

Valentini, Georg Wilhelm Freiherr von (1775–1834): Hauptmann in der Schlacht von Saalfeld; 1828 Generalinspekteur des preußischen Militärerziehungs- und Bildungswesens.

Vetter, Friedrich August (ca. 1769–1847): Referendarius, später Geheimrat in Berlin.

Voltaire, Marie François Arouet de (1694 – 1778): frz. Dichter und Philosoph, mit Friedrich dem Großen befreundet, nahm in Dramen, Geschichtswerken und aufgeklärten Traktaten sowie in seinem Kampf gegen Justizirrtümer und kirchliche Mißstände Grundgedanken der Menschenrechtserklärung vorweg.

Wiesel, Pauline (1779–1848): Tochter des Geheimrats César, der beim Prinzen Heinrich angestellt war, hatte zahlreiche Affären und Verehrer, bevor sie den Kriegsrat Friedrich Ferdinand Wiesel (ca. 1770–1826) ehelichte, von dem sie später geschieden wurde. Zu ihren engsten Freundinnen in Berlin zählte Rahel Levin Varnhagen. Im Frühjahr 1804 lernte sie den Prinzen kennen und wurde seine Geliebte; nach dessen Tod lebte sie in der Schweiz und in Frankreich. 1828 heiratete sie in zweiter Ehe den Baron Jules-Michelet Vincent und starb in Saint-Germain-en-Laye.

Wilhelm, Prinz: eigtl. Friedrich Wilhelm Karl (1783–1851), dritter Sohn Friedrich Wilhelms II. und Bruder Friedrich Wilhelms III., kämpfte bei Auerstädt und heiratete Marianne von Hessen-Homburg.

KLASSIKER DES HISTORISCHEN ROMANS

In dieser Reihe erscheinen alle zwei Monate Meisterwerke aus dem Genre des historischen Romans. Es handelt sich durchweg um Autoren, die in ihrer Zeit großes Gewicht in der literarischen Öffentlichkeit besaßen. Die Reihe umfaßt neben Klassikern der deutschen Literatur auch repräsentative Werke aus England, Frankreich, Spanien, Holland, Amerika, und zwar in vollständigen und neu erstellten oder neu überarbeiteten Übersetzungen. Die Mehrzahl der Autoren gehört dem 19. Jahrhundert an, als der Historismus über Jahrzehnte hinweg das geistige Leben in Europa bestimmte. Die thematische Vielfalt der ›Klassiker‹ erstreckt sich vom alten Ägypten bis zur Französischen Revolution, von der Sporenschlacht in Flamen bis zur Seeschlacht von Trafalgar 1805, von der Fronde bis zum amerikanischen Unabhängigkeitskampf. Ziel dieser Reihe ist es, die einseitige und bequeme Werkauswahl zu korrigieren, die der Buchmarkt seit Jahren bei den Klassikern vornimmt, indem er von bestimmten Schriftstellern immer wieder die gleichen Romane neu veröffentlicht. Alle Bände dieser Reihe sind mit erläuternden Anmerkungen zu wichtigen Namen, Daten und Begriffen der Romane sowie mit fachkundigen Essays zu Leben und Werk des Autors versehen.

Band 13 841/DM 14,90
CHARLES DICKENS
BARNABY RUDGE
764 Seiten

Unter dem Eindruck der sozialen Unruhen seiner Zeit schrieb CHARLES DICKENS in den Jahren 1840/41 diesen großen historischen Roman über die sogenannten Gordon-

Aufstände von 1780: eine antikatholische Erhebung, die die Stadt London erschütterte und in der Erstürmung des berüchtigten Newgate-Gefängnisses gipfelte.

Während der erste Teil des Romans den Leser auf den verschlungenen Pfaden von Liebesgeschichten und Intrigen in die alte Zeit zurückführt, entfaltet der zweite Teil ein eindringliches Psychogramm von Rädelsführern und Schergen, von Demagogen und leicht verführbaren Menschen, das bis heute nichts von seiner Gültigkeit verloren hat.

›Barnaby Rudge‹ hat aber auch unheimliche Momente: Sie knüpfen sich vor allem an die faszinierende Gestalt des sprechenden Raben, der später Edgar Allan Poe zu seinem großen Gedicht ›The Rave‹ inspirierte. Nicht zufällig spricht Stephen King in seinem Vorwort zur ›Green Mile‹ seine uneingeschränkte Bewunderung für den großen britischen Romancier aus und erinnert daran, daß sich Dickens' Leser einst sogar ins Hafenwasser stürzten, um an die neueste Fortsetzung eines seiner Meisterwerke zu gelangen. So viel Wagemut erfordert guter Geschmack heute nicht mehr: Wir können Charles Dickens im Trockenen lesen.

Band 13 744/DM 12,90
VICTOR HUGO
1793
ODER
DIE VERSCHWÖRUNG IN DER PROVINZ VENDÉE
412 Seiten

Auf dem Höhepunkt der Französischen Revolution wird Marquis de Lantenac nach Jersey verbannt, gilt er doch als Königstreuer. Aber der Marquis entkommt seinen Wächtern und kehrt in die Provinz Vendée zurück. Für die Bauern dort ist er immer noch der große Fürst. Am Tage seiner

Landung schart er achttausend Mann um sich, innerhalb von einer Woche sind dreihundert Gemeinden in Aufruhr.

In Paris ist man überzeugt: Nur der republikanische Offizier Gauvain, der schon in der Rheinarmee Großes geleistet hat, kann den Marquis stoppen. Aber der junge Offizier ist der Großneffe des Marquis von Lantenac. Er nimmt den Kampf dennoch auf. Allerdings stellt man ihm mit Cimourdain einen alten, erfahrenen Revolutionär zur Seite. Niemand in Paris ahnt, welche Konflikte damit heraufbeschworen werden.

Dieses Werk war Hugos letzter Roman und ist eine Art erzählerisches Testament: packend und ohne Scheu vor grellen Effekten erzählt, stringent im Handlungsaufbau, aber durchsetzt mit funkelnden Aphorismen und originellen geschichtsphilosophischen Reflexionen.

›Eine fesselnde Geschichtsstunde‹ (Freundin)

Band 13 743/DM 12,90
GEORG EBERS
EINE ÄGYPTISCHE KÖNIGSTOCHTER
538 Seiten
3. Auflage

Ägypten, im sechsten Jahrhundert vor unserer Zeit: Der Pharao Amasis verwaltet umsichtig das Reich am Nil. Um den Frieden mit den immer mächtiger werdenden Persern zu besiegeln, will Amasis seine hübsche Tochter Nitetis dem persischen Thronfolger zur Frau geben. Aber sein Sohn, der Wachs in den Händen der fremdenfeindlichen Priester ist, arbeitet diesem Plan mit aller Macht entgegen. Und er verfügt auch über die Mittel, seinen Vater zu erpressen: Weiß er doch, daß die hübsche Nitetis in Wahrheit gar nicht die Tochter des Amasis ist …

Dieser Roman war eines der meistgelesenen Bücher des

19. Jahrhunderts und löste eine Ägyptenmode aus: vierhunderttausend Exemplare wurden von der ›Ägyptischen Königstochter‹ zwischen 1864 und 1920 verkauft. GEORG EBERS war einer der größten Ägyptenkenner seiner Zeit, unternahm ertragreiche Forschungsreisen an den Nil und hielt sich in seinen Romanen eng an die historische Überlieferung. Dennoch löste das Erscheinen dieses Buches unter Ebers' Professorenkollegen erhebliche Irritationen aus.

Band 13 943/DM 16,90
GEORG EBERS
UARDA, DIE ÄGYPTERIN
ca. 560 Seiten
(erscheint im Februar 1998:)

›Uarda‹ gilt neben der ›Ägyptischen Königstochter‹ als der gelungenste Roman dieses Schriftstellers. Fünf Auflagen schon im Jahr der Erstveröffentlichung und wiederum vierhunderttausend verkaufte Exemplare in den folgenden Jahrzehnten belegen die Bedeutung dieses großen historischen Romans aus der Zeit Ramses II.

Band 13 746/DM 14,90
JAMES F. COOPER
DER LOTSE
504 Seiten

Im westlichen Flügel eines Herrenhauses an der englischen Küste werden zwei junge Frauen in einer Art sanfter Gefangenschaft gehalten. Der Mann, der als Verwandter und Vormund über sie wacht, ist Oberst Howard, ein bedingungsloser Untertan der englischen Krone und ein Feind aller Unabhängigkeitsbestrebungen in den englischen Kolonien.
    Oberst Howard schreckt nicht wenig auf, als ihm das

Gerücht zu Ohren kommt, daß John Paul Jones, der Seeheld der aufbegehrenden Kolonien in Übersee, der Freibeu-
ter und Pirat, an der Küste sein Unwesen treiben soll.
Howard sieht jetzt nicht nur sein Land in Gefahr, er bangt
auch um die Loyalität seiner beiden weiblichen Schutzbe-
fohlenen, die dem berüchtigten Seehelden und seinen
Freunden verbotene Gefühle entgegenbringen.

›Ein vielfach nachgeahmter Roman ... liegt jetzt als gut
kommentiertes Taschenbuch vor.‹ (Rheinische Post)

Band 13 741/DM 12,90
HONORÉ DE BALZAC
DIE CHOUANS
ODER
DIE KÖNIGSTREUEN
380 Seiten

Die Liebe in den Zeiten der Revolution – mit diesem Stoff
erzielte HONORÉ DE BALZAC 1829 seinen Durchbruch
als Schriftsteller. Da die ›Chouans‹ in der ›Comédie
humaine‹ unter der Rubrik mit dem abschreckenden Titel
›Scènes de la vie militaire‹ zu stehen kam, wurde der Roman
lange Zeit kaum beachtet.

Marie de Verneuil ist eine selbstbewußte und hübsche
Frau – und eine entschiedene Anhängerin der Französischen Revolution. Als im Westen der Republik die Aufstände unter der weißen Fahne der Chouans die neue Ordnung gefährden, wird Marie de Verneuil von Paris in die
Bretagne ausgesandt. Als Spionin soll sie vor allem aus-
kundschaften, welchen Anteil der geheimnisvolle Marquis
de Montauran an diesen Aufständen hat Der Auftrag
scheint der Marie de Verneuil auf den Leib geschrieben zu
sein – aber sie weiß bald nicht mehr, wo ihre Rolle aufhört
und wo ihre Gefühle anfangen.

›Packend‹ (Freundin)

Band 13 745/DM 12,90
HENDRIK CONSCIENCE
DER LÖWE VON FLANDERN
344 Seiten

Dieser spannende Roman über den Freiheitskampf der Flamen gegen die Franzosen im 13. Jahrhundert ist in Holland und Belgien der Klassiker schlechthin!

　　HENDRIK CONSCIENCE (1812–83) gelang mit dem ›Löwen von Flandern‹ ein besonderer Geniestreich, schrieb er den Roman doch in einer Sprache, die es im 19. Jahrhundert offiziell gar nicht gab: in Flämisch. Ob in Schulen, öffentlichen Versammlungen oder Zeitungen – im Flandern des 19. Jahrhunderts durfte nur das Französische gepflegt werden. HENDRIK CONSCIENCE mußte sich die flämische Sprache als Autodidakt aneignen, bevor er seine großen historischen Romane schreiben und seinen Landsleuten ihre Sprache zurückgeben konnte.

Band 13 742/DM 12,90
WILLIAM M. THACKERAY
DIE GESCHICHTE DES HENRY ESMOND
474 Seiten

WILLIAM M. THACKERAYS Zeitgenossen rühmten ›Henry Esmond‹ als ›den besten historischen Roman‹, der je geschrieben worden sei. Auch heute fasziniert das 1832 entstandene Meisterwerk mit betörend schönen Frauen, Degen schwingenden Helden, mit gedämpftem Schlachtenlärm, Intrigen und geheimen Fluchtwegen.

　　Thackeray stellt einen frei erfundenen Helden in einen interessanten Abschnitt der englischen Geschichte und läßt ihn mit historischen Persönlichkeiten wie Königin Anna, Marlborough, Addison und Steele zusammentreffen. In Form dieser fiktiven Autobiographie erzählt Henry

Esmond die Geschichte seiner Familie, die Glück und Leben der verlorenen Sache der Stuarts opferte.

›In überaus farbigen, an Humor nicht armen Szenen durchläuft er einen Erkenntnis– und Desillusionierungsprozeß, in dessen Verlauf die Auffassung von der Geschichte als einem heroischen Geschehen als Mythos entlarvt wird.‹ (Wochenblatt, Altdorf).

Ein bedeutender Roman vom Autor des ›Jahrmarkts der Eitelkeiten‹.

Band 13 834 / DM 14,90
WILHELM WALLOTH
DAS SCHATZHAUS DES KÖNIGS
284 Seiten

Memphis, Ägypten, zur Zeit des mächtigen Ramses II.: Isaak lebt mit seinem Vater im ärmlichen Judenghetto. Auf dem Sterbebett enthüllt der Vater seinem Sohn, daß er in seiner Jugend beim Bau eines großen Schatzhauses mithelfen mußte. Als das geheime Gebäude vollendet war, ließ der damalige König Sethos alle Arbeiter töten, damit nichts verraten werden konnte. Nur Isaaks Vater entkam mit Glück. Jetzt will er seinem Sohn den Weg zu den verborgenen Schätzen weisen, aber er kommt nicht dazu, die Zeichnung zu vollenden. Isaak und eine Schwester aber werden durch die Aussicht auf Reichtum zu anderen Menschen, die vor keinem Abenteuer mehr zurückschrecken.

WILHELM WALLOTH (1852–1932) war einer der ganz wenigen deutschen Autoren, die Errungenschaften des Naturalismus für den historischen Roman fruchtbar machten. Er war auf dem Weg, einer der erfolgreichsten deutschen Schriftsteller des 19. Jahrhunderts zu werden – bis die Staatsanwaltschaft sein Werk entdeckte und WILHELM WALLOTH einen skandalösen Prozeß bereitete.

Band 13 851/DM 12,90
ALFRED DE VIGNY
CINQ-MARS
ODER DER REBELL DES KÖNIGS
474 Seiten

Henri d'Effiat alias Cinq-Mars geht aus Liebe zur Prinzessin Maria de Gonzaque an den Hof Ludwigs XIII und will dort Karriere machen. Er rückt schnell zum besonderen Günstling des Königs auf und wird sein erster Stallmeister. Aber als Sohn einer entmachteten Adelsfamilie verfolgt Henri noch ein zweites Ziel: Er will mithelfen, Kardinal Richelieu zu stürzen, jenen Mann, der im Hintergrund die Fäden der Politik zieht und dessen Skrupellosigkeit zunehmend Widerstand hervorruft.

›Cinq-Mars‹, der hier in neuer Übersetzung vorgelegt wird, gilt als der erste große historische Roman der französischen Literaturgeschichte: ›Der umfangreiche Stoff ist zu einer dramatischen Handlung gestaltet und psychologisch so sorgfältig ausgearbeitet, daß die einzelnen Kapitel spannende Akte werden – ein großes Sprachkunstwerk‹ (Kindlers Lexikon der Weltliteratur).

Band 13 858/DM 15,00
BENITO PÉREZ GALDÓS
TRAFALGAR / DIE ABENTEUER DER
PEPITA GONZÁLEZ
426 Seiten

›Der führende Realist im Spanien des 19. Jahrhunderts‹, ›der größte Epiker seit Cervantes‹, ›der beste Chronist der spanischen Geschichte‹, – so und ähnlich lauten die Urteile der Literaturkritik über BENITO PÉREZ GALDÓS (1843–1920), der immer wieder im Zusammenhang mit dem Nobelpreis für Literatur erwähnt wurde, den er jedoch vermutlich aufgrund seiner starken Kritik an der Kirche nie erhielt. In seinen großangelegten ›Episodios nationales‹ hat er die Geschichte Spaniens im 19. Jahrhundert zu unvergleichlich packend und anschaulich erzählten Romanen verdichtet, die so mustergültig recherchiert sind, daß sie ihrerseits schon wieder Quellen für Geschichtsforscher wurden. Die Stellung von BENITO PÉREZ GALDÓS in der spanischen Literatur ist der des Francisco Goya in der spanischen Kunstgeschichte vergleichbar: Beide waren leidenschaftliche, aber auch um Objektivität bemühte Chronisten der Umwälzungen und des Terrors ihrer Zeit und verfügten über eine überragende künstlerische Erfindungskraft.

Erstmals werden nun die Romane des Hauptwerks von Pérez Galdós, die ›Episodios nacionales‹, ins Deutsche übertragen.

Als seine Mutter stirbt und das Joch seines Onkels, der ihn erziehen will, unerträglich wird, weiß Gabriel Araceli, daß er in eine fremde Stadt fliehen muß: Der Familienvater, dem er dort seine Dienste anbietet, ist ein leidenschaftlicher, aber hochbetagter Seeheld. Ihn begleitet der junge Gabriel nach Trafalgar, zur entscheidenden Seeschlacht mit dem legendären Nelson.

Nach diesem Abenteuer wendet sich ›Gabrielto‹ nach Madrid, wo er sich als Diener einer berühmten Schauspielerin verdingt. Aber er steckt voller Ehrgeiz und sucht um jeden Preis Zugang zum Königshof, wo er in der Tat bald denkwürdige Abenteuer erleben wird …

Band 13 904/DM 15,00
BENITO PÉREZ GALDÓS
DER AUFSTAND VON MADRID/BAILEN
480 Seiten

Gabriel Araceli hat sich in die junge Inés verliebt: Doch das intelligente Mädchen wird einem Kaufmann in die Obhut gegeben, der sie wie eine Gefangene einsperrt und erbarmungslos ihre Arbeitskraft auspreßt. Während Gabriel auf Möglichkeiten sinnt, Inés aus dem Hause ihres Peinigers zu befreien, gerät rings um ihn die Welt in Aufruhr Die Spanier lehnen sich gegen Napoleons Schergen auf, die sich in Madrid selbstherrlich einquartiert haben. Der Konflikt spitzt sich zu und mündet in den berühmten Aufstand vom 2. Mai 1808.

Nur mit großem Glück entgeht Gabriel der Exekution durch die Franzosen und meldet sich als Freiwilliger für die spanischen Truppen, die in Bailen auf die Elite von Napoleons Soldaten zu einer Schlacht treffen, die von ausschlaggebender Bedeutung für die europäische Geschichte werden sollte.